Lange/Matheus

Standardfälle Verwaltungsrecht AT

9. Auflage 2016

ISBN 978-3-86724-062-8
9. Auflage 2016

Bezug möglich direkt vom Verlag
niederle media
48341 Altenberge
Fax (02505) 93 98 99
E-Mail: info@niederle-media.de
www.niederle-media.de

▸ Inhalt

▸ Standardfälle Verwaltungsrecht AT

▸ Vorwort

Dieses Skript ist gedacht als Einführung in Fälle aus dem Allgemeinen Teil des Verwaltungsrechts, die typischerweise Gegenstand der ersten Verwaltungsrechts-Klausuren sind.

Der Name **niederle media** steht für Skripten, die zu einem großen Teil von Autoren mit mehrjähriger Lehr-Erfahrung als Hochschullehrer oder AG-Leiter verfasst wurden und die

- klausurrelevante Themen *kompakt* darstellen,
- meist in 1-2 Tagen und demnach *zeitsparend* durchgearbeitet werden können,
- so *verständlich* sind, dass auch Anfänger damit regelmäßig auf Anhieb klarkommen,
- *Fallbeispiele, Übersichten* und *Schemata* enthalten,
- sehr *erschwinglich* sind (ab 7 €).

Aufgrund dieser Eigenschaften sind unsere Skripten hervorragend geeignet für den ersten, unkomplizierten Einstieg in die Materie oder für eine schnelle Wiederholung kurz vor der Prüfung. Dafür drücke ich schon jetzt ganz fest die Daumen,

Jan Niederle

1. Teil: Einführung in das Verwaltungsprozessrecht

Das Verwaltungsprozessrecht und das allgemeine Verwaltungsrecht hängen eng miteinander zusammen. Um ein Verständnis für die Probleme des allgemeinen Verwaltungsrechts zu bekommen, sind Kenntnisse im Verwaltungsprozessrecht daher unerlässlich, nicht zuletzt weil verwaltungsrechtliche Probleme in der Klausur regelmäßig prozessual eingekleidet sind. Deshalb lohnt es sich, beide Rechtsgebiete insoweit „parallel" zu lernen und die Probleme des allgemeinen Verwaltungsrechts – entsprechend der Konzeption dieses Skripts – anhand einer klausurmäßigen Prüfung einzuüben.

Um bei der Fallbearbeitung insbesondere das Auffinden der einschlägigen Klageart zu erleichtern, soll vorab ein kurzer Überblick über die wichtigsten verwaltungsrechtlichen Verfahrensarten gegeben werden[1].

Das Verwaltungsprozessrecht ist zunächst das Verfahrensrecht für diejenigen Rechtsstreitigkeiten, die einem besonderen Rechtsweg, nämlich dem *Verwaltungsrechtsweg* zugeordnet sind. Erste und zentrale Voraussetzung jedes verwaltungsrechtlichen Rechtbehelfs ist daher die *Eröffnung des Verwaltungsrechtsweges*.

Hinweis: Ob die Prüfung der Eröffnung des Verwaltungsrechtsweges *innerhalb* oder *außerhalb* der Zulässigkeitsprüfung zu erfolgen hat, ist seit der Einführung des § 17a II GVG umstritten. Nach dieser Norm führt ein fehlerhaft gewählter Rechtsweg nicht mehr zu einer Abweisung der Klage als unzulässig, sondern es kommt von Amts wegen zu einer Verweisung an das zuständige Gericht des zulässigen Rechtsweges. Dennoch stellt die Eröffnung des Verwaltungsrechtsweges eine Zulässigkeitsvoraussetzung für eine Sachentscheidung des Verwaltungsgerichts dar. Auch bei Vorliegen der Voraussetzungen des § 17a GVG bleibt eine Klage vor dem Verwaltungsgericht damit unzulässig. In den folgenden Fallbearbeitungen wird die Prüfung der Eröffnung des Verwaltungsrechtsweges daher weiterhin innerhalb der Zulässigkeitsprüfung vorgenommen. In einer Klausur ist natürlich auch ein anderer Weg gangbar. In der Prüfungspraxis ist es mittlerweile zu einer „friedlichen Koexistenz" zwischen beiden Lösungsansätzen gekommen. Keinesfalls dürfen Sie diese Frage jedoch in Ihrem Gutachten erörtern! Ihr Aufbau muss selbsterklärend sein!

---

[1] Ausführlich werden die Klagearten im Skript *Verwaltungsrecht AT 2* behandelt.

Sofern keine aufdrängende Sonderzuweisung vorhanden ist (z. B. § 54 I BeamtStG), ist die Eröffnung des Verwaltungsrechtsweges regelmäßig über die Generalklausel des § 40 I VwGO zu prüfen. Danach ist der Verwaltungsrechtsweg in allen *öffentlich-rechtlichen Streitigkeiten nichtverfassungsrechtlicher Art* gegeben, soweit diese nicht gesetzlich einem anderen Rechtsweg zugeordnet sind.

Bereits im Rahmen der Eröffnung des Verwaltungsrechtsweges wird mit der Voraussetzung der öffentlich-rechtlichen Streitigkeit die aus dem allgemeinen Verwaltungsrecht bekannte Abgrenzung zwischen öffentlichem Recht und Privatrecht relevant.

Gelangt man über § 40 I VwGO zur Eröffnung des Verwaltungsrechtsweges, ist im Anschluss daran anhand des Begehrens des Klägers (§ 88 VwGO) nach der *statthaften Klageart* zu suchen. Das verwaltungsgerichtliche Klagesystem der VwGO ist (historisch bedingt) für *Verwaltungsakte* fein nach dem vorgebrachten Klagegegenstand ausdifferenziert. Ihre Abwehr erfolgt durch die *Anfechtungs-,* ihre Einforderung hingegen durch die *Verpflichtungsklage.* Die Feststellung ihrer Nichtigkeit bzw. eines durch sie begründeten Rechtsverhältnisses erfolgt durch die *Feststellungsklage;* die Feststellung ihrer Rechtswidrigkeit nach Erledigung durch die *Fortsetzungsfeststellungsklage.*

Geht es nicht um einen Verwaltungsakt, sondern um die Vornahme von *Realakten* oder Geldzahlungen, ist die *allgemeine Leistungsklage* sowie subsidiär die *Feststellungsklage* einschlägig.

Mit der **Anfechtungsklage** (§ 42 I, 1. Alt. VwGO) als Gestaltungsklage kann also die *Aufhebung eines belastenden Verwaltungsaktes* erstritten werden. Sie zielt folglich auf eine unmittelbare Rechtsgestaltung durch das Gericht ab. Durch die Leistungsklage hingegen will der Kläger die Verurteilung des Beklagten zu einer „Leistung“ erreichen. Diese „Leistung“ kann auch in einem Verwaltungsakt bestehen.

Die **Verpflichtungsklage** (§ 42 I, 2. Alt. VwGO), die auf den *Erlass eines Verwaltungsaktes* abzielt, ist folglich der Sache nach eine besondere Art der Leistungsklage. Anfechtungs- und Verpflichtungsklage sind daher immer dann einschlägig, wenn das angegriffene oder erstrebte behördliche Tun einen *Verwaltungsakt* darstellt. Aufgrund dessen spielen sie in der verwaltungsrechtlichen Ausbildungs- und Prüfungspraxis eine überragende Rolle.

Die **Feststellungsklage** ist in § 43 VwGO geregelt und erfasst drei verschiedene Ziele: Die Feststellung des Bestehens eines Rechtsverhältnisses (positive Feststellungsklage), die Feststellung des Nicht-Bestehens (negative Feststellungsklage) und die Feststellung der Nichtigkeit eines VA (Nichtigkeitsfeststellungsklage). Außer bei der Nichtigkeitsfeststellungsklage ist bei der Feststellungsklage insbesondere die gem. § 43 II VwGO gegenüber Gestaltungs- und Leistungsklagen angeordnete *Subsidiarität* zu beachten.

Die sog. **Fortsetzungsfeststellungsklage** hingegen ist auf die Feststellung der Rechtswidrigkeit eines mittlerweile erledigten Verwaltungsaktes gerichtet (§ 113 I S. 4 VwGO). § 113 I S. 4 VwGO regelt unmittelbar den Fall, dass sich ein angefochtener VA *nach Klageerhebung,* aber vor der Entscheidung des Gerichts erledigt hat. Dem Kläger soll dadurch eine Fortführung seiner ursprünglich statthaften Anfechtungsklage ermöglicht werden. Auf die Situation der Verpflichtungsklage wird die Vorschrift analog angewandt. Aber auch in der Situation, in der sich der VA bereits *vor* Klageerhebung erledigt hat, wird traditionell die Fortsetzungsfeststellungsklage in analoger Anwendung herangezogen. Dabei werden die Sachurteilsvoraussetzungen indes stark an diejenigen der allgemeinen Feststellungsklage angenähert.[2]

---

[2] In jüngster Zeit mehren sich daher die Zweifel, ob unter diesen Umständen nicht die allgemeine Feststellungsklage die richtige Klageart ist. Klausurmäßig lassen sich derartige Fälle beim derzeitigen Stand der Diskussion am besten lösen, indem man die Statthaftigkeit der allgemeinen Feststellungsklage kurz andiskutiert und anschließend mit der traditionellen Auffassung § 113 I S. 4 VwGO analog bzw. ggf. in der Situation der Verpflichtungsklage doppelt analog anwendet.

Die **allgemeine Leistungsklage** wird – im Unterschied zu der Verpflichtungsklage als besonderer Leistungsklage – zwar nicht ausdrücklich in der VwGO geregelt, ihre Existenz wird aber an mehreren Stellen in der Verwaltungsgerichtsordnung vorausgesetzt (§§ 111, 113 V und 43 II VwGO). Mit ihr kann in erster Linie die Vornahme staatlichen Handelns, welches nicht in dem Erlass eines Verwaltungsaktes besteht, begehrt werden. Die Leistungsklage ist daher zu erheben, wenn der Kläger ein schlicht hoheitliches Handeln begehrt (z.B. eine Auskunft) oder gegen den Staat Folgenbeseitigungs- bzw. Geldleistungsansprüche geltend macht.

Neben den genannten Klagearten gewährleistet die VwGO dem Bürger – um den Anforderungen eines effektiven Rechtsschutzes aus Art. 19 IV GG gerecht zu werden – darüber hinaus die Möglichkeit vorläufigen Rechtsschutzes (§§ 80 V, 80a sowie § 123 VwGO).

Die Basis jeder erfolgreichen Fallbearbeitung ist mithin, das Klagebegehren des Anspruchsstellers herauszuarbeiten und anhand dessen die Erfolgsaussichten eines konkreten Rechtsbehelfs zu prüfen. So gesehen ist das Verwaltungsprozessrecht nicht „nur“ das Verfahrensrecht der Verwaltungsgerichte, sondern bildet gleichsam den Rahmen für die Zuordnung nahezu aller materiellrechtlichen Probleme aus dem allgemeinen Verwaltungsrecht zu dem konkreten Fall.

Dieses Vorgehen und die Zulässigkeitsvoraussetzungen der verschiedenen Klagearten sollen nunmehr im zweiten Teil des Skripts im Rahmen der Fallbearbeitung im Einzelnen dargestellt und eingeübt werden. Zur Vertiefung der verwaltungsprozessualen Probleme sei zudem auf *Dürbaum*, Verwaltungsrecht AT 2 – Verwaltungsprozessrecht –, das Niederle-Studienbuch Verwaltungsrecht AT von *Linke* sowie die Lehrbücher von *Gersdorf* und *Hufen* hingewiesen.

2. Teil: Fälle und Lösungen

Fall 1: Uni meets Business

▸ **Standort:** Eröffnung des Verwaltungsrechtsweges

Um die Konjunktur anzukurbeln und gleichzeitig Wissenschaft und Wirtschaft besser zu vernetzen, hat das neu geschaffene „Superministerium" für Wirtschaft, Arbeit, Wissenschaft und Forschung das neue Förderprogramm „Uni meets Business" ins Leben gerufen und gesetzlich geregelt. Hierbei erhalten nach § 1 Uni meets Business Gesetz (UmBG) Studierende, welche neben dem Studium ein Unternehmen mit Bezug zum Fachbereich gründen wollen, zinsgünstige Darlehen. Die Darlehensabwicklung erfolgt über „übliche" Darlehensverträge.
Die fleißigen Jurastudenten „Textmarker-Till (T)" und „5-Farben-Frank (F)" wollen sich nunmehr mit einem Mitschriften-Service für Studenten selbständig machen und beantragen beim Ministerium das oben beschriebene Gründerdarlehen. Mit einfachem Schreiben wird der Antrag allerdings abgelehnt, da man der Ansicht ist, das Projekt sei nicht fachbereichsspezifisch. T und F möchten sich das nicht gefallen lassen und beabsichtigen zu klagen. Nach wochenlanger Arbeit an der Klageschrift fällt den beiden auf, dass sie gar nicht wissen, vor welchem Gericht sie eigentlich klagen müssen. Müsste die Klage vor dem Verwaltungsgericht erhoben werden?

I. Eröffnung des Verwaltungsrechtsweges
 1. Zuständigkeit kraft ausdrücklicher Zuweisung
 2. Generalklausel § 40 I VwGO
  a) Öffentlich-rechtliche Streitigkeit
   aa) Modifizierte Subjektstheorie
   bb) „Zwei-Stufen-Theorie"
  b) Nichtverfassungsrechtlicher Art
  c) Keine abdrängende Sonderzuweisung
II. Ergebnis

T und F können vor dem Verwaltungsgericht klagen, wenn der Verwaltungsrechtsweg eröffnet ist.

I. Eröffnung des Verwaltungsrechtsweges

1. Aufdrängende Sonderzuweisung

Der Verwaltungsrechtsweg ist stets eröffnet, wenn dies für konkrete Streitigkeiten ausdrücklich durch Gesetz bestimmt ist (Standardbeispiel: § 54 I BeamtStG für beamtenrechtliche Streitigkeiten). Für den vorliegenden Fall besteht eine derartige gesetzliche Regelung nicht.

2. Generalklausel § 40 I VwGO

Der Verwaltungsrechtsweg ist nach der Generalklausel des § 40 I VwGO für alle öffentlich-rechtlichen Streitigkeiten nichtverfassungsrechtlicher Art eröffnet, soweit die Streitigkeit nicht ausdrücklich einem anderen Gericht zugewiesen ist.

a) Öffentlich-rechtliche Streitigkeit

Es müsste sich bei dem hiesigen Sachverhalt also um eine öffentlich-rechtliche Streitigkeit handeln (für privatrechtliche Streitigkeiten sind die Zivilgerichte zuständig, vgl. § 13 GVG).

aa) Modifizierte Subjektstheorie

Ob eine öffentlich-rechtliche Streitigkeit vorliegt, hängt von der wahren Natur des behaupteten Anspruchs ab. Dieser muss also öffentlich-rechtlicher Natur sein, wobei dies maßgeblich von den streitentscheidenden Normen abhängt. Zu klären ist mithin zunächst der Streitgegenstand, anschließend sind die streitentscheidenden Normen zu ermitteln, bevor zuletzt geklärt werden kann, ob diese dem öffentlichen Recht angehören.

Um zu bestimmen, ob eine Streitigkeit öffentlich-rechtlich ist, stellen sich in der Fallbearbeitung somit regelmäßig **drei Fragen**:

- Was ist der Streitgegenstand?
- Was sind die streitentscheidenden Normen?
- Sind diese Normen öffentlich-rechtlich?

Vorliegend wenden sich T und S gegen die Nicht-Gewährung des Darlehens. Streitgegenstand ist damit die Rechtmäßigkeit dieser Darlehensversagung. Streitentscheidende Norm ist vorliegend § 1 UmBG, welcher die Subventionsvergabe regelt. Zu klären ist damit, ob es sich bei dieser Norm, um eine öffentlich-rechtliche oder um eine privatrechtliche Norm handelt. Zu dieser Abgrenzung ist eine Vielzahl an Theorien entwickelt worden (Subordinationstheorie, Interessentheorie, Subjektstheorie). In den meisten Fällen kann diese Frage jedoch mit Hilfe der sog. modifizierten Subjektstheorie (auch Sonderrechtstheorie genannt) geklärt werden.

Nach dieser handelt es sich immer dann um öffentliches Recht, wenn die relevante Norm ausschließlich Hoheitsträger gerade in ihrer Funktion als Hoheitsträger berechtigt oder verpflichtet (es kann sich also nicht jedermann auf diese Normen berufen, daher auch Sonderrechtstheorie). § 1 UmBG berechtigt vorliegend allein das neue Superministerium zur Vergabe der genannten Darlehen und zwar gerade in seiner Funktion als Hoheitsträger. § 1 UmBG ist damit dem öffentlichen Recht zuzuordnen. Es handelt sich damit grundsätzlich um eine öffentlich-rechtliche Streitigkeit.

Hinweis: Auch die mod. Subjektstheorie hat allerdings ihre Schwächen. Haupteinwand gegen sie ist, dass sie nur dann praktikabel ist, wenn eindeutig ist, welche Rechtsvorschriften streitentscheidend sind. Sie bezieht sich also allein auf die „dritte Frage", also die Einordnung der streitentscheidenden Normen. Für die „zweite Frage" (also diejenige nach den streitentscheidenden Normen selbst) kann sie hingegen nicht herangezogen werden.

Gerade in diesem Bereich liegen jedoch oftmals die Probleme, wenn etwa im Falle von Realakten unklar ist, ob eine eindeutig privatrechtliche oder eine eindeutig öffentlich-rechtliche Norm streitentscheidend ist. Im Bereich der Leistungsverwaltung kann es zudem vorkommen, dass es an einer gesetzlichen Normierung und damit bereits an einem Anknüpfungspunkt für die mod. Subjektstheorie fehlt.

bb) „Zwei-Stufen-Theorie“

Bei der rechtlichen Qualifizierung von Leistungen der Verwaltung ist jedoch zu beachten, dass zwischen der Entscheidung der Behörde über das **„Ob“** der Subventionsvergabe und der Umsetzung dieser Entscheidung, dem **„Wie“** der Vergabe, differenziert werden muss. Denn aufgrund der **Formenwahlfreiheit** der Verwaltung kann sich diese zur Erfüllung ihrer Aufgaben auch der Rechtsform des Privatrechts bedienen.

Die Abwicklung des Darlehensvertrages könnte daher vorliegend auch nach den §§ 488 ff. BGB erfolgen. Diese **Zweistufigkeit** des Verfahrens ist Ansatzpunkt der sog. **Zwei-Stufen-Theorie**.

Die Zwei-Stufen-Theorie unterscheidet, wie bereits ihr Name sagt, zwischen zwei Stufen: Zunächst entscheidet die Behörde darüber, *ob* das beantragte Darlehen zu gewähren ist (1. Stufe); diese Entscheidung ist stets dem öffentlichen Recht zuzuordnen. Sodann wird in Vollzug des Bewilligungsbescheids und zur Abwicklung der Subvention *(= wie)* ein Darlehensvertrag zwischen der Behörde und dem Subventionsempfänger abgeschlossen (= 2. Stufe); dieser kann öffentlich-rechtlich oder privatrechtlich sein.

Achtung: Die Zwei-Stufen-Theorie besagt nicht, dass bei allen Rechtsverhältnissen zwischen zwei Stufen unterschieden werden muss. Sie besagt auch nicht, dass bei zweistufigen Rechtsverhältnissen die zweite Stufe immer privatrechtlich ist; dies ist vielmehr nur eine Möglichkeit! Vor allem ist die Zwei-Stufen-Theorie nicht generell zur Abgrenzung von öffentlichem Recht und Privatrecht geeignet, sondern findet nur im *Subventionswesen* und bei der *Benutzung kommunaler öffentlicher Einrichtungen* Anwendung. Und auch dort sieht sie sich vermehrt dem Vorwurf ausgesetzt, einen einheitlichen Lebenssachverhalt künstlich in einen öffentlich-rechtlichen und einen privatrechtlichen Bestandteil zu zerteilen. In den genannten Bereichen ist ihre Anwendung jedoch sowohl in der Praxis als auch in Prüfungsarbeiten nach wie vor anerkannt.

T und F geht es in der aktuellen Situation allein um die Frage der Darlehensgewährung an sich, also um das „**Ob**" der Darlehensgewährung (1. Stufe). Dieses „**Ob**" richtet sich nach § 1 UmBG, also einer Norm des öffentlichen Rechts. Würde es sich dagegen um das „Wie" der Darlehensabwicklung handeln (2. Stufe), müsste man nach den allgemeinen Kriterien differenzieren.

Zwischenergebnis: Da § 1 UmBG die streitentscheidende Norm hinsichtlich des hier zu entscheidenden „Ob" der Darlehensgewährung ist, liegt eine öffentlich-rechtliche Streitigkeit vor.

b) Nichtverfassungsrechtlicher Art

Es dürfte sich zudem nicht um eine verfassungsrechtliche Streitigkeit handeln. Nach der h. M. ist eine Streitigkeit dann verfassungsrechtlich i.S.d. § 40 I VwGO, wenn eine sog. *„doppelte Verfassungsunmittelbarkeit"* vorliegt. Dies ist nur dann der Fall, wenn zwei Verfassungsorgane oder unmittelbar am Verfassungsleben Beteiligte über ihre unmittelbar aus der Verfassung folgenden Rechte oder Pflichten streiten. Dies ist hier indes nicht der Fall. Das Ministerium als Teil der Regierung ist zwar unmittelbar am Verfassungsleben beteiligt, T und F jedoch nicht. Zum anderen streiten die Beteiligten hier um § 1 UmBG, welcher kein Verfassungsrecht darstellt.

c) Keine abdrängende Sonderzuweisung

Es dürfte schließlich für die vorliegende Streitigkeit keine sog. abdrängende gesetzliche Sonderzuweisung zu einem

anderen Gericht (-szweig) bestehen. Eine solche gesetzliche Regelung ist hier nicht ersichtlich.
Mithin ist der Verwaltungsrechtsweg über die Generalklausel des § 40 I VwGO eröffnet.

Hinweis: Abdrängende Sonderzuweisungen finden sich bspw. in § 40 II S. 1 VwGO, Art. 34 S. 3 GG (Streitigkeiten über Schadensersatz bei Amtspflichtverletzungen), Art. 14 III S. 4 GG (Streitigkeiten über die Höhe von Entschädigungen bei Enteignungen) sowie für Angelegenheiten der Finanz- und Sozialgerichtsbarkeit. Das für die praktische Fallbearbeitung (im Bereich des Polizeirechts) wichtigste Beispiel einer abdrängenden Sonderzuweisung ist **§ 23 EGGVG**, der für sog. Justizverwaltungsakte die Zuständigkeit der ordentlichen Gerichte anordnet.

II. Ergebnis

Für die vorliegende Streitigkeit ist nach der Generalklausel des § 40 I VwGO der Verwaltungsrechtsweg eröffnet.

Abwandlung: Nachdem T und F das Darlehen beantragt haben, gewährt das Ministerium selbiges durch Bewilligungsbescheid (VA). Durch Zufall erfährt der zuständige Sachbearbeiter des Ministeriums nach der Auszahlung der Darlehenssumme in Höhe von 5.000 €, dass T und F zum Zeitpunkt der Antragstellung gar nicht als Studierende eingeschrieben waren. Da die Erteilungsvoraussetzungen demnach nicht vorlagen, hebt das Ministerium den Bewilligungsbescheid rückwirkend auf und fordert T und F mit einfachem Schreiben zur sofortigen Rückzahlung der Darlehenssumme auf. T und F wollen sich gegen die Rückzahlungsaufforderung wehren. Können die Beiden wieder vor dem Verwaltungsgericht klagen?

I. Eröffnung des Verwaltungsrechtsweges
1. Aufdrängende Sonderzuweisung
2. Generalklausel § 40 I VwGO
a) Öffentlich-rechtliche Streitigkeit
b) Sonstige Vorausssetzungen
II. Ergebnis

T und F können vor dem Verwaltungsgericht klagen, wenn der Verwaltungsrechtsweg eröffnet ist.

I. Eröffnung des Verwaltungsrechtsweges

1. Aufdrängende Sonderzuweisung

Die Generalklausel des § 40 I S. 1 VwGO kommt schon gar nicht zur Anwendung, wenn die Zuständigkeit des Verwaltungsgerichts durch ein spezielles Gesetz begründet wird (sog. aufdrängende Sonderzuweisung). Eine spezielle Norm, welche für den vorliegenden Streit den Verwaltungsrechtsweg vorsieht, ist jedoch nicht ersichtlich.

2. Generalklausel § 40 I VwGO

Der Verwaltungsrechtsweg könnte aber über die Generalklausel des § 40 I VwGO eröffnet sein, wenn es sich vorliegend um eine öffentlich-rechtliche Streitigkeit nichtverfassungsrechtlicher Art handelt und keine abdrängende Sonderzuweisung zu einem anderen Gericht existiert.

a) Öffentlich-rechtliche Streitigkeit

Es müsste zunächst eine öffentlich-rechtliche Streitigkeit vorliegen. T und F wenden sich gegen die Rückforderung der Darlehenssumme. Streitgegenstand ist damit die Frage der Rechtmäßigkeit dieser Rückforderung. Fraglich ist, welche Normen in diesem Fall streitentscheidend sind. In Frage kommen hier § 812 BGB (ungerechtfertigte Bereicherung/privatrechtlich) sowie die §§ 48, 49a VwVfG (Rücknahme eines rechtswidrigen Verwaltungsaktes + Rückforderung/öffentlich-rechtlich).

Da das Ministerium hier nicht mitgeteilt hat, auf welcher Anspruchsgrundlage die Rückforderung beruht und auch nicht per öffentlich-rechtlicher Handlungsform (Rückforderungsbescheid) gehandelt hat, ist unklar, auf welche Anspruchsgrundlage hier zurückzugreifen wurde.

Die genannten Abgrenzungstheorien führen an dieser Stelle nicht weiter, da sie allein die Einordnung einer bekannten Anspruchsgrundlage ermöglichen. Vorliegend liegt das Problem jedoch anders: es sind zwei Anspruchsgrundlagen denkbar, die unproblematisch dem öffentlichen bzw. dem Privatrecht zugeordnet werden können. Die Frage welche vorliegend gewählt werden muss, ist mit den Theorien indes nicht zu beantworten. Es muss damit auf andere Kriterien zurückgegriffen werden.

Ein solches Abgrenzungskriterium stellt die **sog. Kehrseitentheorie** dar. Nach dieser Theorie ist eine Streitigkeit im Hinblick auf eine Rückforderung von Leistungen dann öffentlich-rechtlich einzuordnen, wenn auch das Leistungsverhältnis öffentlich-rechtlich war. Wie im Ausgangsfall beschrieben, war die Gewährung des Darlehens öffentlich-rechtlich (§ 1 UmBG). Mithin ist auch der Streit bezüglich der Rückforderung öffentlich-rechtlich zu bewerten. Streitentscheidende Normen sind vorliegend damit die §§ 48, 49 VwVfG.

b) Sonstige Voraussetzungen

Auch die sonstigen Voraussetzungen des § 40 I VwGO liegen vor.

II. Ergebnis

Für die vorliegende Streitigkeit ist der Verwaltungsrechtsweg über die Generalklausel des § 40 I VwGO eröffnet. T und F können also erneut vor dem Verwaltungsgericht klagen.

Fall 2: Beamtenpoker

▸ **Standort:** Verwaltungsakt, Statthaftigkeit der Anfechtungsklage

Bereits seit vier Generationen waren sämtliche männlichen Mitglieder der Familie Thielke Finanzbeamte in Münster. Der Familientradition folgend hat auch Hans-Hermann (H) es zur Verbeamtung geschafft und sitzt nun mit seinen beiden Kollegen A und B in einem schönen Büro mit Blick auf die Promenade. Weil die drei ihre Aufgaben effizient und schnell erledigen, bleibt genug Zeit, regelmäßige Pokerrunden im Büro zu veranstalten.

Dies gefällt dem zuständigen Dienstherrn überhaupt nicht, allein schon, weil Hs Vater ihn früher immer „zur Minna" gemacht hat. So wird H nunmehr auf Anordnung seines Dienstherrn in das Sozialamt versetzt. An seinen Bezügen ändert sich hierdurch aber nichts.

Die Versetzung gefällt dem H überhaupt nicht, da er weiß, dass in dem Büro nur Frauen sitzen, alle viel zu tun haben und auch bestimmt keiner Poker spielt. Die Entscheidung wird jedoch auch im Widerspruchsverfahren nicht abgeändert. Hieraufhin erhebt H Anfechtungsklage vor dem Verwaltungsgericht. Ist die Anfechtungsklage statthaft?

I. Eröffnung des Verwaltungsrechtsweges
II. Anfechtungsklage als statthafte Klageart
 1. Hoheitliche Maßnahme
 2. Behörde
 3. Auf dem Gebiet des öffentlichen Rechts
 4. Regelung
 5. Einzelfall
 6. Außenwirkung
III. Ergebnis

Die Anfechtungsklage des H vor dem Verwaltungsgericht ist statthaft, wenn der Verwaltungsrechtsweg eröffnet und die Anfechtungsklage die einschlägige Klageart ist.

I. Eröffnung des Verwaltungsrechtsweges

Zunächst müsste der Verwaltungsrechtsweg eröffnet sein. Nach der aufdrängenden Sonderzuweisung des § 54 I BeamtStG ist für alle Klagen aus dem Beamtenverhältnis, die im unmittelbaren Zusammenhang mit dem Dienstverhältnis stehen, der Verwaltungsrechtsweg gegeben. H ist Beamter und seine Klage richtet sich gegen die Versetzung, mithin eine Maßnahme aus dem Beamtenverhältnis. Der Verwaltungsrechtsweg ist somit eröffnet.

II. Anfechtungsklage als statthafte Klageart

Die erhobene Anfechtungsklage müsste die statthafte Klageart für das Anliegen des H sein. Nach § 88 VwGO richtet sich die Klageart nach dem Begehren des Klägers. Vorliegend begehrt H die Aufhebung der Versetzungsanordnung.

Nach § 42 I 1. Alt. VwGO ist die Anfechtungsklage die statthafte Klageart, wenn der Kläger die *Aufhebung eines Verwaltungsaktes* begehrt. Fraglich ist demnach, ob es sich bei dem angegriffenen behördlichen Handeln – der Versetzungsanordnung – um einen Verwaltungsakt handelt.

Der *Verwaltungsakt* ist in **§ 35 S. 1 VwVfG**[3] legal definiert. Hiernach ist ein *„Verwaltungsakt jede Verfügung, Entscheidung oder andere hoheitliche Maßnahme, die eine Behörde zur Regelung eines Einzelfalls auf dem Gebiet des öffentlichen Rechts trifft und die auf unmittelbare Rechtswirkung nach außen gerichtet ist.*" Die Legaldefinition des § 35 S. 1 VwVfG weist somit sechs Merkmale auf, die für einen Verwaltungsakt konstituierend sind:

---

[3] In den meisten Klausurfällen handeln Landesbehörden, deren Tätigkeit sich nach dem jeweiligen LandesVwVfG beurteilt. Aus Gründen der Einheitlichkeit wird in diesem Skript ausschließlich das VwVfG des Bundes zugrunde gelegt. Die Aussagen lassen sich jedoch regelmäßig auf das jeweilige Landesrecht übertragen.

1. Hoheitliche Maßnahme

Es müsste sich bei der Versetzung um eine *hoheitliche Maßnahme* handeln. Unter den Begriff der Maßnahme fällt bereits jedes Verwaltungshandeln, das einen Erklärungsgehalt aufweist. Das Erfordernis der *Hoheitlichkeit* der Maßnahme verlangt darüber hinaus einseitiges behördliches Handeln im Über-Unterordnungs-Verhältnis. Dieses Merkmal dient damit der Abgrenzung zu einvernehmlichen Handlungsformen zwischen Behörde und Bürger. Bei der vorliegend erlassenen Versetzungsanordnung handelt es sich um eine einseitige Entscheidung des Dienstherrn, mithin um eine hoheitliche Maßnahme in Form einer Verfügung.

2. Behörde

Der hier handelnde Dienstherr müsste *Behörde* i.S.d. § 35 S.1 VwVfG sein. Nach der Legaldefinition des **§ 1 IV VwVfG** ist Behörde jede Stelle, die Aufgaben der öffentlichen Verwaltung wahrnimmt (funktionaler Verwaltungsbegriff). Damit werden Akte der rechtsprechenden Gewalt und der Legislative ausgeklammert. Finanzbehörden sind Teil der öffentlichen Verwaltung und damit auch der Dienstherr des H. Mithin hat hier eine Behörde i.S.d. §§ 1 IV, 35 S. 1 VwVfG gehandelt.

3. Auf dem Gebiet des öffentlichen Rechts

Das Verhältnis Dienstherr – Beamter ist auch *öffentlich-rechtlich* ausgestaltet (vgl. Art. 33 IV GG).

> Sofern – anders als im vorliegenden Fall – keine aufdrängende Sonderzuweisung vorhanden ist, wird der öffentlich-rechtliche Charakter der fraglichen Maßnahme bereits im Rahmen der Generalklausel des § 40 I VwGO bei der Eröffnung des Verwaltungsrechtsweges geklärt (öffentlich-rechtliche Streitigkeit), so dass bei diesem Prüfungspunkt häufig nach oben verwiesen werden kann.

4. Regelung

Die Versetzungsanordnung müsste zudem einen Regelungsgehalt aufweisen. Eine Maßnahme hat dann *Regelungswirkung,* wenn sie nach ihrem objektiven Sinngehalt darauf gerichtet ist, eine unmittelbare, verbindliche Rechtsfolge zu setzen. Mit diesem Merkmal lassen sich insbesondere bloße Realakte und lediglich vorbereitende Maßnahmen der Verwaltung gegenüber einem Verwaltungsakt abgrenzen. Im vorliegenden Fall ist H durch die Versetzung nunmehr der Sozialbehörde gegenüber dienstlich verpflichtet und hat in der neuen Dienststelle seiner Dienstpflicht nachzukommen. Seine Rechtsstellung hat sich somit unmittelbar geändert. Die Versetzungsanordnung weist somit Regelungswirkung auf.

5. Einzelfall

Bei der Versetzungsanordnung müsste es sich um eine *Einzelfallregelung* handeln. Durch das Kriterium der Einzelfallbezogenheit unterscheiden sich VAe von *Rechtsnormen.* Rechtsnormen sind *abstrakt-generelle* Regelungen, der Normalfall eines Verwaltungsaktes ist dagegen eine *konkret-individuelle* Regelung, das heißt, die Behörde regelt einen einzigen Fall einer einzelnen Person. Im Schnittpunkt dieser beiden Möglichkeiten des Verwaltungshandelns steht die *Allgemeinverfügung nach § 35 S. 2 VwVfG.* Dabei handelt es sich um einen VA, der sich aber an eine unbestimmte Anzahl von Personen richtet, also konkret-generellen Charakter hat.

Merke:

- **konkret:** ein Fall
- **abstrakt:** Vielzahl von Fällen
- **individuell:** bestimmbarer Personenkreis
- **generell:** nicht bestimmbarer Personenkreis

Vorliegend richtet sich die Versetzungsanordnung allein an H (individuell). Sachlich betrifft die Entscheidung die Versetzung einer bestimmten Person an eine bestimmte Dienststelle zu einer bestimmten Zeit. Mithin wird ein ganz konkreter, einzigartiger Sachverhalt geregelt. Es handelt sich somit um eine Einzelfallregelungen i.S.d. § 35 S.1 VwVfG.

6. Außenwirkung

Fraglich ist, ob die Versetzung eine Maßnahme mit *Außenwirkung* darstellt. Außenwirkung liegt vor, wenn der Inhalt der Regelung den verwaltungsinternen Bereich verlässt, das heißt, wenn Rechte der Bürger oder sonstiger außenstehender Rechtspersonen unmittelbar betroffen sind und dies von der Behörde auch beabsichtigt wurde.

Ob eine solche Außenwirkung vorliegend besteht, ist fraglich, da die Versetzung den H primär in seiner Stellung als Beamten betrifft und ihn somit vordergründig betrachtet lediglich „innerbehördlich“ beeinträchtigt. Beim Beamtenverhältnis, das zu den sog. *Sonderstatusverhältnissen* (Beamte, Soldaten, Schüler, Strafgefangene) zählt, kann eine Außenwirkung nur dann angenommen werden, wenn durch die Maßnahme in das sog. *Grundverhältnis* eingegriffen wird. Zum Bereich des Grundverhältnisses zählen alle Fragen, die den *Bestand des Beamtenverhältnisses selbst* betreffen. Keine Außenwirkung haben hingegen solche Maßnahmen, die lediglich der *inneren Betriebsorganisation* zuzuordnen sind (dem sog. *Betriebsverhältnis*).

Im vorliegenden Fall bewirkt die Versetzung, dass H einen anderen Dienstort, einen anderen Dienstherrn bei einer anderen Behörde und eine andere Aufgabe hat. Mithin berührt die Maßnahme wesentlich den Bestand des Beamtenverhältnisses selbst. Die Versetzungsanordnung hat daher Außenwirkung.

Die Einteilung in Grund- und Betriebsverhältnis bietet allerdings nur eine grobe Unterscheidungsmöglichkeit. Heute wird für die Beantwortung der Frage, inwieweit eine Maßnahme Außenwirkung aufweist, daher überwiegend darauf abgestellt, ob mit der Maßnahme beabsichtigt wird, in *subjektive Rechte* einer natürlichen Person einzugreifen. Es kommt dabei darauf an, ob die Maßnahme den Beamten in seiner *Amtsstellung* oder in seiner *persönlichen Rechtsstellung* betrifft. Durch die Versetzung des H in das Sozialamt ist er künftig nicht nur einem anderen Dienstherrn untergeordnet, sondern bekommt zugleich ein völlig neues Aufgabengebiet zugewiesen. Diese nachhaltige Wirkung der Versetzung verletzt H in seiner persönlichen Rechtsstellung. Dass die Bezüge des H gleich bleiben, ist insoweit unerheblich.

Klausurtipp: Auch wenn die Unterscheidung nach dem *Grund- und Betriebsverhältnis* inzwischen überholt ist, sollte in der Klausur bei der Abgrenzungsfrage zunächst der Sachverhalt unter diese Begrifflichkeiten subsumiert werden, um zu dokumentieren, dass Ihnen diese Unterscheidung bekannt ist. Sodann sollte eine Einordnung auf der Grundlage der neueren Unterscheidungskriterien vorgenommen werden.

III. Ergebnis

Die Versetzungsanordnung weist alle Merkmale eines Verwaltungsaktes i.S.d. § 35 S. 1 VwVfG auf. Da H dessen Aufhebung begehrt, ist die Anfechtungsklage nach § 42 I, 1. Alt. VwGO die statthafte Klageart.

Abwandlung: Der zuständige Dienstherr würde den H zwar gerne loswerden, aber leider ist kein Posten bei einer anderen Dienststelle frei, wohin er ihn versetzen könnte. Um zumindest die ungeliebten Pokerrunden zu verhindern, teilt er dem H ein neues Einzelbüro im Keller mit schönem Blick in die Tiefgarage zu. Nach erfolglosem Vorverfahren bleibt es bei der „Umsetzung“. Nunmehr erhebt H Anfechtungsklage vor dem Verwaltungsgericht. Ist eine solche statthaft?

I. Eröffnung des Verwaltungsrechtsweges

Nach § 54 I BeamtStG ist der Verwaltungsrechtsweg eröffnet.

II. Anfechtungsklage als statthafte Klageart

Die Anfechtungsklage nach § 42 I, 1. Alt. VwGO ist die statthafte Klageart, wenn H die Aufhebung eines Verwaltungsaktes begehrt. Verwaltungsakt ist gem. § 35 S.1 VwVfG jede Verfügung, Entscheidung oder andere hoheitliche Maßnahme, die eine Behörde zur Regelung eines Einzelfalls auf dem Gebiet des öffentlichen Rechts trifft und die auf unmittelbare Rechtswirkung nach außen gerichtet ist.

Problematisch ist vorliegend, inwieweit die „Umsetzung" des H *Außenwirkung* entfaltet. Dies richtet sich bei dienstlichen Weisungen (z. B. Dienstherr – Beamter) danach, ob die Maßnahme das Grund- oder das Betriebsverhältnis betrifft (s.o.). Die „Umsetzung" in ein anderes Zimmer bei ansonsten völlig gleichbleibenden Umständen stellt für H lediglich einen innerbehördlichen Organisationsakt dar; weder an seiner Tätigkeit noch an seinem Dienstherrn, seiner Stellung oder seinen Bezügen hat sich etwas geändert.

Zum gleichen Ergebnis gelangt man, wenn man darauf abstellt, ob mit der Maßnahme beabsichtigt wird, in subjektive Rechte des H einzugreifen. Durch die Umsetzung ist H in seiner Funktion als Teil der Verwaltung, d. h. ausschließlich in seiner *Amtsstellung* betroffen, nicht hingegen in seiner *persönlichen Rechtsstellung*. Mithin hat die Umsetzung insgesamt keine Außenwirkung und stellt keinen Verwaltungsakt i.S.d. § 35 S.1 VwVfG dar.

III. Ergebnis

Die Anfechtungsklage ist hier nicht statthaft, da es sich bei der „Umsetzung" nicht um einen Verwaltungsakt handelt.

Anmerkung: Für H wäre es jedoch möglich, im Wege der allgemeinen Leistungsklage eine „Rücksetzung" anzustreben.

Fall 3: Papst oder Ersti-Party?

▸ **Standort:** Zulässigkeit der Anfechtungsklage, Fristen

Herr Hermann (H) betreibt seit Jahren erfolgreich mehrere Kneipen in G, wobei gerade sein Konzept „Laute Stimmungsmusik, viel Alkohol, schnelle Bedienung" einer der Hauptgründe dafür ist, dass die Läden so gut laufen. Wie jedes Jahr plant H gerade für die „Ersti-Woche" zahlreiche Sonderveranstaltungen. Unter anderem durchgehend Happy-Hour für „Erstis" gegen Vorlage des Studentenausweises.

Ein paar hundert Meter weiter ist derweil beim Bürgermeister B große Freude ausgebrochen. Der Papst hat zugesagt, im kommenden Frühjahr (April) für eine Woche („Ersti-Woche") die Stadt zu besuchen und an verschiedenen Veranstaltungen teilzunehmen. Um einen guten Eindruck zu hinterlassen, weist B die Ordnungsbehörden an, für diese Woche in bestimmten Kneipen ein Alkoholverbot zu verhängen.

Mit Untersagungsbescheid vom 29.11., am gleichen Tag zur Post gegeben, untersagt die Ordnungsbehörde dem H für seine Kneipen den Ausschank alkoholischer Getränke für die Woche des Papstbesuches.

Hiergegen legt H Widerspruch bei der Behörde ein. Der Widerspruch geht bei der Ordnungsbehörde am Montag, dem 03.01. ein. Diese weist den Widerspruch jedoch wegen Verfristung als unzulässig zurück. Der Widerspruchsbescheid wurde von der Behörde am Dienstag, dem 11.01. als Übergabeeinschreiben abgesandt und ist dem H am 12.01. ausgehändigt worden. Hieraufhin klagt H vor dem Verwaltungsgericht gegen das Ordnungsamt, wobei die Klageschrift dort am 14.02. eingeht. H beantragt in der nicht näher bezeichneten Klage, „entgegen der behördlichen Entscheidung eine Erlaubnis zum Alkoholausschank" zu bekommen.

Ist die Klage zulässig?

I. Eröffnung des Verwaltungsrechtsweges
II. Statthafte Klageart
III. Klagebefugnis (§ 42 II VwGO)
IV. Vorverfahren (§ 68 VwGO); ggf. je nach Bundesland entbehrlich
V. Klagefrist (§ 74 VwGO)
VI. Klagegegner (§ 78 VwGO)
VII. Ergebnis der Zulässigkeitsprüfung

Die Klage des H ist zulässig, wenn sämtliche Zulässigkeitsvoraussetzungen einer verwaltungsgerichtlichen Klage vorliegen.

I. Eröffnung des Verwaltungsrechtsweges

Die Eröffnung des Verwaltungsrechtsweges richtet sich mangels aufdrängender Sonderzuweisung nach § 40 I VwGO. Danach müsste es sich um eine öffentlich-rechtliche Streitigkeit nichtverfassungsrechtlicher Art handeln.

H wendet sich hier gegen den Untersagungsbescheid der Ordnungsbehörde. Die streitentscheidenen Normen für die Rechtmäßigkeit dieser Untersagung sind Vorschriften aus dem Gaststättengesetz. Diese Normen berechtigen ausschließlich die zuständige Behörde in ihrer Funktion als Hoheitsträger und gehören damit nach Maßgabe der mod. Subjektstheorie dem öffentlichen Recht an. Eine öffentlich-rechtliche Streitigkeit leigt somit vor. Diese ist auch nichtverfassungsrechtlicher Art, da keine obersten Verfassungsorgane über spezifisches Verfassungsrecht streiten. Eine abdrängende Sonderzuweisung ist nicht ersichtlich. Der Verwaltungsrechtsweg ist daher über die Generalklausel des § 40 I VwGO eröffnet.

II. Statthafte Klageart

Fraglich ist, welche Klageart vorliegend einschlägig ist. Dies richtet sich gem. § 88 VwGO nach dem Begehren des Klägers. H wendet sich hier gegen die *Untersagungsverfügung* und beantragt zumindest nach dem Wortlaut seiner Klageschrift die „Erlaubnis zum Alkoholausschank“. In Betracht kommen daher sowohl eine *Anfechtungsklage* nach § 42 I, 1. Alt. VwGO auf Aufhebung der Untersagungsverfügung als auch eine *Verpflichtungsklage* nach § 42 I, 2. Alt. VwGO auf die Erteilung einer Bewilligung zum Alkoholausschank. Ohne die Untersagungsverfügung dürfte H indes im Rahmen seiner allgemeinen Gaststättenerlaubnis ohnehin Alkohol ausschenken. Mit der Kassation der Untersagungsverfügung würde diese automatisch wieder aufleben. Damit ist hier die Anfechtungsklage gem. § 42 I, 1. Alt. VwGO auf Aufhebung der Untersagungsverfügung die statthafte Klageart.

Einer Verpflichtungsklage des H auf Erteilung einer Bewilligung zum Alkoholausschank würde insbesondere das Rechtsschutzbedürfnis fehlen, da H mit der Anfechtungsklage ein einfacherer Weg zur Verfügung steht, sein Rechtschutzziel zu erreiche: Mit einer erfolgreichen Anfechtsungsklage erreicht er dies automatisch, bei einer Verpflichtungsklage müsste hingegen zunächst ein Bescheid der Behörde ergehen.

III. Klagebefugnis (§ 42 II VwGO)

H müsste gemäß § 42 II VwGO klagebefugt sein, d.h., er müsste geltend machen können, durch die Untersagungsverfügung in seinen Rechten verletzt zu sein.

Hinweis: § 42 II VwGO dient der Vermeidung von Popularklagen; niemand soll Rechte der Allgemeinheit gerichtlich geltend machen können. In direkter Anwendung gilt § 42 II VwGO für die Anfechtungsklage und die Verpflichtungsklage.

Die Klagebefugnis besteht, wenn nach dem Vortrag des Klägers eine Verletzung dessen subjektiver Rechte *möglich erscheint* (sog. **Möglichkeitstheorie**). Ob *tatsächlich* eine solche Verletzung vorliegt, ist eine Frage der *Begründetheit* der Klage.

Dem H wird hier durch den Bescheid der Behörde der Ausschank alkoholischer Getränke untersagt. Bei an den Kläger gerichteten, belastenden Verwaltungsakten ist stets zumindest eine Verletzung des „Auffanggrundrechts" der allgemeinen Handlungsfreiheit (Art. 2 I GG) möglich (sog. *Adressatengedanke*). Vorliegend könnte H durch die Untersagungsverfügung jedoch möglicherweise auch in seinen Rechten aus der ursprünglichen Gaststättenerlaubnis verletzt sein. Er ist demnach nach § 42 II VwGO klagebefugt.

IV. Vorverfahren (§ 68 VwGO)

Nach § 68 I S. 1 VwGO müsste vor Erhebung der Anfechtungsklage ein Vorverfahren (Widerspruchsverfahren) durchgeführt worden sein.

Hinweis: Vom Erfordernis der Durchführung eines Vorverfahrens gibt es allerdings Ausnahmen (siehe § 68 I S. 2, 2. Alt. VwGO). Einige Bundesländer haben zudem von der in § 68 I S. 2, 1. Alt. VwGO enthaltenen Möglichkeit Gebrauch gemacht und die Durchführung eines Vorverfahrens für viele Bereiche vollständig abgeschafft, vgl. z.B. Art. 15 AG VwGO **Bay**, § 16a AG VwGO **Hess**, § 80 **NJG**, § 110 JustG **NRW**.

In diesem Vorverfahren ist die Rechtmäßigkeit des VAs von der Verwaltung erneut zu überprüfen.

Merke: Das Widerspruchsverfahren verfolgt drei Zwecke: Zusätzliche Rechtsschutzmöglichkeit des Bürgers, Selbstkontrolle der Verwaltung sowie Entlastung der Gerichte.

Vorliegend hat die zuständige Behörde den Widerspruch des H jedoch wegen angeblicher Verfristung als unzulässig verworfen. Der Anfechtungsklage des H könnte es daher an der Voraussetzung eines ordnungsgemäß durchgeführten Vorverfahrens gem. 68 I S. 1 VwGO fehlen. Fraglich ist aber, ob der Widerspruch des H tatsächlich verfristet eingelegt wurde. Gem. § 70 I VwGO ist der Widerspruch innerhalb eines Monats, nachdem der VA dem Beschwerten bekannt gegeben worden ist, bei der Ausgangs- oder der Widerspruchsbehörde zu erheben. Für die Berechnung der

Widerspruchsfrist werden von der überwiegenden Ansicht die §§ 79, 31 VwVfG i. V. m. §§ 187 ff. BGB herangezogen.[4] Die Untersagungsverfügung ist am 29.11. bei der Post aufgegeben worden. Nach der Drei-Tages-Fiktion des § 41 II VwVfG gilt der Bescheid damit als am 02.12. bekannt gegeben.

Gem. § 31 II VwVfG beginnt der Lauf der Frist an dem auf die Bekanntgabe folgenden Tag (03.12.) und endete damit grds. am 02.01. um 24.00 Uhr. Jedoch ist der 02.01. laut Sachverhalt ein Sonntag. Demnach endet gem. § 31 III VwVfG die Frist mit Ablauf des nächsten Werktages, mithin am 03.01. um 24.00 Uhr. Die Einlegung des Widerspruchs erfolgte somit fristgemäß.

Fraglich ist daher, ob das Widerspruchsverfahren trotz Zurückweisung des Widerspruchs als verfristet „ordnungsgemäß" i.S.v. § 68 I VwGO durchgeführt wurde. Ordnungsgemäß durchgeführt ist das Vorverfahren aber auch dann, wenn es – zum Beispiel, wenn der Widerspruch als unzulässig zurückgewiesen wird – erfolglos durchgeführt wurde. Fehler der Behörde im Widerspruchsverfahren können schließlich nicht zu Lasten des Klägers gehen und die Klage unzulässig machen. Das gem. § 68 I S. 1 VwGO erforderliche Vorverfahren hat somit stattgefunden.

V. Klagefrist (§ 74 VwGO)

Gem. § 74 I S. 1 VwGO muss die Klage innerhalb eines Monats nach Zustellung des Widerspruchsbescheids erhoben werden. Der Widerspruchsbescheid wurde am 11.01. per Einschreiben abgeschickt. § 73 III S. 2 VwGO verweist für die Zustellung von Widerspruchsbescheiden auf das Verwaltungszustellungsgesetz (VwZG).

---

[4] Neben dieser „verwaltungsverfahrensrechtlichen Lösung" kommt als „verwaltungsprozessuale Lösung" für die Fristberechnung § 57 II VwGO i.V m. §§ 222 ZPO, 187 ff. BGB in Betracht. Der Streit über die Berechnung der Widerspruchsfrist ist der Tatsache geschuldet, dass das Widerspruchsverfahren eine Zwischenstellung zwischen Verwaltungsverfahren und Verwaltungsprozess einnimmt.

Nach § 4 I VwZG gilt ein mittels eingeschriebenen Briefes übermitteltes Schriftstück als am dritten Tag nach Aufgabe zur Post als zugestellt. Demnach ist dem H hier der Widerspruchsbescheid (fiktiv) am 14.01. zugestellt worden. Für die Berechnung der Frist gilt § 57 II VwGO i.V.m. § 222 I, II ZPO. Fristende ist demnach der 14.02. um 24.00 Uhr.

H hat die Klagefrist nach § 74 I VwGO somit eingehalten.

VI. Klagegegner (§ 78 VwGO[5])

Nach § 78 I Nr. 1 VwGO ist eine Anfechtungsklage grundsätzlich gegen den Rechtsträger der handelnden Behörde zu richten. Dies ist vorliegend die Gemeinde G.

Hinweis: Etwas anderes gilt allein dann, sofern das Landesrecht vorsieht, dass eine Klage auch unmittelbar gegen die den Verwaltungsakt erlassende Behörde zulässig ist (§ 78 I Nr. 2 VwGO). Dies ist beispielsweise in Niedersachsen der Fall (vgl. § 79 NJG).

VII. Ergebnis der Zulässigkeitsprüfung

Die Anfechtungsklage des H vor dem Verwaltungsgericht ist zulässig.

Hinweis: Die hier geprüften Zulässigkeitsvoraussetzungen müssen bei der Anfechtungsklage immer, wenn auch mitunter nur kurz, geprüft werden. Weitere Zulässigkeitsvoraussetzungen, wie z.B. Beteiligten- und Prozessfähigkeit, Rechtsschutzbedürfnis, Zuständigkeit des Gerichts usw., sind nur zu prüfen, wenn hierfür Hinweise im Sachverhalt enthalten sind.

---

[5] Die Zuordnung des § 78 VwGO ist umstritten. Die inzwischen wohl überwiegende Ansicht geht jedoch davon aus, dass die Vorschrift die Frage der passiven Prozessführungsbefugnis – des richtigen Klagegegners – im Rahmen der Zulässigkeit regelt. Siehe dazu *Rozek*, JuS 2007, S. 601 ff.

Abwandlung: H erhält, wie im Ausgangsfall auch, den am Dienstag, dem 11.01. als Einschreiben zur Post gegebenen Widerspruchsbescheid am 12.01. ausgehändigt. Am Ende des Widerspruchsbescheides ist eine Rechtsbehelfsbelehrung abgedruckt. In dieser heißt es auszugsweise: „Die Klage ist innerhalb von 6 Wochen nach Zustellung des Widerspruchsbescheides schriftlich beim Verwaltungsgericht G, [...], zu erheben." Am Dienstag, 28.02. erhebt H Klage vor dem Verwaltungsgericht. Ist die Klage rechtzeitig eingelegt worden?

I. Klagefrist gem. § 74 I S. 1 VwGO
II. Klagefrist gem. §§ 74 I S. 1, 58 II S. 1 VwGO
 1. 6-Wochen-Frist
 2. Schriftform
III. Ergebnis

Die Klage ist rechtzeitig eingelegt, wenn die Klagefrist eingehalten wurde (§§ 74, 58 VwGO).

I. Klagefrist (§ 74 I VwGO)

Nach **§ 74 I S. 1 VwGO** muss die Klage innerhalb von einem Monat nach Zustellung des Widerspruchsbescheids erhoben werden. Hier wurde der Widerspruchsbescheid nach § 73 III S. 2 VwGO i. V. m. § 4 I VwZG (fiktiv) am 14.01. zugestellt. Die Frist zur Klageerhebung wäre demnach am 14.02. abgelaufen und die Klageerhebung vom 28.02. wäre verfristet und die Klage damit unzulässig.

II. Klagefrist gem. §§ 74 I S. 1, 58 II S. 1 VwGO

Fraglich ist allerdings, ob die Frist nach § 74 I S. 1 VwGO überhaupt zu laufen begonnen hat. Nach § 58 I VwGO beginnt die Frist für ein Rechtsmittel nur dann zu laufen, wenn der Beteiligte eine ordnungsgemäße Rechtsbehelfsbelehrung erhalten hat. Ansonsten beginnt die Rechtsmittelfrist des § 74 I VwGO gar nicht zu laufen und es gilt die Jahresfrist des § 58 II VwGO ab Zustellung.

Hinweis: Streng genommen beginnt hier keine Rechtsmittelfrist zu laufen, sondern § 58 II VwGO begründet eine sog. *Ausschlussfrist.* Falsch wäre deshalb die Formulierung, die Frist verlängere sich auf ein Jahr.

Fraglich ist deshalb, ob hier eine ordnungsgemäße Rechtsbehelfsbelehrung vorlag.

1. Sechs-Wochen-Frist

In dem Widerspruchsbescheid wurde dem H eine (falsche) Klagefrist von 6 Wochen mitgeteilt. Die korrekte Klagefrist nach § 74 I S. 1 VwGO beträgt einen Monat. Fraglich ist, ob dies den Lauf der Frist gemäß § 58 I VwGO verhindert.

Allein nach dem Wortlaut des § 58 I und II VwGO könnte man dies annehmen. Jedoch ist nach h. M. bei Angabe einer zu lang bemessenen Frist nicht § 58 VwGO einschlägig, vielmehr ist die angegebene längere Frist maßgeblich. Begründet wird diese Ansicht mit der Zwecksetzung des § 58 VwGO. Der Fristlauf soll nur dann gehemmt sein, wenn die unrichtige oder unvollständige Rechtsbehelfsbelehrung geeignet ist, dem Betroffenen die Einlegung des Rechtsmittels nennenswert zu erschweren. Bei einer zu lang bemessenen Rechtsmittelfrist besteht diese Gefahr indes nicht.

Demnach ist vorliegend grds. die 6-Wochen-Frist maßgeblich, welche am 25.02. enden würde. Da es sich jedoch bei dem 25.02. um einen Samstag handelt, ist die Frist erst am Montag, dem 27.02. abgelaufen (§ 193 BGB). Die Klage des H – eingegangen am 28.02. – war demnach grds. verfristet.

2. Schriftform

Etwas anderes könnte sich jedoch ergeben, wenn die gegebene Rechtsbehelfsbelehrung noch aus anderen Gründen fehlerhaft war und deshalb die Ausschlussfrist des § 58 II VwGO greift.

In der Belehrung wird für die Klage *Schriftform* vorgegeben. Nach § 81 I S. 2 VwGO können Klagen vor dem Verwaltungsgericht jedoch auch zur Niederschrift des Urkundsbeamten der Geschäftsstelle erhoben werden.

Allerdings handelt es sich bei den Vorgaben über die Erhebung der Klage nicht um eine nach § 58 I VwGO notwendige Angabe. Hierüber hätte demnach gar nicht belehrt werden müssen. Aus dem oben erwähnten Zweck des § 58 VwGO ergibt sich jedoch nach h. M., dass Angaben, die nach § 58 I VwGO nicht gegeben werden müssen, im Falle ihrer Erwähnung korrekt sein müssen, wenn sie ansonsten die Einlegung des Rechtsmittels erschweren.

Die Beschränkung auf die Schriftform kann z. B. Personen, die der deutschen Sprache nicht mächtig sind, davon abhalten, ein entsprechendes Rechtsmittel einzulegen. Deshalb hat im vorliegenden Fall die Frist des § 74 I VwGO gem. § 58 I VwGO nicht zu laufen begonnen. Da die Ausschlussfrist des § 58 II VwGO noch nicht abgelaufen ist, erfolgte die Klageerhebung des H fristgemäß.

III. Ergebnis

Aufgrund der fehlerhaften Rechtsbehelfsbelehrung ist die Klage des H nach §§ 74, 58 VwGO fristgemäß eingelegt.

Fall 4: „Wir werden ausgezogen" e.V.

▸ **Standort:** Zulässigkeit und Begründetheit der Anfechtungsklage

Kneipen King K (22. Semester Jura) und Langschläfer L (24. Semester BWL) haben von ihren Eltern eine Deadline zur baldigen Beendigung ihres Studiums gesetzt bekommen. Bei erfolglosem Ablauf der Frist werden die Eltern jegliche Zahlungen einstellen. Da die beiden aber gerne noch ein paar Jahre studieren wollen und ein erfolgreicher Abschluss nach neuer Ausbildungsordnung auch noch längere Zeit in Anspruch nehmen wird, überlegen die beiden erst mal, wie sie auch ohne das Geld der Eltern auskommen können. Als erheblicher Kostenfaktor wird schnell der Semesterbeitrag von 250 € ausgemacht. So beschließen die beiden, noch einmal den friedlichen Kampf der Studenten gegen die Studiengebühren wieder zu beleben. Flugs gründen sie den Verein „Wir werden ausgezogen" e.V. und wollen nun Demos gegen den Semesterbeitrag organisieren.

Tatsächlich gewinnen die beiden eine erhebliche Anzahl von Studenten für ihre Idee und melden am 01.01. für den 01.04. eine Demo an, bei der zum Zwecke der Erhöhung des öffentlichen Interesses die Teilnehmer nackt durch die Innenstadt flanieren wollen. Mit Bescheid vom 10.01. wird den beiden durch das zuständige Ordnungsamt die Demo untersagt, da durch das geplante nackte Auftreten das Sittlichkeitsgefühl der Passanten erheblich gestört würde. Nach eingelegtem und ausführlich begründetem Widerspruch durch L und K erlässt die Behörde einen umfassend begründeten, jedoch ablehnenden Widerspruchsbescheid. Am 24.01. erheben L und K Klage vor dem Verwaltungsgericht. Hat die Klage Aussicht auf Erfolg?

A. Zulässigkeit
I. Eröffnung des Verwaltungsrechtsweges
II. Statthafte Klageart
III. Klagebefugnis (§ 42 II VwGO)
IV. Vorverfahren (§ 68 VwGO)
V. Klagefrist (§ 74 I VwGO)

VI. Klagegegner (§ 78 VwGO)
VII. Ergebnis der Zulässigkeitsprüfung
B. Begründetheit
I. Rechtmäßigkeit der Verbotsverfügung
1.Ermächtigungsgrundlage § 15 I VersammlG
2. Formelle Rechtmäßigkeit
a) Zuständigkeit
b) Verfahren
aa) Anhörung gem. § 28 I VwVfG
bb) Rechtsfolge
c) Form
d) Zwischenergebnis
3. Materielle Rechtmäßigkeit
a)Voraussetzungen der EGL § 15 I VersammlG
aa) Öffentliche Sicherheit
bb) Öffentliche Ordnung
b) Richtige Rechtsfolge – Ermessen
aa) Legitimer Regelungszweck und legitimes Mittel
bb) Geeignetheit
cc) Erforderlichkeit
dd) Angemessenheit (VHM i e.S.)
II. Subjektive Rechtsverletzung
D. Ergebnis

Die Klage von L und K hat Aussicht auf Erfolg, wenn sie zulässig und begründet ist.

A. Zulässigkeit

I. Eröffnung des Verwaltungsrechtsweges

Eine aufdrängende Sonderzuweisung zum Verwaltungsgericht ist nicht ersichtlich. Die Eröffnung des Verwaltungsrechtsweges richtet sich daher nach den Voraussetzungen der Generalklausel des § 40 I S. 1 VwGO. Danach müsste eine öffentlich-rechtliche Streitigkeit nichtverfassungsrechtlicher Art vorliegen. Streitgegenstand ist vorliegend die Untersagung der von K und L geplanten Demonstration. Die hierbei streitentscheidenden Normen sind solche des Versammlungsgesetzes. Da diese einseitig einen Träger öffentlicher Gewalt berechtigen bzw. verpflichten, sind sie nach Maßgabe der mod. Subjektstheorie öffentlich-rechtlich.

Es handelt sich folglich um eine öffentlich-rechtliche Streitigkeit. Auch wenn hier das grundgesetzlich geschützte Recht auf Versammlungsfreiheit (Art. 8 GG) tangiert ist, bildet dies nicht den Schwerpunkt der Streitigkeit und es fehlt auch auf personaler Ebene an der Verfassungsunmittelbarkeit. Die Streitigkeit ist also zudem nichtverfassungsrechtlicher Art. Eine abdrängende Sonderzuweisung ist ebenfalls nicht ersichtlich. Der Verwaltungsrechtsweg ist somit nach § 40 I S. 1 VwGO eröffnet.

II. Statthafte Klageart

Die statthafte Klageart richtet sich gem. § 88 VwGO nach dem Begehren der Kläger. L und K begehren vorliegend die Aufhebung des Demonstrationsverbots[6]. Statthafte Klageart könnte daher die Anfechtungsklage gem. § 42 I, 1. Alt. VwGO sein, sofern es sich bei der Anordnung der Behörde um einen Verwaltungsakt handelt. Der von der Behörde erlassene Bescheid weist alle Merkmale eines Verwaltungsaktes i.S.d. § 35 S. 1 VwVfG auf. Somit ist hier die Anfechtungsklage die statthafte Klageart.

III. Klagebefugnis (§ 42 II VwGO)

K und L müssten nach § 42 II VwGO klagebefugt sein. Dies ist der Fall, wenn durch das Verbot der Versammlung eine Verletzung ihrer subjektiven Rechte möglich erscheint (Möglichkeitstheorie). Eine Verletzung von Art. 8 I GG kann vorliegend nicht von vornherein ausgeschlossen werden und – da es sich um einen belastenden VA handelt – können K und L nach dem Adressatengedanken zumindest subsidiär eine mögliche Verletzung von Art. 2 I GG geltend machen. Sie sind demnach nach § 42 II VwGO klagebefugt.

---

[6] Eine Versammlung muss nach dem VersammlG des Bundes nicht genehmigt werden. Gem. § 14 VersammlG besteht lediglich die Pflicht, die Versammlung anzumelden, wobei die Behörde dann die Möglichkeit hat, die Versammlung zu verbieten oder mit Auflagen zu belegen.

IV. Vorverfahren (§ 68 VwGO)

Nach § 68 I S.1 VwGO müsste vor der Erhebung der Anfechtungsklage ein behördliches Vorverfahren stattgefunden haben (zur *Entbehrlichkeit* siehe den Hinweis auf Seite 29). K und L haben Widerspruch gegen den ursprünglichen Bescheid eingelegt, der negativ beschieden worden ist. Das Vorverfahren wurde somit ordnungsgemäß durchgeführt.

V. Klagefrist (§ 74 I VwGO)

K und L müssten die Klage fristgemäß, also gemäß § 74 I VwGO innerhalb eines Monats nach Zustellung des Widerspruchsbescheids, eingelegt haben. Da der Erstbescheid vom 10.01. stammt, erst hiernach der Widerspruchsbescheid ergangen ist und bereits am 24.01. Klage erhoben wurde, wurde die Monatsfrist des § 74 I VwGO unabhängig vom exakten Datum der Zustellung jedenfalls gewahrt.

VI. Klagegegner (§ 78 VwGO)

Mangels entsprechender Hinweise ist davon auszugehen, dass das Landesrecht keine Bestimmung i.S.d. § 78 I Nr. 2 VwGO enthält. Die Klage ist daher – nach dem in § 78 I Nr. 1 VwGO normierten Rechtsträgerprinzip – gegen die entsprechende Gemeinde als Rechtsträger der Ordnungsbehörde zu richten.

VII. Ergebnis der Zulässigkeitsprüfung

Die Klage ist als Anfechtungsklage vor dem Verwaltungsgericht zulässig.

B. Begründetheit

Die Anfechtungsklage ist nach **§ 113 I S. 1 VwGO** begründet, soweit der angefochtene Verwaltungsakt, also die Verbotsverfügung, rechtswidrig ist und K und L dadurch in ihren Rechten verletzt sind.

Hinweis: Dieser Obersatz verdeutlicht bereits den zweistufigen Aufbau der Begründetheitsprüfung. Erstens Prüfung der Rechtmäßigkeit des VA und zweitens Prüfung der Verletzung subjektiver Rechte des Klägers! Achten Sie darauf, die Norm des § 113 I 1 VwGO zu zitieren („soweit“).

I. Rechtmäßigkeit der Verbotsverfügung

Die Verbotsverfügung ist rechtmäßig, wenn sie sich auf eine taugliche Ermächtigungsgrundlage stützen lässt und von dieser formell und materiell rechtmäßig Gebrauch gemacht wurde.

1. Ermächtigungsgrundlage § 15 I VersammlG (Bund)[7]

Wegen des Prinzips des Vorbehalts des Gesetzes müsste die Behörde ihr Handeln zunächst auf eine taugliche Ermächtigungsgrundlage stützen können. Nach § 15 I Versammlungsgesetz können geplante Versammlungen unter freiem Himmel unter den dort aufgeführten Voraussetzungen verboten werden. Mithin bildet § 15 VersammlG die Ermächtigungsgrundlage für das hier ausgesprochene Verbot.

Hinweis: Eine inzidente Überprüfung der Recht- bzw. Verfassungsmäßigkeit der Rechtsgrundlage sollte nur dann erfolgen, wenn daran Zweifel bestehen. Dies kann bei Gesetzen (Rechtsverordnungen oder Satzungen) insbesondere der Fall sein, wenn es sich um fiktive bzw. neue Gesetze handelt, die Verfassungsmäßigkeit des Gesetzes bekanntermaßen umstritten ist oder Angaben im Sachverhalt die Verfassungsmäßigkeit der Rechtsgrundlage anzweifeln. Vorliegend käme eine solche (kurze) Prüfung durchaus in Betracht, da – wie Ihnen aus Staatsrecht II bekannt sein sollte – gewisse Bedenken im Hinblick auf die Vereinbarkeit des § 15 VersG mit Art. 8 I GG bestehen. Gleichwohl wird hier auf

---

[7] Die Gesetzgebungskompetenz für das Versammlungsrecht liegt zwar seit dem Inkrafttreten der Föderalismusreform (01.09.2006) bei den Ländern, solange diese indes von ihrer Gesetzgebungskompetenz keinen Gebrauch gemacht haben, gilt das Versammlunsgesetz des Bundes gem. Art. 125a I GG fort. Sie sollten sich daher darüber informieren, ob in Ihrem Bundesland zwischenzeitlich bereits ein (vorrangiges) Landes-Versammlungsgesetz erlassen wurde wie etwa in *Bayern, Sachsen-Anhalt, Sachsen* und *Niedersachsen.*

eine solche Prüfung verzichtet, um nicht allzu sehr von den verwaltungsrechtlichen Problemen abzulenken.

2. Formelle Rechtmäßigkeit

Der VA müsste formell rechtmäßig erlassen worden sein (Zuständigkeit, Verfahren, Form).

a) Zuständigkeit

Laut Sachverhalt hat die zuständige Behörde gehandelt.

b) Verfahren

Der Verbotsbescheid müsste verfahrensfehlerfrei erlassen worden sein. Die allgemeinen (Verwaltungs-) Verfahrensgrundsätze sind in den §§ 9 ff. VwVfG geregelt.

aa) Anhörung gem. § 28 VwVfG

Ein Verfahrensfehler könnte sich vorliegend daraus ergeben, dass K und L vor Erlass der Verbotsverfügung als einem in ihre Rechte eingreifenden Verwaltungsakt entgegen der Anordnung in § 28 I VwVfG nicht angehört wurden. Eine Anhörung war auch nicht gem. § 28 II VwVfG entbehrlich, da keiner der dort genannten Ausnahmetatbestände eingreift. Mithin hätten K und L vor Erlass der Verbotsverfügung angehört werden müssen. Der VA leidet somit aufgrund der unterbliebenen Anhörung unter einem Verfahrensfehler.

bb) Rechtsfolge

Ein VA, der verfahrensfehlerhaft zustande gekommen ist, ist rechtswidrig und grundsätzlich nach § 113 I S.1 VwGO aufzuheben. Allerdings sind nach § 45 VwVfG bestimmte Verfahrensfehler unbeachtlich, wenn die unterlassene Maßnahme rechtzeitig nachgeholt wird. Nach § 45 I Nr. 3, II VwVfG kann die Anhörung der Beteiligten noch bis zur letzten Tatsacheninstanz des verwaltungsgerichtlichen Verfahrens nachgeholt werden (beachte: teilweise abweichende LandesVwVfG).

Eine ausdrücklich eingeräumte Möglichkeit zur Stellungnahme wurde L und K durch die Behörde bislang nicht gewährt. Fraglich ist nun, ob infolge des durchgeführten Widerspruchsverfahrens gleichzeitig das Erfordernis der Anhörung erfüllt wurde. Nach h. M. ist dies der Fall, wenn der Betroffene innerhalb des Widerspruchsverfahrens die Möglichkeit der Stellungnahme hatte und die Widerspruchsbehörde die Ausführungen des Widerspruchsführers bei ihrer Entscheidung berücksichtigt hat. Eines ausdrücklichen Hinweises bzw. eines gesonderten Anhörungsverfahrens bedarf es dann zusätzlich nicht mehr.

Da L und K ihren Widerspruch ausführlich begründet haben und nicht erkennbar ist, dass die Widerspruchsbehörde die Stellungnahme „ignoriert" hat, wurde der Verfahrensfehler der nicht durchgeführten Anhörung durch das Widerspruchsverfahren nach § 45 I Nr. 3 VwVfG geheilt.

c) Form

Der Verbotsbescheid wurde auch formgerecht erlassen. Insbesondere wurden Ausgangs- und Widerspruchsbescheid begründet (vgl. § 39 VwVfG, § 73 VwGO).

d) Zwischenergebnis

Der Verbotsbescheid ist somit formell rechtmäßig ergangen.

3. Materielle Rechtmäßigkeit

Der Verbotsbescheid müsste weiterhin materiell rechtmäßig sein. Ein VA ist grds. dann rechtmäßig, wenn auf der Tatbestandsseite die Voraussetzungen der Ermächtigungsgrundlage vorliegen und die Behörde auf der Rechtsfolgenseite eine zulässige Maßnahme ergriffen hat.

> **Hinweis:** Durch die Normstruktur des Gesetzes wird damit praktisch im Rahmen der materiellen Rechtmäßigkeit von Verwaltungshandlungen der Prüfungsaufbau vorgegeben. Verwaltungsrechtliche Eingriffsgrundlagen sind typischerweise konditional formuliert. Sie enthalten einen *Tatbestand*, der die Voraussetzungen des behördlichen Handelns normiert, und eine *Rechtsfolge*, die Art und Umfang der möglichen zu ergreifenden Maßnahmen bestimmt („Wenn..., dann...").

a) Voraussetzungen der EGL § 15 I VersammlG

Zunächst ist daher zu prüfen, ob die Tatbestandsvoraussetzungen des § 15 I VersammlG vorlagen. Danach kann eine Versammlung unter freiem Himmel verboten werden, wenn zum Zeitpunkt des Erlasses Umstände erkennbar sind, durch welche die Versammlung die öffentliche Sicherheit und/oder Ordnung gefährden wird. Die geplante Demonstration stellt eine Versammlung unter freiem Himmel i.S.d. Versammlungsgesetzes dar. Fraglich ist, ob von dieser eine Gefahr für die öffentliche Sicherheit oder Ordnung ausgeht.

aa) Öffentliche Sicherheit

Das Vorhaben, nackt durch die Straßen zu ziehen, könnte eine Gefahr für die öffentliche Sicherheit darstellen. Unter *Gefahr* im hier maßgeblichen Sinn versteht man die hinreichende Wahrscheinlichkeit eines Schadens für das betroffene Rechtsgut. Schutzgüter der ***öffentlichen Sicherheit*** sind die *objektive Rechtsordnung*, die *subjektiven Rechte und Rechtsgüter des Einzelnen* sowie *der Bestand der Einrichtungen und Veranstaltungen des Staates* und der *sonstigen Träger der Hoheitsgewalt.*

Hinweis: Beim Begriff der öffentlichen Sicherheit handelt es sich um einen unbestimmten Rechtsbegriff. Solche unbestimmten Rechtsbegriffe auf der Tatbestandsseite sind – bis auf wenige Ausnahmen – von den Verwaltungsgerichten vollständig überprüfbar. Hier liegt damit ein bedeutender Unterschied zu der sogleich darzustellenden Ermessensprüfung auf der Rechtsfolgenseite.

Eine Gefahr für die objektive Rechtsordnung ist anzunehmen, wenn durch die bevorstehenden Handlungen die Verletzung geschriebenen Rechts droht. Vorliegend könnte das nackte Auftreten, verbunden mit der zwangsläufig damit einhergehenden Zurschaustellung primärer Geschlechtsorgane, eine Verletzung des § 183 StGB darstellen (Exhibitionistische Handlungen). Jedoch setzt § 183 StGB voraus, dass die Entblößungshandlung aufgrund einer sexuellen

Motivation stattfindet. Eine solche ist hier wohl nicht gegeben. Gleiches gilt für § 183 a StGB (Erregung öffentlichen Ärgernisses). Dieser Straftatbestand verlangt die Vornahme einer sexuellen Handlung, die nicht allein in dem bloßen Nacktsein zu sehen ist. Eine sonstige Verletzung von Schutzgütern der öffentlichen Sicherheit ist nicht ersichtlich.

bb) Öffentliche Ordnung

Schutzgut der ***öffentlichen Ordnung*** sind alle *ungeschriebenen Regeln, deren Befolgung nach den jeweils herrschenden sozialen und ethischen Anschauungen der Gesellschaft als unerlässliche Voraussetzung eines geordneten menschlichen Zusammenlebens* angesehen wird. Diese Wertvorstellungen unterliegen sowohl zeitlich als auch regional erheblichen Schwankungen. Was 1960 auf einem Dorf als „unsittlich" angesehen wurde, mag 2014 in einer Großstadt als normal empfunden werden.

Im hier zu entscheidenden Fall würden durch die Nacktheit der Demonstranten die zufällig anwesenden Passanten (auch z. B. Kinder) unfreiwillig und überraschend mit dem Anblick der Nacktheit konfrontiert. Hierdurch wäre eine Verletzung der öffentlichen Ordnung zu erwarten. Mithin liegt eine Gefahr für das geschützte Rechtsgut vor. Die Tatbestandsvoraussetzungen der Ermächtigungsgrundlage des § 15 I VersammlG, nämlich eine Gefahr für die öffentliche Ordnung sind damit gegeben.

b) Richtige Rechtsfolge – Ermessen

Nach § 15 I VersamlG *kann* die Behörde die Versammlung verbieten, sie *muss* es jedoch nicht. Vielmehr ist ihr diesbezüglich ein sog. Ermessen eingeräumt.

Exkurs: Entscheidungsspielräume der Verwaltung

Die Rechtsfolgen verwaltungsrechtlicher Ermächtigungsgrundlagen können grds. in drei Kategorien eingeteilt werden. Bei einer gebundenen Entscheidung („ist", „muss") hat die Behörde keinen eigenen Entscheidungsspielraum, sondern muss bei Vorliegen der

Tatbestandsvoraussetzungen die vorgesehene Rechtsfolge erlassen. Viele verwaltungsrechtliche Normen sehen aber vor, dass die Verwaltung bei Verwirklichung des gesetzlichen Tatbestands in Bezug auf die Rechtsfolge zwischen verschiedenen Handlungsmöglichkeiten wählen kann. Zur Kennzeichnung dieser Konstellation verwendet der Gesetzgeber Formulierungen wie „kann" oder „darf". Der seltenere Fall einer Sollvorschrift („soll") kann als Kombination beider Regelungstypen verstanden werden, der allerdings näher bei der gebundenen Entscheidung liegt. Im typischen Fall verpflichtet sie die Behörde bestimmte Rechtsfolgen zu erlassen, in Ausnahmefällen kann die Behörde aber auch von dieser Rechtsfolge absehen.

Das durch Gesetz eingeräumte *Ermessen* soll die handelnde Behörde in die Lage versetzen, ausgehend vom Regelungszweck der Norm eine dem Einzelfall angemessene und sachgerechte Entscheidung zu treffen. Allerdings ist die Behörde bei der Ermessensausübung nicht völlig frei, sondern § 40 VwVfG gibt dem behördlichen Ermessen einen gesetzlichen Rahmen. Die Norm verlangt, dass das Ermessen *„entsprechend dem Zweck der gesetzlichen Ermächtigung auszuüben"* ist sowie *„die Grenzen des Ermessens einzuhalten"* sind. Die Beachtung dieser rechtlichen Bindungen unterliegt gem. § 114 S. 1 VwGO der gerichtlichen Kontrolle, die Gerichte dürfen jedoch keine eigenen Ermessenserwägungen anstellen. Zur Überwachung des rechtlichen Rahmes des Ermessens bedienen sich die Gerichte der sog. *Ermessensfehlerlehre*, mit der die in § 40 VwVfG und § 114 S. 1 VwGO enthaltenen Vorgaben konkretisiert werden.

Von einem Ermessensfehler, der zur Rechtswidrigkeit der Entscheidung führt, ist auszugehen, wenn die Behörde:

1. von dem ihr zustehenden Ermessen überhaupt keinen Gebrauch gemacht hat, etwa weil sie irrtümlich verkennt, dass Ermessen besteht (sog. ***Ermessensnichtgebrauch*** oder ***Ermessensunterschreitung***);

2. eine Anordnung trifft, die außerhalb des gesetzlich abgesteckten Rechtsfolgerahmens liegt (sog. ***Ermessensüberschreitung***). Zu den rechtlichen Grenzen zählen insoweit auch die verfassungsrechtlichen Vorgaben, insbesondere die Grundrechte und der Grundsatz der Verhältnismäßigkeit, teilweise werden diese jedoch auch als eigenständige Punkte geprüft;

3. von ihrem Ermessen in einer dem Zweck der Vorschrift nicht entsprechenden Weise Gebrauch macht, indem sie sachfremde Erwägungen einbezieht (sog. ***Ermessensfehlgebrauch***).

In bestimmten Fällen kann sich die Wahlmöglichkeit der Behörde zwischen verschiedenen Handlungsmöglichkeiten aufgrund der Umstände derart reduzieren, dass nur eine bestimmte Entscheidung als ermessensfehlerfrei erscheint. Ungeachtet des eingeräumten Ermessens ist die Behörde dann verpflichtet, diese Entscheidung zu treffen (sog. ***Ermessensreduzierung auf Null***).

Auf Rechtsfolgenseite ist somit bei Ermessensentscheidungen zu beachten, dass der gerichtliche Prüfungsumfang zurückgenommen ist und der Verwaltung insoweit ein eigenverantwortlicher Entscheidungsspielraum zur Verfügung steht. Die Gerichte überprüfen lediglich die Einhaltung der Ermessensgrenzen (§ 40 VwVfG, § 114 S. 1 VwGO).

Von der Kategorie des Ermessens auf **Rechtsfolgenseite**, sind der Behörde eingeräumte Entscheidungsspielräume auf **Tatbestandsseite** zu unterscheiden. Auf der Tatbestandsseite einer Norm verwendet der Gesetzgeber häufig Begriffe, die inhaltlich sehr vage sind, sog. *unbestimmte Rechtsbegriffe* wie „Härtefall", „öffentliche Sicherheit und Ordnung", „wichtiger Grund", „Zuverlässigkeit" usw. Trotz ihrer sprachlichen Offenheit sind diese Begriffe als vom Gesetzgeber vorgegeben zu verstehen. Ihre Auslegung durch die Verwaltung unterliegt daher grds. vollumfänglich der gerichtlichen Kontrolle.

Nur in seltenen Fällen sind unbestimmte Rechtsbegriffe nicht vollständig gerichtlich überprüfbar, in denen der Gesetzgeber selbst der Verwaltung bewusst einen sog. **Beurteilungsspielraum** einräumt. Die Rechtsprechung hat einen derartigen Beurteilungsspielraum jedoch lediglich für folgende Sachverhaltskonstellationen anerkannt:

1. Prüfungs- und prüfungsähnliche Entscheidungen;
2. beamtenrechtliche Beurteilungen;
3. Entscheidungen wertender Art durch Gremien, die weisungsunabhängig, staatsfern und nach besonderen Kriterien zusammengesetzt sind (z.B. die Bundesprüfstelle zur Indizierung jugendgefährdender Schriften);
4. Prognosen und Risikobewertungen vor allem im Umwelt- und Wirtschaftsverwaltungsrecht.

Auch Beurteilungsspielräume bleiben aber in einem gewissen Umfang der gerichtlichen Kontrolle zugänglich. Erstens müssen die maßgeblichen *Verfahrensvorschriften* eingehalten worden sein. Zweitens ist zu überprüfen, ob die Behörde von einem *zutreffenden Sachverhalt* ausgegangen ist. Drittens dürfen keine *sachfremden Erwägungen* angestellt worden sein. Bei Prüfungsentscheidungen sind zudem viertens die *allgemein anerkannten Bewertungsmaßstäbe* einzuhalten. Und letztlich darf die Entscheidung auch nicht aus sonstigen Gründen willkürlich sein. Wegen der umfassenden Rechtsschutzgarantie des Art. 19 IV GG ist bei der Annahme von Beurteilungsspielräumen Vorsicht geboten. Vielmehr ist auf der Tatbestandsseite als Regel von einer vollen gerichtlichen Überprüfbarkeit auszugehen. Nur bei einer der anerkannten Fallgruppen sollte daher ein Beurteilungsspielraum angenommen werden.

Unbestimmte Rechtsbegriffe einschließlich möglicher Beurteilungsspielräume auf der Tatbestandsseite können selbstverständlich mit Ermessen auf der Rechtsfolgenseite kombiniert werden. Man spricht insoweit von **sog. Kopplungstatbeständen**. Die Eingriffsgrundlage im vorliegenden Fall, § 15 I VersammlG, enthält z.B. auf der Tatbestandsseite die unbestimmten Rechtsbegriffe *öffentliche Sicherheit und Ordnung* und auf der Rechtsfolgenseite ist der Behörde bei ihrer Entscheidung ein Ermessen eingeräumt.

Ermessensentscheidungen sind nur dann rechtmäßig, wenn das Ermessen rechtmäßig ausgeübt wurde, also keine Ermessensfehler vorliegen (§ 40 VwVfG, § 114 VwGO).

Als Ermessensfehler anerkannt sind der sog. *Ermessensnichtgebrauch* oder auch *Ermessensunterschreitung, Ermessensüberschreitung* sowie der sog. *Ermessensfehlgebrauch.* In Betracht kommt vorliegend ein Ermessensfehler in Gestalt der sog. Ermessensüberschreitung. Eine Ermessensüberschreitung liegt nämlich auch dann vor, wenn gegen verfassungsrechtliche Ermessensgrenzen, insbesondere den Verhältnismäßigkeitsgrundsatz verstoßen wurde. Fraglich ist also, ob das Verbot der Demonstration im Lichte von Art. 8 GG als verhältnismäßig angesehen werden kann.

aa) Legitimer Regelungszweck und legitimes Mittel

Der Regelungszweck, Gefährdungen der öffentlichen Ordnung zu verhindern und das vorgesehene Mittel des Versammlungsverbots sind grds. nicht zu beanstanden.

bb) Geeignetheit

Das Verbot ist geeignet, wenn hiermit der angestrebte Zweck, also die Verhinderung der wahrscheinlichen Verletzung der öffentlichen Ordnung erreicht werden kann. Durch das Verbot wird die Demonstration wahrscheinlich nicht stattfinden bzw. kann unter den vereinfachten Voraussetzungen des § 15 III VersammlG aufgelöst werden. Mithin ist das Verbot geeignet, den angestrebten Zweck zu erreichen.

cc) Erforderlichkeit

Das Verbot müsste auch erforderlich sein, also unter mehreren zur Verfügung stehenden, gleich geeigneten das *relativ mildeste Mittel* zur Zweckerreichung sein. Das Gesetz sieht in § 15 I VersammlG ausdrücklich neben dem Verbot die Möglichkeit der Auferlegung von Auflagen vor. Hier wäre durch eine Auflage, vollständig bekleidet zur Demo erscheinen zu müssen oder zumindest die Geschlechtsteile in ausreichendem Maße zu bedecken, der angestrebte Zweck ebenfalls erreichbar gewesen (wie weit eine solche Auflage reichen muss, um dem Sittlichkeitsgefühl zu genügen, ist letztlich eine Wertungsfrage).

Der Erteilung einer solchen Auflage könnte man jedoch entgegenhalten, dass diese ungeeignet wäre, da zu befürchten sei, die Demonstranten hielten sich nicht daran. Auf der anderen Seite bestünde dann auch hier die Möglichkeit der vereinfachten Auflösung nach § 15 III VersammlG. Das Verbot der Demonstration ist mithin nicht das mildeste Mittel und daher schon mangels Erforderlichkeit unverhältnismäßig.

dd) Angemessenheit (VHM i. e. S.)

> Streng genommen müsste man daher die Angemessenheit des Demonstrationsverbots gar nicht mehr überprüfen. Aus didaktischen Gründen wird die Prüfung hier gleichwohl vorgenommen.

Das Verbot könnte darüber hinaus unangemessen sein. Bei der Frage der Angemessenheit sind die betroffenen Rechtsgüter gegeneinander abzuwägen. Hierbei ist insbesondere zu berücksichtigen, welche grundsätzliche Wertigkeit die jeweiligen Rechtsgüter haben, wie hoch die Wahrscheinlichkeit einer Verletzung und welche Verletzungsintensität zu erwarten ist. Das Grundrecht auf Versammlungsfreiheit aus Art. 8 GG ist gerade im Hinblick auf die freiheitlich demokratische Gesellschaftsordnung ein wichtiges Grundrecht. Ein Verbot der Versammlung stellt die höchstmögliche Einschränkung dieses Grundrechts dar. Das Sittlichkeits- und Schamgefühl der Bevölkerung hat demgegenüber grundsätzlich nur einen untergeordneten Wert.

Dies bedeutet allerdings noch nicht automatisch, dass es stets hinter Art. 8 GG zurücktreten muss. Unter Berücksichtigung des zur Erforderlichkeit Gesagten jedoch, insbesondere im Hinblick auf die Möglichkeit einer Auflage und der damit verbundenen Möglichkeit der Auflösung bei Zuwiderhandlung, ist ein vollständiges Verbot auch als unangemessen anzusehen.Somit war das Verbot der Demo unverhältnismäßig und damit ermessensfehlerhaft. Die Behörde hat dementsprechend eine unzulässige Rechtsfolge gewählt, was den VA rechtswidrig macht.

II. Subjektive Rechtsverletzung

Eine Verletzung von Art. 8 GG, also von subjektiven Klägerrechten gemäß § 113 I VwGO, ist ebenfalls gegeben.

D. Ergebnis

Das Verbot der Demo war rechtswidrig und verletzt die Kläger in ihren Rechten. Die Klage ist daher zulässig und begründet und hat damit Aussicht auf Erfolg.

Fall 5: „Wir werden ausgezogen“ e.V. II

▸ **Standort:** Zulässigkeit und Begründetheit der Fortsetzungsfeststellungsklage

Wie im Fall 4 haben K und L den Verein „Wir werden ausgezogen“ e.V. gegründet, um mit Demonstrationen gegen die Semestergebühren mobil zu machen. Am 01.01. melden die beiden bei der zuständigen Behörde für den 01.05. eine Demo an, bei der zum Zwecke größerer Aufmerksamkeit geplant ist, dass die Teilnehmer nackt durch die Innenstadt ziehen. Geplant ist, in regelmäßigen Abständen weitere Demos zu organisieren bis ihr „Gegner“ endlich nachgibt. Die Behörde erlässt daraufhin am 10.01. eine Verbotsverfügung, welche es K und L untersagt, die Demo durchzuführen, da das nackte Auftreten das Sittlichkeitsgefühl der Passanten verletze und deshalb untersagt werden müsse. Auf den Widerspruch von K und L erlässt die zuständige Behörde einen ablehnenden Widerspruchsbescheid, der am 28.02. zugestellt wird. Mit am 24.03. beim Verwaltungsgericht eingegangener Klage begehren K und L die Aufhebung der Verbotsverfügung. Am 01.05. hat das Verwaltungsgericht noch nicht über die Klage entschieden und K und L sagen die Demo frustriert ab. Ist die Klage von K und L weiterhin zulässig?

A. Zulässigkeit
- I. Eröffnung des Verwaltungsrechtsweges
- II. Statthafte Klageart
- III. Klagebefugnis (§ 42 II VwGO analog)
- IV. Vorverfahren (§ 68 VwGO)
- V. Klagefrist (§ 74 VwGO)
- VI. Klagegegner (§ 78 VwGO analog)
- VII. Fortsetzungsfeststellungsinteresse

B. Ergebnis

Die Klage von K und L ist weiterhin zulässig, wenn die Sachurteilsvoraussetzungen einer verwaltungsgerichtlichen Klage vorliegen.

A. Zulässigkeit

I. Eröffnung des Verwaltungsrechtsweges

Der Streitgegenstand liegt vorliegend im Versammlungsrecht, so dass die streitentscheidenden Normen aus diesem Bereich stammen. Da diese Normen die öffentliche Hand in besonderer Weise berechtigen und verpflichten, liegt nach Maßgabe der modifizierten Subjektstheorie eine öffentlich-rechtliche Streitigkeit vor. Diese ist nicht verfassungsrechtlicher Art und eine anderweitige Rechtswegzuweisung ist gleichfalls nicht ersichtlich. Der Verwaltungsrechtsweg ist mithin über die Generalklausel des § 40 I S. 1 VwGO eröffnet.

II. Statthafte Klageart

Ausgangspunkt für die Ermittlung der statthaften Klageart ist das Begehren der Kläger (§ 88 VwGO). Ursprünglich begehrten K und L die Aufhebung der Verbotsverfügung vom 10.01. Da es sich dabei um einen Verwaltungsakt i.S.d. § 35 S. 1 VwVfG handelt, wäre ursprünglich die Anfechtungsklage die statthafte Klageart gewesen. Da sich die Verbotsverfügung jedoch auf die geplante Demonstration am 1.05. bezog und dieses Datum bereits vergangen ist, könnte nunmehr die Fortsetzungsfeststellungsklage gem. § 113 I S. 4 VwGO die statthafte Klageart sein. Dies ist der Fall, wenn tatsächliche Gründe zu einer Erledigung des (angefochtenen) Verwaltungsaktes geführt haben. Ein Verwaltungsakt hat sich dann erledigt, wenn er keine Rechtswirkungen mehr entfaltet.

Hinweis: Die *Erledigung* kann man verkürzt mit dem Wegfall der Beschwer (Belastung für den Bürger) beschreiben. Dies kann aus rechtlichen, aber auch aus tatsächlichen Gründen der Fall sein, wobei die Grenzen fließend sind. Der Vollzug und die freiwillige Befolgung eines Verwaltungsaktes führen hingegen regelmäßig nicht zur Erledigung des VA, nämlich dann nicht, wenn der Verwaltungsakt als Rechtsgrund für die andauernde Belastung bestehen bleibt. Die wichtigsten Fallgruppen der Erledigung lassen sich dem § 43 II VwVfG entnehmen; z.B. Rücknahme, Widerruf und Zeitablauf.

Die Verbotsverfügung bezog sich vorliegend auf die geplante Demonstration am 01.05. Da dieses Datum bereits verstrichen ist, ist hier eine Erledigung der Ordnungsverfügung durch Zeitablauf eingetreten. Damit ist vorliegend nicht mehr die Anfechtungsklage, sondern die Fortsetzungsfeststellungsklage gem. § 113 I S. 4 VwGO die statthafte Klageart.[8]

III. Klagebefugnis (§ 42 II VwGO analog)

Da die Fortsetzungsfeststellungsklage gleichsam eine Fortsetzung der ursprünglich statthaften Anfechtungsklage ist, gilt das Erfordernis des § 42 II VwGO analog. K und L müssten also geltend machen können, durch die erledigte Verbotsverfügung möglicherweise in ihren Rechten verletzt gewesen zu sein. Vorliegend kann eine Verletzung von Art. 8 I GG nicht von vornherein ausgeschlossen werden und subsidiär können K und L nach dem Adressatengedanken zumindest eine mögliche Verletzung von Art. 2 I GG geltend machen. Sie sind demnach nach § 42 II VwGO analog klagebefugt.

IV. Vorverfahren (§ 68 VwGO)

In der vorliegenden Konstellation einer Erledigung nach Klageerhebung und nach Ablauf der Widerspruchsfrist des § 70 I VwGO ist die Durchführung eines Vorverfahrens – wie bei der Anfechtungsklage – erforderlich. Ansonsten wäre die ursprünglich statthafte Anfechtungsklage bereits nicht zulässig gewesen. Hier wurde jedoch bereits ein Vorverfahren erfolglos durchgeführt. Zu dessen Entbehrlichkeit in manchen Bundesländern siehe den Hinweis auf *Seite 29.*

V. Klagefrist (§ 74 VwGO)

Tritt die Erledigung des Verwaltungsaktes wie vorliegend nach Klageerhebung ein, gilt unstreitig die Klagefrist des

---

[8] Inwieweit die Anfechtungsklage bereits nicht die statthafte Klageart ist, oder es ihr lediglich am Rechtsschutzbedürfnis fehlt, ist umstritten. In jedem Falle ist eine Anfechtungsklage nach Erledigung des angefochtenen VAs unzulässig.

§ 74 I VwGO. Anderenfalls könnten die Zulässigkeitsvoraussetzungen der Anfechtungsklage unterlaufen werden. Im Falle einer bereits verfristeten Anfechtungsklage ist daher auch eine angestrebte Fortsetzungsfeststellungsklage wegen Verfristung unzulässig.

Hinweis: Da es um die Fortsetzung einer zulässigerweise erhobenen Anfechtungsklage geht, bleiben die besonderen Sachurteilsvoraussetzungen der Anfechtungsklage erhalten.

Der Widerspruchsbescheid ist K und L am 28.02. zugegangen und die Klage ist am 24.03. beim VG eingegangen. Die Klageerhebung erfolgte somit fristgemäß.

VI. Klagegegner (§ 78 VwGO analog)

Der Klagegegner bestimmt sich nach einer analogen Anwendung des § 78 I VwGO. Sofern das Landesrecht demnach keine Bestimmung i.S.d. § 78 I Nr. 2 VwGO enthält, ist die Klage nach § 78 I Nr. 1 VwGO gegen die entsprechende Gemeinde als Rechtsträger der Ordnungsbehörde zu richten.

VII. Fortsetzungsfeststellungsinteresse

Als besondere Sachurteilsvoraussetzung der Fortsetzungsfeststellungsklage ist gem. § 113 I S. 4 VwGO ein *besonderes Feststellungsinteresse* („berechtigtes Interesse") erforderlich. Ein solches **Feststellungsinteresse** wird in folgenden drei Fallgruppen angenommen: Wiederholungsgefahr, Rehabilitationsinteresse sowie Präjudiziät.

1. **Wiederholungsgefahr** besteht, wenn hinreichend wahrscheinlich ist, dass sich zwischen denselben Beteiligten dieselbe Rechtsfrage in absehbarer Zeit in einem Parallelfall erneut stellt.

2. Ein **Rehabilitationsinteresse** besteht, wenn die Verwaltung das Ansehen des Betroffenen gegenüber Dritten herabgesetzt hat, der erledigte VA also diskriminierende Wirkung entfaltet. Daneben hat sich aus dem Rehabilitationsgedanken die Gruppe der schweren Grundrechtsverletzungen als eigene Kategorie verselbständigt. Danach besteht ein Feststellungsinteresse, wenn eine schwe-

re Grundrechtsverletzung auf anderem Weg nicht festgestellt werden kann.

3. Das **Präjudizinteresse** beschreibt das Interesse des Klägers an der Vorbereitung eines Schadensersatzprozesses vor den Zivilgerichten, um die Früchte seines Verwaltungsprozesses zu erhalten. Im Schadensersatzprozess muss das ordentliche Gericht die Rechtmäßigkeit des Verwaltungshandelns ggf. als Vorfrage inzident prüfen. Hat sich das VG vor der Erledigung bereits mit der Problematik befasst, wäre es prozessökonomisch nicht sinnvoll, den Prozess mangels Feststellungsinteresse zu beenden und den Streit vor den Zivilgerichten von vorne zu beginnen. **Achtung**: Dies gilt jedoch nur für die Fälle der **Erledigung nach** Klagebeginn, denn ansonsten gibt es noch gar keine „Prozessfrüchte" die erhalten werden können. Der Betroffene kann den geltend gemachten Schadensersatzanspruch dann gleich vor den ordentlichen Gerichten einklagen.

Im vorliegenden Fall planen K und L weitere Demonstrationen. Da davon auszugehen ist, dass die Behörde auch dann wieder eine Verbotsverfügung erlassen wird, ist vorliegend von einer *Wiederholungsgefahr* auszugehen. Damit besteht für K und L das erforderliche Feststellungsinteresse.

VIII. Ergebnis

Da somit alle Sachurteilsvoraussetzungen vorliegen, ist die Klage von K und L weiterhin – nunmehr als Fortsetzungsfeststellungsklage nach § 113 I S. 4 VwGO – zulässig.

Abwandlung: K und L haben am 20.03. für den 01.05. die geplante Demo angemeldet. Am 28.04. wird ihnen nach einer Anhörung durch die Ordnungsbehörde eine Verbotsverfügung zugestellt, welche die Demo untersagt. Begründet wird die Entscheidung damit, dass die Behörde wegen der geplanten Nacktheit und der hieraus resultierenden Gefahr für die öffentliche Ordnung keine andere Wahl hätte, als die Veranstaltung zu verbieten. Der Bescheid wird in gesonderter Begründung für sofort vollziehbar erklärt. In der Rechtsbehelfsbelehrung wird auf die Möglichkeit des Widerspruchs, der Anfechtungsklage und des Eilrechtsschutzes hingewiesen. K und L suchen gegen den Bescheid gerichtlichen Eilrechtsschutz über den indes nicht mehr rechtzeitig entschieden werden kann. Da K und L weitere Demonstrationen planen, erheben sie Mitte Juni Klage vor dem VG mit dem Antrag festzustellen, dass die Verbotsverfügung der Ordnungsbehörde rechtswidrig war und sie in ihren Rechten verletzt hat. Hat die Klage von K und L Aussicht auf Erfolg?

A. Zulässigkeit
I. Eröffnung des Verwaltungsrechtsweges
II. Statthafte Klageart
III. Klagebefugnis (§ 42 II VwGO analog)
IV. Vorverfahren (§ 68 VwGO)
V. Klagefrist (§ 74 VwGO)
VI. Klagegegner (§ 78 VwGO analog)
VII. Fortsetzungsfeststellungsinteresse
VIII. Ergebnis der Zulässigkeitsprüfung
B. Begründetheit
I. Rechtmäßigkeit der Verbotsverfügung
1. Ermächtigungsgrundlage § 15 I VersammlG
2. Formelle Rechtmäßigkeit
3. Materielle Rechtmäßigkeit
a) Voraussetzungen der EGL § 15 I VersammlG
b) Richtige Rechtsfolge – Ermessen
II. Subjektive Rechtsverletzung
D. Ergebnis

Die Klage von K und L hat Aussicht auf Erfolg, wenn sie zulässig und begründet ist.

A. Zulässigkeit

I. Eröffnung des Verwaltungsrechtsweges

Der Verwaltungsrechtsweg könnte über die Generalklausel des § 40 I S. 1 VwGO eröffnet sein. Es handelt sich zunächst um eine öffentlich-rechtliche Streitigkeit, da die streitentscheidenden Normen des Versammlungsrechts die öffentliche Hand in besonderer Weise berechtigen bzw. verpflichten. Die grundrechtliche Stellung von K und L ändert zudem nichts daran, dass mangels doppelter Verfassungsunmittelbarkeit keine Verfassungsstreitigkeit vorliegt.

Aufdrängende oder abdrängende Sonderzuweisungen sind nicht ersichtlich. Der Verwaltungsrechtsweg ist somit gem. § 40 I VwGO eröffnet.

II. Statthafte Klageart

Die statthafte Klageart richtet sich nach dem Klagebegehren (§ 88 VwGO). Vorliegend könnte eine Fortsetzungsfeststellungsklage analog § 113 I S. 4 VwGO statthaft sein. Bei der Verbotsverfügung handelt es sich um einen Verwaltungsakt im Sinne von § 35 S. 1 VwVfG. Dieser müsste sich zudem erledigt haben.

Ein Verwaltungsakt hat sich erledigt, wenn sein Regelungsgehalt keine Rechtswirkungen mehr entfaltet. Die Verbotsverfügung bezog sich vorliegend auf die geplante Demonstration am 01.05. Dieses Datum ist jedoch bereits vergangen. Die Verfügung hat sich demnach durch Zeitablauf gem. § 43 II VwVfG erledigt. Da dies bereits **vor** Klageerhebung geschah, kommt nur eine analoge Anwendung von § 113 I S. 4 VwGO in Betracht, da § 113 I S. 4 VwGO unmittelbar lediglich den Fall regelt, dass sich ein angefochtener VA **nach** Klageerhebung erledigt.

Fraglich ist jedoch, ob die Voraussetzungen einer Analogiebildung vorliegen. Diese setzt zum einen eine planwidrige Regelungslücke und zum anderen eine vergleichbare Interessenlage voraus. An einer planwidrigen Regelungslücke könnte es indes fehlen, wenn man mit einer im Vordringen befindlichen Meinung die allgemeine Feststellungsklage als statthafte Klageart heranzieht.[9]
Die allgemeine Feststellungsklage wird jedoch aus zwei Gründen als unpassend angesehen. Erstens ist die Rechtswidrigkeit eines Verwaltungsaktes kein Rechtsverhältnis i.S.d. § 43 I VwGO. Zweites soll die Subsidiaritätsklausel des § 43 II VwGO eine Anwendung der allgemeinen

---

[9] Vgl. dazu *Wehr*, DVBl. 2001, S. 785 ff. Das BVerwG hat sich zwar terminologisch nicht abschließend festgelegt, bestimmt die Sachurteilsvoraussetzungen jedoch eher parallel zur Feststellungsklage als in Anlehnung an eine („verlängerte") Anfechtungsklage.

Feststellungsklage ausschließen. Folgt man dieser traditionellen Auffassung und hält damit die allgemeine Feststellungsklage nach § 43 VwGO für unanwendbar, besteht eine planwidrige Lücke, die durch eine analoge Anwendung des § 113 I S. 4 VwGO geschlossen werden muss. Die Vergleichbarkeit der Interessenlage ergibt sich dabei daraus, dass der Kläger gleichermaßen schutzwürdig ist, unabhängig davon, ob die Erledigung **vor** oder **nach** Klageerhebung eintritt. Auch im Falle einer schnellen Erledigung darf der Bürger nicht rechtsschutzlos gestellt werden. Demnach ist folglich die Fortsetzungsfeststellungsklage gem. § 113 I S. 4 VwGO analog die statthafte Klageart.

Hinweis: In der Verpflichtungssituation wird ebenfalls die Fortsetzungsfeststellungsklage analog herangezogen. Und zwar in den Fällen der Erledigung **nach** Klageerhebung im Wege einer *einfachen* Analogie und in den Fällen der Erledigung **vor** Klageerhebung in *doppelt analoger* Anwendung (von der unmittelbar geregelten Anfechtungs- zur Verpflichtungsklage und von der Erledigung nach Klageerhebung zur Erledigung vor Klageerhebung).

III. Klagebefugnis (§ 42 II VwGO analog)

K und L müssten gem. § 42 II VwGO analog klagebefugt sein. Eine Verletzung von Art. 8 I GG oder zumindest von Art. 2 I GG lässt sich vorliegend nicht von vornherein ausschließen. Die erforderliche Klagebefugnis ist damit gegeben.

IV. Vorverfahren (§ 68 VwGO)

Ein Vorverfahren nach § 68 I VwGO hat hier nicht stattgefunden, da K und L keinen Widerspruch gegen den Verbotsbescheid eingelegt haben. Fraglich ist jedoch, ob es in der vorliegenden Konstellation einer Erledigung **vor** Klageerhebung und **vor** Eintritt der Bestandskraft überhaupt der Durchführung eines Vorverfahrens bedarf. Dies wird von der ganz überwiegenden Ansicht verneint. Die Argumente dieser Ansicht lassen sich im Wesentlichen aus den

Funktionen des Vorverfahrens (Rechtsschutz des Bürgers, Selbstkontrolle der Verwaltung, Entlastung der Gerichte) herleiten. In einem Vorverfahren kann nämlich weder die vom Bürger angestrebte Aufhebung des (erledigten) Verwaltungsaktes erreicht werden noch gibt es die Möglichkeit, einen dem Bürger dienlichen rechtsverbindlichen „Rechtswidrigkeitsfeststellungsbescheid" zu erlassen. Allein ein Gericht vermag eine in der Öffentlichkeit erfolgende verbindliche Klärung der Rechtmäßigkeit herbeizuführen, auf die sich der Kläger in folgenden, gleichgelagerten Fällen berufen kann. Nach Ansicht der Rechtsprechung ist ein Widerspruchsverfahren daher sogar unstatthaft, da die Verwaltung im Widerspruchsverfahren Entscheidungen korrigieren, nicht aber lediglich die Rechtslage feststellen könne. Die Durchführung eines Vorverfahrens ist damit entbehrlich.

Nochmals: Die Erforderlichkeit der Durchführung eines Vorverfahrens wurde in vielen Bundesländern in weiten Bereichen vollständig abgeschafft, vgl. den Hinweis auf *Seite 29*. Insofern ist unbedingt das jeweilige Landesausführungsgesetz zur VwGO zu beachten. Ist danach die Durchführung eines Vorverfahrens entbehrlich, kann man diese Zulässigkeitsvoraussetzung ganz kurz abhandeln.

V. Klagefrist (§ 74 I VwGO)

Die Verbotsverfügung erging vorliegend bereits am 28.04. K und L erheben jedoch erst Mitte Juni Klage, so dass die Monatsfrist des § 74 I VwGO grds. verstrichen ist. Inwieweit im Falle einer Erledigung vor Klageerhebung überhaupt noch eine Klagefrist gewahrt werden muss, ist jedoch umstritten. Entscheidend gegen die Anwendung des § 74 I VwGO spricht die Funktion der Klagefrist. Die Rechtsbehelfsfrist des § 74 I VwGO soll vorrangig die Bestandskraft von Verwaltungsakten ermöglichen und sichern und damit letztlich dem Rechtsfrieden und der Rechtssicherheit dienen. Die Erledigung nach § 43 II VwVfG führt indes dazu, dass der Verwaltungsakt unwirksam wird. Eine Bestandskraft, die durch Fristen zu sichern wäre, gibt es dann nicht mehr. Dem Interesse der Behörde, sich nicht über einen unbegrenzten

Zeitraum mit Altfällen konfrontiert sehen zu müssen, wird durch das Institut der Verwirkung hinreichend Rechnung getragen.[10] Die Einhaltung einer Klagefrist war für K und L somit vorliegend nicht erforderlich.

Hinweis: Häufig sind mündliche Polizeiverfügungen Gegenstand der Fortsetzungsfeststellungsklage. Diese enthalten oft keine Rechtsbehelfsbelehrungen, so dass ohnehin allenfalls die Jahresfrist des § 58 II VwGO läuft. In diesen Fällen muss der Streit über den Fristlauf gar nicht geklärt werden. Dies muss sich jedoch aus dem zu bearbeitenden Sachverhalt eindeutig ergeben und kann nicht ohne weiteres unterstellt werden!

VI. Klagegegner (§ 78 VwGO analog)

Klagegegner ist gem. § 78 I Nr. 1 VwGO analog der Rechtsträger der Ordnungsbehörde.

VII. Fortsetzungsfeststellungsinteresse

§ 113 I S. 4 VwGO verlangt als besondere Sachurteilsvoraussetzung, dass der Kläger ein berechtigtes Interesse an der Feststellung der Rechtswidrigkeit des erledigten Verwaltungsaktes hat. Da K und L vorliegend weitere Demonstrationen planen, besteht die nahe liegende Möglichkeit, dass unter im Wesentlichen unveränderten tatsächlichen und rechtlichen Gegebenheiten ein vergleichbarer VA wieder ergehen wird. K und L können daher ein besonderes Feststellungsinteresse in Gestalt der Wiederholungsgefahr vorweisen.

VIII. Ergebnis der Zulässigkeitsprüfung

Die Klage von K und L ist zulässig.

B. Begründetheit

Die Fortsetzungsfeststellungsklage ist analog § 113 I S. 4 VwGO begründet, soweit der Verbotsbescheid rechtswidrig war und K und L dadurch in ihren Rechten verletzt wurden.

---

[10] Das Institut der Verwirkung greift dann ein, wenn der Betroffene über einen längeren Zeitraum nichts unternommen hat und die Verwaltung darauf vertrauen konnte, dass der Klageberechtigte von seinem Recht keinen Gebrauch mehr macht. Neben dem Zeitmoment setzt die Verwirkung also auch ein besonderes Umstandsmoment voraus.

I. Rechtmäßigkeit der Verbotsverfügung

Die Verbotsverfügung war rechtmäßig, wenn sie sich auf eine taugliche Ermächtigungsgrundlage stützen lässt und von dieser formell und materiell rechtmäßig Gebrauch gemacht wurde.

1. Ermächtigungsgrundlage § 15 I VersammlG (Bund)

Ermächtigungsgrundlage für ein Verbot einer Versammlung unter freiem Himmel ist § 15 I VersammlG.

2. Formelle Rechtmäßigkeit

Von der formellen Rechtmäßigkeit ist mangels anderweitiger Hinweise im Sachverhalt auszugehen.

3. Materielle Rechtmäßigkeit

Der Verbotsbescheid müsste zudem materiell rechtmäßig sein. Ein Verwaltungsakt ist dann rechtmäßig, wenn auf der Tatbestandsseite die Voraussetzungen der Ermächtigungsgrundlage vorliegen und die Behörde auf der Rechtsfolgenseite eine zulässige Maßnahme ergriffen hat.

a) Voraussetzungen der EGL § 15 I VersammlG

Zunächst ist daher zu prüfen, ob die Tatbestandsvoraussetzungen des § 15 I VersammlG vorlagen. Danach kann eine Versammlung unter freiem Himmel verboten werden, wenn zum Zeitpunkt des Erlasses Umstände erkennbar sind, durch welche die Versammlung die öffentliche Sicherheit und/oder Ordnung gefährden wird. Durch das Vorhaben, anlässlich der Demo tagsüber nackt durch die Innenstadt zu ziehen, ergibt sich eine Gefahr der Verletzung der öffentlichen Ordnung, da es dem Schamgefühl der Bevölkerung widerspricht, unvermittelt mit der öffentlichen Darstellung von Nackten konfrontiert zu werden. Insbesondere könnten davon auch Kinder betroffen sein.

Die Tatbestandsvoraussetzungen des § 15 I VersammlG liegen mithin vor (zur ausführlichen Prüfung sei insoweit auf Fall 4 verwiesen).

b) Richtige Rechtsfolge – Ermessen

Auf Rechtsfolgenseite räumt § 15 I VersammlG der Verwaltung ein Ermessen ein. Ermessensentscheidungen sind nur dann rechtmäßig, wenn keine Ermessensfehler vorliegen (§ 40 VwVfG, § 114 VwGO).

Die hier gewählte Rechtsfolge – die Demonstration vollständig zu untersagen – könnte unter mehreren Ermessensfehlern leiden. In Betracht kommt sowohl ein Ermessensfehler in Gestalt des sog. Ermessensnichtgebrauchs als auch in Gestalt der sog. Ermessensüberschreitung.

Die Behörde hat ihren Bescheid damit begründet, sie habe keine andere Wahl als die Versammlung zu verbieten, da eine Gefahr für die öffentliche Ordnung bestünde. § 15 I VersammlG bestimmt hingegen ausdrücklich, dass die Behörde die Versammlung verbieten *kann,* es sich mithin um eine Ermessenentscheidung handelt. Die Ordnungsbehörde ging aber offensichtlich irrtümlich von einer gebundenen Entscheidung aus. Darin liegt ein Fehler in Form des Ermessensnichtgebrauchs.

Darüber hinaus liegt auch eine Ermessensüberschreitung vor, da ein vollständiges Verbot nicht erforderlich ist und damit insbesondere im Lichte von Art. 8 I GG nicht als verhältnismäßig angesehen werden kann (vgl. dazu Fall 4).
Aufgrund der unzulässig gewählten Rechtsfolge ist die Verbotsverfügung materiell rechtswidrig.

II. Subjektive Rechtsverletzung

Eine Verletzung von Art. 8 GG, also von subjektiven Klägerrechten, ist ebenfalls gegeben.

D. Ergebnis

Das Verbot der Demo war rechtswidrig und hat K und L dadurch in ihren Rechten verletzt. Ihre Klage ist daher zulässig und begründet und hat mithin Aussicht auf Erfolg.

Fall 6: Markt der 1000 Genüsse

▸ **Standort:** Zulässigkeit und Begründetheit der Verpflichtungsklage, Untätigkeitsklage, Urteilstenor

Die kreisfreie Stadt S betreibt jedes Jahr in der ersten Augustwoche einen großen Jahrmarkt mit dem Namen „Markt der 1000 Genüsse" auf dem zentralen Platz im Ort. Es erfolgt eine Festsetzung gem. § 69 I GewO. Teilnahmeberechtigt soll jeder Anbieter sein, der Unterhaltung oder Waren feilbietet, die dem körperlichen Wohlbefinden dienen. Wegen des begrenzten Platzes werden stets maximal 100 Stände zugelassen. Damit nur solche Anbieter teilnehmen, die den Anforderungen entsprechen und um die mengenmäßige Obergrenze zu gewährleisten, werden die jeweiligen Zulassungen nach einem Auswahlverfahren per Bescheid erteilt. Henning Harzer (H), Betreiber eines „Head-Shops" in S, möchte im nächsten Jahr ebenfalls einen Verkaufsstand auf dem Marktplatz aufstellen und bewirbt sich mit Antrag vom 02.01. bei der zuständigen Behörde um einen Platz auf dem demnächst stattfindenden Markt. Auf Nachfrage der Behörde teilt H dieser mit, dass er auf dem Markt Wasserpfeifen mit entsprechendem Zubehör, verschiedene Tabaksorten, Bücher über einschlägige Themen wie „Anbau von Zierhanf", „Tantra-Massage", „Kamasutra" usw. verkaufen möchte.

Dem zuständigen Sachbearbeiter gefällt dieses Vorhaben überhaupt nicht, er sieht den sittlichen und anständigen Charakter des Marktes gefährdet. Da er sich jedoch nicht sicher ist, ob er den H zulassen muss, legt er den ganzen Vorgang erst mal zur Seite. Der August rückt näher und am 03.06. hat die Behörde immer noch nicht über den Antrag des H entschieden. H erfährt aber, dass sich in diesem Jahr nur 90 Bewerber angemeldet hatten und auch zugelassen wurden. Daraufhin entschließt sich H, vor dem Verwaltungsgericht auf Zulassung zu dem Markt zu klagen.

Hat seine Klage Aussicht auf Erfolg?

A. Zulässigkeit
I. Eröffnung des Verwaltungsrechtsweges
II. Statthafte Klageart
III. Klagebefugnis (§ 42 II VwGO)
IV. Vorverfahren (§ 68 VwGO)
V. Klagefrist (§ 74 VwGO)
VI. Klagegegner (§ 78 VwGO)
VII. Ergebnis der Zulässigkeitsprüfung
B. Begründetheit
I. Anspruchsgrundlage § 70 I GewO
II. Formelle Voraussetzungen der Anspruchsgrundlage
III. Materielle Voraussetzungen der Anspruchsgrundlage
C. Ergebnis

Die Klage des H hat Aussicht auf Erfolg, wenn sie zulässig und begründet ist.

A. Zulässigkeit

I. Eröffnung des Verwaltungsrechtsweges

Eine auf- oder abdrängende Sonderzuweisung ist nicht ersichtlich.

Der Verwaltungsrechtsweg könnte aber nach § 40 I VwGO eröffnet sein, sofern es sich um eine öffentlich-rechtliche Streitigkeit nichtverfassungsrechtlicher Art handelt. Streitgegenstand ist vorliegend die Zulassung des H zu dem von der Stadt S ausgerichteten Jahrmarkt. Da laut Sachverhalt eine Festsetzung gem. § 69 GewO erfolgt ist, finden sich die streitentscheidenden Normen in der Gewerbeordnung. Diese Normen berechtigen bzw. verpflichten spezifisch Träger der öffentlichen Gewalt, so dass nach Maßgabe der modifizierten Subjektstheorie eine öffentlich-rechtliche Streitigkeit vorliegt.

Die Streitigkeit ist auch nichtverfassungsrechtlicher Art, da keine obersten Verfassungsorgane über spezifisches Verfassungsrecht streiten. Damit ist der Verwaltungsrechtsweg über die Generalklausel des § 40 I S. 1 VwGO eröffnet.

II. Statthafte Klageart

Die statthafte Klageart richtet sich nach dem Begehren des Klägers (§ 88 VwGO). H begehrt vorliegend die Zulassung zu dem von der Stadt S veranstalteten Jahrmarkt. Statthafte Klageart könnte die Verpflichtungsklage gem. § 42 I, 2. Alt. VwGO sein, soweit die Zulassung durch die Stadt Verwaltungsaktqualität besitzt. Die Zulassung zu dem Jahrmarkt wird hier von der Stadt durch Bescheid gewährt, der alle Begriffsmerkmale des § 35 S. 1 VwVfG erfüllt und daher einen Verwaltungsakt darstellt. Folglich ist die Verpflichtungsklage die statthafte Klageart.

III. Klagebefugnis (§ 42 II VwGO)

H müsste gem. § 42 II VwGO klagebefugt sein. Die Klagebefugnis liegt vor, wenn er geltend machen könnte, durch die bisher nicht erfolgte Zulassung möglicherweise in eigenen Rechten verletzt zu sein. Dies ist im Rahmen der Verpflichtungsklage der Fall, wenn die Möglichkeit besteht, dass der Kläger einen Anspruch auf die begehrte Entscheidung (gebundene Entscheidung) oder zumindest auf eine ermessensfehlerfreie Entscheidung der Behörde (bei Vorliegen einer Ermessensentscheidung) hat. Nach § 70 I GewO hat grundsätzlich jedermann, der die vorgegebenen Voraussetzungen erfüllt, das Recht zur Teilnahme an einer festgesetzten Veranstaltung. Ein Anspruch des H ist somit nicht von vornherein ausgeschlossen. Die Klagebefugnis nach § 42 II VwGO ist somit gegeben.

IV. Vorverfahren (§ 68 I VwGO)

Fraglich ist, ob hier das erforderliche Vorverfahren nach § 68 I VwGO durchgeführt wurde. Zwar hat H einen Antrag an die Behörde gerichtet, dieser ist jedoch nicht beschieden worden und es hat dementsprechend auch noch kein Widerspruchsverfahren stattgefunden. Allerdings hat H dies nicht zu verantworten, da der zuständige Sachbearbeiter die Angelegenheit einfach nicht bearbeitet hat.

Allgemein gilt, dass ein nicht (ordnungsgemäß) durchgeführtes Vorverfahren dem Kläger grundsätzlich nur dann zum Nachteil gereichen kann, wenn er die nicht ordnungsgemäße Durchführung auch zu vertreten hat und nicht die Verwaltungsbehörde. Für den hier vorliegenden Fall der schlichten Untätigkeit hat der Gesetzgeber in **§ 75 VwGO** die sog. *Untätigkeitsklage* vorgesehen. Entgegen des Wortlautes handelt es sich hierbei nicht um eine eigene Klageart, sondern lediglich um eine Ausnahme von dem Erfordernis der Durchführung eines Vorverfahrens aus §§ 68 ff. VwGO bei der Verpflichtungsklage.

Die Voraussetzungen des § 75 VwGO sind vorliegend erfüllt: H hat vor über drei Monaten einen Antrag bei der Behörde gestellt, über den bis jetzt noch nicht entschieden wurde. Besondere Umstände gem. § 75 S. 2, 3 VwGO, die eine Verlängerung der Frist im vorliegenden Fall rechtfertigen würden, sind ebenfalls nicht ersichtlich.

V. Klagefrist (§ 74 VwGO)

Da weder ein Erstbescheid noch ein Widerspruchsbescheid ergangen sind, hat ein Fristlauf noch gar nicht begonnen. Eine Verwirkung ist im Hinblick auf § 75 S. 2 VwGO ebenfalls fern liegend.

VI. Klagegegner § 78 I VwGO

Mangels eines entsprechenden Hinweises ist davon auszugehen, dass das Landesrecht keine Bestimmung i.S.d. § 78 I Nr. 2 VwGO enthält, so dass die Klage nach § 78 I Nr. 1 VwGO gegen die Stadt S zu richten ist.

VII. Ergebnis der Zulässigkeitsprüfung

Die Klage des H ist als Verpflichtungsklage nach § 42 I, 2. Alt. VwGO zulässig.

B. Begründetheit

Die Verpflichtungsklage ist nach § 113 V VwGO begründet, soweit die Unterlassung des begehrten Verwaltungsaktes rechtswidrig ist, den Kläger in seinen Rechten verletzt und die Sache spruchreif ist. Dies ist dann der Fall, wenn der Kläger *einen Anspruch auf Erlass des begehrten VAs* hat.

Hinweis: Im Rahmen der Begründetheit der Verpflichtungsklage sind verschiedene Konstellationen zu unterscheiden. Dies hängt damit zusammen, dass es sich bei der Verpflichtungsklage nicht um eine Gestaltungsklage handelt. Die Umsetzung der Entscheidung liegt mithin noch in der Hand der jeweiligen Behörde. Das Gericht kann diese nur verpflichten, in einer bestimmten Form zu verfahren. Bei dieser Verpflichtung darf das Gericht jedoch nicht in Entscheidungsspielräume eingreifen, die allein der Verwaltung obliegen. Offensichtlich wird dies etwa bei Ermessensentscheidungen: hier stellt das Gericht lediglich fest, dass die angegriffene Entscheidung an einem Ermessensfehler leidet. Das heißt jedoch nicht, dass die von der Behörde getroffene Entscheidung nicht durch andere Ermessenserwägungen gerechtfertigt werden könnte. Das Gericht darf die Behörde daher nicht zum Erlass eines bestimmten Verwaltungsaktes verpflichten, sondern lediglich zur Neubescheidung unter Berücksichtigung der Rechtsauffassung des Gerichts (**sog. Bescheidungsurteil**). Am Ende ist es also durchaus denkbar, dass der Kläger von der Behörde weiterhin nicht den von ihm begehrten Verwaltungsakt erhält – lediglich die Begründung und die zugrunde gelegten Ermessenserwägungen sind andere. Ähnliches gilt im Falle von Beurteilungsspielräumen. Auch hier darf das Gericht allein die Beurteilungsspielräume überprüfen, aber keine eigene Beurteilung vornehmen. Prozessrechtlich bedeutet dies, dass die Sache noch nicht spruchreif ist. Begehrt der Kläger vor Gericht gleichwohl den Erlass eines bestimmten Verwaltungsaktes, so hat dies zur Folge, dass er zum Teil unterliegt.

Etwas anderes gilt nur dann, wenn ausnahmsweise eine **Ermessensreduzierung auf Null** vorliegt. Da auch die Behörde hier nur in einer bestimmten Form rechtmäßig handeln könnte, darf das Gericht diese auch unmittelbar zum Erlass dieses bestimmten Verwaltungsaktes verpflichten (sog. **Verpflichtungs-** oder **Vornahmeurteil**).

Für die Klausur bedeutet dies: Sofern es in Betracht kommt, dass selbst bei einer festgestellten Rechtswidrigkeit der Ablehnung des begehrten Verwaltungsaktes durch die Behörde vor Gericht die Spruchreife fehlt, sollten Sie nach dem sog. **Rechtswidrigkeitsaufbau** aufbauen, der sich am Wortlaut des § 113 V orientiert: Rechtswidrigkeit der Ablehnung, subjektive Rechtsverletzung, Spruchreife.
Ansonsten empfiehlt sich der sog. **Anspruchsaufbau**, bei dem Sie umgehend prüfen, ob der Kläger einen Anspruch auf den begehrten Verwaltungsakt hatte, was stets die Spruchreife voraussetzt (Anspruchsgrundlage, formelle und materielle Voraussetzungen). Dabei ist zu beachten, dass es hier um einen noch zu erlassenden Verwaltungsakt geht. Im Rahmen der formellen Voraussetzungen prüfen Sie daher, ob der verklagte Hoheitsträger zuständig wäre. Sie können zudem darauf hinweisen, welche sonstigen Verfahrens- und Formvoraussetzungen zu beachten wären, dürfen aber nicht den Fehler machen, an dieser Stelle zu prüfen, ob die vorherige Ablehnung durch die Behörde diese Voraussetzungen erfüllt hat. Die Frage der Spruchreife wird im Rahmen der materiellen Voraussetzungen überprüft.

I. Anspruchsgrundlage § 70 I GewO

Als Anspruchsgrundlage kommt hier § 70 I GewO i.V.m. den vorgegebenen Voraussetzungen des Veranstalters in Betracht.

Hinweis: Hier war in der Sachverhaltsdarstellung die Festsetzung der Veranstaltung i.S.d. § 69 I GewO erwähnt. Anderenfalls wäre grds. auf die Landesnorm aus der Gemeindeordnung zur *Zulassung zu öffentlichen Einrichtungen* zurückzugreifen, vgl. z.B. § 10 II GO **BaWü**; § 21 I GO **Bay**; § 12 **BbgKVerf**; § 20 I GO **Hess**; § 14 II KV **MV**; § 30 I **Nds** KomVG; § 8 II GO **NW**; § 14 II GO **RhPf**; § 19 I KSVG **Saarl**; § 10 II GO **Sachs**; § 22 I GO **SA**; § 18 I GO **SH**; § 14 I KO **Thür**.

II. Formelle Voraussetzungen der Anspruchsgrundlage

Die Zulassung des H zu dem Markt könnte formell rechtmäßig ergehen. Die Stadt S wäre als Betreiber des Marktes für die Zulassung zuständig.

III. Materielle Voraussetzungen der Anspruchsgrundlage

Nach § 70 I GewO ist grundsätzlich jeder Teilnehmer zuzulassen, der dem Teilnehmerkreis der festgesetzten Veranstaltung entspricht. Festgesetzt war hier der Teilnehmerkreis dergestalt, dass solche Teilnehmer zugelassen werden sollen, welche Unterhaltung oder Waren feilbieten, die dem körperlichen Wohlbefinden dienen.

H möchte Wasserpfeifen samt Zubehör sowie Bücher zu den Themen Tantra, Hanf und Kamasutra verkaufen. Dies sind allesamt Produkte, die dem körperlichen Wohlbefinden dienen. Auch wenn einige dieser Produkte gemeinhin mit Drogenkonsum in Verbindung gebracht werden, ist mittlerweile z. B. auch der „drogenfreie“ Gebrauch von Wasserpfeifen durch Benutzung von Fruchttabak weit verbreitet und wird sogar in öffentlich zugänglichen Gaststätten angeboten.[11] H erfüllt somit die Voraussetzungen der Anspruchsgrundlage.

Fraglich ist jedoch, ob die Sache auch *spruchreif* ist, das heißt, ob der Behörde keine Entscheidungsspielräume mehr verbleiben, die eine abschließende Entscheidung des Gerichts ausschließen.

Da H hier einen Verpflichtungsantrag gestellt hat, ist dieser nur dann vollständig begründet, wenn die Sache *spruchreif* ist, H also einen *gebundenen Anspruch* auf Zulassung zu dem Volksfest hat. Nach § 70 I GewO ist grundsätzlich jeder zuzulassen, der den Vorgaben des Veranstalters entspricht. Wie dargestellt, erfüllt H auch die Vorgaben der Stadt S. Zudem wurden in diesem Jahr erst 90 der 100 vorhandenen freien Plätze auf dem Jahrmarkt vergeben. Das Kontingent war somit noch nicht ausgeschöpft. Der Behörde verblieb daher gem. § 70 III GewO auch kein Auswahlermessen mehr. Mithin liegt Spruchreife der Entscheidung vor.

C. Ergebnis

Die Klage des H ist somit zulässig und vollumfänglich begründet. Das Gericht wird die Behörde verpflichten, den H zu dem Jahrmarkt zuzulassen.

---

[11] Sofern nach dem jeweiligen Landesrecht mittlerweile kein Rauchverbot herrscht.

Abwandlung: Wie im Ausgangsfall hat H den Antrag auf Zulassung am 02.01. gestellt und die erforderlichen Angaben gemacht. Diesmal haben sich einschließlich H insgesamt 110 Antragsteller beworben. Da nur Platz für 100 Stände ist, führt die Behörde ein Auswahlverfahren durch und entscheidet sich gegen H. Die Behörde ist der Auffassung, mit seinen Produkten sei H von allen Anbietern am weitesten von den Vorgaben des Veranstalters entfernt. Tatsächlich ist dem H allerdings bekannt, dass drei Versicherungsmakler zu dem Jahrmarkt zugelassen und außer ihm noch andere Anbieter von Genussmitteln abgelehnt wurden. Nach ordnungsgemäß durchgeführtem, aber erfolglosem Vorverfahren erhebt H wiederum fristgemäß Klage vor dem Verwaltungsgericht mit dem Antrag auf Zulassung zum Jahrmarkt. Hat seine Klage Aussicht auf Erfolg?

A. Zulässigkeit
I. Eröffnung des Verwaltungsrechtsweges
II. Statthafte Klageart
III. Klagebefugnis (§ 42 II VwGO)
IV. Sonstige Zulässigkeitsvoraussetzungen
B. Begründetheit
I. Anspruchsgrundlage § 70 I GewO
II. Formelle Voraussetzungen der AGL
III. Materielle Vorausestzungen der AGL
C. Ergebnis

Die Klage hat Aussicht auf Erfolg, wenn sie zulässig und begründet ist.

A. Zulässigkeit

I. Eröffnung des Verwaltungsrechtsweges

Wie im Ausgangsfall, ist der Verwaltungsrechtsweg über die Generalklausel des § 40 I S. 1 VwGO eröffnet.

II. Statthafte Klageart

Fraglich ist, welche Klageart hier statthaft ist. Während im Ausgangsfall das Kontingent von 100 Plätzen noch nicht ausgeschöpft war, liegt der Fall hier anders.

Von 110 Bewerbern sind 100 zugelassen und positiv beschieden worden. Die Behandlung einer derartigen Konkurrentenklage ist umstritten. Teilweise wird vertreten, dass eine alleinige Verpflichtungsklage unzulässig sei, da aufgrund der bereits ausgeschöpften Kapazität keine Möglichkeit der Zulassung mehr verbleibt und dementsprechend das Rechtsschutzbedürfnis für eine Verpflichtungsklage fehle. Der Kläger müsse vielmehr gleichzeitig eine Anfechtungsklage gegen die Zulassung der Mitbewerber erheben.

Auch bei einer Kapazitätserschöpfung kann freilich die Behörde bei rechtswidrigem Vorgehen eine Zulassung gem. § 48 VwVfG wieder zurücknehmen. Aus diesem Grund wird überwiegend eine isolierte Verpflichtungsklage für zulässig erachtet, da auch diese zum Erfolg für den nicht berücksichtigten Kläger führen kann. Die Verpflichtungsklage ist folglich die statthafte Klageart.

III. Klagebefugnis (§ 42 II VwGO)

H ist gem. § 42 II VwGO klagebefugt, da durch seine Nichtzulassung eine Verletzung seiner Rechte zumindest möglich erscheint (Art. 2, 12 GG).

IV. Sonstige Zulässigkeitsvoraussetzungen

Auch alle sonstigen Zulässigkeitsvoraussetzungen sind vorliegend erfüllt. Die Klage des H ist daher als Verpflichtungsklage nach § 42 I, 2. Alt. VwGO zulässig.

B. Begründetheit

Die Verpflichtungsklage ist nach § 113 V VwGO begründet, soweit die Unterlassung des begehrten Verwaltungsaktes rechtswidrig ist, den Kläger in seinen Rechten verletzt und die Sache spruchreif ist. Dies ist dann der Fall, wenn der Kläger einen *Anspruch auf Erlass* des begehrten VA hat.

I. Anspruchsgrundlage § 70 I GewO

Als Anspruchsgrundlage kommt wiederum § 70 I GewO i.V.m. den vorgegebenen Voraussetzungen des Veranstalters in Betracht.

II. Formelle Voraussetzungen der AGL

Die Zulassung des H zum Markt könnte formell rechtmäßig durch die Stadt S erlassen werden.

III. Materielle Voraussetzungen der AGL

Bei der hier stattfindenden Veranstaltung handelt es sich um einen Jahrmarkt nach § 68 II GewO, mithin um eine Veranstaltung i.S.d. § 70 I GewO. H gehört mit seinen Produkten zu dem vom Veranstalter vorgegebenen Anbieterkreis (körperliche und geistige Genüsse). Er hat auch einen entsprechenden Antrag auf Zulassung bei der zuständigen Behörde gestellt. Nach § 70 I GewO hat H dementsprechend grundsätzlich einen Anspruch auf Zulassung.

Fraglich ist aber, ob H in der hier vorliegenden Situation auch einen *gebundenen Anspruch* auf Zulassung hat, ob also *Spruchreife* vorliegt. § 70 III GewO bestimmt ausdrücklich, dass bei nicht ausreichendem Kontingent einzelne Bewerber aus sachlich gerechtfertigten Gründen abgelehnt werden können. Hier standen 100 freien Plätzen 110 Bewerber gegenüber.

Fraglich ist nun, ob die Gründe für die Ablehnung von H „sachgerecht" im Sinne der Vorschrift waren. Die Behörde hat hier als Grund angegeben, dass H mit seinem Stand am weitesten von den vom Veranstalter gesetzten Vorgaben abweiche. Eine solche Ermessenentscheidung nach dem Grad der Vorgabenübereinstimmung ist grds. sachgerecht, aber im vorliegenden Fall offensichtlich nicht angewendet worden. Versicherungsmakler bieten üblicherweise keine Genussmittel bzw. –waren an.

Diesbezüglich war das Zulassungsverfahren nicht sachgerecht, die Versicherungsmakler hätten dem H nicht vorgezogen werden dürfen. Jedoch bedeutet dies noch nicht, dass H einen *gebundenen Anspruch* auf Zulassung hat. Nach dem Sachverhalt wurden neben H noch andere Anbieter von Genussmitteln abgelehnt und es ist nicht ersichtlich, ob H selbst bei Ablehnung der Versicherungsmakler im Rahmen der „sachlich gerechtfertigten Gründe" ein Platz zugeteilt worden wäre. Diesbezüglich stand und steht der Behörde ein *Ermessen* zu, welches wegen des Grundsatzes der Gewaltenteilung nur eingeschränkt gerichtlich überprüfbar ist. Es ist denkbar, dass H auch bei pflichtgemäßem Auswahlermessen kein Platz zugeteilt worden wäre.

Aufgrund dieser Umstände hat H hier mangels Spruchreife keinen Anspruch auf ein Verpflichtungsurteil. Zwar war die Zuteilung an die Versicherungsmakler offensichtlich rechtswidrig, jedoch ergibt sich hieraus noch kein gebundener Anspruch des H auf eigene Begünstigung. Das Verwaltungsgericht kann hier lediglich ein *Bescheidungsurteil* fällen, also die Behörde verpflichten, den H unter Beachtung der Rechtsauffassung des Gerichts erneut zu bescheiden (§ 113 V S. 2 VwGO).

C. Ergebnis

Die Klage des H ist somit zwar zulässig, aber nur teilweise begründet. Im Übrigen ist die Klage des H als unbegründet abzuweisen.

Fall 7: Stadion und Dosenbier

▸ **Standort:** Nebenbestimmungen zum VA

Kalle K betreibt seit mehreren Jahren mit seinem transportablen Verkaufswagen den Verkauf von Snacks und Getränken auf Märkten und sonstigen Veranstaltungen. Aus dem Wagen heraus verkauft er Bratwürste, Pommes, Softdrinks und Bier in der Stadt B. Unter anderem steht sein Wagen auch bei jedem Heimspiel des ansässigen (drittklassigen) Fußballclubs. Die Einnahmen aus den Heimspieltagen des Clubs machen in etwa 20% seiner gesamten Einnahmen aus, da die Fußballfans insbesondere enorme Mengen an Bier kaufen.

Wie jedes Jahr beantragte K auch Anfang 2014 wieder bei der zuständigen Behörde in B die erforderliche Sondernutzungserlaubnis für die Heimspiele. Zu seiner Verwunderung erhält er diesmal allerdings nur eine eingeschränkte Genehmigung, in welcher es auszugsweise heißt: „Ihnen wird die Sondernutzungserlaubnis [...] für das Jahr 2014 mit der inhaltlichen Einschränkung erteilt, dass Ihnen untersagt wird, alkoholische Getränke außer „Light-Bier“ mit maximal 2,5 Vol. - % Alkohol zu verkaufen.“

Begründet wird die Einschränkung mit der Gefahr von gewalttätigen Auseinandersetzungen alkoholisierter Fußballfans. Im Stadion selbst wird auch nur noch Light-Bier ausgeschenkt.

K ist zwar mit der Erlaubnis, nicht aber mit der Einschränkung einverstanden. Er legt daher gegen die Beschränkung Widerspruch ein und begründet diesen damit, dass die Fans das Light-Bier nicht kaufen und sich stattdessen ihr Bier selbst mitbringen würden. 1000 Meter vom Stadion entfernt sei zudem ein Supermarkt, der ein umfangreiches Alkoholsortiment aufweise. Außerdem sei er dringend auf die Einnahmen aus den Heimspielen angewiesen.

Nichtsdestotrotz ergeht ein ablehnender und umfänglich begründeter Widerspruchsbescheid. Hat eine Klage des K gegen die Einschränkung Aussicht auf Erfolg?

Bearbeitervermerk: Es ist davon auszugehen, dass das jeweilige Landesstraßenrecht nicht einschlägig ist.

A. Zulässigkeit
I. Eröffnung des Verwaltungsrechtsweges
II. Statthafte Klageart
III. Klagebefugnis (§ 42 II VwGO)
IV. Vorverfahren (§ 68 VwGO)
V. Klagefrist (§ 74 VwGO)
VI. Klagegegner (§ 78 VwGO)
VII. Ergebnis
B. Begründetheit
I. Rechtswidrigkeit der Auflage
1. Rechtsgrundlage
2. Formelle Rechtmäßigkeit der Auflage
3. Materielle Rechtmäßigkeit der Auflage
II. Zwischenergebnis
C. Ergebnis

Die Klage des K hat Aussicht auf Erfolg, wenn sie zulässig und begründet ist.

A. Zulässigkeit

I. Eröffnung des Verwaltungsrechtsweges

Mangels spezialgesetzlicher Zuweisung könnte der Verwaltungsrechtsweg über § 40 I S. 1 VwGO eröffnet sein. Dies setzt voraus, dass es sich um eine öffentlich-rechtliche Streitigkeit nichtverfassungsrechtlicher Art handelt und keine abdrängende Sonderzuweisung besteht. Eine Streitigkeit ist dann öffentlich-rechtlich, wenn die streitentscheidenden Normen solche des öffentlichen Rechts sind. Die Genehmigungsbefugnis der Verwaltung für die Erteilung einer Sondernutzungserlaubnis ist im Sonderordnungsrecht geregelt, welches einseitig einen Hoheitsträger berechtigt bzw. verpflichtet und demnach dem öffentlichen Recht zuzuordnen ist.

Da die Einschränkung – gegen die K sich vorliegend wendet – im Sachzusammenhang zu der Sondernutzung steht, ist auch diese als öffentlich-rechtlich zu qualifizieren. Eine öffentlich-rechtliche Streitigkeit liegt somit vor. Diese ist auch nichtverfassungsrechtlicher Art und eine abdrängende Sonderzuweisung ist nicht ersichtlich. Der Verwaltungsrechtsweg ist daher gem. § 40 I S. 1 VwGO eröffnet.

II. Statthafte Klageart

Die statthafte Klageart bestimmt sich nach dem Begehren des Klägers (§ 88 VwGO). K möchte hier wie in den vorangegangenen Jahren eine Sondernutzungserlaubnis zum Verkauf von Speisen und Getränken ohne die Einschränkung, nur Light-Bier verkaufen zu dürfen. Fraglich ist, ob K diese ihn belastende Einschränkung selbständig anfechten kann oder ob er vielmehr eine Verpflichtungsklage auf Erteilung einer uneingeschränkten Sondernutzungserlaubnis erheben muss.

Hinweis: Eine isoliert gegen die belastende Einschränkung erhobene Anfechtungsklage ist die für den K – unter dem Gesichtspunkt effektiven Rechtsschutzes – günstigere Klageart, weil der (begünstigende) Hauptverwaltungsakt bestehen bleibt und lediglich die Belastung wegfällt. Daher ist vorrangig zu prüfen, inwieweit eine isolierte Anfechtung zulässig ist.

Aus dem Wortlaut des § 113 I S. 1 VwGO folgt („**soweit** der VA rechtswidrig ist"), dass die Anfechtungsklage grds. auch auf die Beseitigung von Teilen eines Verwaltungsaktes gerichtet sein kann.

Als Vorfrage muss jedoch zunächst geklärt werden, ob es sich bei der von der Behörde gemachten Einschränkung tatsächlich um einen solchen Teil eines Verwaltungsaktes im Sinne einer Nebenbestimmung handelt oder ob die Einschränkung nicht vielmehr den Inhalt der Sondernutzungserlaubnis selbst betrifft.

Sollte Letzteres der Fall sein und es sich tatsächlich um eine modifizierende Inhaltsbestimmung zu der von K beantragten Genehmigung handeln, wäre diese keinesfalls abtrennbar von dem gesamten Verwaltungsakt. K könnte dagegen lediglich im Wege der Verpflichtungsklage vorgehen.

Eine derartige Inhaltsbestimmung (sog. **modifizierende Auflage**) liegt vor, wenn keine zusätzliche Leistungspflicht begründet wird, sondern durch Veränderung der Leistungspflicht eine Inhaltsänderung des begehrten VA vorgenommen wird: Der Antragsteller erhält nicht, was er beantragt hat, sondern ein *„aliud*". Dem K wird hier verboten, alkoholische Getränke mit Ausnahme von Light-Bier zu verkaufen. Er erhält also zumindest die Genehmigung zum Getränkeausschank. Etwas völlig anderes im Vergleich zu der beantragten unbeschränkten Genehmigung (aliud) stellt die erteilte Genehmigung damit nicht dar. Folglich handelt es sich nicht um eine modifizierende Inhaltsbestimmung, sondern um eine **Nebenbestimmung** i.S.d. § 36 VwVfG.

Ob und inwieweit eine isolierte Anfechtung von Nebenbestimmungen möglich ist, ist sehr umstritten. Eine Auffassung hält ausnahmslos die Verpflichtungsklage auf Erlass eines neuen VA ohne Nebenbestimmung für die statthafte Klageart. Denn die belastende Nebenbestimmung sei stets ein Minus zur beantragten Leistung, dem Kläger gehe es faktisch um eine Erweiterung seiner Rechtsposition (er will mehr, als er durch den VA zuvor bekommen hat) und für ein solches Begehren sei die Verpflichtungsklage die klassische Klageart. Allerdings widerspricht diese Auffassung dem Wortlaut des § 113 I 1 VwGO, der ausdrücklich die Möglichkeit einer Teilanfechtung eröffnet.

Nach einer älteren Auffassung ist auf die Rechtsnatur der Nebenbestimmung abzustellen. Auflagen (§ 36 II Nr. 4 VwVfG) seien selbständig anfechtbar, während hingegen Befristung und Bedingung (§ 36 II Nr. 1 und 2 VwVfG) ein Minus zur Vollgewährung seien, so dass der Betroffene die uneingeschränkte Begünstigung mit der Verpflichtungsklage verfolgen müsse. Zudem betreffen Befristung, Bedingung und Widerrufsvorbehalt die Wirksamkeit der Hauptregelung selbst und können daher nicht von diesem gelöst werden, weil sie ein integrierter/unselbständiger Bestandteil der Hauptregelung seien („... erlassen werden mit ..."). Eine isolierte Anfechtungsklage sei daher nicht möglich. Bei Auflage und Auflagenvorbehalt, die einen eigenständigen Regelungsgehalt aufweisen, sogar selbst VA sind („...verbunden werden mit ..."), sei demgegenüber eine isolierte Anfechtungsklage möglich. Danach müsste also zunächst die Rechtsnatur der von der Behörde gemachten „Einschränkung" ermittelt werden.

Denkbar ist, dass es sich um eine *Auflage* i.S.d. § 36 II Nr. 4 VwVfG, also um eine Bestimmung handelt, durch die dem K ein Tun, Dulden oder Unterlassen vorgeschrieben wird. Die Auflage zeichnet sich folglich dadurch aus, dass sie ein Gebot oder Verbot enthält, welches zu der Vergünstigung hinzutritt. Genau dies ist bei der von der Behörde getroffenen Anordnung der Fall: K erhält die Sondernutzungserlaubnis unter der Maßgabe, keine alkoholischen Getränke mit Ausnahme von Light-Bier zu verkaufen. Es handelt sich folglich um eine Auflage i.S.d. § 36 II Nr. 4 VwVfG. Damit kommt nach der genannten Auffassung eine isolierte Anfechtung in Betracht.

Hinweis: Eine *Auflage* und eine *aufschiebende Bedingung* sind mitunter schwer zu unterscheiden: Eine Bedingung i.S.d. § 36 II Nr. 2 VwVfG liegt vor, wenn der Eintritt oder Wegfall einer Vergünstigung oder einer Belastung von dem Eintritt eines ungewissen zukünftigen Ereignisses abhängig gemacht wird. Besteht das „Ereignis" der aufschiebenden Bedingung in einem bestimmten Verhalten des Betroffenen, tritt sie in Konkurrenz zur Auflage. Da beide Nebenbestimmungen unterschiedliche Rechtsfolgen haben, müssen Sie in der Klausur eine eindeutige Zuordnung treffen. Der mit einer Auflage verbundene Verwaltungsakt wird sofort wirksam, während der aufschiebend bedingte Verwaltungsakt dagegen erst mit Bedingungseintritt wirksam wird. Zudem verpflichtet die Auflage und ist daher im Gegensatz zur Bedingung zwangsweise durchsetzbar.

Merksatz zur Unterscheidung von Bedingung und Auflage: Die Bedingung suspendiert, zwingt aber nicht; die Auflage zwingt, suspendiert aber nicht.

Teilweise wird jedoch nicht auf die Art der Nebenbestimmung, sondern auf die Art des Hauptverwaltungsaktes abgestellt. Liegt ein gebundener Verwaltungsakt vor, so sei die Nebenbestimmung isoliert anfechtbar. Bei Ermessensverwaltungsakten hingegen wird diese Möglichkeit abgelehnt, da Verwaltungsakt und Nebenbestimmung nicht getrennt werden können, ohne dass unzulässig in den Ermessensspielraum der Behörde eingegriffen wird. Da die Erteilung einer Sondernutzungserlaubnis regelmäßig im Ermessen der Behörde liegt, würde nach dieser Ansicht eine isolierte Anfechtung der Auflage im vorliegenden Fall ausscheiden. Dem kann man jedoch entgegenhalten, dass der Verwaltung immer noch die Möglichkeit verbleibt, den übrig gebliebenen Restverwaltungsakt über die §§ 48, 49 VwVfG aufzuheben.

Der Gefahr, dass eine Teilaufhebung das Ermessen der Verwaltung auf unzulässige Weise beschneiden könnte, will die herrschende Meinung in Rechtsprechung und Literatur daher anderweitig begegnen. Sie hält grds. jede Nebenbestimmung für isoliert anfechtbar, soweit sie vom Verwaltungsakt logisch teilbar ist und damit eine isolierte Aufhebbarkeit nicht offenkundig von vornherein ausscheidet (sog. **prozessuale Teilbarkeit**). Im Rahmen der Begründetheit der Klage ist dann aber im Fall der Rechtswidrigkeit der Nebenbestimmung zu überprüfen, inwieweit durch die Kassation allein der Nebenbestimmung noch ein *sinnvoller* und *rechtmäßiger* Verwaltungsakt bestehen bleibt. Dabei handelt es sich mithin um eine Frage des materiellen Rechts. Nach dieser überzeugenden und dem Wortlaut des § 113 I 1 VwGO entsprechenden Auffassung ist vorliegend eine Anfechtungsklage des K gegen die vorgenommene Einschränkung der Behörde statthaft. Im Rahmen der Begründetheit ist jedoch auf die isolierte Aufhebbarkeit zurückzukommen.

III. Klagebefugnis (§ 42 II VwGO)

K ist vorliegend Adressat einer ihn belastenden Nebenbestimmung zum Verwaltungsakt. Nach Maßgabe des Adressatengedankens erscheint daher zumindest eine Verletzung von Art. 2 I GG möglich.

IV. Vorverfahren (§ 68 VwGO)

Ein Vorverfahren nach § 68 I VwGO wurde laut Sachverhalt erfolglos durchgeführt.

V. Klagefrist (§ 74 VwGO)

K müsste seine Klage nach § 74 I VwGO innerhalb eines Monats nach Zustellung des Widerspruchsbescheids erheben.

VI. Klagegegner (§ 78 VwGO)

Die Klage ist nach dem in § 78 I Nr. 1 VwGO normierten allgemeinem Rechtsträgerprinzip gegen die Stadt B zu richten, da der Sachverhalt keine Hinwese darauf enthält, dass das Landesrecht eine Bestimmung i.S.d. § 78 I Nr. 2 VwGO enthält.

VII. Ergebnis der Zulässigkeitsprüfung

Eine isolierte Anfechtungsklage des K gegen die Einschränkung der erteilten Sondernutzungserlaubnis ist somit zulässig.

B. Begründetheit

Die Klage ist begründet, soweit die Auflage, nur Light-Bier auszuschenken, rechtswidrig, K dadurch in seinen Rechten verletzt und die Auflage im materiellen Sinne von der Sondernutzungserlaubnis abteilbar ist.

> **Hinweis:** In der Begründetheit ist die Rechtmäßigkeit der angefochtenen Nebenbestimmung ebenso zu prüfen, wie sonst die Rechtmäßigkeit eines Verwaltungsaktes geprüft wird.

I. Rechtswidrigkeit der Auflage

Die Auflage ist dann rechtswidrig, wenn sie sich nicht auf eine taugliche Rechtsgrundlage stützen lässt oder von dieser formell oder materiell nicht ordnungsgemäß Gebrauch gemacht wurde.

1. Rechtsgrundlage

Als Rechtsgrundlage für die Nebenbestimmung könnte § 36 VwVfG in Betracht kommen. § 36 VwVfG ist jedoch nur anwendbar, wenn keine spezialgesetzlichen Rechtsgrundlagen vorhanden sind. Eine solche spezielle Sonderregelung außerhalb des VwVfG besteht jedoch vorliegend nicht. Demnach kommt § 36 VwVfG zur Anwendung.

2. Formelle Rechtmäßigkeit der Auflage

Die Zuständigkeit für den Erlass einer Nebenbestimmung folgt der Hauptsacheentscheidung. Laut Sachverhalt hat hier die zuständige Behörde den VA erlassen, Form- oder Verfahrensfehler sind ansonsten nicht ersichtlich. Eine möglicherweise unterbliebene Anhörung nach § 28 VwVfG ist zumindest nach § 45 I Nr. 3 VwVfG durch die Durchführung des Widerspruchsverfahrens geheilt worden.

3. Materielle Rechtmäßigkeit der Auflage

Die Erteilung einer Sondernutzungserlaubnis steht regelmäßig im Ermessen der Behörde. Damit ist § 36 II VwVfG einschlägig, wonach Verwaltungsakte, auf deren Erlass kein Anspruch besteht, nach pflichtgemäßem Ermessen mit Nebenbestimmungen versehen werden können. Die Beifügung von Nebenbestimmungen liegt somit ebenfalls im Ermessen der Behörde. Die Behörde konnte daher die Sondernutzungserlaubnis grds. mit einer Nebenbestimmung verbinden. Auch läuft die vorgenommene Beschränkung auf den Ausschank von Light-Bier nicht der Sondernutzungserlaubnis selbst zuwider (§ 36 III VwVfG). Die Voraussetzungen der Rechtsgrundlage liegen demnach grds. vor.

Fraglich ist aber, ob die Nebenbestimmung auch ermessensfehlerfrei erlassen wurde. K wendet insbesondere ein, dass die Fans sich ihr Bier selbst mitbringen bzw. aus dem nahegelegenen Supermarkt beschaffen könnten. Die getroffene Auflage könnte sich daher als unverhältnismäßig erweisen und damit ein Ermessensfehler in Gestalt der Ermessensüberschreitung vorliegen.

Zweifel wirft die Auflage insbesondere in Bezug auf ihre Geeignetheit auf. Um **geeignet** zu sein, müsste sie zumindest dem angestrebten Zweck dienen. *Zweck* der Auflage ist vorliegend die Vermeidung übermäßigen Alkoholkonsums vor dem Stadion durch die Fans. Zwar kann jeder sich seine Getränke auch zuvor besorgen, jedoch verleitet gerade die Verfügbarkeit von Alkohol direkt vor dem Stadion dazu, noch mehr zu trinken. Da sich der von K bezeichnete Supermarkt immerhin ca. 1000 Meter vor dem Stadion befindet, ist davon auszugehen, dass zumindest ein Teil der Fußballfans dann am Stadion weniger oder alkoholreduziertes Bier verzehrt. Die Auflage ist somit zumindest geeignet, den angestrebten Zweck zu erreichen.

Es ist auch kein milderes, gleich wirksames Mittel ersichtlich. Mithin ist die Maßnahme auch **erforderlich.**

Fraglich ist, ob das Verbot auch **angemessen** ist, insbesondere im Hinblick auf die wirtschaftliche Bedeutung für K. Jedoch finden im Jahr lediglich um die 20 Heimspiele statt. Selbst wenn dies ca. 20% der Einnahmen des K entspricht, steht nicht zu erwarten, dass Einnahmeverluste eintreten, durch welche K in wirtschaftliche Not gerät. Entgegen den Ausführungen des K, ist zu erwarten, dass die Fans sich zumindest teilweise auf das Light-Bier umstellen werden. Die Erteilung der Auflage erging somit ermessensfehlerfrei und damit insgesamt rechtmäßig.

II. Zwischenergebnis

Die Auflage ist rechtmäßig, so dass auf die Frage, inwieweit die Sondernutzungserlaubnis auch nach einer isolierten Aufhebung der Auflage noch sinnvoll und rechtmäßig fortbestehen kann, nicht mehr eingegangen werden muss. Die Anfechtungsklage des K ist daher unbegründet.

Hinweis: Im Fall der Rechtswidrigkeit der Auflage hätte hingegen überprüft werden müssen, ob die Sondernutzungserlaubnis auch ohne die erteilte Auflage noch sinnvoll und rechtmäßig ist. Bleibt ohne die Nebenbestimmung ein rechtswidriger Hauptverwaltungsakt bestehen, scheidet eine isolierte Aufhebung der Nebenbestimmung aus. Die Klage wäre dann trotz der Rechtswidrigkeit der Nebenbestimmung unbegründet.

C. Ergebnis

Eine Klage des K ist zwar zulässig, aber unbegründet und hat daher keine Aussicht auf Erfolg.

Fall 8: Jazz-Club

▸ **Standort:** Reformatio in peius im Widerspruchsverfahren

Der Hobbymusiker T betreibt in der Stadt G eine gemütliche Eckkneipe in der Altstadt. Um mehr Gäste anzulocken, aber auch aufgrund seiner persönlichen Leidenschaft, lässt er in seiner Kneipe regelmäßig Jazzmusiker auftreten, die bis in die frühen Morgenstunden spielen.

Nachdem es jedoch mehrere Beschwerden von umliegenden Anwohnern gab, erteilt die zuständige Ordnungsbehörde dem T nach Anhörung per Verfügung nach § 5 I Nr. 3 GaststättenG die Auflage, die Auftritte von Live-Musikern künftig auf die Zeiten von 19.00-23.00 Uhr zu beschränken. T legt dagegen Widerspruch ein. Die Widerspruchsbehörde erlässt daraufhin nach erneuter Anhörung des T einen Widerspruchsbescheid. Mit diesem wird der Widerspruch zurückgewiesen und darüber hinaus wird die Auflage dahingehend abgeändert, dass nunmehr nur noch Auftritte von 19.00-22.00 Uhr gestattet werden.

T ist entsetzt. Hätte er geahnt, dass ihm durch die Widerspruchsbehörde eine derartige „Verböserung“ drohe, hätte er möglicherweise gar keinen Rechtsbehelf eingelegt. Nunmehr will er gegen das Vorgehen der Behörden gerichtliche Hilfe in Anspruch nehmen und wendet sich in einer Klage vor dem VG sowohl gegen den Ausgangs- als auch den Widerspruchsbescheid. Mit Erfolg?

A. Zulässigkeit
I. Eröffnung des Verwaltungsrechtsweges
II. Statthafte Klageart
III. Klagebefugnis (§ 42 II VwGO)
IV. Vorverfahren (§ 68 VwGO)
V. Sonstige Zulässigkeitsvoraussetzungen
B. Begründetheit
I. Ermächtigungsgrundlage
II. Formelle Rechtmäßigkeit der Auflage
1. Zuständigkeit der Widerspruchsbehörde
2. Verfahren und Form
III. Materielle Rechtmäßigkeit der Auflage
C. Ergebnis

Die Klage des T hat Aussicht auf Erfolg, wenn sie zulässig und begründet ist.

A. Zulässigkeit

I. Eröffnung des Verwaltungsrechtsweges

Mangels spezialgesetzlicher Zuweisungen könnte der Verwaltungsrechtsweg über § 40 I S. 1 VwGO eröffnet sein. Dieser setzt eine öffentlich-rechtliche Streitigkeit nichtverfassungsrechtlicher Art voraus. T wendet sich vorliegend gegen die Auflage, den Auftritt von Live-Musikern in seiner Kneipe auf bestimmte Zeiten zu beschränken. Die streitentscheidenden Normen liegen daher im Gaststättenrecht. Da diese öff. Hoheitsträger einseitig berechtigen bzw. verpflichten sind sie nach Maßgabe der mod. Subjektstheorie dem öffetnlichen Recht zuzordnen. Die Streitigkeit ist auch nichtverfassungsrechtlicher Art ist, so dass der Verwaltungsrechtsweg demnach eröffnet ist.

II. Statthafte Klageart

Die statthafte Klageart richtet sich gem. § 88 VwGO nach dem Begehren des Klägers. T wendet sich vorliegend gegen die von der Behörde erteilte Auflage in seiner Kneipe nur noch eingeschränkt Live-Musik anbieten zu dürfen. Nach § 79 I Nr. 1 VwGO ist Klagegegenstand der ursprüngliche Verwaltungsakt in der Gestalt, die er durch den Widerspruchsbescheid gefunden hat. Damit ist hier die durch die

Widerspruchsbehörde erweitere Auflage der Klagegegenstand. Da es sich bei der getroffenen Auflage schon der äußeren Form nach um einen Verwaltungsakt i.S.d. § 35 S. 1 VwVfG handelt, ist die Anfechtungsklage gem. § 42 I, 1. Alt. VwGO dafür die einschlägige Klageart.

Hinweis: T könnte gem. § 79 II S. 1 VwGO auch nur gegen den Widerspruchsbescheid vorgehen, da dieser eine zusätzliche selbstständige Beschwer enthält. Hier ist es aber eindeutig sein Interesse, gegen beide Bescheide vorzugehen.

III. Klagebefugnis (§ 42 II VwGO)

Da T Adressat der belastenden Verfügungen ist, kann zumindest nicht ausgeschlossen werden, dass er in Art. 2 I GG verletzt ist. Er ist demnach i.S.d. § 42 II VwGO klagebefugt.

IV. Vorverfahren (§ 68 VwGO)

Ein ordnungsgemäßes Vorverfahren wurde laut Sachverhalt durchgeführt. Ein erneuter Widerspruch gegen die Erweiterung der Auflage ist nicht erforderlich.[12]

V. Sonstige Zulässigkeitsvoraussetzungen

Klagegegner ist gem. § 78 I Nr. 1 VwGO die Stadt G als Träger der Ordnungsbehörde. Von der Einhaltung der Klagefrist gem. § 74 I VwGO ist auszugehen. Die Klage des T ist damit zulässig.

B. Begründetheit

Die Klage des T ist gem. § 113 I S. 1 VwGO begründet, soweit die Auflage in Gestalt des Widerspruchsbescheids rechtswidrig ist und den T in seinen Rechten verletzt.

I. Ermächtigungsgrundlage

Die Ordnungsbehörde als Ausgangsbehörde kann sich für eine Auflage zur Gaststättenerlaubnis auf § 5 GastG (des

---

[12] Dies lässt sich aus § 68 I S. 2 Nr. 2 VwGO entnehmen, sofern man als erstmalige Beschwer auch jede zusätzliche Beschwer i.S.d. § 79 II S. 1 VwGO ansieht. Ansonsten kommt zumindest eine analoge Anwendung des § 68 I S. 2 Nr. 2 VwGO in Betracht.

Bundes)[13] stützen. Fraglich ist jedoch, ob dies auch für die Ausweitung der Auflage durch die Widerspruchsbehörde gilt. Diese hat hier nicht nur über den Widerspruch entschieden, sondern gleichzeitig den Ausgangsbescheid mit der Ausweitung des Auftrittverbots verschärft. Ob die Widerspruchsbehörde überhaupt befugt ist, im Vorverfahren eine Entscheidung zum Nachteil des Widerspruchsführers – eine sog. *reformatio in peius* – zu treffen, ist umstritten.[14]

Teilweise wird eine solche Verböserung im Widerspruchsverfahren grds. für unzulässig gehalten. Zum einen könne das Risiko einer Verböserung dazu führen, dass Bürger vom Einlegen von Rechtsbehelfen abgehalten werden und es dadurch zu einer faktischen Einschränkung der Rechtsweggarantie des Art. 19 IV GG kommt. Zum anderen wird auf die beschränkte Kompetenz des Bundesgesetzgebers zur Ausgestaltung des Widerspruchsverfahrens verwiesen.

Die **herrschende Meinung** in der Literatur und vor allem die Rechtsprechung gehen hingegen mit überzeugenden Argumenten von der Zulässigkeit der reformatio in peius aus. Erstens hat die Widerspruchsbehörde nach § 68 VwGO eine umfassende Recht- und Zweckmäßigkeitsprüfung vorzunehmen, welche auch zuungunsten des Widerspruchsführers ausfallen kann. Zweitens muss dieser bis zum Abschluss des gerichtlichen Verfahrens mit Rechtsbehelfen des Gegners rechnen, weshalb er nicht auf den Ausgangsbescheid vertrauen könne. Schließlich ginge der Gesetzgeber in den §§ 71, 79 II S. 1 VwGO selbst von der Möglichkeit einer Verböserung im Widerspruchsverfahren aus. Demnach war die Verböserung durch die Widerspruchsbehörde grds. zulässig.

---

[13] Seit dem Inkrafttreten der Föderalismusreform besteht u.a. keine Gesetzgebungskompetenz des Bundes mehr für das *Gaststättenrecht*. Die bisherigen Bundesvorschriften gelten aber so lange fort, wie sie nicht durch Landesrecht ersetzt worden sind, vgl. Art. 125a I GG. Prüfen Sie, ob es in Ihrem Bundesland mittlerweile ein eigenes Landes-GastG gibt wie etwa in *Baden-Württemberg, Brandenburg, Bremen, Sachsen* und *Thüringen*.

[14] Vgl. zum Streitstand *Hufen*, Verwaltungsprozessrecht, § 9, Rn. 15 ff.

Die Verböserung bedarf jedoch – nach dem Prinzip des Vorbehalts des Gesetzes – einer Ermächtigungsgrundlage. Während zum Teil als Grundlage für die reformatio in peius die Vorschriften über die Rücknahme und den Widerruf von Verwaltungsakten (§§ 48, 49 VwVfG) herangezogen werden, sind nach der mittlerweile herrschenden Meinung die materiell-rechtlichen Vorschriften heranzuziehen, welche auch Rechtsgrundlage für den Ausgangsverwaltungsakt waren. Demnach stellt im vorliegenden Fall § 5 GastG auch die Ermächtigungsgrundlage für die vorgenommene Verböserung dar.

II. Formelle Rechtmäßigkeit der Auflage

Hinweis: Die formelle Rechtmäßigkeit ist quasi doppelt zu prüfen: Zunächst für den Ausgangsverwaltungsakt und anschließend für den Widerspruchsbescheid.

1. Zuständigkeit der Widerspruchsbehörde

Der Ausgangsbescheid wurde von der zuständigen Ordnungsbehörde erlassen. Aber auch die Widerspruchsbehörde müsste für die von ihr getroffene Regelung zuständig gewesen sein. Bei Identität von Ausgans- und Widerspruchsbehörde ist die Zuständigkeit im Verböserungsfall ohne Weiteres gegeben. Aber auch im Falle einer fehlenden Identität von Ausgangs- und Widerspruchsbehörde lässt sich die Zuständigkeit der Widerspruchsbehörde nach überwiegender Ansicht mit dem im Rahmen der Fachaufsicht bestehenden Weisungsrecht der Widerspruchsbehörde legitimieren.

2. Verfahren und Form

T wurde vorliegend sowohl vor Erlass des Ausgangsbescheids als auch vor Erlass des Widerspruchsbescheids angehört. Formfehler sind nicht ersichtlich.

III. Materielle Rechtmäßigkeit der Auflage

Nach § 5 I Nr. 3 GastG kann einem Gewerbetreibenden, der einer Erlaubnis bedarf, jederzeit eine Auflage zum Schutze gegen Belästigungen für die Bewohner des Betriebs- oder des Nachbargrundstücks gemacht werden. Da T zum Betrieb seiner Kneipe gem. § 2 I GastG einer Erlaubnis bedarf und durch seine Jazzveranstaltungen erhebliche Lärmbelästigungen für die Anwohner entstehen, liegen sämtliche Tatbestandsvoraussetzungen der Ermächtigungsgrundlage vor.

Fraglich ist daher allein, ob die Widerspruchsbehörde bei ihrer Ermessensausübung etwaigen Vertrauensschutz des T nicht ausreichend berücksichtigt hat. Grds. sind belastende Verwaltungsakte jedoch nicht geeignet einen Vertrauenstatbestand zu bilden. Eine andere Sichtweise ist nur dann gerechtfertigt, wenn es durch die Verböserung ansonsten zu untragbaren Verhältnissen für den Betroffenen kommen würde. Von derartigen untragbaren Verhältnissen für T ist jedoch hier nicht auszugehen, da das Auftrittsverbot lediglich um eine weitere Stunde nach vorne verlegt wurde.

C. Ergebnis

Die Klage des T ist daher zwar zulässig, mangels Rechtswidrigkeit der erteilten Auflage aber unbegründet und hat daher keine Aussicht auf Erfolg.

Fall 9: Alles für die Kinder

▸ **Standort:** Öffentlich-rechtlicher Vertrag

Bauherr B möchte in der Gemeinde G ein Wohnhaus errichten, kann aber nicht die baurechtlich geforderte Anzahl an Einstellplätzen nachweisen. Die zuständige Behörde der Gemeindeverwaltung zeigt sich zunächst auch nicht gewillt, von der in der Landesbauordnung vorgesehenen Möglichkeit, die Herstellung der Einstellplätze durch die Zahlung eines Geldbetrags zu ersetzen, Gebrauch zu machen. Nach längeren Verhandlungen einigen sich B und die Behörde schließlich doch noch und unterzeichnen daraufhin folgende Vereinbarung:

1. Die Gemeinde G verpflichtet sich, Herrn B die Baugenehmigung für die Errichtung eines Wohnhauses in G unter Befreiung von der Pflicht zur Errichtung von Einstellplätzen zu erteilen.
2. Herr B verpflichtet sich einen Betrag von 5.000 € als Beitrag zur Errichtung eines neuen Kindergartens in G zu bezahlen. Dieser Betrag ist Ende Januar 2013 fällig.

Im Februar 2013 wird dem B daraufhin die beantragte Baugenehmigung erteilt und er beginnt mit den Bauarbeiten. Als B Ende März 2013 trotz mehrfacher Mahnung den unter Nr. 2 der Vereinbarung verabredeten Betrag in Höhe von 5.000 € nicht gezahlt hat, erhebt die Gemeinde vor dem zuständigen Verwaltungsgericht Klage gegen ihn auf Zahlung des entsprechenden Betrags.

B hatte sich jedoch inzwischen rechtskundig gemacht und hält die Klage der Gemeinde für unzulässig, jedenfalls aber für unbegründet. Seiner Auffassung nach fehle der Klage bereits das Rechtsschutzbedürfnis, da die Gemeinde G den ihr angeblich zustehenden Zahlungsanspruch auch durch einen Leistungsbescheid geltend machen und ggf. selbst vollstrecken könne. Unbegründet sei die Klage, weil die

Gemeinde sich die in Frage stehende Zahlung nicht vertraglich versprechen lassen durfte. Die Befreiung von der Pflicht zur Errichtung von Einstellplätzen stünde schließlich in keinerlei Zusammenhang mit dem Bau eines Kindergartens. Die in der Nr. 2 der Vereinbarung getroffene Abrede sei daher nichtig.

Hat die Klage der Gemeinde G Aussicht auf Erfolg?

Abwandlung: Die gewünschte Baugenehmigung wird erteilt und B zahlt wie vereinbart. Einige Zeit später kommen dem B jedoch Bedenken hinsichtlich der Wirksamkeit der Vereinbarung. Er fragt nun, ob er die Rückzahlung des Geldes verlangen kann.

A. Zulässigkeit
I. Eröffnung des Verwaltungsrechtsweges
II. Statthafte Klageart
III. Klagebefugnis (§ 42 II VwGO analog)
IV. Vorverfahren und Klagefrist
V. Klagegegner
VI. Allgemeines Rechtsschutzbedürfnis
VII. Ergebnis der Zulässigkeitsprüfung
B. Begründetheit
I. Wirksamer Vertragsschluss
II. Nichtigkeit des Vertrages
1. Zulässigkeit der Vertragsform
2. Formelle Rechtmäßigkeit
3. Materielle Rechtmäßigkeit
a) Verstoß gegen § 56 VwVfG
b) Rechtsfolge des Verstoßes
C. Ergebnis

Die Klage der Gemeinde G hat Aussicht auf Erfolg, wenn sie zulässig und begründet ist.

A. Zulässigkeit

I. Eröffnung des Verwaltungsrechtsweges

Zunächst müsste der Verwaltungsrechtsweg eröffnet sein. Mangels aufdrängender Sonderzuweisung könnte der Verwaltungsrechtsweg über die Generalklausel des § 40 I S. 1

VwGO eröffnet sein. Danach müsste es sich um eine öffentlich-rechtliche Streitigkeit nichtverfassungsrechtlicher Art handeln. Streitgegenstand ist vorliegend die durch die Vereinbarung zwischen B und der Gemeinde G begründete Zahlungspflicht des B. Deren öffentlich-rechtlicher Charakter könnte sich daraus ergeben, dass es sich bei der getroffenen Vereinbarung um einen *öffentlich-rechtlichen Vertrag* i.S.d. §§ 54 ff. VwVfG handelt.

Ausschlaggebend für die Rechtsnatur eines Vertrages ist der Gegenstand des Vertrages, also der Vertragsinhalt. Mehrere im Zusammenhang stehende Vertragsinhalte sind dabei im Rahmen einer Gesamtwürdigung nach ihrem jeweiligen Schwerpunkt zu beurteilen. Entscheidend ist somit der **Gesamtcharakter** des Vertrages. Dieser muss sich auf einen öffentlich-rechtlich geregelten Sachverhalt beziehen, mithin die Ausgestaltung oder Abänderung öffentlich-rechtlicher Rechte oder Pflichten betreffen.

Die vorliegend in Rede stehende Zahlungspflicht des B aus der Nr. 2 der Vereinbarung ist allerdings an sich neutral und lässt sich weder eindeutig dem öffentlichen Recht noch dem Zivilrecht zuordnen. Die Zahlungspflicht des B steht jedoch in einem untrennbaren Zusammenhang mit dem Erlass einer Baugenehmigung unter Befreiung von der Stellplatzpflicht als Leistung der Gemeinde. Die als „Gegenleistung" einbezogene Erteilung der Baugenehmigung verleiht dem Vertrag damit insgesamt einen öffentlich-rechtlichen Charakter.

Es handelt sich daher um einen öffentlich-rechtlichen Vertrag i.S.d. §§ 54 ff. VwVfG und damit um eine öffentlich-rechtliche Streitigkeit. Diese ist auch nichtverfassungsrechtlicher Art, da keine Verfassungsorgane um ihre ihnen unmittelbar aus der Verfassung zustehenden Rechte streiten. Auch eine abdrängende Sonderzuweisung greift nicht ein.[15]

---

[15] § 40 II S. 1 VwGO bezieht sich lediglich auf Schadensersatzansprüche aus der Verletzung öffentlich-rechtlicher Pflichten, die zudem ausdrücklich nicht auf einem öffentlich-rechtlichen Vertrag beruhen.

Der Verwaltungsrechtsweg ist daher gem. § 40 I S. 1 VwGO eröffnet.

II. Statthafte Klageart

Die statthafte Klageart richtet sich nach dem Begehren des Klägers (§ 88 VwGO). Die Gemeinde G begehrt vorliegend die Zahlung der 5.000 €. Ihr Begehren ist somit auf ein **Realhandeln**, nämlich die Zahlung seitens des B gerichtet.

Statthafte Klageart könnte daher die allgemeine Leistungsklage sein. Diese wird zwar in der VwGO nicht explizit geregelt, ihre Existenz wird aber in §§ 111, 113 V sowie § 43 II VwGO vorausgesetzt. Mit der allgemeinen Leistungsklage kann die Vornahme jeder Handlung verfolgt werden, die nicht im Erlass eines Verwaltungsaktes liegt.

Die allgemeine Leistungsklage ist somit die statthafte Klageart für das Leistungsbegehren der Gemeinde G.

III. Klagebefugnis (§ 42 II VwGO analog)

Zum Ausschluss von Popularklagen wird § 42 II VwGO auf die allgemeine Leistungsklage analog angewendet. Die Gemeinde G müsste daher klagebefugt sein, das heißt sie müsste geltend machen, durch die Zahlungsverweigerung des B möglicherweise in eigenen Rechten verletzt zu sein. Da es zumindest nicht von vornherein ausgeschlossen ist, dass der von der Gemeinde geltend gemachte Leistungsanspruch aus dem Vertrag besteht, ist G als klagebefugt i.S.d. § 42 II VwGO analog anzusehen.

IV. Vorverfahren und Klagefrist

Die Durchführung eines Vorverfahrens und die Einhaltung einer Klagefrist sind bei der allgemeinen Leistungsklage nicht vorgesehen.

V. Klagegegner

Bei der allgemeinen Leistungsklage ergibt sich der richtige Klagegegner weder aus einer unmittelbaren noch aus einer analogen Anwendung des § 78 VwGO. Vielmehr bestimmt sich der Klagegegner nach dem *allgemeinen Rechtsträger-*

prinzip. Vorliegend klagt die Gemeinde G gegen den Bürger B, der insoweit als sein eigener „Rechtsträger“ und Vertragspartner der richtige Klagegegner ist.

VI. Allgemeines Rechtsschutzbedürfnis

Fraglich ist jedoch, ob der Klage der Gemeinde – wie von B geltend gemacht – das Rechtsschutzbedürfnis fehlt. Dies ist insbesondere der Fall, wenn der Kläger sein Rechtsschutzziel auf einem einfacheren Weg erreichen kann. Die Gemeinde G könnte hier möglicherweise einen Zahlungsbescheid gegenüber B erlassen und sich damit ihren eigenen Vollstreckungstitel verschaffen. Die Inanspruchnahme von gerichtlichem Rechtsschutz wäre damit entbehrlich.

Mit Abschluss des Vertrages könnte sich die Gemeinde G indes ihrer *Verwaltungsaktbefugnis* und damit gleichzeitig dem Mittel der *Selbsttitulierung* begeben haben. Der VA knüpft an eine untergeordnete Position des Bürgers an; mit Abschluss eines öffentlich-rechtlichen Vertrages tritt die Verwaltung dem Bürger jedoch auf gleicher Ebene gegenüber. Im Anschluss daran ist es ihr daher grds. versagt, wieder auf die Handlungsform des Verwaltungsaktes zurück zu greifen, der für ein Über- und Unterordnungsverhältnis kennzeichnend ist.

Da B sich vorliegend auch nicht gem. § 61 I VwVfG der sofortigen Vollstreckung unterworfen hat, muss die Gemeinde G ihren Leistungsanspruch aus dem Vertrag – genau wie der Bürger – im Wege einer verwaltungsgerichtlichen Klage geltend machen. Der Klage fehlt es mithin nicht am allgemeinen Rechtsschutzbedürfnis.

VII. Ergebnis der Zulässigkeitsprüfung

Die Klage der Gemeinde G ist zulässig.

B. Begründetheit

Die Klage der Gemeinde G ist begründet, wenn sie gegenüber B einen Anspruch auf Zahlung der 5.000 € hat. Ein solcher Anspruch könnte sich vorliegend aus Nr. 2 des zwischen B und der Gemeinde abgeschlossenen, öffentlich-rechtlichen Vertrages ergeben. Dies setzt voraus, dass dieser wirksam abgeschlossen wurde und nicht an einem zur Nichtigkeit führenden Rechtsmangel leidet.

I. Wirksamer Vertragsschluss

§ 54 S. 1 VwVfG stellt zwar grds. klar, dass die Verwaltung öffentlich-rechtliche Verträge schließen darf, lässt aber offen, wie der Vertrag geschlossen wird. Für den Vertragsschluss sind daher gem. § 62 S. 2 VwVfG in entsprechender Anwendung die Vorschriften des BGB heranzuziehen. Verwaltungsrechtliche Verträge werden also wie zivilrechtliche nach den §§ 145 ff. BGB geschlossen. Danach ist zwischen der Gemeinde G und B vorliegend durch zwei miteinander übereinstimmende Willenserklärungen ein Vertrag zustande gekommen.

II. Nichtigkeit des Vertrages

Die Frage, ob der Vertrag an einem zur Nichtigkeit führenden Rechtsmangel leidet, kann in drei Schritten überprüft werden. Vorab kann gefragt werden, ob sich die Verwaltung überhaupt der Handlungsform des Verwaltungsvertrages bedienen durfte (1.). Im Anschluss daran können die formelle (2.) und die materielle (3.) Rechtmäßigkeit des Vertrages betrachtet werden und alle festgestellten Rechtsfehler sind danach auf ihre Rechtsfolge zu untersuchen.

Hinweis: Damit ein öffentlich-rechtlicher Vertrag unwirksam ist und keine Grundlage mehr für Leistungsansprüche bilden kann, muss er nicht nur rechtswidrig, sondern *nichtig* sein. Deshalb liegt das Hauptproblem der Prüfung öffentlich-rechtlicher Verträge meistens in der Suche nach der Fehlerfolge (nichtig oder wirksam), die normativ in § 59 VwVfG verankert ist. Der Vertrag ist daher auf seine Rechtmäßigkeit zu überprüfen und jeder festgestellte Rechtsfehler ist anschließend auf seine Rechtsfolge zu untersuchen.

1. Zulässigkeit der Vertragsform

Die Handlungsform des Verwaltungsvertrages ist gem. § 54 S. 1 VwVfG zulässig, „soweit Rechtsvorschriften nicht entgegenstehen.“ So gibt es Regelungen, die zwingend den Erlass eines Verwaltungsaktes vorsehen oder von ihrem Sinn und Zweck her eine Regelung durch Vertrag ausschließen (etwa die Ernennung eines Beamten oder die Festsetzung von Steuern). Fraglich ist, ob auch im vorliegenden Fall ein solches ausdrückliches oder konkludentes Handlungsformverbot besteht, denn auch die baurechtlichen Gesetze, die die Befugnis zum Bauen regeln, sind prinzipiell auf Verwaltungsakte zugeschnitten. Von der Frage, ob es der Behörde verwehrt ist, anstatt einen Verwaltungsakt zu erlassen, einen öffentlich-rechtlichen Vertrag zu schließen, ist jedoch die Frage zu unterscheiden, ob die Behörde sich in einem öffentlich-rechtlichen Vertrag verpflichten darf, einen Verwaltungsakt mit einem bestimmten Inhalt zu erlassen. So wird vorliegend im Rahmen des Vertrages nicht die Bauerlaubnis unmittelbar ausgesprochen, sondern die Behörde verpflichtet sich lediglich ihrem Vertragspartner B eine Baugenehmigung mit einem bestimmten Inhalt zu erlassen. Die Frage, inwieweit auch für baurechtliche Genehmigungen ein Handlungsformverbot besteht, muss daher nicht weiter diskutiert werden.

2. Formelle Rechtmäßigkeit

Ein wichtiges Verfahrenserfordernis setzt § 58 VwVfG, der auf dem Gedanken beruht, dass es keine Verträge zu Lasten Dritter geben darf. Nach Abs. 1 der Vorschrift müssen daher Dritte dem Vertrag zustimmen, falls dieser in ihre Rechte eingreift. Nach § 58 II VwVfG kann ferner die Zustimmung einer anderen Behörde erforderlich sein. Im vorliegenden Sachverhalt ist jedoch die Erforderlichkeit einer Zustimmung eines Dritten oder einer anderen Behörde nicht ersichtlich. Schließlich wurde die nach § 57 VwVfG zu beachtende Schriftform gewahrt.

3. Materielle Rechtmäßigkeit

Der Vertrag müsste ferner materiell rechtmäßig sein, das heißt, der Inhalt des Vertrages darf nicht gegen zwingende gesetzliche Normen verstoßen, insbesondere nicht gegen die §§ 55, 56 VwVfG. Deren Anwendbarkeit setzt jedoch voraus, dass es sich bei dem vorliegenden Vertrag um einen Vertrag i.S.d. § 54 S. 2 VwVfG handelt. Man spricht insoweit von *subordinationsrechtlichen Verträgen*. Der Wortlaut des § 54 S. 2 VwVfG gibt dabei das Gemeinte allerdings nur unvollständig wieder. Als subordinationsrechtliche Verträge sind nicht allein Verträge zu verstehen, in denen die Verwaltung auch einen VA hätte erlassen können. Erfasst sind vielmehr alle Verträge, die allgemein das Staat-Bürger-Verhältnis, das traditionell als Über-Unterordnungsverhältnis begriffen wird, betreffen.[16]

Hinweis: Strittig ist dabei, inwieweit für die Beurteilung, ob ein Über- Unterordnungs-Verhältnis besteht, eine abstrakte oder konkrete Betrachtungsweise gewählt werden muss. Nach der überwiegenden Auffassung handelt es sich schon dann um einen subordinationsrechtlichen Vertrag, wenn zwischen den Vertragsparteien im Allgemeinen – also nicht nur im konkreten Rechtsverhältnis – ein Über-Unterordnungs-Verhältnis besteht. Danach sind grds. alle Verträge zwischen Staat und Bürger subordinationsrechtlich. Sinnvoller erscheint es daher eine konkrete Betrachtungsweise zu wählen und zu prüfen, inwieweit im konkreten Fall ein Über- Unterordnungs-Verhältnis besteht.

§ 54 S. 2 VwVfG ist somit eher weit auszulegen. Im vorliegenden Fall hätte sowohl die Erteilung der Baugenehmigung als auch die finanzielle Ablösung der Verpflichtung zur Schaffung von Stellplätzen als Verwaltungsakt ergehen können. Der getroffene „Stellplatzablösevertrag" stellt daher einen subordinationsrechtlichen Vertrag dar.

a) Verstoß gegen § 56 VwVfG

Dieser Vertrag muss sich an den Voraussetzungen der §§ 55, 56 VwVfG messen lassen. Vorliegend könnte gegen § 56 VwVfG verstoßen worden sein. Hierzu müsste es sich um einen „Austauschvertrag" handeln, also um einen öffentlich-rechtlichen Vertrag i.S.v. § 54 S. 2 VwVfG, in dem

[16] Abzugrenzen ist der subordinationsrechtliche Vertrag von einem Vertrag zwischen verschiedenen Hoheitsträgern (sog. **koordinationsrechtlicher Vertrag**).

sich der Vertragspartner der Behörde zu einer Gegenleistung verpflichtet. Die Gemeinde G verpflichtet sich vorliegend, dem B eine Baugenehmigung unter Befreiung von der Stellplatzpflicht zu erteilen, während B im Gegenzug 5.000 € für die Errichtung eines neuen kommunalen Kindergartens leisten muss. B als Vertragspartner der Behörde verpflichtet sich somit zu einer Gegenleistung. Es handelt sich daher um einen Austauschvertrag i.S.d. § 56 VwVfG.

Hinweis: Auch der Austauschvertrag i.S.d. § 56 VwVfG wird weit verstanden und ist nicht auf Verträge beschränkt, in denen jeder Vertragspartner seine Leistung nur deshalb verspricht, um die Leistung des anderen zu erhalten. Ein Austauschvertrag wird selbst dann angenommen, wenn sich nur der Vertragspartner der Behörde im Vertrag (also schriftlich) zu einer Leistung verpflichtet, um von der Behörde eine außervertraglich versprochene oder von beiden Vertragsparteien stillschweigend vorausgesetzte Leistung zu erhalten (sog. **hinkende Austauschverträge).**

Bei derartigen Austauschverträgen besteht zum einen die Gefahr, dass ein Ausverkauf von Hoheitsrechten stattfindet und zum anderen, dass sich die Verwaltung aufgrund ihrer überlegenen Verhandlungsposition unangemessene Gegenleistungen versprechen lässt. Dieser Gefahr begegnet § 56 VwVfG, indem in dessen Abs. 1 zunächst vier Voraussetzungen benannt werden, unter denen eine Gegenleistung des Bürgers für eine behördliche Leistung vereinbart werden darf. Die für einen bestimmten Zweck erhobene Gegenleistung muss der Erfüllung behördlicher Aufgaben dienen, angemessen sein und in einem sachlichen Zusammenhang zu der Leistung der Behörde stehen, womit ein *Kopplungsverbot* bezüglich sachfremder Gegenleistungen normiert wird. Dieses Verbot der sachwidrigen Kopplung aus § 56 I S. 2 VwVfG könnte vorliegend verletzt worden sein. Denn die Errichtung eines Kindergartens gehört zwar zu den öffentlichen Aufgaben der Gemeinde und ist grds. nicht zu beanstanden, bei der Stellplatzablöse geht es indes allein um die Bewältigung von Parkplatzproblemen. Es ist daher sachwidrig, die Stellplatzablösung mit der Finanzierung von

Kindergartenplätzen zu koppeln. Es liegt somit ein Verstoß gegen das *Kopplungsverbot* des § 56 I S. 2 VwVfG vor.

Noch strenger sind die Anforderungen des § 56 II VwVfG, wenn auf die behördliche Leistung ein Anspruch besteht. In diesem Fall verweist § 56 II VwVfG ausdrücklich auf die Vorschriften für Nebenbestimmungen (§ 36 I VwVfG). Da auf die gebundene Entscheidung der Erteilung einer Baugenehmigung ein Anspruch besteht, ist der Vertragsinhalt vorliegend auch an § 56 II VwVfG zu messen. Eine Nebenbestimmung gleichen Inhalts wäre nicht zulässig, da eine Geldzahlung zur Errichtung eines neuen Kindergartens weder gesetzlich vorgesehen ist noch dazu beiträgt, die Voraussetzungen der Baugenehmigung zu sichern (§ 36 I VwVfG). Die vertragliche Kopplung einer Baugenehmigung mit einer Kindergartenfinanzierung verstößt somit auch gegen § 56 II VwVfG.

b) Rechtsfolge des Verstoßes

Die Fehlerfolge eines Verstoßes ist in § 59 II Nr. 4 VwVfG geregelt. Danach ist der Vertrag nichtig, wenn sich die Behörde eine nach § 56 VwVfG unzulässige Gegenleistung versprechen lässt. Der zwischen B und der Gemeinde geschlossene Vertrag ist folglich gem. § 59 II Nr. 4 VwVfG nichtig und kann somit keine Grundlage mehr für Leistungsansprüche darstellen.

Hinweis: Entscheidend für die Wirksamkeit oder Nichtigkeit des Vertrages ist die Fehlerfolgenorm des § 59 VwVfG. Bei der Prüfung des § 59 VwVfG ist zu beachten, dass dessen Abs. 2 als lex specialis zu Abs. 1 Sonderregelungen für bestimmte Fälle materieller Rechtswidrigkeit bei subordinationsrechtlichen Verträgen enthält. Abs. 1 dagegen enthält als Generalklausel eine allgemeine Verweisung auf die Nichtigkeitsgründe des BGB.

Um die speziell auf verwaltungsrechtliche Verträge zugeschnittenen Wertungen richtig zu erfassen, ist daher § 59 II VwVfG vor § 59 I VwVfG zu prüfen. Bei der Anwendung des § 59 I VwVfG i. V. m. § 134 BGB ist zudem zu beachten, dass nicht jeder Verstoß gegen ein gesetzliches Verbot zur Nichtigkeit des Vertrages führt, sondern ein gravierender Verstoß zu fordern ist. Ansonsten würde § 134 BGB dazu führen, dass jeder rechtswidrige Vertrag zugleich auch nichtig und die differenzierte Regelung des § 59 II VwVfG damit überflüssig wäre.

Weitere Nichtigkeitsgründe sind nicht ersichtlich.

4. Ergebnis

Der zwischen der Gemeinde G und B geschlossene öffentlich-rechtliche Vertrag ist gem. § 59 II Nr. 4 VwVfG nichtig. Die Grundlage für den Zahlungsanspruch der Gemeinde ist damit entfallen. Sie hat daher gegenüber B keinen Anspruch auf Zahlung der 5.000 €. Ihre allgemeine Leistungsklage ist somit unbegründet.

C. Ergebnis

Die Klage der Gemeinde G ist zwar zulässig, aber unbegründet und hat daher keine Aussicht auf Erfolg.

Abwandlung

Als Anspruchsgrundlage für das Rückzahlungsbegehren des B kommt ein *öffentlich-rechtlicher Erstattungsanspruch* in Betracht. Dieses Rechtsinstitut steht zur Verfügung, um Vermögensverschiebungen rückgängig zu machen, die im Rahmen des öffentlichen Rechts ohne Rechtsgrund erfolgt sind. Obwohl die Parallelen zur ungerechtfertigen Bereicherung nach den §§ 812 ff. BGB damit auf der Hand liegen, handelt es sich um einen eigenständigen öffentlich-rechtlichen Anspruch.[17]

Durch die Geldzahlung des B hat vorliegend eine Vermögensverschiebung stattgefunden. Diese war auch öffentlich-rechtlicher Natur, da B zur Erfüllung des öffentlich-rechtlichen Vertrages geleistet hat. Da dieser Vertrag an einem zur Nichtigkeit führenden Mangel leidet (§ 59 II Nr. 4 VwVfG), erfolgte die Geldleistung ohne Rechtsgrund. Die Voraussetzungen des öffentlich-rechtlichen Erstattungsanspruchs liegen damit vor und B hat einen Anspruch auf Rückzahlung der 5.000 € gegen die Gemeinde G. Die Möglichkeit, sich in entsprechender Anwendung des § 818 III

---

[17] Näher zur Herleitung und den einzelnen Voraussetzungen des öffentlich-rechtlichen Erstattungsanspruchs siehe: *Thiele*, Staatshaftungsrecht, S. 121 ff.

BGB auf den Wegfall der Bereicherung zu berufen, ist für die Gemeinde ausgeschlossen.[18]

Fall 10: Schädelbräu

▸ **Standort:** Feststellungsklage

Harald (H) hat sein Hobby zum Beruf gemacht und bei Linkus Müller eine Ausbildung zum Brauer gemacht. Nach einigen Jahren als Geselle fällt es H aufgrund seiner extensiven Abendgestaltung immer schwerer, morgens früh aufzustehen und die 8-Stunden-Schichten zu bewältigen. Außerdem kommt er mit seinem Gehalt schon seit Monaten nicht aus. So beschließt H, sich mit einer eigenen Brauerei selbständig zu machen und meldet sich für die Meisterprüfungsausbildung an. Ein halbes Jahr vor der Prüfung hat H den Eindruck, mittlerweile die erforderlichen Kenntnisse zu besitzen und macht sich auf die Suche nach entsprechenden Räumlichkeiten. Sodann mietet er eine schon länger stillgelegte Brauerei an und macht sich ans Werk. Als Name für seine Brauerei hat sich H „Schädelbräu" ausgedacht und will mit dem Slogan „Drei kleine Schädel am Abend, ein großer Schädel am Morgen" den Markt richtig aufmischen.

Nachdem alle Vorbereitungen getroffen sind, zeigt H gegenüber der Handwerkskammer an, nun den Brauereibetrieb aufzunehmen. Rechtsreferendar R, der gerade seine Wahlstation dort macht, teilt ihm daraufhin informatorisch mit, dass er zunächst seine Meisterprüfung ablegen solle, dann einen Antrag auf Eintragung in die Handwerksrolle stellen müsse und erst dann die Ausübungsberechtigung für die Brauerei erhalten könne. Sollte H trotzdem mit dem Betrieb beginnen, müsse er mit behördlichen Maßnahmen rechnen.

H will dies jedoch nicht hinnehmen, da er auch schon etliche Vorbestellungen hat. Er erhebt daher Klage vor dem Verwaltungsgericht mit dem Antrag festzustellen, dass er die

[18] Siehe dazu *Thiele*, Staatshaftungsrecht, S. 124 f.

Brauerei auch ohne die dargestellten Anforderungen betreiben dürfe. Schließlich habe er die erforderlichen Kenntnisse. Hat die Klage Aussicht auf Erfolg?

A. Zulässigkeit
I. Eröffnung des Verwaltungsrechtsweges
II. Statthafte Klageart
1. Rechtsverhältnis i.S.d. § 43 I VwGO
2. Subsidiarität gem. § 43 II VwGO
3. Feststellungsinteresse § 43 II VwGO
III. Klagebefugnis (§ 42 II VwGO analog)
IV. Vorverfahren und Klagefrist
V. Klagegegner
VI. Allgemeines Rechtsschutzbedürfnis
VII. Ergebnis der Zulässigkeitsprüfung
B. Begründetheit
I. Genehmigungsbedürftigkeit der Tätigkeit des H
II. Ergebnis

Die Klage des H hat Aussicht auf Erfolg, wenn sie zulässig und begründet ist.

A. Zulässigkeit

I. Eröffnung des Verwaltungsrechtsweges

Die aufdrängende Sonderzuweisung des § 12 HandwO ist sachlich nicht einschlägig, da H gerade nicht die Eintragung in die Handwerksrolle anstrebt. Der Verwaltungsrechtsweg könnte aber über § 40 I VwGO eröffnet sein.

Streitgegenstand ist vorliegend die Frage, ob H seine Brauerei auch ohne Eintragung in die Handwerksrolle betreiben darf. Streitentscheidende Normen sind dabei solche der HandwO, mithin solche, die zumindest auf der einen Seite stets einen Träger der öffentlichen Gewalt berechtigen oder verpflichten. Nach der mod. Subjektstheorie handelt es sich demnach um eine öffentlich-rechtliche Streitigkeit.

Diese ist auch nichtverfassungsrechtlicher Art, da es der Streitigkeit an der sog. doppelten Verfassungsunmittelbarkeit fehlt. Eine abdrängende Sonderzuweisung ist nicht ersichtlich. Der Verwaltungsrechtsweg ist somit über die Generalklausel des § 40 I S. 1 VwGO eröffnet.

II. Statthafte Klageart

Die statthafte Klageart richtet sich gem. § 88 VwGO nach dem Begehren des Klägers. H begehrt vorliegend die Feststellung, dass er ohne Meisterprüfung und Eintragung in die Handwerksrolle seinen Brauereibetrieb aufnehmen kann. Statthafte Klageart könnte demnach die *Feststellungsklage* gem. § 43 I, 1. Alt. VwGO sein.

1. Rechtsverhältnis i.S.d. § 43 I VwGO

Dies setzt voraus, dass es sich bei dem geschilderten Sachverhalt um ein **feststellungsfähiges Rechtsverhältnis** i.S.d. § 43 I VwGO handelt. Unter einem Rechtsverhältnis i.S.d. § 43 I VwGO versteht man die sich aus einem *konkreten Sachverhalt* aufgrund einer Rechtsnorm ergebende *rechtliche Beziehung* einer *Person* zu einer *anderen Person* oder zu einer *Sache*. Vorliegend geht es um die Brauerei des H und die Frage, ob er diese Brauerei betreiben darf, ohne eine entsprechende Berechtigung zu besitzen, ohne Meister zu sein und ohne sich in die Handwerksrolle eintragen zu lassen.

Als Gewerbetreibender im handwerklichen Bereich hat H verschiedene Rechte und Pflichten gegenüber der Handwerkskammer, welche sich u.a. aus der HandwO ergeben. Ob H die obigen Voraussetzungen erfüllen muss, um die Brauerei zu betreiben, ist ein abtrennbarer Teil des Gesamtrechtsverhältnisses zwischen H und der Handwerkskammer. Mithin liegt ein hinreichend konkretes Rechtsverhältnis i.S.d. § 43 I, 1. Alt. VwGO vor.

2. Subsidiarität gem. § 43 II VwGO

Fraglich ist, ob die Feststellungsklage nicht wegen der in § 43 II S. 1 VwGO angeordneten **Subsidiarität** unstatthaft ist. Nach dieser Norm ist die Feststellungsklage nach § 43 I 1. Alt. VwGO nur statthaft, wenn der Kläger seine Rechte nicht durch Gestaltungs- (z. B. Anfechtungsklage) oder Leistungsklage (z. B. Verpflichtungsklage) verfolgen kann.[19] Eine Anfechtungsklage kommt vorliegend nicht in Betracht, da noch kein VA existiert, gegen den sich H wenden könnte.

Ebenso verhält es sich mit der Verpflichtungsklage. Nach § 42 I, 2. Alt. VwGO ist die Verpflichtungsklage nur einschlägig, wenn der Kläger *den Erlass eines VAs* begehrt. H begehrt hier jedoch gerade keinen VA in Gestalt einer Genehmigung, sondern möchte lediglich ungehindert seine Brauerei betreiben. Mit einer Verpflichtungsklage würde sich H somit in Widerspruch zu seiner eigenen Rechtsauffassung von der Genehmigungsfreiheit seiner Tätigkeit setzen.

Der Mitarbeiter der Handwerkskammer hat gegenüber H angedeutet, bei Betrieb der Brauerei ohne die entsprechenden Voraussetzungen werde man „Maßnahmen" ergreifen. Denkbar wäre deshalb möglicherweise eine vorbeugende Unterlassungsklage als Unterfall der allgemeinen Leistungsklage gegen zukünftige Zwangsmaßnahmen durch die Handwerkskammer.

Allerdings gilt die Subsidiaritätsklausel des § 43 II S.1 VwGO nur, wenn der Sinn und Zweck der Vorschrift es erfordert. Sinn und Zweck der Klausel ist es, zum einen zu verhindern, dass der Kläger die strengeren Zulässigkeitsvoraussetzungen der Gestaltungs- und Leistungsklage umgeht (z.B. form- und fristgerechtes Vorverfahren) und zum anderen, der Gefahr vorzubeugen, dass die Angelegenheit mehrfach gerichtlich geklärt werden muss. Im Verhältnis vorbeugende Unterlassungsklage – Feststellungsklage besteht diese Gefahr indes nicht. Mithin ist die Feststellungsklage auch unter

---

[19] Dieser klare Vorrang der übrigen Klagearten wird von der Rechtsprechung aber dadurch unterlaufen, dass die Feststellungsklage bei an sich möglicher Leistungsklage gegen öffentliche Hoheitsträger angewendet und damit der Grundsatz der Subsidiarität durchbrochen wird. Die Anwendung der Feststellungsklage bei Klagen gegen Träger der öffentlichen Gewalt wird damit begründet, dass Behörden sich auch ohne Leistungsurteil an die gerichtlich festgestellte Rechtslage halten werden. In der Literatur wird diese Auffassung jedoch fast einhellig abgelehnt.

Berücksichtigung der Subsidiaritätsklausel des § 43 II, 1. Alt. VwGO statthaft.

3. Feststellungsinteresse

Der Kläger H müsste gem. § 43 I a. E. VwGO ein berechtigtes Interesse an der baldigen Feststellung haben (**Feststellungsinteresse**). Das berechtigte Interesse umfasst dabei jedes schutzwürdig anzuerkennende Interesse rechtlicher, wirtschaftlicher oder ideeller Art, geht also weiter als das zu schützende Recht nach § 42 II VwGO. Die Behörde hat hier offensichtlich eine andere Auffassung als H hinsichtlich der Erfordernisse an den Betrieb einer Brauerei und droht mit Konsequenzen im Falle des fortgesetzten Betriebs. Damit sich H Sicherheit über mögliche weitere Dispositionen bzgl. der Brauerei verschaffen kann, hat er daher ein berechtigtes Interesse an der baldigen Feststellung der Rechtslage.

III. Klagebefugnis (§ 42 II VwGO analog)

Die Rechtsprechung wendet auf die Feststellungsklage § 42 II VwGO analog an. Die überwiegende Ansicht in der Literatur lehnt dies indes mit dem Hinweis ab, dass es insoweit an einer planwidrigen Regelungslücke und damit an einer Voraussetzung der Analogie fehle. Denn Popularklagen würden bereits über die Anwendung des Merkmals „konkretes Rechtsverhältnis“ und durch das notwendige Feststellungsinteresse zuverlässig ausgeschaltet. Dieser Streit spielt allerdings nur dann eine Rolle, wenn durch das gegebene Feststellungsinteresse nicht gleichzeitig auch eine mögliche Rechtsverletzung i.S.d. § 42 II VwGO vorliegt. Aufgrund der Ankündigungen der Handwerkskammer kann H vorliegend jedoch auch eine mögliche Verletzung in eigenen Rechten geltend machen (Art. 12 I GG). H ist also analog § 42 II VwGO klagebefugt.

IV. Vorverfahren und Klagefrist

Die Durchführung eines Vorverfahrens und die Einhaltung einer Klagefrist sind bei der Feststellungsklage nicht vorgesehen.

V. Klagegegner

Bei der allgemeinen Feststellungsklage bestimmt sich der richtige Klagegegner nach dem **allgemeinen Rechtsträgerprinzip**. Dies ist vorliegend die Handwerkskammer.

VI. Allgemeines Rechtsschutzbedürfnis

H müsste ein Rechtsschutzbedürfnis für die Klage haben. Dies könnte problematisch sein, da bislang lediglich „informatorisch“ durch die Handwerkskammer mitgeteilt wurde, dass eventuell behördliche Maßnahmen drohen. Fraglich ist daher, ob es H zumutbar ist, auf die angekündigten Maßnahmen zu warten und diese dann anschließend mit dem jeweils einschlägigen Rechtsbehelf anzugreifen.

Dies ist jedoch aus verschiedenen Gründen abzulehnen: Zum einen ist für H nicht ersichtlich, welche Maßnahmen tatsächlich getroffen werden. Möglicherweise wird die Behörde sofort Vollstreckungsmaßnahmen einleiten. Der diese begründende Grund-VA wäre dann zwar möglicherweise rechtswidrig, jedoch trotzdem zunächst wirksam. Zum anderen ist hier die Feststellungsklage auch rechtsschutzintensiver als eine hypothetische zukünftige Anfechtungsklage. Anhand der vorliegenden Feststellungsklage wird das Gericht klären, ob H für den Betrieb der Brauerei eine Erlaubnis benötigt, Meister-, sowie in die Handwerksrolle eingetragen sein muss. Diese Feststellungen erwachsen vollumfänglich in Rechtskraft. Im Falle einer Anfechtungsklage würde lediglich in Rechtskraft erwachsen, dass der konkrete („Maßnahmen“-) VA rechtswidrig ist. Die im Rahmen der Feststellungsklage aufgeworfenen Fragen würden lediglich inzident geprüft. Dementsprechend besteht bei H auch das erforderliche allgemeine Rechtsschutzbedürfnis.

VI. Ergebnis der Zulässigkeitsprüfung

Die Klage des H ist als Feststellungsklage nach § 43 I, 1. Alt. VwGO zulässig.

Hinweis: Die Abgrenzung zwischen Subsidiarität, Feststellungsinteresse und allgemeinem Rechtsschutzbedürfnis bei der Feststellungsklage sind im Einzelnen recht schwierig und auch umstritten. Hier empfiehlt sich zur Vertiefung bzw. Wiederholung der Blick in ein Lehrbuch.

B. Begründetheit

Die Feststellungsklage ist begründet, wenn das behauptete Rechtsverhältnis besteht bzw. nicht besteht, das heißt vorliegend, wenn H berechtigt ist, seine Brauerei ohne Genehmigung zu betreiben. Dies ist der Fall, wenn die Voraussetzungen eines gesetzlichen Genehmigungserfordernisses nicht eingreifen. Dies richtet sich hier nach den Normen der Handwerksordnung.

I. Genehmigungsbedürftigkeit der Tätigkeit des H

Nach § 16 I HandwO hat, wer den Betrieb eines zulassungspflichtigen Handwerks nach § 1 HandwO anfängt, bei der Anzeige nach § 14 HandwO, die die Eintragung in die Handwerksrolle bestätigende Handwerkskarte vorzulegen. Von der handwerksmäßigen Betreibung i.S.d. § 1 II HandwO ist hier auszugehen. In die Handwerksrolle eingetragen wird grundsätzlich nach § 7 I a HandwO, wer in dem gegenständlichen zulassungspflichtigen Handwerk die Meisterprüfung bestanden hat. Nach § 16 III HandwO kann der Betrieb eines zulassungspflichtigen Handwerks bei Nichtvorliegen der vorgenannten Voraussetzungen untersagt werden. Es ist daher zu entscheiden, ob das von H betriebene Handwerk des Brauers zu den zulassungspflichtigen Handwerken zählt. Nach § 18 II HandwO sind solche handwerksmäßig betriebenen Gewerbe zulassungsfrei, die in Anlage B Abschnitt 1 zur HandwO aufgeführt sind. Nach Nr. 29 der Anlage B gehört ein Brauereibetrieb zu den *zulassungsfreien* Handwerken. H braucht daher weder eine besondere Berechtigung, noch eine abgelegte Meisterprüfung, noch eine

Eintragung in die Handwerksrolle, um seine Brauerei zu betreiben.

II. Ergebnis

Da die von H begehrten Feststellungen nach dem einschlägigen Gesetz zutreffen, ist die Klage vollumfänglich begründet.

Ergänzender Hinweis: Die vorstehende Falllösung setzt zumindest Grundkenntnisse im Handwerksrecht voraus. Zur Vertiefung bzw. Wiederholung dieser Materie wird auf die überblicksweise Darstellung des Handwerksrechts im Skript *„Einführung in das Verwaltungsrecht BT 1“*, S. 112 ff. verwiesen.

Fall 11: Oscarverdächtig

▸ **Standort:** Widerruf rechtmäßiger Verwaltungsakte

Die Stadt S führt vom 19. bis 21. Januar ein lokales Filmfestival durch. Um dabei die Teilnahme junger Regisseure zu fördern, gewährt S aufgrund eines entsprechenden Titels im Gemeindehaushalt einmalige Geldleistungen (sog. verlorene Zuschüsse) für die Anfertigung von Filmen für das Festival. Die entsprechenden vom Rat erlassenen Subventionsrichtlinien lauten:

„Der Zuschuss ist zur Anfertigung eines bestimmten Films zu verwenden. Die geförderten Filme müssen mindestens vier Wochen vor Beginn des Festivals abgeliefert werden.“

Daraufhin wird dem hoffnungsvollen Nachwuchsregisseur T, der mit Hilfe der Förderung seinen Kurzfilm „Titanic“ realisieren will, auf dessen Antrag ein Zuschuss von 5.000 € bewilligt, wobei in dem Bescheid ausdrücklich auf die Subventionsrichtlinien Bezug genommen wird. Nachdem T noch einmal schriftlich die Kenntnisnahme von den Subventionsrichtlinien bestätigt hat, erfolgt daraufhin die Auszahlung des Zuschusses.

T reicht jedoch, trotz mehrfachen Aufforderungen durch den Oberbürgermeister, seinen Filmbeitrag bis zum Ende des

Festivals nicht ein, sondern teilt der Stadt S vielmehr mit, dass er zeitweilig einen lukrativen Auftrag zur Gestaltung eines Müsli-Riegel Werbespots erhalten habe und sich aufgrund dessen nicht in der Lage sah, seinen Kurzfilm rechtzeitig fertig zu stellen. Zudem wäre eine adäquate Umsetzung seiner künstlerischen Vorstellungen mit den geringen Fördergeldern, die im Übrigen bereits restlos verbraucht seien, ohnehin nicht möglich gewesen. Die Stadt S hebt daraufhin den Förderungsbescheid auf und verlangt von T mit der Begründung, dass die Voraussetzungen der Vergabe nicht eingehalten worden seien, die sofortige Rückzahlung des Zuschusses.
Ein Widerspruch des T dagegen bleibt erfolglos. Er erhebt daher beim zuständigen Verwaltungsgericht Klage, um das Vorgehen der Stadt S überprüfen zu lassen.

Hat die Klage des T Aussicht auf Erfolg?

A. Zulässigkeit
I. Eröffnung des Verwaltungsrechtsweges
II. Statthafte Klageart
III. Klagebefugnis (§ 42 II VwGO)
IV. Vorverfahren (§ 68 VwGO)
V. Klagefrist (§ 74 VwGO)
VI. Klagegegner (§ 78 VwGO)
VII. Ergebnis der Zulässigkeitsprüfung
B. Objektive Klagehäufung gem. § 44 VwGO
C. Begründetheit
I. Rechtmäßigkeit des Aufhebungsbescheids
1. Ermächtigungsgrundlage
a) Rechtmäßigkeit des ursprünglichen Bewilligungsbescheids
b) Zwischenergebnis
2. Formelle Rechtmäßigkeit
3. Materielle Rechtmäßigkeit
a) Tatbestand des § 49 VwVfG
b) Rechtsfolge
4. Ergebnis
II. Rechtmäßigkeit des Rückforderungsbescheids
1. Ermächtigungsgrundlage
2. Formelle Rechtmäßigkeit
3. Materielle Rechtmäßigkeit
4. Ergebnis
D. Endergebnis

Die Klage hat Aussicht auf Erfolg, wenn sie zulässig und begründet ist.

A. Zulässigkeit

I. Eröffnung des Verwaltungsrechtsweges

Die Eröffnung des Verwaltungsrechtsweges richtet sich mangels aufdrängender Sonderzuweisung nach § 40 I VwGO. Danach ist der Verwaltungsrechtsweg in allen öffentlich-rechtlichen Streitigkeiten nichtverfassungsrechtlicher Art eröffnet, soweit diese nicht einem anderen Gericht gesetzlich zugewiesen sind. Hinsichtlich der Aufhebung des Bewilligungsbescheids und bezüglich des Rückzahlungsbegehrens kommen als streitentscheidende Normen zum einen §§ 48, 49 VwVfG und zum anderen § 49a VwVfG in Betracht. Dabei handelt es sich durchweg um Normen, die einseitig Träger öffentlicher Gewalt berechtigen und verpflichten und damit nach der mod. Subjektstheorie dem öffentlichen Recht angehören.

Die Aufhebung des Zuschusses stellt zudem die Kehrseite der öffentlich-rechtlichen Bewilligung und die Rückzahlung die Kehrseite der im Rahmen eines öffentlich-rechtlichen Rechtsverhältnisses erfolgten Auszahlung dar. Auch mit Hilfe der *actus-contrarius*-Theorie lässt sich die Streitigkeit somit als öffentlich-rechtlich qualifizieren.[20] Die Streitigkeit ist zudem weder verfassungsrechtlicher Art, da keine obersten Verfassungsorgane über spezifisches Verfassungsrecht streiten, noch ist die Klage sondergesetzlich einem anderen Gericht zugewiesen. Die Voraussetzungen des § 40 I S. 1 VwGO sind demnach erfüllt.

> **Hinweis**: Bereits bei der Eröffnung des Verwaltungsrechtsweges sollte deutlich werden, dass T sich gegen zwei Klagegegenstände wendet. Nämlich zum einen gegen die Aufhebung des Bewilligungsbescheids und zum anderen gegen das Rückforderungsverlangen.

[20] Auf die sog. Zwei-Stufen-Theorie kann hingegen zur Begründung der öffentlich-rechtlichen Streitigkeit im vorliegenden Fall gerade nicht zurückgegriffen werden. Der verlorene Zuschuss zeichnet sich dadurch aus, dass die Höhe der Subvention durch VA festgesetzt und ausgezahlt wird. Es gibt somit nur eine Stufe, anders etwa als bei einem Subventionsdarlehen.

II. Statthafte Klageart

Die statthafte Klageart richtet sich gem. § 88 VwGO nach dem Begehren des Klägers. T strebt vorliegend die Abwehr sowohl des Aufhebungs- als auch des Rückforderungsbescheids an. Dabei handelt es sich um zwei eigenständige Regelungen. Statthafte Klageart könnte für beide die Anfechtungsklage gem. § 42 I, 1. Alt. VwGO sein, sofern die Aufhebung des Bewilligungsbescheids und der Rückforderungsbescheid als Verwaltungsakte zu qualifizieren sind. Die Aufhebung als rechtsgestaltende Regelung und *actus contrarius* der Bewilligung weist alle Merkmale eines Verwaltungsaktes nach § 35 S. 1 VwVfG auf. Ebenso erfüllt die einseitig-verbindliche Festsetzung des zurück zu erstattenden Betrags und die Geltendmachung eines entsprechenden Zahlungsbegehrens inhaltlich alle Merkmale eines Verwaltungsaktes. Folglich ist für beide Klagebegehren die Anfechtungsklage gem. § 42 I, 1. Alt. VwGO die statthafte Klageart.

III. Klagebefugnis (§ 42 II VwGO)

Als Adressat belastender Verwaltungsakte kann T zumindest geltend machen, in seiner allgemeinen Handlungsfreiheit, Art. 2 I GG, verletzt zu sein. Folglich steht ihm die nach § 42 II VwGO erforderliche Klagebefugnis zu.

IV. Vorverfahren (§ 68 VwGO)

Ein gem. §§ 68 ff. VwGO erforderliches Widerspruchsverfahren hinsichtlich der beiden in dem Schreiben der Stadt enthaltenen Verwaltungsakte ist ordnungsgemäß durchgeführt worden (zur etwaigen Entbehrlichkeit siehe Seite 29).

V. Klagefrist (§ 74 VwGO)

Gem. § 74 I S. 1 VwGO müsste T die Klage innerhalb eines Monats nach Zustellung des Widerspruchbescheids einreichen.

VI. Klagegegner (§ 78 VwGO)

Sofern das Landesrecht keine Bestimmung i.S.v. § 78 I Nr. 2 VwGO enthält – wovon mangels entsprechender Hinweise im Sachverhalt auszugehen ist – ist die Klage nach dem in § 78 I Nr. 1 VwGO normierten Rechtsträgerprinzip gegen die Stadt S zu richten.

VII. Ergebnis der Zulässigkeitsprüfung

Beide Anfechtungsklagen sind somit zulässig.

B. Objektive Klagehäufung gem. § 44 VwGO

Beide Anfechtungsklagen können in einem Verfahren verfolgt werden, wenn die Voraussetzungen einer objektiven Klagehäufung gem. § 44 VwGO vorliegen. Die Klagen richten sich jeweils gegen die Stadt S und fallen in die Zuständigkeit desselben Gerichts (§§ 45, 52 VwGO). Auch ist der erforderliche sachliche Zusammenhang gegeben, denn der Erfolg der Anfechtungsklage über den Aufhebungsbescheid entscheidet über das Vorliegen bzw. Fehlen eines Rechtsgrunds der Vermögensverschiebung und damit über die erfolgreiche Geltendmachung des Rückzahlungsanspruchs. Die Voraussetzungen einer objektiven Klagehäufung liegen somit vor.[21]

C. Begründetheit

Die Klagen sind begründet, soweit die angefochtenen Verwaltungsakte rechtswidrig sind und T dadurch in seinen Rechten verletzt ist (§ 113 I S. 1 VwGO).

I. Rechtmäßigkeit des Aufhebungsbescheids

Der Aufhebungsbescheid ist rechtswidrig, wenn er sich nicht auf eine wirksame Ermächtigungsgrundlage stützen lässt oder formell oder materiell rechtswidrig ist.

---

[21] Sind die Voraussetzungen des § 44 VwGO nicht erfüllt, so führt dies nicht zur Unzulässigkeit der Klage, sondern das Gericht wird die Verfahren trennen. Daher sollte die Möglichkeit der objektiven Klagehäufung gem. § 44 VwGO zwischen Zulässigkeit und Begründetheit geprüft werden.

1. Ermächtigungsgrundlage

Als belastende rechtliche Anordnung bedarf die Aufhebung des Bewilligungsbescheids einer gesetzlichen Grundlage (Vorbehalt des Gesetzes). Haushaltsrechtliche Sondervorschriften für die Aufhebung kommunaler Zuwendungen bestehen nicht. Als Ermächtigungsgrundlage für den Aufhebungsbescheid kommen somit nur die §§ 48, 49 VwVfG in Betracht.

Merke: Bei der Suche nach der geeigneten Ermächtigungsgrundlage für behördliches Handeln ist immer der Vorrang von Spezialgesetzen zu beachten. Im Bereich der Aufhebung von Verwaltungsakten enthält z. B. § 15 GastG (Bund)[22] eine Spezialregelung für Rücknahme und Widerruf einer Gaststättenerlaubnis. Sind diese speziellen Normen anwendbar, darf nach dem Spezialitätsprinzip grds. nicht mehr auf die allgemeineren Regelungen zurückgegriffen werden, es sei denn, die Spezialgesetze sind nicht abschließend (so ist § 48 I VwVfG neben § 15 I GastG anwendbar, während § 15 II, III GastG den § 49 VwVfG vollständig verdrängen).

Dabei werden rechtswidrige Verwaltungsakte nach § 48 VwVfG im Wege der *Rücknahme* aufgehoben, rechtmäßige VAe unter einschränkenden Voraussetzungen durch *Widerruf* gem. § 49 VwVfG. Um festzustellen, welche Ermächtigungsgrundlage einschlägig ist, muss an dieser Stelle also inzident die Rechtmäßigkeit des ursprünglichen Bewilligungsbescheids überprüft werden. Denn sollte dieser rechtmäßig sein, scheidet eine Rücknahme nach § 48 VwVfG von vornherein aus.

---

[22] Nochmals: Seit dem Inkrafttreten der Föderalismusreform besteht u.a. keine Gesetzgebungskompetenz des Bundes mehr für das *Gaststättenrecht*. Die bisherigen Bundesvorschriften gelten aber so lange fort, wie sie nicht durch Landesrecht ersetzt worden sind, vgl. Art. 125a I GG. Erkundigen Sie sich daher darüber, ob es in Ihrem Bundesland ein vorrangiges Landes-GastG gibt!

a) Rechtmäßigkeit des ursprünglichen Bewilligungs bescheids

Eine eventuelle Rechtswidrigkeit des ursprünglichen Bewilligungsbescheids könnte sich allenfalls aus einem Verstoß gegen den Vorbehalt des Gesetzes ergeben. Dieser verlangt jedenfalls für belastende Verwaltungsakte im Bereich der Eingriffsverwaltung eine gesetzliche Grundlage.

Inwieweit eine solche auch bei der Vergabe von Subventionen, also im Bereich der sog. *Leistungsverwaltung* notwendig ist, ist umstritten. Nur die Anhänger der Lehre vom Totalvorbehalt erstrecken das Erfordernis einer speziellen gesetzlichen Grundlage auf die gesamte Staatstätigkeit einschließlich der Leistungsverwaltung. Nach überwiegender Ansicht[23] genügt als Legitimationsgrundlage bei Subventionen hingegen jede parlamentarische Willensäußerung, worunter auch die Mittelbereitstellung im Haushaltsplan fällt, während die Einzelheiten der Vergabe auch durch Verwaltungsvorschriften geregelt werden können. Damit soll der Verwaltung schnelles Handeln und Flexibilität bei der Vergabe von Subventionen ermöglicht werden.

Nur bei Subventionen in besonders grundrechtssensiblen Bereichen, wie z. B. der Subventionierung von Presseunternehmen, ist in Übereinstimmung mit der *Wesentlichkeitstheorie* des BVerfG eine Entscheidung des Gesetzgebers selbst erforderlich. Da vorliegend der Rat der Stadt S einen entsprechenden Titel im Gemeindehaushalt ausgewiesen und die Bezuschussung in den Subventionsrichtlinien näher konkretisiert hatte, sind die Anforderungen der h. M. erfüllt. Mangels anderweitiger Hinweise auf die Rechtswidrigkeit des ursprünglichen Bewilligungsbescheids ist dieser also rechtmäßig.

b) Zwischenergebnis

Eine Rücknahme nach § 48 VwVfG kommt nicht in Betracht. Richtige Ermächtigungsgrundlage für den Aufhebungsbescheid ist damit § 49 VwVfG.

---

[23] BVerwGE 6, 282 (287); 18, 352 (353); 90, 112 (116).

2. Formelle Rechtmäßigkeit

Die Stadt S ist für den Widerruf eines kommunalen Bewilligungsbescheids gem. § 49 V VwVfG zuständig. T wurde jedoch entgegen § 28 I VwVfG vor dem Widerruf des Bewilligungsbescheids, einem belastenden Verwaltungsakt, nicht angehört. Allerdings hat T vorliegend bereits vorab der Stadt die Gründe mitgeteilt, warum er seinen Filmbeitrag nicht rechtzeitig fertigstellen konnte. Damit hatte er sich zu den entscheidungserheblichen Tatsachen bereits geäußert.
Dem Anhörungserfordernis des § 28 I VwVfG ist damit Genüge getan.[24] Das Schreiben der Stadt enthielt auch die nach § 39 I VwVfG erforderliche Begründung des Verwaltungsaktes. Der Widerruf ist somit formell rechtmäßig erfolgt.

3. Materielle Rechtmäßigkeit

Weiterhin müsste der Widerruf materiell rechtmäßig erfolgt sein. Dies ist der Fall, wenn die Voraussetzungen des § 49 VwVfG vorlagen. Nach § 49 III S. 1 VwVfG *kann* ein rechtmäßiger Verwaltungsakt, der eine einmalige oder laufende Geldleistung oder teilbare Sachleistung zur Erfüllung eines bestimmten Zweckes gewährt, auch nachdem er unanfechtbar geworden ist, ganz oder teilweise auch mit Wirkung für die Vergangenheit widerrufen werden, wenn die Leistung nicht, nicht alsbald nach der Erbringung oder nicht mehr für den in dem Verwaltungsakt bestimmten Zweck verwendet wird (Nr. 1) oder wenn mit dem Verwaltungsakt eine Auflage verbunden ist und der Begünstigte diese nicht oder nicht innerhalb einer ihm gesetzten Frist erfüllt (Nr. 2).

a) Tatbestand des § 49 VwVfG

Es handelte sich bei dem aufgehobenen Bewilligungsbescheid zunächst um einen rechtmäßigen Verwaltungsakt

---

[24] An dieser Stelle ist auch eine andere Ansicht vertretbar. Es sollte dann aber gesehen werden, dass die fehlende Anhörung als Verfahrensfehler gem. § 45 I 1 Nr. 3 VwVfG durch die Gewährung des rechtlichen Gehörs im gerichtlichen Verfahren geheilt werden kann.

(s. o.). Dieser gewährte dem T einen verlorenen Zuschuss in Höhe von 5.000 € und somit eine einmalige Geldleistung. Diese sollte T zur Produktion seines Filmbeitrags für das Festival verwenden. Die Leistung wurde ihm somit auch „zur Erfüllung eines bestimmten Zwecks“ gewährt. Weiterhin muss ein Widerrufsgrund nach § 49 III S. 1 Nr. 1, Nr. 2 VwVfG vorliegen.

In Betracht kommt vorliegend sowohl ein Widerruf nach § 49 III S. 1 Nr. 1 als auch nach § 49 III S. 1 Nr. 2 VwVfG.

Nach § 49 III S. 1 Nr. 1 VwVfG konnte der Bewilligungsbescheid widerrufen werden, wenn die Leistung nicht, nicht alsbald nach der Erbringung oder nicht mehr für den im Verwaltungsakt bestimmten Zweck verwendet wird. Der Verwendungszweck der Leistung ergab sich hier aus den in dem Schreiben der Stadt ausdrücklich in Bezug genommenen Subventionsrichtlinien. Danach sollte der Zuschuss für die Fertigstellung eines bestimmten Kurzfilms verwendet werden. Der Zweck lag somit in einem bestimmten Erfolg – Fertigstellung sowie Abgabe des Films – der von T nicht erreicht wurde. Die Voraussetzungen eines Widerrufs nach § 49 III S. 1 Nr. 1 VwVfG liegen somit vor.

Darüber hinaus kommt der Widerrufsgrund des § 49 III S. 1 Nr. 2 VwVfG in Betracht. Fraglich ist jedoch, ob die Bezugnahme auf die Subventionsrichtlinien in dem Bewilligungsbescheid eine Auflage i.S.d. § 36 II Nr. 4 VwVfG darstellt. Aus dem Schreiben geht indes nicht eindeutig hervor, dass T den Zuschuss nur unter der „Voraussetzung“ erhält, den Film entsprechend der Subventionsrichtlinien rechtzeitig fertig zu stellen. Eine Auflage i.S.v. § 36 II Nr. 4 VwVfG liegt daher nicht vor. Der Widerrufsgrund des § 49 III S. 1 Nr. 2 VwVfG scheidet demnach aus.

Ferner wurde auch die über § 49 III S. 2 VwVfG geltende Jahresfrist des § 48 IV VwVfG gewahrt. Demnach liegen alle Tatbestandsvoraussetzungen für einen Widerruf nach § 49 III VwVfG vor.

b) Rechtsfolge

Gem. § 49 III S. 1 VwVfG „kann“ ein Verwaltungsakt widerrufen werden. Als Rechtsfolge räumt § 49 III VwVfG der zuständigen Behörde folglich *Ermessen* hinsichtlich der Aufhebung der Geldleistung ein. Die gerichtliche Überprüfung der Entscheidung der Verwaltung ist daher gem. §§ 114 VwGO, 40 VwVfG auf Ermessensfehler beschränkt. Ein solcher liegt nur bei Ermessensüberschreitung, Ermessensnichtgebrauch, bzw.- unterschreitung oder einem allgemeinen Ermessensfehlgebrauch vor. Derartige Ermessensfehler sind jedoch vorliegend nicht ersichtlich. Die Aufhebung des Bewilligungsbescheids erfolgte somit auch materiell rechtmäßig.

4. Ergebnis

Der Widerruf des Bewilligungsbescheids ist folglich rechtmäßig erfolgt. Die hiergegen gerichtete Anfechtungsklage ist nicht begründet.

II. Rechtmäßigkeit des Rückforderungsbescheids

Auch der Rückforderungsbescheid bedarf einer geeigneten Ermächtigungsgrundlage, von der ordnungsgemäß Gebrauch gemacht worden sein müsste.

1. Ermächtigungsgrundlage

Als Ermächtigungsgrundlage kommt § 49a I VwVfG in Betracht. Danach sind im Falle eines Widerrufs mit Wirkung für die Vergangenheit erbrachte Leistungen zurückzugewähren. Das Erstattungsbegehren ist gem. § 49a I S. 2 VwVfG durch Verwaltungsakt geltend zu machen.

2. Formelle Rechtmäßigkeit

Die Behörde, welche die Subvention bewilligt hat, ist auch für deren Rückforderung zuständig. Die nach § 49a I S. 2 VwVfG erforderliche schriftliche Festsetzung der zu erstattenden Leistung ist erfolgt. Sonstige Verfahrensfehler sind nicht ersichtlich.

3. Materielle Rechtmäßigkeit

Die Tatbestandsvoraussetzungen des Erstattungsanspruchs gem. § 49a I VwVfG, nämlich ein wirksamer Widerruf mit Wirkung für die Vergangenheit, liegen vor. Bei der Geltendmachung des Erstattungsanspruchs ist der Verwaltung kein Ermessen eingeräumt, sondern es handelt sich um eine gebundene Entscheidung. Fraglich ist daher allein der Umfang der Erstattung, der sich gem. § 49a II VwVfG grds. nach den §§ 818 ff. BGB richtet.

T beruft sich vorliegend darauf, dass die Fördermittel bereits restlos verbraucht seien und damit auf einen Wegfall der Bereicherung. Allerdings kann sich gem. § 49a II S. 2 VwVfG – der § 819 BGB modifiziert – der Begünstigte auf den Wegfall der Bereichung nicht berufen, soweit er die Umstände, die zum Widerruf des Verwaltungsaktes geführt haben, kannte oder infolge grober Fahrlässigkeit nicht kannte. T wusste vorliegend, dass er die Gelder für die Fertigstellung des Kurzfilms hätte verwenden müssen und hat damit vorsätzlich den ihm gesetzten Zweck nicht erfüllt. Er kann sich daher nicht auf den Wegfall der Bereicherung berufen. Der Erstattungsanspruch besteht vielmehr in voller Höhe.

4. Ergebnis

Auch der Rückforderungsbescheid ist rechtmäßig. Eine gegen diesen gerichtete Klage ist demnach unbegründet.

D. Endergebnis

Beide Anfechtungsklagen des T sind zwar zulässig, aber unbegründet und haben daher keine Aussicht auf Erfolg.

Fall 12: Kühe oder Schweine

▸ **Standort:** Rücknahme rechtswidriger Verwaltungsakte

A und K sind Landwirte. Sie bewarben sich Anfang 2012 um eine Landwirtschaftsförderung bei der zuständigen Landesbehörde. Mit Schreiben vom 07.02.2012 bewilligte die zuständige Behörde aufgrund der etatmäßigen Bereitstellung der erforderlichen Mittel und der einschlägigen Richtlinien des Landwirtschaftsministeriums des Landes N dem A einen Zuschuss in Höhe von 2.400 € und veranlasste die Auszahlung. Als Grund der Förderung wird – in Übereinstimmung mit den Vergaberichtlinien – ausdrücklich die überwiegende Milchproduktion im Landwirtschaftsbetrieb des A genannt. Tatsächlich widmet sich A jedoch gar nicht überwiegend der Milchproduktion, sondern hatte bereits 2011 fast alle Kühe verkauft, um sich der lukrativeren Schweinezucht zuzuwenden. In dem von ihm auszufüllenden Antragsformular hatte der etwas schusselige A es mit den Angaben aber nicht so genau genommen.

Als sein erfolgloser Mitbewerber K indes von der Förderung des A erfährt, ist er empört. Er informiert daher im Mai 2012 die Behörde über die seiner Meinung nach rechtswidrige Subventionierung des A. Der behördenintern nicht zuständige Beamte B, der den Brief des K auf den Tisch bekommt, reicht diesen jedoch erst Ende September 2012 an den zuständigen Sachbearbeiter S weiter. Dieser kommt nach einer sorgfältigen Prüfung der Sach- und Rechtslage zu dem Ergebnis, dass die Subvention zurückzufordern ist. Im März 2013 schrieb S an A, dass die Zuwendungsbewilligung vom 07.02.2012 aufgehoben werden und A den erhaltenen Zuschuss zurückzahlen müsse. Zur Begründung wird angeführt, dass A falsche Angaben über seinen Betrieb gemacht habe und damit die Voraussetzungen einer Förderung gar nicht vorlagen. Die Behörde sei daher gezwungen, die Subvention zurückzunehmen.

A ist indes von der Rückforderung völlig überrascht und hat bereits das gesamte Geld in den Ausbau seiner Schweinezucht investiert.
Nach erfolgloser Durchführung eines Widerspruchsverfahrens erhebt A daher form- und fristgerecht Klage beim zuständigen Verwaltungsgericht gegen die Aufhebung der Zuschussbewilligung und Rückforderung der Zuwendung.

Hat die Klage des A Aussicht auf Erfolg?

A. Zulässigkeit
I. Eröffnung des Verwaltungsrechtsweges
II. Statthafte Klageart
III. Klagebefugnis (§ 42 II VwGO)
IV. Vorverfahren (§ 68 VwGO)
V. Klagefrist (§ 74 VwGO)
VI. Klagegegner (§ 78 VwGO)
VII. Ergebnis der Zulässigkeitsprüfung
B. Objektive Klagehäufung gem. § 44 VwGO
C. Begründetheit
I. Rechtmäßigkeit des Rücknahmebescheids
1. Ermächtigungsgrundlage
a) Rechtmäßigkeit des ursprünglichen Bewilligungsbescheids
aa) Ermächtigungsgrundlage
bb) Formelle Rechtmäßigkeit
cc) Materielle Rechtmäßigkeit
b) Zwischenergebnis
2. Formelle Rechtmäßigkeit
3. Materielle Rechtmäßigkeit
a) Rücknahmevoraussetzungen des § 48 I S. 1 VwVfG
b) Vertrauensschutz
c) Rücknahmefrist § 48 IV VwVfG
d) Rechtsfolge
4. Ergebnis
II. Rechtsverletzung des A
III. Rechtmäßigkeit des Rückforderungsbescheids
D. Endergebnis

Die Klage hat Aussicht auf Erfolg, wenn sie zulässig und begründet ist.

A. Zulässigkeit

I. Eröffnung des Verwaltungsrechtsweges

Mangels auf- oder abdrängender Sonderzuweisung ist der Verwaltungsrechtsweg eröffnet, wenn es sich um eine öffentlich-rechtliche Streitigkeit nichtverfassungsrechtlicher Art handelt. Die Aufhebung der Subvention gehört dann dem öffentlichen Recht an, wenn auch die Bewilligung dem öffentlichen Recht angehörte (sog. *actus contrarius* oder auch Kehrseitentheorie).

Die Bewilligung erfolgte in Form eines verlorenen Zuschusses, bei welchem die Höhe der Subvention durch Verwaltungsakt festgesetzt und ausgezahlt wird. Die Gewährung der Subvention ist daher öffentlich-rechtlich zu beurteilen. Die Aufhebung als Kehrseite der Bewilligung teilt diese öffentlich-rechtliche Natur. Und auch die Rückzahlungsaufforderung lässt sich als Kehrseite der im Rahmen des öffentlich-rechtlichen Subventionsverhältnisses erfolgten Auszahlung als öffentlich-rechtlich qualifizieren. Die Streitigkeit ist zudem auch nichtverfassungsrechtlicher Art. Der Verwaltungsrechtsweg ist daher über die Generalklausel des § 40 I S. 1 VwGO eröffnet.

II. Statthafte Klageart

Die statthafte Klageart richtet sich nach dem Begehren des Klägers (§ 88 VwGO). A wendet sich vorliegend gegen den Rücknahmebescheid der Landesbehörde und die Rückforderung des ausgezahlten Betrags. Sowohl bei der Rücknahme als auch bei der Rückforderung könnte insoweit die Anfechtungsklage gem. § 42 I, 1. Alt. VwGO die statthafte Klageart sein, vorausgesetzt, es handelt sich um Verwaltungsakte i.S.d. § 35 S. 1 VwVfG. Da die Bewilligung selbst alle Merkmale eines VAs aufwies – also eine Regelung eines Einzelfalls auf dem Gebiet des öffentlichen Rechts traf – gilt dies wiederum nach Maßgabe der Kehrseitentheorie auch für deren Aufhebung.

Mit der Kassation des Rücknahmebescheids würde die ursprüngliche Bewilligung, die für A den Rechtsgrund für das Behaltendürfen der ausgezahlten Subvention darstellt, wieder aufleben und damit dem Klagebegehren des A entsprochen. Damit ist für den Rücknahmebescheid die Anfechtungsklage die statthafte Klageart.

Einer Verpflichtungsklage des A, gerichtet auf den Erlass eines Bewilligungsbescheids, würde insbesondere das Rechtsschutzbedürfnis fehlen, da A sein Rechtsschutzziel bei einer erfolgreichen Anfechtungsklage automatisch erreichen würde. Bei einer Verpflichtungsklage hingegen müsste die Behörde zunächst einen weiteren Bescheid erlassen.[25] Auch die Rückforderung stellt einen belastenden VA dar (vgl. § 49a I S. 2 VwVfG). Folglich ist auch dagegen die Anfechtungsklage statthaft.

III. Klagebefugnis (§ 42 II VwGO)

A müsste gem. § 42 II VwGO die mögliche Verletzung eigener Rechte geltend machen können. Als Adressat belastender Verwaltungsakte kann A zumindest nach Maßgabe des Adressatengedankens möglicherweise in Art. 2 I GG verletzt sein. A ist mithin gem. § 42 II VwGO klagebefugt.

IV. Vorverfahren (§ 68 VwGO)

Das gem. § 68 VwGO grds. erforderliche Vorverfahren wurde laut Sachverhalt ordnungsgemäß durchgeführt.

V. Klagefrist (§ 74 VwGO)

Auch die Klagefrist des § 74 I VwGO wurde eingehalten.

VI. Klagegegner (§ 78 VwGO)

Klagegegner ist nach dem in § 78 I Nr. 1 VwGO normierten Rechtsträgerprinzip das Land N.

---

[25] Die Anfechtungsklage ist eine Gestaltungsklage, bei deren Erfolg die Rechtslage unmittelbar geändert wird!

VII. Ergebnis der Zulässigkeitsprüfung

Die Klagen des A vor dem VG sind zulässig.

B. Objektive Klagehäufung § 44 VwGO

Es handelt sich grds. um zwei eigenständige Anfechtungsklagen. Diese richten sich gegen denselben Klagegegner und stehen zudem in einem inneren Zusammenhang. Sie können damit im Wege der objektiven Klagehäufung gem. § 44 VwGO verbunden werden.

C. Begründetheit

Die beiden Anfechtungsklagen sind begründet, soweit der jeweils angefochtene Verwaltungsakt rechtswidrig ist und den A in seinen Rechten verletzt (§ 113 I S. 1 VwGO). Die beiden Bescheide sind insoweit getrennt zu untersuchen.

I. Rechtmäßigkeit des Rücknahmebescheids

Der Rücknahmebescheid ist rechtswidrig, wenn er sich nicht auf eine taugliche Ermächtigungsgrundlage stützen lässt oder formell oder materiell rechtswidrig ist.

1. Ermächtigungsgrundlage

Da die Rücknahme einen Eingriff in die Rechte des A darstellt, ist nach dem Grundsatz vom Vorbehalt des Gesetzes zunächst eine taugliche Ermächtigungsgrundlage erforderlich. Mangels spezialgesetzlicher Grundlagen kommen für die Aufhebung der Subventionsbewilligung vorliegend die §§ 48, 49 VwVfG in Betracht. § 48 VwVfG regelt die *Rücknahme* rechtswidriger Verwaltungsakte, während rechtmäßige Verwaltungsakte nach § 49 VwVfG im Wege des *Widerrufs* aufgehoben werden. § 48 VwVfG ist also nur einschlägig, wenn der aufzuhebende VA (der Bewilligungsbescheid) rechtswidrig ist.

> **Merke:** An dieser Stelle ist also nunmehr eine Prüfung in der Prüfung vorzunehmen! Inzident wird im Rahmen der Prüfung der Rechtmäßigkeit des Aufhebungsbescheids die Rechtmäßigkeit des ursprünglichen Bewilligungsbescheids untersucht, um die einschlägige Rechtsgrundlage (§ 48 oder § 49 VwVfG) zu finden.

a) Rechtmäßigkeit des ursprünglichen Bewilligungsbescheids

Die Rechtmäßigkeit des ergangenen Bewilligungsbescheids setzt wiederum voraus, dass dieser sich auf eine geeignete Ermächtigungsgrundlage stützen kann sowie formell und materiell rechtmäßig ergangen ist.

aa) Ermächtigungsgrundlage

Eine ausdrückliche gesetzliche Ermächtigung für die Subventionsvergabe bestand nicht. Die Mittel für die Subvention waren jedoch im Landeshaushaltsplan bereitgestellt. Fraglich ist, ob damit dem *Vorbehalt des Gesetzes* genügt wurde.

Dabei ist zu beachten, dass es sich bei der Subventionsvergabe um einen Bereich der Leistungsverwaltung handelt, durch den der Bürger begünstigt wird. Nach überwiegender Ansicht gilt der Gesetzesvorbehalt in diesem Bereich nicht uneingeschränkt wie im Bereich der Eingriffsverwaltung. Lediglich in besonders grundrechtssensiblen Bereichen ist eine gesetzliche Grundlage erforderlich, ansonsten soll eine bloß haushaltsrechtliche Mittelbereitstellung im Haushaltsplan ausreichen. Nur nach der *Lehre vom Totalvorbehalt* gilt der Gesetzesvorbehalt uneingeschränkt auch im Bereich der Leistungsverwaltung.

Gerade bei Subventionen sprechen gegen diese Ansicht jedoch gewichtige Argumente. So bedeutet ein Totalvorbehalt nicht unbedingt eine Besserstellung des Bürgers, weil der Gesetzgeber häufig nicht in der Lage sein wird, zeitnah gesetzliche Regelungen zu erlassen. Der Verwaltung würde damit ein Instrument genommen insbesondere in überraschend auftretenden Notfällen flexibel zu reagieren. Der Lehre vom Totalvorbehalt ist daher nicht zu folgen. Das Fehlen einer gesetzlichen Regelung macht den Bewilligungsbescheid somit nicht rechtswidrig.

bb) Formelle Rechtmäßigkeit

Die Behörde war laut Sachverhalt zuständig. Verfahrens- oder Formfehler sind nicht ersichtlich. Die Subventionsvergabe erfolgte somit formell rechtmäßig.

cc) Materielle Rechtmäßigkeit

Der Bewilligungsbescheid könnte vorliegend aufgrund eines Verstoßes gegen die Vergaberichtlinien rechtswidrig sein. Nach diesen sollten mit den Subventionen nur Betriebe gefördert werden, die überwiegend Milchproduktion betreiben. Dies ist in dem Betrieb des A jedoch nicht der Fall. Die Subvention war somit unter Verstoß gegen die Richtlinien bewilligt worden.

Fraglich ist jedoch, ob der Bewilligungsbescheid allein aufgrund des Verstoßes gegen die Vergaberichtlinien rechtswidrig ist. Bei den Richtlinien handelt es sich nämlich um rein *behördenintern* wirkende und damit nur für die Behördenmitarbeiter verbindliche Verwaltungsvorschriften, die – anders als Rechtsnormen – nicht für die Bürger nach außen verbindlich sind. Ein Verstoß allein gegen die Verwaltungsvorschriften macht für sich genommen die Subventionsvergabe somit noch nicht rechtswidrig.

Die Vergaberichtlinien erlangen jedoch bei ihrer Anwendung in konkreten Fällen über den dabei zu wahrenden Gleichheitsgrundsatz (Art. 3 I GG) und den Grundsatz des Vertrauensschutzes als Ausfluss des Rechtstaatsprinzips eine mittelbare Außenwirkung (*Selbstbindung der Verwaltung).* Daher kann sich die Rechtswidrigkeit des Bewilligungsbescheids zwar nicht allein aus dem Verstoß gegen die Vergaberichtlinien ergeben, wohl aber aus einem Abweichen von der sonstigen Vergabepraxis wegen einer Verletzung von Art. 3 I GG, es sei denn, die Änderung der Vergabepraxis beruht auf sachgerechten Gründen. Dabei kann sich Art. 3 I GG auch zu Lasten eines potentiell Begünstigten auswirken.

Vorliegend ist die Subvention unter Verstoß gegen die in den Vergaberichtlinien determinierte Verwaltungspraxis zustande gekommen. Darin liegt eine Verletzung des Grundsatzes der *Selbstbindung der Verwaltung*. Darauf, dass A durch diese Verletzung nicht belastet, sondern sogar begünstigt wird, kommt es dabei nicht an, denn der aus Art. 3 I GG resultierende Grundsatz der Selbstbindung der Verwaltung ist ein Rechtssatz des objektiven Rechts, der für Begünstigungen und Belastungen gleichermaßen gilt. Die Subventionsvergabe erfolgte daher materiell rechtswidrig.[26]

b) Zwischenergebnis

Der ursprüngliche Bewilligungsbescheid war rechtswidrig. Als Ermächtigungsgrundlage für die Aufhebung der Bewilligung kommt somit § 48 VwVfG in Betracht. Zu prüfen sind im Folgenden daher die formellen und materiellen Voraussetzungen des § 48 VwVfG.

2. Formelle Rechtmäßigkeit

Die Rücknahme erfolgte durch die gem. § 48 V VwVfG zuständige Behörde. Jedoch hat vor der Rücknahmeentscheidung keine nach § 28 VwVfG erforderliche Anhörung des A stattgefunden. Dieser wurde vielmehr von der Aufhebung des Bewilligungsbescheids völlig überrascht. Eine Ausnahme vom Anhörungserfordernis gem. § 28 II VwVfG lag nicht vor. Der Aufhebungsbescheid leidet somit an einem Verfahrensfehler.

Die unterbliebene Anhörung kann jedoch gem. § 45 I Nr. 3, II VwVfG bis zum Abschluss der letzten Tatsacheninstanz des verwaltungsgerichtlichen Verfahrens nachgeholt werden, sofern man nicht mit der Rechtsprechung ohnehin

---

[26] Bei entsprechenden Hinweisen im Sachverhalt sind im Rahmen der materiellen Rechtmäßigkeit nicht nur Verstöße gegen das nationale Recht, sondern auch gegen das Unionsrecht zu prüfen. Zu den Einwirkungen des Unionsrechts auf das deutsche Verwaltungsrecht siehe: *Thiele*, Europarecht, S. 149 ff. sowie das Fallbeispiel bei *Thiele*, Standardfälle Europarecht, Fall 8. Die Modifikationen, welche das Europarecht insbesondere bei den §§ 48, 49 VwVfG bewirkt, müssen auch dem Pflichtfachkandidaten bekannt sein!

davon ausgeht, dass die Nachholung der Anhörung bereits in dem durchgeführten Widerspruchsverfahren liegt.

3. Materielle Rechtmäßigkeit

Der Aufhebungsbescheid ist materiell rechtmäßig, wenn die Voraussetzungen des § 48 VwVfG vorlagen.

a) Rücknahmevoraussetzungen § 48 I S. 1 VwVfG

Nach § 48 I S. 1 VwVfG müsste zunächst ein rechtswidriger VA vorliegen. Diese Voraussetzung ist hier gegeben (s.o.). Da es sich beim Bewilligungsbescheid zudem um einen VA handelte, der für A ein Recht (auf Auszahlung der Subvention) begründet hat, sind gem. § 48 I S. 2 VwVfG zusätzlich die Voraussetzungen der Absätze 2-4 zu beachten.

Merke: § 48 I S. 2 VwVfG enthält eine Legaldefinition des begünstigenden Verwaltungsaktes.

b) Vertrauensschutz

Innerhalb dieser Voraussetzungen ist weiterhin danach zu differenzieren, ob der Ausgangs-VA eine einmalige oder laufende Geldleistung oder teilbare Sachleistung gewährt (dann gelten die Abs. 2 und 4) oder eine sonstige Begünstigung enthält (dann ergeben sich Einschränkungen der Rücknehmbarkeit allein aus Abs. 4; denn Abs. 3 stellt keine zusätzlichen Begrenzungen für die Rücknehmbarkeit auf, sondern begründet für den Betroffenen einen öffentlich-rechtlichen Ausgleichsanspruch).

Vorliegend gewährt der Bewilligungsbescheid eine einmalige Geldleistung, so dass die Voraussetzungen des § 48 Abs. 2 und 4 VwVfG zu beachten sind. Danach ist eine Rücknahme ausgeschlossen, soweit der Begünstigte – hier der A – auf den Bestand des rechtswidrigen VA vertraut hat und dieses Vertrauen unter Abwägung mit dem öffentlichen Interesse an der Rücknahme auch als schutzwürdig anzusehen ist. Das Interesse an der Gesetzmäßigkeit der Verwaltung (Art. 20 III GG) und damit an der Rücknahme des

VA muss mit dem Interesse des Begünstigten am Fortbestand des VA zum Ausgleich gebracht werden.

A hat vorliegend das gesamte Geld in den Ausbau seines Betriebes investiert. Von einem subjektiven Vertrauenstatbestand seitens des A ist daher auszugehen. Fraglich ist indes, ob dieses Vertrauen auch schutzwürdig ist. Die Schutzwürdigkeit ist dabei grds. in einer Abwägung mit dem öffentlichen Interesse an der Rücknahme festzustellen. In den Fällen des § 48 II S. 3 Nr. 1-3 VwVfG ist hingegen die Schutzwürdigkeit von vornherein ausgeschlossen.

Fraglich ist daher, ob einer der Ausschlusstatbestände des § 48 II S. 3 VwVfG vorliegt. In Betracht kommt zunächst, dass A dadurch, dass er es mit den Angaben bei seinem Subventionsantrag „nicht so genau genommen hat“, die Bewilligung durch eine arglistige Täuschung gem. § 48 II S. 3 Nr. 1 VwVfG erwirkt hat.

Arglist liegt jedoch nur dann vor, wenn vorsätzlich irreführend auf den Erklärungswillen der Behörde eingewirkt werden soll. Ein solch zweck- und zielgerichtetes Handeln kann bei A indes nicht angenommen werden. Der Ausschlusstatbestand der Nr. 1 greift daher nicht ein.

A könnte die Bewilligung aber durch Angaben erwirkt haben, die in wesentlicher Beziehung unrichtig oder unvollständig waren (§ 48 II S. 3 Nr. 2 VwVfG). Die Subventionsvergabe beruhte vorliegend auf den objektiv unrichtigen Angaben des A. Anders als bei § 48 II S. 3 Nr. 1 VwVfG kommt es nicht darauf an, dass dem A die Unrichtigkeit der Abgaben bewusst war. Entscheidend ist nur, dass der Betroffene objektiv falsche Angaben macht und diese für die Rechtswidrigkeit des VA kausal geworden sind; ob ihn insoweit ein Verschulden trifft, er also die Unrichtigkeit seiner Angaben kannte oder kennen musste, ist unerheblich.
Ein Vertrauensschutz des A ist somit nach § 48 II S. 3 Nr. 2 VwVfG ausgeschlossen. Ob bei A zusätzlich eine grob fahrlässige Unkenntnis bzgl. der Rechtswidrigkeit der Subventionsvergabe vorlag (§ 48 II S. 3 Nr. 3 VwVfG), kann

daher offenbleiben. Das Vertrauen des A ist damit im Ergebnis nicht schutzwürdig. Die Rücknahme ist nicht nach § 48 II VwVfG ausgeschlossen.

c) Rücknahmefrist § 48 IV VwVfG

Fraglich ist jedoch, ob § 48 IV VwVfG einer Rücknahme entgegensteht. Danach muss die Rücknahme innerhalb eines Jahres erfolgen, nachdem die Behörde von Tatsachen Kenntnis erlangt, welche die Rücknahme rechtfertigen. Der Landwirt K hatte die Behörde bereits im Mai benachrichtigt, sein Brief wurde jedoch erst Ende September 2012 an den zuständigen Sachbearbeiter weitergereicht.

Fraglich ist daher zunächst, wessen Kenntnis für den Fristbeginn maßgeblich ist. Nach h. M. ist die Kenntnis der für die Rücknahme zuständigen Stelle, also derjenigen Personen erforderlich, die in der konkreten Angelegenheit die Sachzuständigkeit besitzen; die Kenntnis irgendeines Beamten der Behörde genügt hingegen nicht.[27]

Für den Fristbeginn ist danach auf die Kenntnis des zuständigen Sachbearbeiters S abzustellen. Fraglich ist jedoch ferner, ob die Frist bereits Ende September 2012 beginnt, als S zum ersten Mal von den Tatsachen erfährt oder erst im März 2013 als S alle notwendigen Informationen ermittelt hatte, um über die Rücknahme entscheiden zu können, ob es sich also um eine Bearbeitungs- oder eine Entscheidungsfrist handelt. Insbesondere nach Ansicht der Rechtsprechung dürfe die Behörde jedoch nicht im Hinblick auf einen Fristablauf zur Entscheidung über die Rücknahme vor Eintritt der Entscheidungsreife gezwungen werden.[28]

Die Frist begann demnach erst im März 2013 als S alle für die Entscheidung relevanten Informationen ermittelt hatte. Die im März ausgesprochene Rücknahme ist damit nicht nach § 48 IV VwVfG verfristet.

---

[27] BVerwGE 110, 226.
[28] BVerwGE 70, 356 (364).

d) Rechtsfolge

§ 48 I S. 1 VwVfG stellt die Rücknahme in das *Ermessen* der Behörde („kann zurückgenommen werden"). Trotz des fehlenden schutzwürdigen Vertrauens, kann die Behörde immer noch von der Rücknahme eines VA absehen, wenngleich der nun vordringende Grundsatz der *Gesetzmäßigkeit der Verwaltung* dafür wenig Raum lässt (vgl. auch § 48 III S. 4 VwVfG).

Auch wenn vorliegend alle Tatbestandsvoraussetzungen des § 48 VwVfG erfüllt sind, ist daher zu fragen, ob die Behörde von ihrem Ermessen fehlerfrei Gebrauch gemacht hat. Es könnte hier ein Ermessensfehler durch Ermessensnichtgebrauch vorliegen. Denn die Behörde hat sich keine Gedanken darüber gemacht, ob sie die Subvention zurückfordern soll, sondern sah sich durch die Vergaberichtlinien zur Rückforderung verpflichtet. Verwaltungsvorschriften können zwar die Ausübung des Ermessens in eine bestimmte Richtung lenken, sie können aber die Ermessensausübung nicht vollständig ersetzen. Ansonsten wäre die gesetzliche Einräumung eines Ermessens ja bereits überflüssig.

Auch der Grundsatz der Selbstbindung der Verwaltung entbindet die Behörde nicht davon, Erwägungen darüber anzustellen, ob im konkreten Fall ein sachlicher Grund dafür besteht, von der Selbstbindung abzuweichen. Der Aufhebungsbescheid leidet somit unter einem Ermessenfehler in Gestalt des Ermessensnichtgebrauchs und ist daher materiell rechtswidrig.

4. Ergebnis

Zwar liegen die Rücknahmevoraussetzungen vor, doch hat die Behörde bei ihrer Entscheidung nicht von dem ihr zustehenden Ermessen Gebrauch gemacht. Die Rücknahme der Subventionsbewilligung ist damit rechtswidrig.

II. Rechtsverletzung des A

Mit dem rechtswidrigen Aufhebungsbescheid geht eine Rechtsverletzung des A einher. Die Klage gegen den Aufhebungsbescheid ist demnach gem. § 113 I S. 1 VwGO begründet.

III. Rechtmäßigkeit des Rückforderungsbescheids

Der Rückforderungsbescheid ist rechtswidrig, wenn er sich nicht auf eine taugliche Ermächtigungsgrundlage stützen kann oder formell oder materiell rechtswidrig ist.

Als Rechtsgrundlage kommt hier § 49a VwVfG in Betracht. Als Ausprägung des allgemeinen öffentlich-rechtlichen Erstattungsanspruchs setzt dieser indes die Rechtsgrundlosigkeit der zu erstattenden Leistung voraus. Erforderlich ist mithin ein wirksamer Widerruf bzw. eine wirksame Rücknahme eines VA mit Wirkung für die Vergangenheit. Denn solange ein wirksamer VA besteht, rechtfertigt dieser die Vermögensverschiebung und der Rückerstattungsanspruch aus § 49a VwVfG greift nicht. Auch der Rückforderungsbescheid ist folglich rechtswidrig und verletzt A in seinen Rechten.

D. Endergebnis

Sowohl Aufhebungs- als auch Rückforderungsbescheid sind rechtswidrig und verletzen A in seinen Rechten (§ 113 I S. 1 VwGO). Beide Anfechtungsklagen sind daher zulässig und begründet und haben somit Aussicht auf Erfolg.

Fall 13: Sauna Club „Chantal“

▸ **Standort:** Vorläufiger Rechtsschutz , § 80 V VwGO

Kalle (K) betreibt in einem Mischgebiet im Land L den Sauna-Club „Chantal“. Der Club befindet sich relativ unauffällig an der Hauptverkehrsstraße der Siedlung. Da die Geschäfte in letzter Zeit nicht so gut laufen, überlegt sich K, ein wenig mehr Werbung zu machen und lässt ein großes Werbeplakat herstellen, auf welchem sich das „beste Pferd im Stall“ Samantha in aufreizender Pose, bekleidet mit Reizwäsche und High-Heels auf einem Bärenfell räkelt. Dieses auf einer Stütze stehende Plakat stellt K direkt an der Grenze zur Straße auf. Der Umsatz verbessert sich daraufhin rapide.

In der Gegend befinden sich auch andere (genehmigte) Werbeplakate mit jedoch weniger aufreizenden Motiven. Die zuständige Beamtin bei der Bauaufsichtsbehörde Züchtig (Z), gleichzeitig Vorsitzende des örtlichen Kirchenchors, ist entsetzt über den „Verfall der guten Sitten“ und erlässt nachfolgende *Ordnungsverfügung:*

1. Es wird Ihnen aufgegeben, das Werbeplakat innerhalb von 14 Tagen nach Zustellung dieses Schreibens zu beseitigen.
2. Für den Fall der Nichtbeseitigung innerhalb der gesetzten Frist drohe ich Ihnen ein Ordnungsgeld von 500 € an.
3. Die sofortige Vollziehung der Anordnung zu 1. wird angeordnet.

Begründet wird die Beseitigungsanordnung damit, dass durch das Plakat das Sittlichkeitsgefühl der Betrachter gestört würde und die Gefahr von Verkehrsunfällen durch abgelenkte männliche Autofahrer enorm zunehme. Die Anordnung der sofortigen Vollziehung wird damit begründet, dass das öffentliche Interesse an der sofortigen Vollziehung das private Interesse des K wegen des nicht hinnehmbaren Sittenverstoßes deutlich überwiege.

Auf der Straße ist bislang noch kein erhöhtes Unfallaufkommen festzustellen, jedoch hat sich der Ehemann der Z, abgelenkt von dem Plakat, seinen Kamillentee übers Jackett geschüttet.

Gegen den Bescheid legt K noch am selben Tag Widerspruch ein und wendet sich auch an das Verwaltungsgericht mit dem Antrag, „wegen der Eile schnellen Rechtsschutz gegen die Verfügung zu erhalten und die Behörde zu verpflichten, die Verfügung zurück zu nehmen". Hat der Antrag des K beim VG Aussicht auf Erfolg?

A. Zulässigkeit
 I. Eröffnung des Verwaltungsrechtsweges
 II. Statthafte Antragsart
 III. Antragsbefugnis (§ 42 II VwGO analog)
 IV. Antragsgegner (§ 78 VwGO analog)
 V. Allgemeines Rechtsschutzbedürfnis
 VI. Ergebnis
B. Begründetheit
 I. Formelle Rechtmäßigkeit der VzA
 II. Rechtmäßigkeit der Beseitigungsverfügung
  1. Ermächtigungsgrundlage
  2. Formelle Rechtmäßigkeit
  3. Materielle Rechtmäßigkeit
   a) Formelle Illegalität
   b) Materielle Illegalität
  4. Zwischenergebnis
C. Ergebnis

Der Antrag hat Aussicht auf Erfolg, wenn ein verwaltungsgerichtlicher Eilrechtsbehelf des K zulässig und begründet ist.

A. Zulässigkeit

I. Eröffnung des Verwaltungsrechtsweges

Für Eilverfahren vor dem Verwaltungsgericht ist der Verwaltungsrechtsweg eröffnet, wenn auch im Hauptverfahren der Verwaltungsrechtsweg gegeben ist. Streitgegenstand ist vorliegend die an K ergangene Beseitigungsanordnung.

Die streitentscheidenden Normen liegen daher im Bereich des öffentlichen Baurechts. Es handelt sich folglich um eine öffentlich-rechtliche Streitigkeit. Diese ist nichtverfassungsrechtlicher Art; eine gesetzliche Sonderzuweisung ist ebenfalls nicht einschlägig. Da somit im Hauptsacheverfahren der Verwaltungsrechtsweg über die Generalklausel des § 40 I S. 1 VwGO eröffnet wäre, gilt entsprechendes auch für den einschlägigen Eilrechtsbehelf.

II. Statthafte Antragsart

Die statthafte Antragsart richtet sich nach dem Begehren des Antragstellers (§§ 122, 88 VwGO). K möchte sich vorliegend gegen die an ihn ergangene Ordnungsverfügung wehren und zwar möglichst schnell. Die VwGO stellt für die Gewährung vorläufigen Rechtsschutzes ein zweispuriges System zur Verfügung. Zum einen nach den §§ 80, 80a VwGO und zum anderen über die einstweilige Anordnung nach § 123 VwGO. Es gilt also zunächst, das Verfahren nach den §§ 80, 80a VwGO gegenüber einem Antrag auf einstweilige Anordnung nach § 123 VwGO abzugrenzen.

Gemäß § 123 V VwGO ist die einstweilige Anordnung *subsidiär*, also nur dann statthaft, wenn keiner der Fälle der §§ 80, 80a VwGO vorliegt.

Ein Antrag nach § 80 V VwGO ist grds. dann die statthafte Antragsart, wenn sich der Antragsteller gegen die Vollziehung eines belastenden VAs wendet, wenn also in der Hauptsache die *Anfechtungsklage* die statthafte Klageart wäre. In allen übrigen Fällen, also bei Verpflichtungs, -Leistungs- und Feststellungsklagen in der Hauptsache, ist ein Antrag auf Erlass einer einstweiligen Anordnung die statthafte Antragsart.

Vorliegend begehrt K zwar, die Behörde zur Rücknahme der Ordnungsverfügung zu verpflichten, bei Auslegung der Gesamtumstände geht es dem K aber nicht um den Erlass eines Rücknahme-VAs, sondern um die Aufhebung bzw. Suspendierung der Beseitigungsverfügung. In der Hauptsache wäre damit die Anfechtungsklage der statthafte Rechtsbehelf. Vorläufiger Rechtsschutz wird demnach über § 80 V VwGO gewährt.

Fraglich ist nun, welches konkrete Rechtsschutzziel K im Rahmen des vorläufigen Rechtsschutzes verfolgt. Nach § 80 V VwGO kann der Antragsteller entweder i.V.m. § 80 II Nr. 1–3 VwGO die Anordnung der aufschiebenden Wirkung oder i. V .m. § 80 II Nr. 4 VwGO die Wiederherstellung der aufschiebenden Wirkung des Widerspruchs (bzw. der Anfechtungsklage) begehren.

Grundsätzlich haben Widerspruch und Anfechtungsklage gemäß § 80 I VwGO aufschiebende Wirkung. Jedoch gibt es hierzu Ausnahmen, welche in § 80 II VwGO normiert sind. In den Fällen des § 80 II Nr. 1-3 VwGO entfalten Widerspruch und Anfechtungsklage von vornherein keine aufschiebende Wirkung. Ein derartiger Fall liegt hier jedoch nicht vor, sondern die Behörde hat entsprechend § 80 II Nr. 4 VwGO die sofortige Vollziehung der Verfügung angeordnet. Das bedeutet, dass der Widerspruch des K gegen die Bauordnungsverfügung grds. nach § 80 I VwGO aufschiebende Wirkung hätte, jedoch durch die Anordnung der sofortigen Vollziehung (VzA) diese aufschiebende Wirkung (im Voraus) beseitigt wurde. Mithin handelt es sich bei dem Begehren des K um einen Antrag nach § 80 V i.V.m. § 80 II Nr. 4 VwGO auf *Wiederherstellung der aufschiebenden Wirkung* des eingelegten Widerspruchs.

III. Antragsbefugnis (§ 42 II VwGO analog)

Da § 80 V VwGO der Sicherung der im Hauptsacheverfahren durch Anfechtungsklage durchzusetzenden Rechte dient, gilt § 42 II VwGO analog auch für den Antrag nach § 80 V VwGO. K müsste somit geltend machen können, durch den VA möglicherweise in seinen Rechten verletzt zu sein. Da K hier Adressat eines belastenden VAs ist, ist er bereits nach Maßgabe des Adressatengedankens als antragsbefugt anzusehen.

IV. Antragsgegner (§ 78 VwGO analog)

Der Antragsgegner ergibt sich aus einer analogen Anwendung des § 78 I VwGO (ggf. i. V. m. LandesVwGO).

V. Allgemeines Rechtsschutzbedürfnis

Hinweis: Grds. gilt für die Fallbearbeitung, dass auf das Rechtsschutzbedürfnis nur dann einzugehen ist, wenn hierzu im konkreten Fall Anlass besteht. Etwas anderes gilt jedoch im Bereich des vorläufigen Rechtsschutzes. Hier sollten stets die folgenden Erwägungen zum Rechtsschutzbedürfnis angestellt werden.

K müsste ein Rechtsschutzbedürfnis für den Antrag nach § 80 V VwGO haben. Dies ist grundsätzlich nur der Fall, wenn der Antragsteller zuvor einen Widerspruch (oder eine Anfechtungsklage, sofern ein Widerspruch nicht statthaft ist) eingelegt hat, dieser keine aufschiebende Wirkung entfaltet und nicht offensichtlich unzulässig ist.

K hat hier laut Sachverhalt Widerspruch gegen die Beseitigungsanordnung eingelegt; aufgrund der Anordnung nach § 80 II Nr. 4 VwGO hat dieser Widerspruch jedoch keine aufschiebende Wirkung. Der Widerspruch ist auch nicht offensichtlich unzulässig (dies wäre etwa bei offensichtlicher Verfristung des Widerspruchs der Fall).

Fraglich ist aber, ob K vor Einschaltung des Gerichts zunächst noch gemäß § 80 IV VwGO einen entsprechenden Antrag auf Wiederherstellung der aufschiebenden Wirkung bei der Behörde hätte stellen müssen. Abgesehen davon, dass ein solcher Antrag bei Anordnung der sofortigen Vollziehung durch die identische Behörde kaum Aussicht auf Erfolg hätte, bestimmt § 80 VI VwGO ausdrücklich, dass ein solcher vorgeschalteter Antrag lediglich in den Fällen des § 80 II Nr. 1 VwGO erforderlich ist, also bei Abgaben und Kostenentscheidungen, bei denen die aufschiebende Wirkung per Gesetz ausgeschlossen ist. Im Umkehrschluss zu § 80 VI VwGO ist ein vorheriger Antrag bei der Behörde in allen anderen Fällen nicht erforderlich.

Da K vorliegend bereits Widerspruch eingelegt hat, muss nicht auf die Streitfrage eingegangen werden, ob die vorherige Einlegung eines förmlichen Rechtsbehelfs erforderlich ist[29]. K besitzt demnach auch das erforderliche Rechtsschutzbedürfnis für den Antrag nach § 80 V VwGO.

VI. Ergebnis

Die Eingabe des K an das Verwaltungsgericht ist als Antrag auf Wiederherstellung der aufschiebenden Wirkung seines Widerspruchs gegen den Beseitigungsbescheid nach § 80 V VwGO i. V. m. § 80 II Nr. 4 VwGO zulässig.

B. Begründetheit

Der Antrag des K auf Wiederherstellung der aufschiebenden Wirkung ist begründet, wenn die Anordnung der sofortigen Vollziehung formell rechtswidrig war oder wenn das Interesse an der Aussetzung der Vollziehung des belastenden VAs gegenüber dem öffentlichen Interesse an der Vollziehung desselben überwiegt. *Es muss also das Aussetzungsinteresse gegenüber dem Vollzugsinteresse überwiegen.*

Welches Interesse überwiegt, ergibt sich im Wesentlichen aus einer *summarischen Prüfung* der Erfolgssaussichten in der Hauptsache. Ist der Verwaltungsakt rechtswidrig und wird der Antragsteller dadurch in seinen Rechten verletzt, überwiegt das Aussetzungsinteresse des Antragstellers. Es kann kein überwiegendes Vollzugsinteresse der Behörde an einem rechtswidrigen Verwaltungsakt bestehen. Ergibt hingegen die summarische Prüfung, dass der VA *offensichtlich rechtmäßig* ist, überwiegt üblicherweise das Vollzugsinteresse.

Zudem muss jedoch nach h. M. in den Fällen des § 80 II Nr. 4 VwGO, also in den Fällen, wo gesetzlich eigentlich die aufschiebende Wirkung des Widerspruchs vorgesehen ist, auch noch ein über das grundsätzliche Interesse am Vollzug eines rechtmäßigen VA hinausgehendes besonderes Inter-

---

[29] Ablehnend *Kopp/Schenke*, § 80 Rn. 137.

esse für den sofortigen Vollzug bestehen. Bei ohnehin gesetzlich vorgesehenem Wegfall der aufschiebenden Wirkung nach § 80 II Nr.1-3 VwGO ergibt sich das Vollzugsinteresse bei Rechtmäßigkeit des VAs bereits aus der gesetzlichen Wertung.

Hinweis: In der Rechtspraxis lässt sich die Rechtmäßigkeit oder Rechtswidrigkeit nicht immer eindeutig feststellen – vor allem nicht in wirklichen Eilfällen. Anders verhält es sich dagegen in Prüfungsarbeiten. Da in diesen der Sachverhalt feststeht, ist im Rahmen des § 80 V VwGO ebenso wie bei der Anfechtungsklage die Rechtmäßigkeit des VA nicht nur kursorisch, sondern in einem umfassenden Sinne zu überprüfen. Insofern unterscheidet sich die vorzunehmende *summarische* Prüfung zumindest in Prüfungsarbeiten nicht von der Prüfung im Hauptsachverfahren.

I. Formelle Rechtmäßigkeit der Anordnung der sofortigen Vollziehung gem. § 80 II S. 1 Nr. 4 VwGO

Zunächst müsste die Anordnung der sofortigen Vollziehung formell rechtmäßig sein. Zuständig für die Anordnung der sofortigen Vollziehung ist gem. § 80 II S. 1 Nr. 4 VwGO sowohl die Ausgangs- als auch die Widerspruchsbehörde. Mit der Bauaufsichtsbehörde hat somit die zuständige Behörde gehandelt.

Problematisch könnte sein, dass K vor Erlass des VAs bzw. vor der Sofortvollzugsanordnung nicht angehört worden ist. Die Notwendigkeit einer solchen Anhörung ist umstritten. Weitgehende Einigkeit besteht darüber, dass eine Anhörungspflicht nicht direkt aus § 28 I VwVfG hergeleitet werden kann, da die Anordnung der sofortigen Vollziehung keinen eigenständigen Regelungsgehalt aufweist und deshalb keinen Verwaltungsakt i.S.d. § 35 S. 1 VwVfG darstellt. Aus § 28 I VwVfG direkt ergibt sich eine Anhörungspflicht jedoch nur für Verwaltungsakte.

Eine Anhörungspflicht wird aber teilweise über eine analoge Anwendung von § 28 Abs. 1 VwVfG oder über allgemeine rechtsstaatliche Grundsätze begründet. Dagegen spricht jedoch, dass das Bestehen einer Regelungslücke für die

Analogiebildung im Hinblick auf die Regelung des § 80 III VwGO fraglich ist. Die Anordnung des Sofortvollzugs setzt zudem im Unterschied zum Normalfall einer Anhörung vor Erlass eines VAs zwingend ein besonderes Vollzugsinteresse voraus, welches i.d.R. aus einer besonderen Eilbedürftigkeit folgt. Die fehlende Anhörung des K steht damit der formellen Rechtmäßigkeit nicht entgegen.

Fraglich ist jedoch, ob die vorliegend von der Behörde gegebene Begründung den Anforderungen des § 80 III S. 1 VwGO genügt. Danach bedarf die Anordnung grds. einer schriftlichen Begründung. Aus dieser Begründung muss sich ein besonderes Vollziehungsinteresse ergeben. Das allgemeine Interesse, welches am Vollzug eines rechtmäßigen VAs besteht, reicht nicht aus, um den Sofortvollzug zu begründen. Vielmehr lässt sich die sofortige Vollziehung nur mit einem besonderen Vollziehungsinteresse rechtfertigen, das über das allgemeine Vollziehungsinteresse hinausgeht. Die Verwaltung muss daher besondere Gründe nennen, aus denen sich ergibt, warum mit der Vollziehung nicht bis zur Bestandskraft gewartet werden kann. Die Vollziehungsanordnung ist dementsprechend mit einer auf den konkreten Einzelfall abgestellten und nicht lediglich formelhaften Begründung des öffentlichen Interesses an der sofortigen Vollziehung des VA zu versehen.

Die Behörde hat hier als Grund lediglich angegeben, das Vollzugsinteresse überwiege das Aussetzungsinteresse wegen des Sittenverstoßes. Diese (äußerst dürftige) Begründung bezieht sich zwar auf den Einzelfall, jedoch ist die Begründung zumindest teilweise identisch mit der Begründung der Beseitigungsverfügung (Sittenverstoß). Diese Begründung genügt daher nicht den Anforderungen des § 80 III S. 1 VwGO. Wegen dieses Begründungsmangels ist die Anordnung formell fehlerhaft.
Die Rechtsfolge eines solchen Verstoßes gegen das Begründungserfordernis des § 80 III VwGO ist wiederum umstritten. Teilweise wird vertreten, dass bei (formeller) Rechtswidrigkeit der Vollzugsanordnung das Gericht die aufschie-

bende Wirkung des Widerspruchs wiederherstellen muss. Begründet wird diese Ansicht damit, dass, wenn die VzA wegfällt, die aufschiebende Wirkung des Widerspruchs nach § 80 I VwGO „automatisch" wieder auflebt.

Die h. M. sieht jedoch als Rechtsfolge der formellen Rechtswidrigkeit lediglich die Aufhebung der VzA vor, was der Behörde die Möglichkeit gibt, eine neue, diesmal ausreichend begründete VzA zu erlassen. Es erscheint nämlich zweifelhaft, nur aufgrund eines formellen Fehlers einen ansonsten rechtmäßigen VA außer Vollzug zu setzen, obwohl dieser möglicherweise zur Gefahrenabwehr dringend erforderlich ist.

Die Frage nach der Rechtsfolge braucht an dieser Stelle jedoch nicht entschieden zu werden. Zwar ergibt sich bereits jetzt, dass im Tenor der Entscheidung zumindest die VzA aufzuheben ist. Ergibt sich jedoch aus der nachfolgenden materiell-rechtlichen Prüfung, dass der Grund-VA ohnehin rechtswidrig ist, würde auch nach der h. M. im Tenor die aufschiebende Wirkung des Widerspruchs mit entsprechender Rechtskraftwirkung wiederhergestellt, um zu verhindern, dass die Behörde – wie dargestellt – nachträglich eine nach § 80 III VwGO ausreichend begründete VzA erlässt.

Mithin ist die VzA nach der hier vertretenen Ansicht formell rechtswidrig, die sonstige Rechtmäßigkeit der Beseitigungsanordnung muss aber trotzdem untersucht werden.

II. Rechtmäßigkeit der Beseitigungsverfügung

1. Ermächtigungsgrundlage

Da es sich vorliegend um eine Bauordnungsverfügung handelt, kommt als Ermächtigungsgrundlage für die Beseitigungsanordnung die entsprechende Vorschrift aus der LandesBauO in Betracht, vgl. § 65 LBO **BaWü**; Art. 76 LBO **Bay**; § 79 LBO **Berl**; § 74 LBO **Brbg**; § 79 LBO **Brem**; § 76 LBO **HH**; § 72 LBO **Hess**; § 80 LBO **MV**; § 79 LBO **Nds**; § 61 LBO **NW**; § 81 LBO **RhPf**; § 82 LBO **Saarl**; § 80 LBO **Sachs**; § 79 LBO **LSA**; § 59 LBO **SH**; § 77 LBO **Thür**.

2. Formelle Rechtmäßigkeit

Laut Sachverhalt handelte die zuständige Beamtin der Bauaufsichtsbehörde. Die vor Erlass einer Ordnungsverfügung nach § 28 I VwVfG erforderliche Anhörung hat indes nicht stattgefunden. Diese kann jedoch gem. § 45 I Nr. 3 VwVfG nachgeholt werden. Verstöße gegen Formvorschriften sind nicht ersichtlich.

3. Materielle Rechtmäßigkeit

Nach den Bauordnungen der Länder (vgl. die oben genannten Ermächtigungsgrundlagen) haben die Bauaufsichtsbehörden die Möglichkeit, eine Beseitigungsverfügung zu erlassen, wenn das jeweilige Vorhaben im Widerspruch zum öffentlichen Baurecht errichtet oder geändert worden ist und rechtmäßige Zustände auf andere Weise nicht hergestellt werden können. Eine Abrissverfügung setzt somit voraus, dass das Werbeplakat sowohl formell als auch materiell illegal ist.

a) Formelle Illegalität

K verfügt über keine Baugenehmigung für das Werbeplakat. Fraglich ist, ob eine solche Genehmigung erforderlich ist. Bei im Boden versenkten Werbeplakaten handelt es sich um bauliche Anlagen i.S.d. Landesbauordnungen. Diese bedürfen grds. einer Baugenehmigung. Da K sein Werbeplakat ohne Genehmigung errichtet hat, ist die Werbeanlage mithin formell illegal.

b) Materielle Illegalität

In der Aufstellung müsste auch ein materieller Verstoß gegen Vorschriften des öffentlichen Baurechts liegen. In Betracht kommt vorliegend ein Verstoß gegen das Bauordnungsrecht. Nach den Vorschriften der Landesbauordnungen (z.B. § 13 II BauONRW) dürfen Werbeplakate nicht die Sicherheit und Ordnung des Verkehrs gefährden.

In der Begründung führt die Behörde aus, durch das Werbeplakat würden (männliche) Verkehrsteilnehmer derart abgelenkt, dass die Gefahr von Unfällen und damit die Gefährdung von geschützten Rechtsgütern erheblich erhöht würde. Jedoch ist es seit der Aufstellung des Schildes noch zu keinem einzigen Unfall gekommen.

Maßgeblich für die Beurteilung der Frage, ob eine Gefährdung des Verkehrs vorliegt, sind einerseits die konkreten örtlichen Verhältnisse, einschließlich bereits bestehender Gefahrensituationen, andererseits die Fähigkeit eines durchschnittlichen Verkehrsteilnehmers, die Situation zu bewältigen. Bei dem von K aufgestellten Plakat handelt es sich um eine klassische Werbeanlage. Daran ändert auch das „aufreizende“ Motiv nichts. Bei diesen ist regelmäßig nicht von einer verkehrsgefährdenden Situation auszugehen. Es liegt daher auch kein Verstoß gegen das Bauordnungsrecht vor. Sonstige Verstöße sind nicht ersichtlich.

4. Zwischenergebnis

Die Aufstellung des Werbeplakats erfolgte zwar formell, aber nicht materiell baurechtswidrig. Die Beseitigungsanordnung ist daher rechtswidrig und verletzt K in seinen Rechten.

C. Ergebnis

Damit ist der Antrag des K zulässig und begründet. Da zudem nicht lediglich die Anordnung der sofortigen Vollziehung formell rechtswidrig, sondern auch die Beseitigungsanordnung rechtswidrig ist, wird das Gericht in seiner Entscheidung die aufschiebende Wirkung des Widerspruchs wiederherstellen.

Fall 14: Neidische Beamtin

▸ **Standort:** Einstweilige Anordnung, § 123 VwGO

Karl (K) und Anna (A) sind beide Beamte auf Lebenszeit im höheren Dienst. In ihren dienstlichen Bewertungen liegen die beiden auf etwa gleichem, sehr hohem Niveau. A hat im Gegensatz zu K nach dem Jura-Studium auch ihr zweites Staatsexamen abgelegt.

Vor einem Monat ist der Vorgesetzte der beiden wegen Betrugs und Untreue zu einer Freiheitsstrafe von zwei Jahren verurteilt worden und hat seinen Beamtenstatus verloren. In der Folge muss die Stelle neu besetzt werden. Auf die Ausschreibung bewerben sich ausschließlich K und A. Über einen Freund (F), der bei der Entscheidung dabei war, erfährt A nun zutreffenderweise, dass durch das zuständige, ausschließlich mit Männern besetzte Gremium, eine (formell rechtmäßige) Entscheidung zugunsten des K getroffen wurde und ihm bereits in zwei Wochen die Ernennungsurkunde überreicht werden soll. Die Entscheidung zugunsten des K sei insbesondere gefallen, da man der Ansicht war, als Mann wäre dieser besser für Führungsaufgaben geeignet.

Kurz darauf erhält A eine schriftliche Mitteilung, dass sie nicht ernannt werden wird, welche entsprechend begründet ist. Eine Woche vor der geplanten Ernennung und Übergabe der Ernennungsurkunde an K stellt A beim VG einen Antrag auf einstweilige Anordnung, die Ernennung des K und die Überreichung der Urkunde zu untersagen und stattdessen sie zu ernennen. Hat der Antrag beim VG Aussicht auf Erfolg?

A. Zulässigkeit
 I. Eröffnung des Verwaltungsrechtsweges
 II. Statthafte Antragsart
 III. Antragsbefugnis (§ 42 II VwGO analog)
  1. Nichternennung des K
   a) Anordnungsanspruch
   b) Anordnungsgrund

2. Ernennung der A
a) Anordnungsanspruch
b) Anordnungsgrund
IV. Antragsgegner
V. Allgemeines Rechtsschutzbedürfnis
VI. Ergebnis
B. Begründetheit
I. Anordnungsanspruch
1. Anspruchsgrundlage
2. Voraussetzungen der AGL
II. Anordnungsgrund
III. Entscheidung des VG – keine Vorwegnahme der Hauptsache
C. Ergebnis

Der Antrag der A hat Aussicht auf Erfolg, wenn er zulässig und begründet ist.

A. Zulässigkeit

I. Eröffnung des Verwaltungsrechtsweges

Der Verwaltungsrechtsweg könnte nach § 54 I BeamtStG eröffnet sein. A ist Beamtin und der Antrag richtet sich gegen eine beamtenrechtliche Beförderung bzw. Ernennung. Mithin ist der Verwaltungsrechtsweg nach der aufdrängenden Sonderzuweisung des § 54 I BeamtStG eröffnet (beachte § 123 II S. 1 VwGO).

II. Statthafte Antragsart

Die statthafte Antragsart richtet sich nach dem Begehren des Antragstellers (§§ 122, 88 VwGO). A begehrt vorliegend die Ernennung des K zu untersagen und stattdessen sie zu ernennen. Als statthafte Antragsart kommt dafür ein Antrag nach § 123 I VwGO in Betracht. Nach § 123 V VwGO gelten die Vorschriften der Absätze 1 bis 3 allerdings *nicht* für die Fälle der §§ 80, 80a VwGO. Die einstweilige Anordnung nach § 123 VwGO ist also subsidiär gegenüber dem vorläufigen Rechtsschutz nach §§ 80, 80a VwGO. Diese sind einschlägig, wenn der Antragsteller die Suspendierung eines belastenden Verwaltungsaktes i.S.d. § 35 S. 1 VwVfG begehrt.

Zwar wäre die Ernennung ein VA i.S.d. § 35 S. 1 VwVfG (Außenwirkung, da Statusverhältnis betroffen), jedoch ist K bislang ja noch nicht ernannt worden. In der Hauptsache handelt es sich, da A zum einen die eigene Ernennung beantragt, um eine Verpflichtungsklage und zum anderen, da A verhindern will, dass K ernannt wird, um eine Leistungsklage in Form der vorbeugenden Unterlassungsklage. Somit ist die einstweilige Anordnung nach § 123 VwGO die statthafte Rechtsschutzform.

Fraglich ist, welche Antragsform des § 123 I VwGO hier statthaft ist. In Betracht kommt eine sog. *Sicherungsanordnung* nach § 123 I S. 1 VwGO oder eine sog. *Regelungsanordnung* nach § 123 I S. 2 VwGO. Eine Sicherungsanordnung ist dann gegeben, wenn der Antragsteller seine derzeitige Rechtsposition, also den status quo, einstweilen sichern möchte. Hingegen liegt eine Regelungsanordnung vor, wenn der Antragsteller eine vorläufige *Erweiterung* seines Rechtskreises begehrt.

Vorliegend möchte A im Rahmen des einstweiligen Rechtsschutzes verhindern, dass K auf die Stelle gesetzt wird. Mithin begehrt A im Verfahren nach § 123 VwGO zum einen eine Sicherungsanordnung i.S.d. § 123 I S. 1 VwGO. Zum anderen beantragt sie, dass sie selbst ernannt werden soll. Mithin handelt es sich zusätzlich um eine Regelungsanordnung nach § 123 I S. 2 VwGO.

III. Antragsbefugnis (§ 42 II VwGO analog)

Im Verfahren nach § 123 VwGO muss der Antragsteller analog § 42 II VwGO antragsbefugt sein. Dies ist im Rahmen des § 123 I VwGO der Fall, wenn der Antragsteller einen möglichen *Anordnungsanspruch* und einen möglichen *Anordnungsgrund glaubhaft machen kann* (vgl. § 123 III i. V. m. § 920 ZPO).

Da A vorliegend sowohl eine Sicherungs- als auch eine Regelungsanordnung begehrt, muss im Rahmen der Antragsbefugnis zwischen beiden differenziert werden.

1. Nichternennung des K

a) Anordnungsanspruch

Unter einem Anordnungsanspruch bei der Sicherungsanordnung versteht man im Rahmen der Antragsbefugnis die glaubhaft gemachte Möglichkeit, dass dem Antragsteller das zu sichernde Recht zusteht. Ein Recht der A darauf, dass nicht K (sondern sie) ernannt werden müsste, könnte sich hier aus § 33 II GG direkt oder aus § 9 BeamtStG ergeben, wonach für eine ausgeschriebene Stelle nur der geeignetste Bewerber ausgewählt werden soll. Ein Anordnungsanspruch ist damit zumindest möglich.

b) Anordnungsgrund

Unter dem Anordnungsgrund versteht man kurz gesagt die Eilbedürftigkeit des Streitgegenstands, also bei der Sicherungsanordnung, dass die Gefahr besteht, dass durch eine Veränderung des Zustandes die Verwirklichung des Rechts des Antragstellers vereitelt oder wesentlich erschwert werden könnte.

Vorliegend besteht die Gefahr, dass in der nächsten Woche der K ernannt (befördert) wird. Aufgrund der sog. *Ämterstabilität* kann eine erfolgte Ernennung nur unter sehr begrenzten Voraussetzungen wieder rückgängig gemacht werden. Eine möglicherweise ermessensfehlerhafte Auswahlentscheidung gehört nicht zu den möglichen Gründen.

Da aufgrund § 49 I BHO (Bundeshaushaltsordnung, Sa. 700) auch ein Amt nur in Verbindung mit einer freien Planstelle verliehen werden darf, würden durch die Ernennung des K „vollendete Tatsachen“ geschaffen. Die Ernennung der A auf ein vergleichbares Amt wäre damit ungewiss. Mithin liegt auch ein möglicher Anordnungsgrund für die Nichternennung des K vor.

2. Ernennung der A

a) Anordnungsanspruch

Ein möglicher Anordnungsanspruch bzgl. einer Regelungsanordnung liegt vor, wenn ein streitiges Rechtsverhältnis vorliegt und der Antragsteller möglicherweise ein Recht auf die gewünschte Veränderung des bestehenden Zustandes hat. Das streitige Rechtsverhältnis ist hier die Ernennungsentscheidung zugunsten des K und zu Lasten der A.

Ein möglicher Anspruch der A auf eigene Ernennung ergibt sich hier ebenfalls aus Art. 33 II GG. Auch wenn es sich bei den Auswahlkriterien (Eignung, Befähigung usw.) um *unbestimmte Rechtsbegriffe mit Beurteilungsspielraum* handelt und dem VG hier nur ein begrenzte Überprüfungsmöglichkeit zusteht, ist zumindest ein Recht der A auf eigene Ernennung nicht von vornherein ausgeschlossen. Die Möglichkeit eines Anordnungsanspruchs besteht somit.

b) Anordnungsgrund

Ein Anordnungsgrund bei der Regelungsanordnung liegt vor, wenn die begehrte Regelung erforderlich ist, um wesentliche, nicht mehr zu korrigierende Nachteile zu verhindern.

Nach dem Sachverhalt kommen nur K oder A für die Stelle in Frage. Durch die mögliche Nichternennung des K würde die Stelle zunächst unbesetzt bleiben. Eine Gefahr, dass ohne die Ernennung der A wesentliche Nachteile für diese zu befürchten sind, ist nicht ersichtlich. Zudem würden durch die Ernennung der A ebenfalls vollendete Tatsachen geschaffen. Ein möglicher Anordnungsgrund für die Ernennung der A ist demnach nicht ersichtlich. Insoweit ist der Antrag der A als unzulässig zurückzuweisen.

A ist somit lediglich antragsbefugt hinsichtlich ihres Antrags, die Ernennung des K vorläufig zu unterlassen.

IV. Antragsgegner

In der Situation der Verpflichtungsklage in der Hauptsache wird § 78 VwGO im Verfahren nach § 123 VwGO analog angewandt. Für alle anderen Klagearten gilt das allgemeine Rechtsträgerprinzip. Klagegegner ist demnach der Rechtsträger der einstellenden Behörde von A und K.

V. Allgemeines Rechtsschutzbedürfnis

Fraglich ist – da A hier zuvor keinen Antrag bei der Behörde gestellt und auch keine Klage erhoben hat – ob das erforderliche Rechtsschutzbedürfnis vorliegt. Schon nach dem Wortlaut des Gesetzes ist indes die Anhängigkeit einer Klage in der Hauptsache nicht erforderlich (§ 123 I S.1 VwGO). Jedoch ist, wie auch bei Klagen in der Hauptsache, grundsätzlich erforderlich, dass der Antragsteller zuvor *einen Antrag bei der Behörde* stellt.

Hinsichtlich der Nichternennung des K hat A einen solchen Antrag hier nicht gestellt. Allerdings hat das Erfordernis des Rechtsschutzbedürfnisses die Funktion, die Befassung der Gerichte zu vermeiden, wenn es einen einfacheren, schnelleren und zumindest gleich effektiven Weg gibt, seine Rechte zu behaupten bzw. durchzusetzen. Hiermit soll jedoch schon wegen Art. 19 IV GG nicht erreicht werden, dass der Rechtsschutzsuchende auf eine weniger umfangreiche Rechtsschutzgewährung verwiesen wird.

Durch die unmittelbar bevorstehende Ernennung des K ist zum einen ungewiss, ob ein entsprechender Antrag der A noch rechtzeitig beschieden werden könnte und selbst wenn, ob z.B. bei einer negativen Entscheidung noch die Möglichkeit einer Verhinderung der Ernennung durch Einschaltung der Gerichte möglich wäre. Dies würde das Recht der A auf effektiven Rechtsschutz nach Art. 19 IV GG verletzen.

Hinweis: In der Praxis werden deshalb sehr oft beamtenrechtliche Konkurrentenklagen ausschließlich im vorläufigen Rechtsschutz entschieden.

Hieraus ergibt sich, dass A auch ohne vorherigen Antrag das erforderliche allgemeine Rechtsschutzbedürfnis für den Antrag besitzt.

VI. Ergebnis

Der Antrag der A auf Erlass einer einstweiligen Anordnung nach § 123 I S. 1 VwGO ist zulässig.

B. Begründetheit[30]

Der Antrag der A auf einstweilige Anordnung ist begründet, wenn diese einen Anordnungsanspruch und einen Anordnungsgrund *glaubhaft*[31] machen kann.

I. Anordnungsanspruch

Nach § 123 I S. 1 VwGO muss A als Anspruchstellerin zunächst einen Anordnungsanspruch, das heißt den materiellrechtlichen Anspruch, der in der Hauptsache geltend gemacht wird, glaubhaft machen. A müsste hier also einen Anspruch auf Nichternennung zu Lasten des K geltend machen.

1. Anspruchsgrundlage

Als Anspruchsgrundlage kommt hier Art. 33 II GG bzw. § 9 BeamtStG in Betracht. Nach überwiegender Ansicht ergibt sich der mögliche Anspruch eines Bewerbers auf die Ernennung bei Vorliegen der gesetzlichen Voraussetzungen allerdings direkt aus Art. 33 II GG. Dabei korreliert der Unterlassungsanspruch mit der Ernennung desjenigen, der die Voraussetzungen nicht bzw. schlechter erfüllt.

2. Voraussetzungen der AGL

Nach Art. 33 II GG hat jeder Deutsche nach seiner Eignung, Befähigung und fachlichen Leistung Zugang zu jedem öffentlichen Amte. Nach § 9 BeamtStG ist die Auslese nach

---

[30] Es empfiehlt sich, Sicherungs- und Regelungsanordnung nach einem einheitlichen Begründetheitsschema zu prüfen, wenngleich der Wortlaut des § 123 I S. 1 und S. 2 VwGO voneinander abweichen.

[31] Bei der Glaubhaftmachung soll das Gericht von der *Wahrscheinlichkeit* der zu beweisenden Tatsache überzeugt werden. Nicht notwendig ist dagegen die vollständige persönliche Überzeugung des Gerichts von der Richtigkeit der Tatsachenbehauptung. Die Glaubhaftmachung kann gemäß §§ 123 III VwGO, 920 II, 294 ZPO mit allen Beweismitteln geführt werden.

Eignung, Befähigung und fachlicher Leistung ohne Rücksicht auf Geschlecht, Abstammung, Rasse, Glauben, religiöse oder politische Anschauungen, Herkunft oder Beziehungen vorzunehmen.

Vorliegend sind die Bewertungen von A und K in etwa gleich gut. Allerdings hat A zusätzlich das 2. Staatsexamen absolviert und ist damit besser qualifiziert. Eine pauschale Einschätzung, K sei als Mann für Führungsaufgaben besser geeignet, widerspricht schon § 9 BeamtStG. Die pauschale Einschätzung, dass K kraft seines männlichen Geschlechts besser zu Führungsaufgaben geeignet sei, entbehrt jeglicher sachlichen Grundlage.

Man hätte umgekehrt ebenso wenig nur deshalb A auswählen können, weil Frauen etwa gemeinhin als kommunikativer gelten. Anhand der vorliegenden Umstände wäre eine Auswahl zugunsten der A wahrscheinlicher als eine zugunsten des K. Auch wenn das VG hier wegen der Grundsätze des Beurteilungsspielraums in der Hauptsache unter Umständen die Behörde nicht verpflichten könnte, die A zu ernennen, hat A jedoch auf jeden Fall einen (wegen der Bewertungsfehler noch nicht erfüllten) Anspruch auf ermessensfehlerfreie Entscheidung. Ein solcher Anspruch reicht bei Vorliegen der übrigen Voraussetzungen für die Glaubhaftmachung eines Anordnungsanspruches aus.

II. Anordnungsgrund

Der Anordnungsgrund ergibt sich bereits aus den Ausführungen zur Antragsbefugnis. Wegen des Prinzips der Ämterstabilität käme nach einer Ernennung des K eine Ernennung der A grundsätzlich nicht mehr in Betracht.[32] Annähernd jede Klage dies-bezüglich wäre mangels erreichbaren Rechtsschutzziels be-reits unzulässig. A kann daher auch einen Anordnungsgrund glaubhaft machen.

---

[32] Zur Ausnahme davon siehe BVerwGE 138, 102 ff.

III. Entscheidung des VG – keine Vorwegnahme der Hauptsache

Nach h. M. muss das Gericht bei Vorliegen der obigen Voraussetzungen eine einstweilige Anordnung treffen. Eine Interessenabwägung hinsichtlich des „Ob" findet dann nicht mehr statt. Jedoch hat das Gericht hinsichtlich der Frage, welche konkrete Anordnung es trifft, einen Ermessensspielraum. Es ist grundsätzlich nicht an den Antrag gebunden, sondern muss unter Berücksichtigung der Gesamtumstände eine möglichst interessengerechte Lösung finden.

Im vorliegenden Fall würde durch die beantragte vorläufige Nichternennung des K wohl den beteiligten Interessen am ehesten Genüge getan. Zudem könnte das Gericht der A aufgeben, einen Antrag auf Neubescheidung bei der Behörde zu stellen. Der Behörde könnte aufgegeben werden, bei der neuen Entscheidung die Vorgaben des Gerichts entsprechend zu berücksichtigen.

Grundsätzlich darf, da es sich bei § 123 VwGO um vorläufigen Rechtsschutz handelt, durch die Anordnung des Gerichts *die Hauptsache nicht vorweg genommen* werden. A geht es in der Hauptsache darum, selbst ernannt zu werden. Durch die vorläufige Nichternennung wird dieser „Hauptsache" nicht vorgegriffen. Die Ernennung der A entsprechend ihrem unzulässigen Antrag wäre wegen des Vorwegnahmeprinzips beispielsweise nicht möglich gewesen.

Hinweis: Eine Ausnahme vom Prinzip der Vorwegnahme kann sich z.B. ergeben, wenn ansonsten schwere Nachteile drohen, z.B. bei Sozialleistungen.

C. Ergebnis

Der Antrag der A auf einstweilige Anordnung nach § 123 I S. 1 VwGO ist hinsichtlich der vorläufigen Unterlassung der Ernennung des K zulässig und begründet und hat daher Aussicht auf Erfolg. Der Antrag auf eigene Ernennung nach § 123 I S. 2 VwGO ist bereits mangels Antragsbefugnis unzulässig.

Fall 15: Die lieben Nachbarn

▸ **Standort:** Vorläufiger Rechtsschutz nach § 80a VwGO

Bock (B) und Sturkopf (S) kennen sich bereits seit dem Kindergarten und sind sich seit jeher spinnefeind. Die beiden wohnen dummerweise Haus an Haus und es kommt regelmäßig zu (auch) handfesten Auseinandersetzungen „am Gartenzaun". Die Häuser der beiden befinden sich in einem durch qualifizierten Bebauungsplan als reines Wohngebiet festgesetzten Gebiet mit ca. 50 Wohnhäusern und kleineren Geschäften. Der Bebauungsplan bestimmt u.a., dass ausschließlich eingeschossige Gebäude errichtet werden dürfen.

Da B die jahrelangen Streitereien mit S satt hat und mit seiner neuen jungen Geliebten in Ruhe sein Leben genießen will, beschließt er, von dort wegzuziehen. Da er jedoch dem S noch eins auswischen will, möchte er sein Haus in einen kleinen Fitnessclub umbauen und vermieten.

Er stellt einen entsprechenden Antrag beim zuständigen Bauamt für den Umbau in einen zweigeschossigen Fitnessclub. Da der zuständige Beamte ein alter Freund ist, wird die Baugenehmigung erteilt. Als die Bauarbeiten beginnen, ist S erzürnt und erhebt Widerspruch gegen die Baugenehmigung. Gleichzeitig beantragt S beim VG, „per Eilantrag, den Bau zu stoppen, da Fitnessclubs sowie zweigeschossige Gebäude in einem reinen Wohngebiet nicht zulässig seien".

Hat der Antrag vor dem VG Aussicht auf Erfolg?

A. Zulässigkeit
- I. Eröffnung des Verwaltungsrechtsweges
- II. Statthafte Antragsart
- III. Antragsbefugnis (§ 42 II VwGO analog)
- IV. Antragsgegner (§ 78 VwGO analog)
- V. Allgemeines Rechtsschutzbedürfnis
- VI. Ergebnis der Zulässigkeitsprüfung

B. Notwendige Beiladung

C. Begründetheit
- I. Ermächtigungsgrundlage

II. Formelle Rechtmäßigkeit
III. Materielle Rechtmäßigkeit
 1. Verstoß gegen öffentlich-rechtliche Vorschriften
 2. Schutznormcharakter der verletzten Vorschrift
IV. Zwischenergebnis
C. Ergebnis

Der Antrag des S hat Aussicht auf Erfolg, wenn er zulässig und begründet ist.

A. Zulässigkeit

I. Eröffnung des Verwaltungsrechtsweges

Damit überhaupt der Rechtsweg zu den Verwaltungsgerichten eröffnet ist, müssten die Voraussetzungen des § 40 I S. 1 VwGO gegeben sein. Dann müsste es sich bei dem vorliegenden Rechtsstreit um eine öffentlich-rechtliche Streitigkeit handeln. Streitgegenstand ist die an B erteilte Baugenehmigung. Die streitentscheidenden Normen liegen damit im Bereich des öffentlichen Baurechts, das eine klassische Rechtsmaterie des öffentlichen Rechts darstellt. Es handelt sich mithin um eine öffentlich-rechtliche Streitigkeit. Diese ist nichtverfassungsrechtlicher Art und eine anderweitige Rechtswegzuweisung ist gleichfalls nicht ersichtlich. Der Verwaltungsrechtsweg ist daher gem. § 40 I VwGO eröffnet.

II. Statthafte Antragsart

Die statthafte Antragsart richtet sich nach dem Begehren des Antragstellers (§§ 122, 88 VwGO). Dem S geht es darum, schnellstmöglich einen sofortigen Baustopp zu erreichen. In Abgrenzung zum Rechtsschutz nach § 123 VwGO greift der vorläufige Rechtsschutz nach §§ 80, 80a VwGO vorrangig (vgl. § 123 V VwGO) in den Fällen, in denen in der Hauptsache die *Anfechtungsklage* statthaft ist.

S möchte vorliegend den Weiterbau des B verhindern und wendet sich damit im Ergebnis gegen die dem B erteilte Baugenehmigung.

Diese stellt zwar für B einen begünstigenden, für S hingegen einen belastenden Verwaltungsakt dar, gegen den in der Hauptsache die Anfechtungsklage statthaft wäre. Demnach ist hier der einstweilige Rechtsschutz nach den §§ 80, 80a VwGO statthaft. Da es sich um einen Antrag eines belasteten Dritten gegen den an einen anderen gerichteten, diesen begünstigenden VA handelt (sog. **VA mit Doppelwirkung**), ist § 80a VwGO die speziellere und deshalb vorliegend anzuwendende Vorschrift.

Im Rahmen des § 80a VwGO ist nunmehr die statthafte Antragsart zu bestimmen. S hat hier zwar Widerspruch gegen die dem B erteilte Baugenehmigung eingelegt. Dieser Widerspruch hat indes gem. § 80 II Nr. 2 VwGO i.V.m. § 212a BauGB keine aufschiebende Wirkung. S begehrt daher zum einen die Anordnung der aufschiebenden Wirkung seines Widerspruchs und zum anderen will er ein Weiterbauen des B verhindern. Statthaft ist daher ein Antrag des S nach § 80a I Nr. 2, III S. 1 VwGO auf Anordnung der aufschiebenden Wirkung[33] sowie zur Anordnung von Sicherungsmaßnahmen.

III. Antragsbefugnis (§ 42 II VwGO analog)

Da § 80a III VwGO der Sicherung der im Hauptsacheverfahren durch Anfechtungsklage durchzusetzenden Rechte dient, gilt § 42 II VwGO analog auch für den Antrag nach § 80a III VwGO. S müsste also geltend machen können, durch die dem B erteilte Baugenehmigung möglicherweise in seinen Rechten verletzt zu sein. Da S hier nicht Adressat eines ihn belastenden Verwaltungsaktes ist, kann man eine mögliche Rechtsverletzung vorliegend nicht mit dem Adressatengedanken begründen. Vielmehr müsste S geltend machen, dass die Baugenehmigung des B gegen

---

[33] Wegen der Verweisung auf § 80 V VwGO durch § 80a III S. 2 VwGO und im Interesse einer einheitlichen Begriffsbildung sollte auch im Rahmen des § 80a III VwGO die Kategorisierung und Terminologie des § 80 V VwGO beibehalten werden. Hinter dem Begriff „Vollziehung aussetzen" (§ 80a I Nr. 2 VwGO) verbirgt sich der Antrag auf Anordnung oder Wiederherstellung der aufschiebenden Wirkung.

Normen verstößt, die zumindest *auch* seinem Schutz dienen (sog. **drittschützende Normen**).

Im Hinblick auf die persönlichen Voraussetzungen bestehen diesbezüglich keinerlei Bedenken: S ist Eigentümer des an das Grundstück des B angrenzenden Grundstücks und kann daher die durch das Baurecht geschützten boden- und grundstückbezogenen Rechte geltend machen. Jedoch müsste S zudem geltend machen können, dass die Norm (oder die Normen), welche die Baubehörde bei ihrer Entscheidung objektiv verletzt haben soll, nachbarschützenden Charakter hat. Drittschützend ist eine Rechtsvorschrift nach der *sog. Schutznormtheorie* dann, wenn sie nicht nur öffentliche Interessen verfolgt, sondern – zumindest auch – dem Schutz eines Dritten (z.B. des Nachbarn) zu dienen bestimmt ist.

S hat gegen die Baugenehmigung eingewendet, diese sei rechtswidrig, da Fitnessclubs und zweigeschossige Gebäude in dem Gebiet nicht zulässig seien. Die Frage, ob ein Fitnessclub in dem betreffenden Baugebiet zulässig ist, betrifft die *Art der baulichen Nutzung,* welche durch den Bebauungsplan festgesetzt wird. Solche Festlegungen hinsichtlich der Art der baulichen Nutzung sind nach überwiegender Ansicht grundsätzlich dritt- bzw. nachbarschützend. Diesbezüglich ist also eine Verletzung von den S schützenden Normen möglich. Hingegen betrifft die Frage nach der Anzahl der Geschosse das *Maß der baulichen Nutzung.* Festsetzungen hinsichtlich des Maßes der baulichen Nutzung dienen grundsätzlich nur der städtebaulichen Ordnung und haben keinen drittschützenden Charakter. In Bezug darauf kann S daher keine Möglichkeit einer Rechtsverletzung geltend machen.

Hinweis: Inwieweit der drittschützende Charakter der möglicherweise verletzten Normen bereits im Rahmen der Antragsbefugnis abschließend geklärt wird oder man diese Frage der Begründetheitsprüfung vorbehält, ist Geschmackssache. Lässt sich der drittschützende Charakter einer Norm jedoch erst nach sorgfältiger Auslegung ermitteln, sollte diese Prüfung erst in der Begründetheit stattfinden. Im Rahmen der Zulässigkeit kann man sich dann mit der Möglichkeit des Drittschutzes und der Rechtsverletzung begnügen.

IV. Antragsgegner (§ 78 VwGO analog)

Der richtige Antragsgegner bestimmt sich aus einer analogen Anwendung des § 78 VwGO (ggf. i.V.m. Landes-VwGO).

Achtung: Antragsgegner ist auch in den Dreiecksfällen des § 80a VwGO niemals der Dritte oder der Adressat, sondern regelmäßig die juristische Person, deren Behörde den Verwaltungsakt erlassen hat!

V. Allgemeines Rechtsschutzbedürfnis

Fraglich ist, ob das Rechtsschutzbedürfnis für einen Antrag an das Verwaltungsgericht nach § 80a III VwGO gegeben ist. S hat vorliegend zeitgleich mit seinem Antrag Widerspruch gegen die Baugenehmigung erhoben. Fraglich ist allerdings, ob bei einem Verwaltungsakt mit Doppelwirkung für den Antrag auf Anordnung der aufschiebenden Wirkung nach § 80a I Nr. 2, III S. 1 VwGO erforderlich ist, dass der Antragsteller zuvor bei der Behörde einen Antrag auf Suspendierung des VAs stellt. Diese Frage ist umstritten.

Der Streit beruht auf der durch § 80a III S. 2 VwGO angeordneten entsprechenden Anwendung des § 80 V bis VIII VwGO und damit auch des § 80 VI VwGO für die Fälle des § 80a III S. 1 VwGO. Nach § 80 VI VwGO ist vor einem Antrag bei Gericht ein entsprechender, erfolgloser Antrag bei der Behörde zu stellen.

Die Frage, die sich deshalb stellt, ist, ob es sich bei § 80a III S. 2 VwGO um eine *Rechtsfolgen-* oder eine *Rechtsgrundverweisung* handelt. Würde es sich um eine Rechtsfolgenverweisung handeln, müsste im Rahmen des § 80a III VwGO vor gerichtlicher Geltendmachung stets ein erfolgloser Antrag bei der Behörde gestellt werden. Sollte es sich hingegen um einen Rechtsgrundverweis handeln, müsste dies nur im Falle des § 80 II Nr. 1 VwGO, also bei der Anforderung von öffentlichen Abgaben und Kosten, geschehen.

Da Verwaltungsakte mit Doppelwirkung in Abgaben- und Kostensachen nur selten vorkommen, liefe die Verweisung in Dreiecksfällen praktisch leer.

Die überwiegende Ansicht versteht § 80a III S. 2 VwGO dennoch unter Berufung auf die Entstehungsgeschichte der Norm als Rechtsgrundverweisung. Es handele sich dabei um ein Redaktionsversehen des Gesetzgebers; eine Ausdehnung der Regelung über den Bereich der Abgabenangelegenheiten hinaus kommt daher nicht in Betracht.

Aber auch diejenigen, die § 80 IV VwGO bei allen Verwaltungsakten mit Doppelwirkung anwenden, machen vom Erfordernis eines vorherigen Antrags bei der Behörde eine Ausnahme, wenn es die besondere Dringlichkeit der Sache gebietet. Dies gilt vor allem in baurechtlichen Fällen, in denen der Beginn der Bauarbeiten unmittelbar bevorsteht oder bereits begonnen hat. Im vorliegenden Fall des S ist somit übereinstimmend nach allen Ansichten kein vorheriger Antrag an die Behörde erforderlich gewesen. Das Rechtsschutzbedürfnis für den Antrag des S ist somit gegeben.

VI. Ergebnis der Zulässigkeitsprüfung

Der Antrag des S ist somit zulässig.

B. Notwendige Beiladung

Bei einem Antrag nach § 80a III VwGO ist zu berücksichtigen, dass der Adressat des Verwaltungsaktes gem. § 65 II VwGO notwendig beizuladen ist.

C. Begründetheit

Der Antrag nach § 80a I Nr. 2, III S. 1 VwGO ist begründet, wenn das Aussetzungsinteresse des S gegenüber dem Interesse des B und der Behörde am Vollzug der getroffenen Regelung Vorrang genießt. Dies richtet sich maßgeblich nach den Erfolgsaussichten in der Hauptsache. Das Aussetzungsinteresse überwiegt also, wenn die Baugenehmigung rechtswidrig und S dadurch in seinen Rechten verletzt ist. Die dem B erteilte Baugenehmigung müsste also zunächst einmal rechtswidrig sein. Rechtswidrig ist sie dann, wenn sie sich nicht auf eine taugliche Ermächtigungsgrundlage stützen kann oder von dieser formell oder materiell rechtswidrig Gebrauch gemacht wurde.

I. Ermächtigungsgrundlage

Anspruchsgrundlage für die Erteilung einer Baugenehmigung ist die jeweilige Vorschrift der LBauO, vgl. § 58 I BauO **BaWü**, Art. 68 BauO **Bay**, § 71 I BauO **Berl**, § 67 BauO **Brbg**, § 72 BauO **Brem**; § 72 BauO **HH**, § 64 BauO **Hess**, § 72 BauO **MV**, § 70 I BauO **Nds**, § 75 BauO **NW**, § 70 BauO **RhPf**, § 73 BauO **Saarl**, § 72 I BauO **Sachs**, § 71 BauO **LSA**, § 73 BauO **SH**, § 70 I BauO **Thür.**

II. Formelle Rechtmäßigkeit

Im Hinblick auf formelle Aspekte sind Mängel der Genehmigung vorliegend nicht ersichtlich.

III. Materielle Rechtmäßigkeit

1. Verstoß gegen öffentlich-rechtliche Vorschriften

Nach § 75 I BauONRW[34] erteilt die Behörde die Genehmigung, wenn öffentlich-rechtliche Vorschriften nicht entgegenstehen. Vorliegend könnte ein Verstoß gegen die Festsetzungen des Bebauungsplans vorliegen. Der Bebauungsplan weist das Gebiet als reines Wohngebiet i.S.d. § 3 BauNVO aus. Nach § 30 I BauGB sind innerhalb des Geltungsbereichs eines Bebauungsplans nur solche Vorhaben zulässig, die den Festsetzungen des Bebauungsplans entsprechen. In einem reinen Wohngebiet sind nach § 3 BauNVO grundsätzlich nur Wohnhäuser zulässig. B möchte jedoch ein Fitnesscenter errichten. Zwar können gem. § 3 II BauNVO ausnahmsweise auch den Bedürfnissen der Bewohner des Gebiets dienende Anlagen für gesundheitliche und sportliche Zwecke zugelassen werden. Jedoch ist bei einem Gebiet von ca. 50 Häusern nicht davon auszugehen,

---

[34] § 75 I BauONRW wird vorliegend exemplarisch als Ermächtigungsgrundlage für die Erteilung einer Baugenehmigung herangezogen. Die Normen der übrigen Bundesländer finden Sie unter *I. Ermächtigungsgrundlage.*

dass ein Fitnesscenter lediglich den Bedürfnissen der Bewohner des Gebiets dienen würde. Im Gegenteil ist wohl eher davon auszugehen, dass auch Bewohner anderer Gebiete das Center nutzen würden, was zu zusätzlichem An- und Abfahrtsverkehr führen würde. Das von B geplante Fitnesscenter entspricht demnach nicht den Ausnahmevoraussetzungen des § 3 II BauNVO. Es liegt somit ein Verstoß gegen die Festsetzungen des Bebauungsplans vor.

2. Schutznormcharakter der verletzten Vorschriften

Es stellt sich somit die Frage, inwieweit die Festsetzungen des Bebauungsplans zumindest hinsichtlich der Art der baulichen Nutzung Drittschutz entfalten. Wie bereits im Rahmen der Antragsbefugnis festgestellt, wird diese Frage überwiegend bejaht. Denn durch die Festlegungen im Bebauungsplan werden dem einzelnen Eigentümer erhebliche Beschränkungen in der Nutzung seines Grundstücks auferlegt. Diese werden jedoch dadurch ausgeglichen, dass die anderen Grundstückseigentümer innerhalb des Plangebiets diesen Beschränkungen ebenfalls unterworfen werden (sog. Gebietserhaltungsanspruch). Die Festsetzungen des Bebauungsplans sind daher hinsichtlich der Art der baulichen Nutzung generell als drittschützend einzustufen.

VI. Zwischenergebnis

Die dem B erteilte Baugenehmigung ist somit materiell rechtswidrig und verletzt S in seinen Rechten. Der Antrag des S ist daher begründet.

C. Ergebnis

Der Antrag des S ist zulässig und begründet. Das Gericht wird daher gem. § 80 I Nr. 2, III S. 1 VwGO die aufschiebende Wirkung des Widerspruchs anordnen und dem B den Weiterbau vorläufig untersagen.

Standardfälle Polizei- und Ordnungsrecht

Klausurtypische Fälle, die nach dem Recht Bayerns und Nordrhein-Westfalens unter Nennung der wichtigsten Parallelnormen der übrigen Bundesländer gelöst werden

ISBN 978-3-86724-190-8

9,90 €

Standardfälle Kommunalrecht

Klausurtypische Fälle, die nach dem Recht Nordrhein-Westfalens unter Nennung der wichtigsten Parallelnormen der übrigen Bundesländer gelöst werden

ISBN 978-3-86724-066-6

9,90 €

Basiswissen Verwaltungsrecht AT

von Thomas Goltz

Die Grundlagen in Fragen und Antworten inkl. Schemata!

ISBN 978-3-86724-069-7

7,00 €

Auch lieferbar als Hörbuch/Audio-CD/MP3!

Hans Bentzien · Elisabeth

Die Erhebung

In der Nacht zum 27. April des Jahres 1236 versammelte Ulrich von Dürn, der Vorsteher des Marburger Hospitals, sieben seiner Mitbrüder und machte sich auf den Weg in die kleine, erst kürzlich erbaute steinerne Kirche. Nachdem die Tür von innen abgesperrt worden war, ließ er eine Fackel anzünden, sprach ein Gebet, und dann begannen die Mönche ihr heimliches Werk. Behutsam legten sie das Grab Elisabeths frei. Erst vor vier Jahren hatte die Umbettung aus der kleinen Holzkirche des Hospitals in diese neuerbaute stattgefunden, da die vielen Besucher ihres Grabes das Kirchlein fast gesprengt hatten. Aber auch jetzt erwies sich der Andrang als zu groß, und der bevorstehende Staatsakt, so stand zu befürchten, würde alles bisher Gewohnte in den Schatten stellen.

Ihr Leichnam schien den Männern frisch und unversehrt, sogar von Wohlgeruch umgeben. Nachdem der Schädel vom Körper abgetrennt war, befreiten sie das Gebein von Muskeln und Haut und reinigten die Knochen, danach begruben sie die verweslichen Überreste. Das Skelett wurde in ein kostbares Purpurtuch gehüllt. Der neue Sarg schien für die Ewigkeit angefertigt, so schwer trugen an dem kostbaren Blei die acht Männer. Ein Chronist behauptete sogar, der Sarg sei aus purem Gold gewesen. Die Heilige, neu gebettet, war würdig anzuschauen, als der neue Sarg in das alte, offene Grab gesenkt wurde. Eine Steinplatte schloß es nur provisorisch ab. Die nachfolgende Arbeit ging schnell von der Hand. Die geschickten Mönche verstärkten das Gestell des kleinen Altars und richteten ihn für das Fest her. Gegen Morgen verstummten die Hammerschläge, und ein Gebet schloß im heraufdämmernden Tag das fromme Werk ab.

Die Franziskaner hatten sich daran gewöhnt, ständig viele Besucher zu empfangen und an das Grab Elisabeths zu führen. Seit ein paar Tagen aber beunruhigte sie die Nachricht, daß sich der Kaiser angesagt hatte und mit ihm die Fürsten des Reiches, die weltlichen und die geistlichen. Wer Rang und Namen hatte im Heiligen Römischen Reich Deutscher Nation und in erreichbarer Nähe war, würde anwesend sein und Elisabeth, der früh verstorbenen Landgräfin von Thüringen, die Ehre geben. Kaiser Friedrich II. von Hohenstaufen unterbrach die Vorbereitung eines Feldzuges gegen die Lombardei, in der er ein Kernland seines Reiches sah, das er dauerhaft besitzen wollte. Eine Vorhut von fünfhundert Rittern war bereits nach Verona unterwegs, nun konnte er sich für einen Tag frei machen, um an der Translation, der Übertragung der Gebeine seiner Verwandten, die als Reliquien galten, teilzunehmen. Seine Anwesenheit sollte als Zeichen seiner Verehrung gelten, doch sie war zugleich auch eine wichtige politische Geste für die Fürsten und das Volk. Seitdem Elisabeth vor knapp einem Jahr heiliggesprochen wurde, stieg ihre Beliebtheit im Volke ständig, und ihre Verehrung hatte gewiß den Höhepunkt noch nicht erreicht. Zahlreiche Legenden berichteten von ihrem Leben und Sterben, Wunder geschahen an ihrem Grabe seit ihrem Todestag. Das alles mußte der Kaiser bedacht und sich gewiß daran erinnert haben, daß sie von ihm zur Frau erwählt worden wäre, hätte sie nur zugestimmt.

Der Kaiser war persönlich gekommen, der Papst hatte eine ansehnliche Delegation seiner Bischöfe entsandt, die bei der Zeremonie die vorderen Plätze einnehmen und ihn vertreten sollten. Neben Konrad von Hildesheim, für Marburg zuständiger Bischof und oberster Ketzerrichter Deutschlands, war auch Dietrich von Trier erschienen und ebenfalls, zum Erstaunen aller, Siegfried III. von Mainz. Zwischen den Mainzer Bischö-

Kaiser Friedrich I. von Hohenstaufen

fen und den Thüringer Landgrafen hatte es unaufhörliche Fehden gegeben, die, mit Krieg und Brand geführt, bis zu diesem Tage nicht geendet hatten. Doch Siegfried war der erste der deutschen Bischöfe, der Erzkanzler, und damit wichtigster Mann des Papstes, und so war es wohl nicht Sympathie, sondern hohe Pflicht, die ihn den Weg antreten ließ. Zudem hatte der Papst die drei Kirchenfürsten entsandt, weil sie durchaus unterschiedliche Meinungen über die Geschicke der Kirche und ihre richtige Politik vertraten und sich darin sogar befehdeten. Hier am Grabe der dienenden Fürstin aber sollten sie die Zerwürfnisse zurückstellen und demonstrieren, daß es Höheres gab als Zank wegen taktischer Probleme.

Die Gründe des Kaisers für sein Kommen waren nicht weniger bedeutend als die des Papstes. Die Heilige stammte aus einem europäischen Königshaus und hatte in ihrem Leben und mit ihrem Sterben einem wichtigen Reichsfürsten und seinem Hof, dem Thüringer Landgrafengeschlecht, zu neuem Ansehen verholfen. Seit die Thüringer nach Elisabeths Tode den Deutschen Orden unterstützten, jedenfalls weit mehr als vorher, entstand hier eine bemerkenswerte politische Kraft, die der Kaiser nutzen wollte. Die Deutschritter wirkten bisher vorwiegend im Süden, nun aber wandten sie sich verstärkt dem Osten zu. Sollte es ihnen gelingen, das Reich nach Osten zu erweitern, könnte der Kaiser nur einverstanden sein. Und außerdem – an diesem 1. Mai 1236 strömte eine ansehnliche Menge in Marburg zusammen, die Berichte sprechen von zwölftausend Menschen. Sie alle würden sehen, daß sie einen frommen Kaiser hatten. Kürzlich erst hatte er als guter Sohn der Kirche den Feuertod für Ketzer, die immer dreister und zahlreicher wurden, angeordnet. Nun wandte sich seine Aufmerksamkeit einer Heiligen zu, die dazu noch Königstochter war.

Im Morgengrauen des ersten Maientages begann die würdige Handlung. Der Kaiser schritt im einfachen Gewand des Büßers an der Seite der prächtig gekleideten Bischöfe an die

Gruft. Als die steinerne Platte von den Franziskanern entfernt wurde, griff er selbst mit zu. Dann war der Sarg aufgehoben worden, es geleiteten ihn die Bischöfe an seinen neuen Platz, den Altar, wo er, für alle Augen sichtbar, stehen sollte. Hier war der rechte Ort, die nunmehr kostbar gewandeten Gebeine, durch die Heiligsprechung zu Reliquien geworden, anzubeten, zu verehren. Jetzt hatte jedermann Zugang zu ihr, deren Wunderkraft schon weit berühmt war.

Als die Handlung mit dem Segen endete, griff zur Überraschung der Bischöfe der Kaiser noch einmal in den kirchlichen Ablauf ein. Er hob den Schädel der Heiligen aus dem Sarg und setzte ihm eine goldene Krone auf. Die kaiserliche Geste war wohl berechnet, durch sie erklärte er den Schädel mit der Krone zur wichtigsten Reliquie und hob ihn dadurch besonders hervor. Mit feierlichem Wort versprach er deutlich, noch einen schweren goldenen Becher aus seinem Schatz zu stiften und von einem Meister zu einer kunstvollen Kopfstütze umarbeiten zu lassen, was später auch geschah.

Für die Bischöfe bedeutete dieser Akt eine doppelte Ehrung. Doch es rief ihren Widerspruch hervor, daß der Kaiser sich in ihre Amtsbefugnisse drängte. Obwohl er in der grauen Kutte als einfacher Christ am Sarge stand. Die Bischöfe erkannten sofort, daß hier in einer umstrittenen Frage Tatsachen geschaffen werden sollten. Ihr verbaler Protest erwies sich nicht nur als Enttäuschung oder Beleidigung, sondern durchaus als prinzipieller Widerspruch, der allerdings nichts mehr zurücknehmen konnte, sollte nicht die gesamte Veranstaltung in Frage gestellt werden.

Die Zuschauer waren Zeugen eines Konflikts geworden, der zu den Streitigkeiten zwischen Papsttum und Kaisermacht, die das ganze Mittelalter durchzogen, gehörte und auch hier in Marburg ausgetragen wurde, und zwar in einer ganz speziellen Form. Die Aufzeichnungen Friedrichs II. belegen, daß er beabsichtigte, in den Franziskanerorden, der im Franziskaner-Hospital damals das Werk Elisabeths verwaltete, einzutreten. Die-

Oberarmschmuck des kaiserlichen Ornats (um 1180)

ses Ansinnen des höchsten weltlichen Herrschers war einigermaßen erstaunlich, denn Franziskus verstand sich als der Anwalt der Armen und Niederen, die Brüder wurden überall Minderbrüder genannt, und nun unter ihnen der Kaiser? Wollte er etwa auf sein Amt und Reich verzichten und Elisabeth nacheifern?

Es ging ihm um anderes. Er war entgegen Franziskus der Meinung, daß Adligen und auch Mitgliedern von Königshäusern eine durchaus bevorzugte Stellung im kirchlichen Leben zustünde. In seinem Brief an den Generalminister des Franziskanerordens, Elias von Cortona, erklärte er den Zweck seiner Reise damit. Er sei nach Marburg gegangen, um die im franziskanischen Geist dienende Elisabeth zu ehren und die königliche Herkunft der Heiligen zu betonen. Sie sei seinem Stande nahe und gehöre in die Reihe der besonders hervorgehobenen Heiligen. Elisabeth, die alles Gold der Welt den Armen gegeben habe, wird dadurch von dem Verdacht, sie sei eine der Ketzerei nahestehende Franziskanerin, gereinigt und in den Himmel der gekrönten Häupter gehoben. Sie solle als Heilige, nun im Tode, wieder Fürstin sein, befreit von den Irrungen der irdischen Realität, rein und unantastbar.

Der Kaiser, nachdem er in eine aktuelle Diskussion unter Christen eingegriffen hatte, stand nun weiter nicht mehr zur Verfügung. Er verabschiedete sich von den Fürsten und den Angehörigen der Thüringer Familie und reiste weiter nach Wetzlar, und dann ging es nach Koblenz, Frankfurt und schließlich nach Augsburg. Dort, auf dem nahe gelegenen Lechfeld, sammelte er sein Heer für den italienischen Feldzug. Sollten sich die Bischöfe nur ärgern.

Waren die Bischöfe und Erzbischöfe nicht sehr glücklich nach diesem Fest, die Thüringer Landgrafenfamilie und die Vertreter des Deutschen Ordens durften es durchaus sein. Die außerordentliche Veranstaltung hatte sie hoch geehrt und ihre Bedeutung hervorgehoben. Alle waren sie anwesend: Schwiegermutter Sophie, das älteste Mitglied der Familie, geleitete den Sohn Elisabeths, Hermann II., an das Grab seiner Mutter. Ihnen folgten die beiden Schwäger der Toten, die jetzigen Landgrafen, Verwalter des Erbes, bis Hermann II. volljährig war. Die Familie mütterlicherseits war ebenfalls vertreten durch den aus dem Hause Andechs-Meran stammenden Fürstbischof Ekbert von Bamberg, einen Bruder ihrer bereits früh verstorbenen Mutter. Neben der Familie fehlten die wichtigsten Thüringer Adelsgeschlechter nicht, anwesend waren auch die Äbte und Priore des Thüringer und hessischen Raumes und Hermann von Salza, der Hochmeister des Deutschen Ordens.

Der Deutsche Orden zählte sich mit den Thüringern zu den Gewinnern der Translation, er fühlte sich bestätigt in der Absicht, seine Besitzungen in Thüringen und speziell in Marburg auszubauen. Hermann von Salza hatte noch einen besonderen Grund, mit dem Thüringer Hof Verbindungen einzugehen, war er doch ein ehemaliger Ministeriale der Landgrafen. Der kluge Politiker erkannte, daß eines vor allem die Bedeutung des Tages in die Zeiten tragen würde: der Beschluß, mit dem Bau einer mächtigen Wallfahrtskirche für die Heilige zu beginnen. Die Verhandlungen verliefen knapp und erfolgreich, Erzbischof Dietrich von Trier bestätigte in einem Gespräch mit den Landgrafen, daß die Liebfrauenkirche in Trier eindrucksvoll errichtet würde und man bei dem vor zwei Jahren begonnenen Bau bereits die besten Erfahrungen mit der modernen Architektur gemacht hätte. Er zögerte nicht, sein Einverständnis zu erklären, dieselben Baupläne auch in Marburg für die Elisabethkirche zu nutzen, sie würde sich sehen lassen können und, den französischen Kathedralen ähnlich, von der Macht der Kirche und dem Ansehen ihrer Namenspatronin Elisabeth künden.

So verschmelzen bei allen politischen Kräften des Reiches und des Landes die verschiedenen Interessen anläßlich der Feierlichkeit. Elisabeth, die bescheidene Dienerin an den Armen, war an diesem Tage zu einem Schnittpunkt vieler Kräfte geworden. Sie wäre erstaunt gewesen, hätte sie es erleben können.

Geehrt und gescholten

Die Meinungen über Elisabeth gehen auseinander, wir wollen Widersprüche nicht umgehen. Schlägt man heute eines der zahlreichen Bücher über Heilige auf, rangiert sie durchaus nicht unter den wichtigsten, dazu war sie zu weltlich. Versucht man, sich ihrer Leistung als Landgräfin zu nähern, findet man die wirkliche gesellschaftliche Bedeutung von nachträglich erfundenen Heiligenlegenden verstellt. An dem Platze, wo bei der Translation der Sarg gestanden hat, liegt ihr würdiges Grab, über dem man einen Baldachin errichtete. Auf ihm wird sie „Gloria Teuthonie" genannt, der Ruhm Deutschlands. Die lateinische Inschrift läuft an den Kanten um und lautet in der Übersetzung: „Ruhm Deutschlands, Edelstein der Tugenden, Quelle der Weisheit, Zierde der Kirche, Blume des Glaubens, Vorbild der Jugend, Mutter der Dürftigen, Heilmittel der Krankheit, Hoffnung der Schuldigen …", und dann folgt die Bitte, sie möge ihr Herz den Wünschen ihrer Anbeter zuneigen.

Kann ein Mensch, sei es auch ein bedeutender, alle diese großen Eigenschaften in sich vereinen, was hat er getan, um so ungewöhnlich geehrt zu werden?

Seit hundertfünfzig Jahren ist man jeder Spur von ihr nachgegangen und hat sich bemüht, sie zu sichern und zu beschreiben. Obwohl einiges für immer verschwunden ist, weiß man doch aus der Zeit vor achthundert Jahren durch gründliche historische Forschung sehr vieles über die damalige Zeit, die Geschichte und die damit zusammenhängenden Ereignisse.

Es ist sicher, daß die meisten Legenden nach ihrem Tode entstanden sind, als Elisabeth schon heiliggesprochen war, um so ihren Ruhm zu vergrößern. Darum sind sie für uns aber nicht wertlos, steckt in ihnen doch mehr als fromme Verehrung, vielleicht das zeitgenössische Urteil einfacher Menschen

Die Elisabethkirche in Marburg; Blick von Südosten

und die Sehnsüchte des Volkes, wenn man dies auch in vielerlei Gestalt aufspüren muß.

Nicht immer wurde die Erinnerung an Elisabeth gleich stark wachgehalten. In der Reformationszeit und den darauffolgenden Jahrhunderten wurde sie fast vergessen. Doch vor gut einhundertdreißig Jahren suchte das entstehende Zweite Deutsche Reich seine historische Legitimation und schuf eine eigene Ahnengalerie, die bis ins Mittelalter reichte. Im Zusammenhang mit den Plänen, die Wartburg zu einer Stätte der deutschen Geschichte auszubauen, erwachte erneut das Interesse an den Persönlichkeiten, die auf der Burg gewirkt haben, und damit natürlich an der Gestalt Elisabeths. Mit der Restaurierung der Wartburg in der zweiten Hälfte des 19. Jahrhunderts wurde ihr Bild durch die Fresken Moritz von Schwinds und etwas später in den opulenten Mosaiken der ihr zugeschriebenen Elisabeth-Kemenate geprägt.

Hand in Hand mit der Neuentdeckung ihres Lebenswerkes beginnen eine gründliche Quellenuntersuchung und die Herausgabe der überkommenen Schriften und Zeugnisse. Bis dahin überwog der Wunderglaube an die Heilige, nun entsteht ein von manchen frommen Zusätzen gereinigtes Elisabethbild. Trotzdem bleibt sie Ahnfrau mancherlei heutiger gesellschaftlicher Bestrebung, so wie sie damals, neben der Jungfrau Maria, zur Heiligen und Schirmherrin des Deutschritterordens im 13. Jahrhundert erklärt wurde. Die kirchliche Sozialorganisation Caritas beruft sich auf sie als historisches Symbol, und die Elisabeth-Schwestern weihen ihre selbstlose Arbeit der großen Namensgeberin.

Einen Teil der volkstümlichen Geschichtsüberlieferung stellten die Legenden dar, die Quelle der Kenntnisse über Elisabeth im Volk. Als Beispiel mag eine Erzählung über Elisabeths entfernte Verwandte, die gleichnamige portugiesische Königin, dienen, die ganz selbstverständlich der Thüringer Landgräfin zugeschrieben wird, obwohl sie schon längst tot war, als die Legende vom Rosenwunder entstand.

Der heilige Ludwig findet die Brode unter St. Elisabeths Mantel in Rosen verwandelt.

So erzählt man sich heute noch in Thüringen, die Landgräfin habe mit ihren Dienerinnen die Burg auf dem Wartberg verlassen und sei in das am Fuße des Burgbergs gelegene, von ihr gegründete Hospital gegangen, um den Kranken Lebensmittel zu bringen, die sie unter ihrem weiten Fürstenmantel verborgen hielt. Elisabeth hätte die Nahrung unter ihrem Mantel verstekken müssen, weil sie den Speichern der Burg entnommen gewesen sei, ohne daß die Gräfin die Genehmigung dazu erbeten hätte. Da sei der Landgraf auf seinem Pferd aufgetaucht. War es Absicht oder Zufall? Jedenfalls hätte er seine Frau nach ihrem Ziel gefragt, und sie berichtete, die drei hätten Rosen, die am Wege standen, gepflückt und wollten sie den Kranken bringen. Ludwig glaubte der Geschichte nicht so recht und bat sie, den Mantel zurückzuschlagen. Als sie es mit Herzklopfen tat, sei das Wunder geschehen. Rosen seien zum Vorschein gekommen. Beschämt habe sich der Landgraf wegen seines Mißtrauens entschuldigt, und die Frauen konnten ihren Weg zur Speisung der Kranken fortsetzen.

Auch in dieser Legende stecken eine Reihe von logischen Widersprüchen, was ihr aber nicht schadet. Landgraf Ludwig IV. galt als ein Mann, der seine Frau aufrichtig liebte und ihr ohne weiteres erlaubt hatte, ein Hospital zu bauen und zu unterhalten. Was sollte er gegen ein Brotgeschenk für die Kranken und Elenden haben, wenn der Hof durch Elisabeth die Versorgung übernommen hatte? Der Fürst billigte die karitative Tätigkeit seiner Frau und würde sie deshalb nicht gerügt haben, weshalb also sollte sie ihn belügen? Das Hospital war eines der wenigen in dieser Zeit, eine öffentliche Einrichtung, bei der sich jeder Bedürftige melden konnte, und er erhielt Hilfe, bestehend aus Nahrung und Krankenpflege.

Allerdings war es noch lange nach ihrem beispielhaften Leben für andere Fürstinnen undenkbar, die beschwerlichen Dienste zu verrichten, die nun einmal mit der Pflege kranker und hilfloser Personen verbunden sind. Elisabeth erledigte die notwendigen Arbeiten oder beaufsichtigte sie ohne Scheu und vermochte es, sich auch gegen Warnungen und Widerstände aus ihrer Umgebung durchzusetzen. Ludwig schützte sie vor Angriffen mit seiner Autorität als Herrscher, niemals hätte er sie wegen einiger Brote getadelt, sie ihn deshalb niemals belogen.

Bis dahin kannte man das zur Formalität erstarrte Almosengeben, von nun an aber die anteilnehmende Hilfe durch eine Fürstin. Dieser Gedanke wird auf der Wartburg gleich zweimal bildhaft ausgedrückt. Zum erstenmal erfahren wir durch Moritz von Schwind von der hilfsbereiten Frau, die ihrem Mann selbstbewußt gegenübersteht. In der Elisabeth-Kemenate aber, prächtig mit farbigen Mosaiken ausgeschmückt im offiziellen Geschmack des beginnenden 20. Jahrhunderts, verblaßt ihre Persönlichkeit schnell hinter allem ausgestreuten Prunk. Auf den Fresken Moritz von Schwinds wird zurückhaltend zuerst von der dienenden Fürstin, danach von der durch ihre Umwelt verstoßenen Frau berichtet, Elisabeth erscheint ihrem Wesen nach richtig als helfende Schwester. Die Gründerzeit mit ihrem Fürstenkult hatte für die ungewöhnliche Landgräfin jedoch keinen inneren Platz, und wir sehen in den Mosaiken auf den wenigen Quadratmetern wieder das Dilemma ihres Lebens, die mangelnde Fähigkeit der Herrschenden, die beiden Seiten der überkommenen Botschaft Elisabeths zu verstehen.

Bis heute taten sich alle Zeiten schwer damit. Viele Schriften stellten sie so dar, als hätte sie schlafwandlerisch sicher, schon als Kind immer das Richtige getan. Das war durchaus nicht so; alle Entscheidungen, vor denen wir heute Hochachtung empfinden, wurden ihr schwer gemacht und waren umstritten. Sie lebte in einer aufregenden Epoche. Die feudale Ordnung hatte sich in Hunderten von Jahren herausgebildet, das Mittelalter hatte seinen Höhepunkt erreicht, die unterschiedlichsten gesellschaftlichen Kräfte versuchten, Staat und Kirche neu zu ordnen, Altes wurde von Neuem angegriffen, Machtkonstellationen änderten sich, in einigen Fällen weithin sichtbar, in anderen fast unbemerkt.

Das Thüringer Landgrafenhaus spielte um die Wende des 12. zum 13. Jahrhundert eine wichtige Rolle, und es schien sogar so, als würde es, im Herzen Deutschlands gelegen, von entscheidender Bedeutung werden. Die Ludowinger betrieben eine weitreichende Politik, und Elisabeth wurde in diesem Spiel zu einem wichtigen Stein. Wie wichtig sie war, das wollten viele Forscher herausbekommen. Besonders in unserem Jahrhundert wurden alle Quellen ihres Lebens und Wirkens wieder und wieder angesehen und beurteilt, jeder Mauerrest untersucht, Kongresse besprachen Entdeckungen und Vermutungen. Und es ist der Beharrlichkeit der Historiker gelungen, dem vorherrschenden Legendenbild ein Porträt der Landgräfin entgegenzustellen, das sie uns in einem realistischen Bild zeigt.

Zu den mageren Quellen gesellt sich das Problem, Wahrheit und Legende deutlich zu unterscheiden, was sich manchmal als unmöglich erweist, will man nicht überhaupt die Legenden in den Bereich der Erfindung verweisen. Aber ist die Gestalt Elisabeths ohne die Kenntnis und ernsthafte Betrachtung der Legenden überhaupt zu begreifen? Zum Beispiel ohne die Sage vom Zauberer Klingsor aus Ungarn, der in Eisenach ihre Geburt weissagte?

Elisabeth ist eine Trägerin von Sympathien und war doch durchaus keine Idealgestalt. Sie lebte am Landgrafenhof, verwaltete ihn sogar zeitweise und legte dennoch ihr Gespür für die Bedrängnisse der Menschen nicht ab, was ihr soziales Gewissen schärfte und ihre ungewöhnlich feinen Empfindungen für die Umwelt ausprägte. Sie besaß gute Gaben und zeitweise Macht. Diese Macht setzte sie, wenn auch unbewußt, auch gegen die Interessen der feudalen Klasse, der sie entstammte und verpflichtet war, ein. Dafür wurde sie verfolgt, und daran zerbrach sie schließlich. Sie konnte nicht erreichen, was niemand bisher vermochte: Sie konnte nicht Fürstin und Dienerin zugleich sein. Doch ihr Ruhm beweist, daß sie auch nicht gescheitert ist.

Elisabeths Herkunft und der Sängerkrieg auf der Wartburg

Elisabeths Wiege stand in Ungarn, wo sie im Jahre 1207, wahrscheinlich am 7. Juli, als Tochter des ungarischen Königs Andreas II. geboren wurde. Die Mutter, Gertrud von Andechs-Meran, entstammte einem Fürstengeschlecht, dessen Ländereien sich etwa im heutigen Bayern, Österreich und Oberitalien befanden. An der Ostgrenze gelegen, war Ungarn schon aus diesem Grunde von geographischem und politischem Interesse und nahm in den machtpolitischen Bestrebungen der deutschen Fürsten einen wichtigen Platz ein. Das Reitervolk der Magyaren drang Anfang des 10. Jahrhunderts, aus den Weiten des Ostens kommend, in die Länder ein, welche heute Ungarn, Österreich und Deutschland bilden. Dort versuchten sie, die Herrschaft über die deutschen Stämme zu errichten, waren bereits 919 zurückgedrängt worden, aber erst im Jahre 955 auf dem Lechfeld bei Augsburg durch König Otto I., genannt der Große (912–973), vernichtend geschlagen worden. Als Ergebnis dieser Kämpfe siedelten sie sich im Raum des heutigen Ungarn an.

In der nun beginnenden staatlichen Formierung der Magyaren setzte sich das Fürstengeschlecht der Arpaden durch. Es unterlag allerdings der Lehnspflicht gegenüber den deutschen Königen, woraus sich auch die Pflicht zur Heerfolge ergab. Wurden sie zu einem Kriegszug gerufen, hatten sie mit einem Kontingent an Kriegern Folge zu leisten, ebenso wie ihre Nachbarn, die Böhmen und Polen, woraus sich gemeinsame Interessen dieser Länder ergaben. Eine ungarische Heiratspolitik mußte also darauf gerichtet sein, die Stellung der Arpaden im Reich zu verbessern, und dabei spielte Thüringen, ein im Aufstieg begriffenes Land, im Zentrum des Reiches gelegen, eine Schlüsselrolle.

In den Jahren um die Geburt Elisabeths taucht in der Sa-

Wolfram von Eschenbach

Der ungarische Zauberer Klingsor weissagt die Geburt der ungarischen Königstochter Elisabeth am Landgrafenhof in Eisenach.

genwelt eine sonderbare Gestalt auf, Wolfram von Eschenbach erwähnt in seinem „Parzifal" einen Kastraten Clinschor, von dem er mitteilt, er habe ein verzaubertes Schloß besessen. In der Sage vom Sängerkrieg verwandelt sich diese Gestalt eines Dichters in einen Zauberer aus Ungarn. Bei einem Sängerwettstreit vor dem Landgrafen Hermann I. und seiner Frau Sophie und vielen Gästen weissagt er die Geburt der Königstochter Elisabeth als ein Ergebnis, das sich in allernächster Zeit am ungarischen Hofe vollziehen würde. Aus dem Zauberer wird in der Sage ein Magister der sieben freien Künste, also ein gebildeter, angesehener Mann, in den Geisteswissenschaften und Künsten wohlbeschlagen, welterfahren und daher urteilsfähig.

Für solche Männer boten die Höfe der Fürsten verschiedene Möglichkeiten, um ihre Kenntnisse nutzbringend zu verwenden. Sie wirkten als Lehrer, Berater, Schreiber und wohl auch als Diplomaten, unabhängig von Kirchenfürsten und Höfen, gewissermaßen die weltliche Entsprechung gelehrter Mönche. Von ihrem Wissen konnten sie nur leben, wenn sie einen vermögenden Herrn fanden, der sie gebrauchen konnte, einen Mäzen. Ein solcher Mann aus Ungarn mit dem Namen Klingsor erscheint am Thüringer Hof, wahrscheinlich im Auftrage seines Herrn Andreas II. Stellt man Beziehungen zur Sage her, obwohl die Ereignisse, von denen sie berichtet, nicht gesichert sind, ergibt sich eine reizvolle Version der Vorgänge, die mit dem Auftreten Klingsors in Eisenach verbunden sein könnten.

Als Klingsor im Jahre 1208, von Westen kommend, die Stadt Eisenach erreichte, sah er eine größere Ansiedlung, durch Mauern und Türme geschützt. Im Schutz der Burg hatten sich besonders seit dem 11. Jahrhundert Handwerker und Händler angesiedelt. Da der Burgherr auch zugleich Stadtherr war, residierte er sowohl oben als auch unten im Schloß, und die Bürger erwarteten und erhielten von ihm den Schutz für ihre Gewerbe und den Markt. Das Wirtschafts- und Handelszentrum war zugleich auch Herrschaftszentrum. Unmerklich

DIE FAMILIE ELISABETHS IN THÜRINGEN

Hermann I.		**Sophie**
geb. ?		Tochter des
gest. 25. 4. 1217	verheiratet in	Herzogs Otto I.
Landgraf	zweiter Ehe mit	von Bayern

Deren Kinder, die Schwäger und Halbschwäger Elisabeths

Jutta	**Hedwig**	**Hermann**	**Heinrich Raspe**	**Konrad**	**Agnes**
Halbschwester Ludwigs	Halbschwester Ludwigs	älterer Bruder Ludwigs	Bruder Ludwigs	Bruder Ludwigs	Schwester Ludwigs
geb. 1183	geb. 1197	geb. vor 1200 (?)	geb. 1202	geb. 1206 (?)	geb. 1205 (?)
gest. 6 8 1235	gest. 1247	gest. 31. 12. 1216	gest. 16. 2. 1247	gest. 24. 7. 1240	gest. 24. 7. 1247
Markgräfin von Meißen	Gräfin von Orlamünde		Landgraf Deutscher König	Landgraf Hochmeister des Deutschen Ordens	1. Herzogin von Österreich 2. Herzogin von Sachsen

Die Kinder Ludwigs und Elisabeths

Hermann II.	**Sophie**	**Gertrud**
geb. 28. 3. 1222	geb. 20. 3. 1224	geb. 29. 9. 1227
gest. 3. 1. 1241	gest. 29. 5. 1284	gest. 13. 8. 1297
Landgraf	Herzogin von Brabant	Äbtissin im Kloster Altenberg

hatte sich in den vergangenen Jahrzehnten mehr und mehr das Geld durchgesetzt, und in Eisenach, das an einem Knotenpunkt der Straßen lag, sah man manchen Handelswagen, der zwischen Mainz und Leipzig unterwegs war.

Der Landgraf bot den Kaufleuten durch seine Kriegsleute Schutz und Begleitung und erhob dafür Steuern und Zölle, Wegegeld, versorgte sie mit Lebensmitteln und Getränken. Die Abgaben waren in Geld zu entrichten, der Amtmann, der sie kassierte, stand im Dienste des Landgrafen. Bei diesem Fernhandel blieb auch manches begehrte Stück Tuch, manches orientalische Gewürz in der Stadt und erregte neue Wünsche, die aber immer nur mit Geld zu befriedigen waren.

Mittwochs und sonnabends fanden sich die Bauern aus der Umgebung auf den Märkten vor den Kirchen St. Nikolai und St. Georg ein, sie boten ihre Tiere und verschiedene Nahrungsmittel zum Verkauf, ließen ihre kleinen Wagen reparieren und ihre Pferde beschlagen, wenn sie diese Handwerksarbeiten bezahlen konnten. Nach den Geschäften leisteten sich die etwas begüterten unter ihnen einen Umtrunk in den Gasthöfen. Eisenach war eine für damalige Verhältnisse weitläufig angelegte Stadt. In ihrem Zentrum residierte der landgräfliche Anhang im Steinhof, um ihn gruppierten sich die Häuser der Einwohner, und die ganze Ansiedlung war durch Wälle und Gräben geschützt, zwanzig Wehrtürme versetzten sie in einen verteidigungsbereiten Stand. In ihrem Schutz konnten Handel und Wandel blühen.

Die Eisenacher waren bereits recht selbstbewußt, sie hatten sich eine eigene Vertretung gewählt. Der Schultheiß sorgte, unterstützt von zwei Kämmerern und zehn Stadträten, für einen geordneten Ablauf des städtischen Lebens, und dazu gehörte auch die Betonung der eigenen Rechte vor dem Landgrafen. Er schützte sie, sie waren ihm dafür steuerpflichtig, jeder hatte seine Aufgaben und Rechte.

Am Georgentor wurde der Reisende mit dem verbreiteten „Halt! Wer da?" nach dem Woher und Wohin gefragt. Die Wache ließ nur Reisende in die Stadt, die ein glaubwürdiges Anliegen vorbringen konnten. Zu groß war die Zahl der Bettler, der Armen und Entwurzelten, dazu gesellten sich die Ausgestoßenen, mit zahlreichen, oft unheilbaren Krankheiten infizierten Menschen.

Die Reisenden aber stiegen zuerst einmal ab, der Gasthof des Heinrich Hellegraf bot Unterkunft für Menschen und Pferde, und während man Verbindung mit der angesteuerten Adresse aufnahm, ruhte man etwas von den Strapazen des Rittes oder der Fahrt in der harten Reisekutsche aus. Klingsor hatte sich allerdings geweigert, dem Offizier der Torwache sein genaues Begehr zu sagen, was diesen zuerst dazu veranlaßte, die Anmeldung beim landgräflichen Hof zu verweigern. Doch der erfahrene Hellegraf, der immer mit der Torwache zusammenarbeitete, verwies auf seine Menschenkenntnis. Dieser Mann habe etwas Wichtiges zu übermitteln, es sei kein üblicher Bittsteller. Das gab den Ausschlag, und bald erfuhr die

Mission aus dem fernen Ungarn, daß man sie gern am Hofe empfangen würde.

Bei der Begegnung des Landgrafen mit der Gesandtschaft in der Eisenacher Residenz wurde den Thüringern sogleich die weittragende Bedeutung des Besuches klar. Der ungarische König schlug die Heirat seiner Tochter Elisabeth mit dem erstgeborenen Sohn des Landgrafen Hermann I. und seiner Gemahlin Sophie vor. Man war überrascht, etwas geschmeichelt und bat die Gäste, ein paar Tage Gast am Hofe zu sein, man würde sich beraten, vieles mußte bedacht werden. Das entsprach den üblichen Spielregeln bei der Anbahnung politischer Verbindungen, denn um nichts anderes handelte es sich bei der Heiratspolitik.

Die Absicht der Ungarn, eine friedliche Verbindung zur Landgrafenschaft Thüringen im Herzen Deutschlands aufzubauen, könnte weittragende Folgen nach sich ziehen. Bisher gab es keinerlei direkte Beziehungen. Der Landgraf und seine Berater prüften die Absichten der Ungarn. Gewiß, der böhmische Hof war den Ungarn durch Heirat verbunden, aber die Böhmen wären selbst gekommen, wenn sie etwaige Pläne verfolgen wollten. Wenn nun der Babenberger aus Wien dahinterstand? Hatte er der Königin Gertrud vielleicht empfohlen, den Einfluß der deutschen Länder in Ungarn zu verstärken? Das wäre denkbar, denn Gertrud stammte aus dem Hause Andechs-Meran, das wiederum mit dem Wiener Herzogtum vielfältig verbunden war, ein Nachbar sozusagen. Die Begleitung des Klingsor, ein gewisser Heinrich von Ofterdingen, aus dem Württembergischen stammend und im Dienste des Wiener Hofes, deutete darauf hin, daß er vielleicht die Verbindung zwischen Wien und Ungarn geknüpft hatte und nun seine Mission mit dieser Reise vollenden wollte. Der Herzog von Österreich war einflußreich und voller Pläne, seinen Einfluß zu verstärken.

Ofterdingen war in seiner Eigenschaft als Sänger dabei, also doppelt willkommen am Thüringer Hof. Man würde ihn bitten, von seinem Herrn und seinen Reiseeindrücken zu erzählen und zu singen, und sicherlich war auch er auf ein Zusammentreffen mit den Sängern des Hofes und den immer auf der Creuzburg und der Neuenburg anwesenden Gästen gespannt. Ein Abend mit Gesängen und gemeinsamer Tafel würde der Höhepunkt des Besuches sein, die Gesandten sollten die besten Erinnerungen aus Thüringen in ihre fernen Länder mitnehmen.

Die Delegation war über Nürnberg und Bamberg gereist, daher war es nur wahrscheinlich, daß sie in Bamberg mit Ekbert, dem Fürstbischof, gesprochen hatte. Ekbert, ebenfalls aus dem Hause Andechs-Meran, ein Bruder der Königin Gertrud, spielte in der Diplomatie oft eine vermittelnde Rolle. Seine Stimme und sein Urteil über den Thüringer Hof waren nicht nur erwünscht, sondern gewiß auch maßgebend zu berücksichtigen, zumal er sich in der Reichspolitik gut auskannte. Also hatte auch er eine Verbindung mit Thüringen befürwortet, eine schmeichelhafte Angelegenheit für den Eisenacher Hof und eine Bestätigung für die wachsende Rolle der Landgrafen in der Reichspolitik. Rückten sie damit nicht in die unmittelbare Nähe des politischen Zentrums, des Königs? Gewiß, ihre Stellung als dem deutschen König direkt unterstellte Reichsfürsten hatte sie auch bisher schon ausgezeichnet, nun aber sollten sie mit einem Königshaus verwandt werden!

Die Sage vom Sängerkrieg faßte diese historische Situation in ein poetisches Bild. Da die Heirat zustande gekommen war, muß sie auch angebahnt worden sein. Verhandlungsdelegationen wickelten diese diplomatischen Vorgänge nach einem bestimmten Ritus ab. Sie waren mit würdigen Männern besetzt, wurden würdig behandelt. Die gegenseitige Höflichkeit wurde vom gegenseitigen Interesse diktiert. So wird diese Geschichte durchaus einen wahren Kern haben, den wir finden, wenn wir sie unvoreingenommen untersuchen.

Wo taucht sie zum erstenmal auf?

Die eigentliche Sage vom Sängerwettstreit erzählt als erster

Der Sängerkrieg auf der Wartburg. Heinrich von Ofterdingen flüchtet in die Obhut der Landgräfin Sophie. Aus dem Fresko von Moritz von Schwind

ein Mönch aus dem Hauskloster der Thüringer Landgrafen in Reinhardsbrunn, wo auch die Chronik des Hauses geführt wurde. Wir wissen nicht, wann er die Begebenheit aufgeschrieben hat, weil sein Bericht nur in einer Handschrift aus dem Jahre 1338 erhalten ist. Sie ist gleichlautend mit dem Bericht des Schriftstellers Johannes Rothe, der um die Wende des 13. zum 14. Jahrhundert lebte und eine „Thüringische Chronik" verfaßte. Er stammte aus Creuzburg an der Werra, lebte als Priester, Stadtschreiber und Domherr, später auch als Lehrer in Eisenach und mußte in diesen Tätigkeiten schon als verantwortungsbewußter Chronist Wert auf Genauigkeit legen. Er wußte, was er schrieb, wenn er auch nicht dabeigewesen war. Auf jeden Fall waren ihm die Berichte der vorhergehenden Generationen bekannt. So teilte er mit, was die Leute darüber erzählten. Seither gibt es unzählige Fassungen der Sage, in ihnen verschmelzen oftmals mehrere Geschichten. Sie handeln von dem unheimlichen Zauberer Klingsor, von der Weissagung der Geburt Elisabeths, vom Sieg der Thüringer Sänger über den Wiener Heinrich von Ofterdingen, seiner drohenden Hinrichtung und der schützenden Landgräfin Sophie, Rätselspiele mischten sich hinein und die Figuren des Wolfram von Eschenbach, Parzifal und Lohengrin. Entkleidet man die Sage der wundersamen Elemente, so wird folgendes berichtet:

Landgraf Hermann I. und seine Gemahlin Sophie hatten zu einem Liederabend eingeladen, wahrscheinlich zu Ehren der ungarischen Delegation. Gebeten waren die am Hofe anwesenden Sänger Heinrich der Burgschreiber, Walther von der Vogelweide – einige Forscher nehmen an, er käme aus der Gegend von Meran –, Wolfram von Eschenbach, ständiger Gast des Landgrafen, und Reinmar von Zweter, dessen Lieder seinerzeit von der Hofgesellschaft gern gesungen wurden. Auch Biterolf, wahrscheinlich aus dem Gefolge des Landgrafen, war anwesend. Diese Personen sind als historische Gestalten bekannt und nachgewiesen. Umstritten sind lediglich die Gäste aus Ungarn, nämlich Klingsor und Heinrich von Ofterdingen. Dieser wird als Begleitperson Klingsors genannt und war wahrscheinlich ein Verbindungsmann des Wiener Hofes zum ungarischen Hof, hatte die Anregung zu einer Verbindung der Häuser von seinem Herrn, dem Babenberger, überbracht und war von Klingsor der Einfachheit und Wichtigkeit halber als Zeuge für die Ernsthaftigkeit des Vorschlages gleich mitgebracht worden. Wir dürfen es daraus schließen, daß er, als es zum Fürstenlob kam, nicht Hermann von Thüringen pries, wie alle andern es taten, sondern seinen Herrn, den Wiener Fürsten. Leopold VI. (1198–1230) wurde der Glorreiche genannt, und ebendieser hatte Heinrich von Ofterdingen „mit Briefen und Verpflegung", wie es heißt, nach Ungarn geschickt.

Der Streitpunkt, wenn es denn überhaupt einer war, bestand in dem Vergleich. Hermann I. wurde von seinen Sängern mit dem Tage verglichen, doch Ofterdingen trumpfte auf und verglich seinen österreichischen Herrn mit der Sonne. Das brachte ihm sofort den Widerstand und die wütende Ablehnung seiner Kollegen ein, die ihm sogar mit dem Henkerstrick gedroht haben sollen. Diese Ausschmückungen sind nachträgliche Dramatisierungen, aber es mag schon eine peinliche Überraschung gewesen sein, als er ansetzte, jedermann ein besonderes Lob des Gastgebers erwartete und statt dessen ein anderer Fürst gefeiert wurde. Wenn schon ein Streit über diesen ungewöhnlichen Vorgang entbrannt sein soll, so hat sich Klingsor dabei als geschickter Diplomat bewährt. Er griff ein und stellte den natürlichen Zusammenhang von Tag und Sonne her, setzte niemanden ins Unrecht und glättete die Wogen. Auf dem berühmten Bild von Moritz von Schwind im „Sängersaal" der Wartburg muß Ofterdingen sogar in den Schutz der Landgräfin fliehen, die ihn aber gnädig aufnimmt, so daß er auch in dieser Variante nicht zu Schaden kommt.

Es ist als realer Kern der Sage anzunehmen, daß auf diesem festlichen Abend das Ergebnis der Verhandlungen verkündet und mit besonderem Aufwand gefeiert wurde. Beide Seiten waren zufrieden, was sich darin ausdrückt, daß Klingsor in allen

Ehren entlassen wurde, „sie schenkten ihm viele Kleinodien“. Er war solche Ehrungen gewiß gewöhnt, er wird als reich und gut besoldet bezeichnet, was wohl stimmen muß, wenn der ungarische König ihm „in jedem Jahr dreitausend Mark Silber als Lohn“ gezahlt hat. Damit hätte er eine Hofhaltung repräsentiert „wie ein großer Bischof“.

Die Sage schreibt ihm prophetische Eigenschaften zu. Er habe geweissagt, dem ungarischen König würde eine Tochter geboren, die eines Tages heiliggesprochen würde. Von dieser Behauptung Rothes jedoch sollten wir absehen, hier sind ihm wohl seine alttestamentarischen Kenntnisse unterlaufen, so daß er annahm, zu jedem großen Ereignis gehöre auch eine große Prophezeiung. Für das besondere Ereignis aber hatte er das richtige Gespür.

Politik durch Heirat

Der Vertrag, in Eisenach über das kleine, gerade geborene Mädchen geschlossen, war nach damaligen Maßstäben ein völlig normaler Vorgang. Es gab nur zwei übliche Wege, die Macht eines Feudalherrn zu vergrößern. Der erste, häufig anzutreffende, war die Erweiterung des Landbesitzes durch Krieg. Man überfiel den Nachbarn unter einem der schnell gefundenen Vorwände und vernichtete sein Heer, damit gleichzeitig den Kern der Ritterschaft, führte neue Lehnsverhältnisse herbei und erweiterte Besitz und Einfluß. Wir kennen aus dem Mittelalter lange Fehden, die die Länder der Gegner verwüsteten und ihre wirtschaftliche Entwicklung nicht nur zurückwarfen, sondern auch für lange Zeit stagnieren ließen. So erscheint uns das Mittelalter als historische Periode, in der die

Edelleute leisten dem König den Treueid: „Deine Feinde sind meine Feinde, deine Freunde sind meine Freunde, ich will dir allzeit treu, hold und gegenwärtig sein.“ (12. Jahrhundert)

Kriege nicht aufhörten, ständig neu entflammten. Sie hemmten die Entwicklung der landwirtschaftlichen und handwerklichen Produktion, zerstörten ganze Landstriche auf Jahre und Jahrzehnte. Die Bauern ertrugen sie wie Naturkatastrophen.

Doch diese Art, seine Macht zu stärken, war riskant. Schnell konnte eine Entscheidungsschlacht zugunsten des für schwächer gehaltenen Gegners ausgehen, und dann war der eigene Machttraum beendet, und der Verursacher des Streits kam selbst in neue schwere Abhängigkeitsverhältnisse. Er mußte dann seinem Besieger den Lehnseid leisten.

„Deine Feinde sind meine Feinde, deine Freunde sind meine Freunde. Ich will dir allzeit treu, hold und gegenwärtig sein." So ähnlich wie dieser Schwur französischer Edelleute an ihren König haben im 12. Jahrhundert alle ihrem Lehnsherrn geschworen. Damit waren die Abhängigkeitsverhältnisse klar, jeder kannte seinen Herrn und wußte, daß er ihm bedingungslos zu dienen hatte.

Die andere, friedliche Methode, seinen Einfluß zu stärken, war die Heiratspolitik, auch sie nicht wenig riskant. Da die Heiratsverträge, wie auch in unserem Fall, in frühester Jugend geschlossen wurden, konnte bis zum Inkrafttreten mancherlei geschehen, was den ursprünglichen Sinn in sein Gegenteil verkehrte. Dennoch gab es in einem solchen Fall immer diplomatische Methoden und im äußersten Fall den Krieg, um falsche Verbindungen wieder zu lösen.

Von einer Fürstin wurde vor allem verlangt, daß sie das Ansehen des Hauses, in das sie durch die Heirat eintrat, durch gesunden Kindernachwuchs stärkte. Viele Kinder, das bedeutete auch viele Beziehungsmöglichkeiten. Außerdem kamen für die Heiratspolitik auch die jungen Witwen in Frage. Die häufigen kriegerischen Unternehmungen, die lebensbedrohenden Handlungen in den erbittert ausgefochtenen Ritterturnieren, unbekannte Krankheiten in fremden Ländern senkten die Lebenserwartung der Männer, schnell wurde eine junge Frau zur Witwe, und manche wurde zwei- oder dreimal verheiratet.

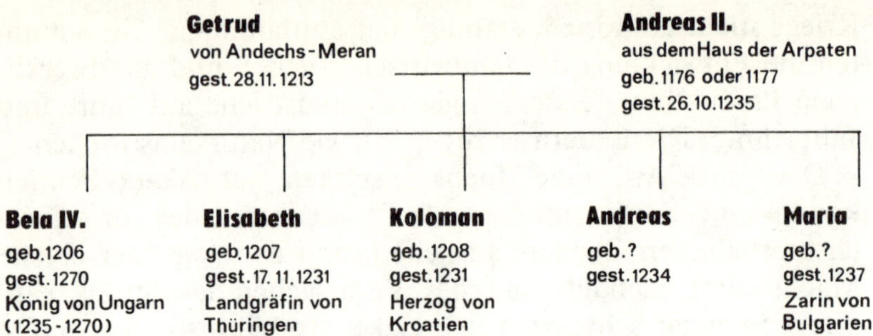

Die Eltern Elisabeths, Andreas II. aus dem Königsgeschlecht der Arpaden und seine Gemahlin Gertrud aus dem Herzogsgeschlecht von Andechs-Meran, hatten allen Grund, das Ansehen ihres Hauses zu erhöhen. Sie wußten aber auch, daß nicht nur sie die Suchenden waren, sondern daß ihre Lage in Mitteleuropa ein durchaus interessanter Faktor für alle Seiten war.

Der erste Grund war familiärer Natur. Andreas war nicht der rechtmäßige Nachfolger, als er den Anspruch auf die ungarische Krone erhob. Als sein Vater, Bela III., verstarb, wäre sein älterer Bruder Emmerich an der Reihe gewesen. Für Andreas kam nur das Herzogtum Slavonien in Frage, wäre es rechtmäßig zugegangen. Doch Andreas dachte nicht daran, sich mit dem Hinterstübchen zu begnügen, und machte seinem Bruder, der seit 1196 regierte, die Regentschaft mit Waffengewalt streitig. Der Herzog von Andechs-Meran, Berthold, sieht diesen Zwist nicht ungern und bahnt die Ehe seiner Tochter mit Andreas an. Für diesen kommt unter den ungeklärten Umständen des Thronstreites sowieso keine bessere Partie, etwa eine Königstochter, in Betracht, und so macht er das Gescheiteste, was er in seiner Lage tun kann. Er schafft sich einen Verbündeten im Westen seines Anspruchsgebietes, nimmt das Angebot des Herzogs von Andechs-Meran an, und am Anfang des 13. Jahrhunderts, wahrscheinlich 1203, heiraten Andreas und Gertrud.

Nun lenkt im Bruderstreit Emmerich, der Andreas gestärkt an seiner Westflanke sieht, zuerst ein. Neben Slavonien übergibt er Andreas auch noch die Provinzen Kroatien, Dalmatien und Rama, doch das versteht der beschenkte Bruder falsch, er legt es als Schwäche Emmerichs aus. So beginnt er in dem stark vergrößerten Einflußbereich, die Ritter mit Versprechungen an sich zu binden. Nach seiner Thronbesteigung, so lockt er, würden alle reich belohnt werden, wenn sie ihn in seinem Anspruch unterstützten. Das beschleunigte die Aufstellung eines großen Heeres, und bald standen sich die beiden Brüder bewaffnet, zur Schlacht bereit, gegenüber. Diese ganze Verwicklung ist für uns nur aus einem Grunde interessant: Es kam nicht zum Kampf. Emmerich praktizierte eine ungewöhnliche Methode. Als alle sein Zeichen zum Angriff erwarten, stößt er sein Schwert in die Scheide, löst sich von seinem Heer und schreitet, für alle sichtbar, auf die Kriegsscharen Andreas' zu. Während er durch eine Gasse bewaffneter Feinde auf seinen Bruder zugeht, zieht niemand auch nur einen Dolch gegen ihn. So unterstützt, fordert Emmerich seinen Bruder auf, mit ihm in sein Lager zu kommen. Als Andreas spürt, seine Ritter respektieren Emmerich als ihren König, ist er gezwungen mitzugehen. Im Lager Emmerichs wird er zum Gefangenen des Königs erklärt und bleibt es zwei Jahre lang.

Seine Zeit wird kommen, das weiß er genau. Schon 1204 stirbt Emmerich plötzlich, und auf seinen unerwarteten Tod folgt, nur ein Jahr später, auch das Ableben seines fünfjährigen Sohnes Ladislaus, des ungarischen Thronerben. Nun ist der Weg für Andreas frei, er ist der rechtmäßige König von Ungarn. Was macht es, daß Gerüchte nicht verstummen wollen, die beiden seien nicht eines natürlichen Todes gestorben, soll es doch jemand wagen, öffentlich Anklage zu erheben!

Diese Ereignisse im fernen Ungarn sind durchaus nicht nur ein Familienkrach, die eingeweihten Männer um den neuen König wissen, daß die große Politik sich ändern wird. In der zweiten Hälfte des 12. Jahrhunderts hatte Kaiser Friedrich I., Barbarossa genannt, große Anstrengungen unternommen, das Reich zu einen. Nach vielen Kämpfen und diplomatischen

Verhandlungen war ein Bund der italienischen Städte zustande gekommen, die sich mit dem Kaiser in der Ablehnung der Papstvorherrschaft einig wußten. Die Städte der Lombardei, einer fruchtbaren Landschaft in Oberitalien, erkannten schließlich die Lehnshoheit des Kaisers Friedich I. an (1183). Und als sein Sohn Heinrich bald darauf noch die Erbin des Königreiches Sizilien, Konstanze, heiratete, dehnte sich der Einfluß des Kaisers noch weiter aus.

Doch der Papst gab seinen Anspruch nicht so leicht auf. Er verlangte vom Kaiser die Aufstellung eines Kreuzzugsheeres, mit dem er das Grab Christi befreien solle, und als guter Christ stellte sich Barbarossa selbst an die Spitze seiner Ritter. Bei dieser Unternehmung trifft ihn ein Unglück, der hochbetagte Mann traute es sich noch zu, bei brennender Hitze im eiskalten, reißenden Gebirgsbach Saleph ein erfrischendes Bad zu nehmen, doch dabei machte sein müdes Herz nicht mehr mit. Er versank am 10. Juni 1190 in den Fluten.

So tritt ein starker Herrscher ab, und die mühsam erreichten Schritte zur Festigung des Reiches werden wieder in Frage gestellt. Der Papst bestreitet die Zugehörigkeit des Königreiches Sizilien zum Reich. Zwar wehrt sich der Thronerbe, Heinrich VI., dagegen, vermag es auch, sich durchzusetzen, doch nach nur sieben Jahren Regierungszeit stirbt auch er, und die Rivalitäten zwischen Papsttum und Kaisertum brechen erneut auf. Sie nehmen bis dahin unbekannte Formen an, erfassen das ganze Europa.

Nach dem Tode Heinrichs VI. nutzten die örtlichen Gewalten in Italien die Schwäche des Reiches aus und verbündeten sich gegen die deutschen Fremdlinge, unterstützt durch die römische Kurie. Der dreijährige König war für lange Zeit kein starker Herrscher, daran konnten auch die eingesetzten Regenten nichts ändern, man konnte das Kind auf dem Thron nicht gebrauchen, zwar war es rechtmäßig gewählt, aber das mußte korrigiert werden.

Dabei brachen im Jahre 1198 die alten Gegensätze unter

den deutschen Fürsten wieder auf und führten zum verhängnisvollen Doppelkönigtum. Die staufische Partei kürte den Herzog Philipp von Schwaben, den jüngsten Bruder Heinrichs VI., zum deutschen König und – zum erstenmal in der deutschen Geschichte – auch zum Kaiser. Sie sah das als ein wirksames Mittel gegen die päpstlichen Ansprüche an, der Papst sollte sich fernerhin nicht mehr in die Reichsbelange einmischen.

Die zweite Partei, die welfische, wählte Otto von Braunschweig zum König, den jüngeren Sohn Heinrichs des Löwen. Diese Welfenpartei, angeführt vom Kölner Erzbischof, hatte mit Otto VI. einen Günstling des englischen Königs ausgesucht, was die Doppelwahl zu einer europäischen Angelegenheit machte, denn Philipp von Schwaben wurde vom französischen König unterstützt. Notgedrungen mußten sich alle anderen europäischen Fürsten nun auf die eine oder die andere Seite schlagen.

Der Papst war der lachende Dritte. Innozenz III., ein diplomatisches Talent, teilte sich die Schiedsrichterrolle zu und unterstützte Otto IV., denn Philipp hätte ihm die Vergabe der Kaiserkrone bestritten, dieses Recht stünde allein dem Papst zu. Es ist ein Argument, das die staufische Partei mit einer ihrer Regeln schlug. Otto mußte für die Anerkennung als deutscher König etwas leisten, er verzichtete auf die Reichsrechte in Mittelitalien.

Auch in Ungarn wirkte sich diese Spaltung unheilbringend aus. Hier kämpften die zwei rivalisierenden Brüder um die Vorherrschaft, wie wir schon gesehen haben. Andreas unterstützte dabei Philipp von Schwaben, also die staufische Partei, denn er ist mit Andechs-Meran verbündet, und Emmerich sucht beim Papst Unterstützung und befürwortet daher Otto von Braunschweig, also die römische Partei.

Vor diesem Hintergrund wird klar, warum die Gesandtschaft nach Thüringen geschickt wurde. Der Herzog von Babenberg in Wien, ein Parteigänger des Papstes, der auch mit Böhmen verbündet ist, das ebenfalls die römische Partei unterstützt, will nunmehr die Ungarn, auch Andreas, ganz für diesen Kurs gewinnen. Kämen die Thüringer dazu, wäre die Brücke zu den Welfen nach Braunschweig geschlagen, das im Norden an Thüringen grenzt, die Nachbarn wären Verbündete und damit König Otto IV. und mit ihm der Papst gestärkt.

Die neue Verbindung hebt das Selbstbewußtsein der ungarischen Ritter. Ein starker König bedeutet gleichzeitig auch ein starkes Reich. Entsprechend gestaltet sich auch die weitere Heiratspolitik des ungarischen Hofes. Elisabeth ist die Zweitgeborene. Ihr älterer Bruder, nach dem Großvater Bela genannt, bleibt der Thronerbe, sie wird mit dem Sohn des Thüringer Landgrafen verheiratet. Ihr jüngerer Bruder Koloman heiratet Salome von Krakau, und ein weiterer Bruder, nach dem Vater Andreas genannt, wird mit Maria von Smolensk vermählt. Schließlich hat sie noch eine Schwester, Maria, die dazu bestimmt ist, die Frau des südöstlichen Nachbarn, des bulgarischen Zaren Asen II., zu werden. Diese Heiratsabkommen erweitern die durch frühere Generationen der Arpaden bereits angeknüpften Bindungen in die wichtigsten Herrscherhäuser Europas.

Von dem üblichen Leben der ungarischen Ritter hat die kleine Elisabeth keine Eindrücke erhalten. Auch sie wird von Burg zu Burg mitgezogen sein. Ihr Geburtsort ist unbekannt, es wird angenommen, sie sei auf der Burg Sarospatak zur Welt gekommen. Gewiß ist das nicht, es wäre auch nicht entscheidend für ihren weiteren Weg. Ihr Vater wird sich wenig um das Kind gekümmert haben, das war Frauensache. Er führte das übliche Leben eines hohen Ritters, und er fühlte sich als König seinen ungarischen Rittern verpflichtet. Gegenüber seinen Gefolgsleuten hatte er nach Emmerichs Tod die Versprechungen eingelöst und sie mit größeren Ländereien belehnt. Er selber lebte auf großem Fuße, wie alle mittelalterlichen Herrscher. Macht und Einfluß wurden durch reiche Hofhaltung bei allen nur möglichen Gelegenheiten demonstriert, dazu gehörten lärmende Feste ebenso wie reiche Geschenke an Land und Wertgegenständen. Die Fürsten hielten Hof nach dem Grundsatz: Das Maß der königlichen Geschenke ist die Maßlosigkeit, mit der sie verteilt werden.

Elisabeths Mutter zog viele landarme deutsche Ritter nach Ungarn, die sie an den Hof und in ihre Gefolgschaft nahm. Diese Männer suchten Ruhm und Land und gehorchten ihrer Herrin aufs Wort. Das beschwor eine gespannte Situation im Lande herauf, denn die ungarischen Ritter fühlten sich von ihrer Königin benachteiligt und zurückgesetzt, als rohe Gesellen disqualifiziert. Gertruds Eigenmächtigkeit in der Politik sollte dem Land und ihr noch manche Schwierigkeit, ja persönliches Unglück schaffen. Aber daran war jetzt, am Ende des ersten Jahrzehnts des 13. Jahrhunderts, noch nicht zu denken, jetzt war alles noch im Aufbruch.

Elisabeth auf der Reise nach Thüringen

Noch nie war ein Frühjahr so heiß ersehnt worden wie das im Jahre 1211. Besonders in Thüringen hatte der lange, eiskalte Winter verheerende Schäden angerichtet. Die erbärmlich frierenden Menschen sehnten sich nach den ersten Sonnenstrahlen. Als der Schnee zu schmelzen begann, war das Ausmaß der Schäden offenbar. Obstbäume und Weinstöcke waren erfroren und mußten abgeschlagen werden.

Ein solcher Winter war für damalige Zeiten eine Naturkatastrophe mit lang nachwirkenden Folgen. Die Vorräte waren verzehrt, manchmal sogar das Saatgut. Ging es dem Land schlecht, mußte auch mancher Städter zum Bettelstab greifen.

Von dieser allgemeinen Stimmung wurde die Reisegesellschaft erfaßt, die sich von Eisenach aus auf den weiten Weg an die Donau machte. Sie hatte eine ehrenvolle und zugleich heikle Aufgabe. Bisher war nur die Absicht einer Verbindung zwischen Thüringen und Ungarn geäußert worden, jetzt mußte sie in Kraft treten, die Zeit war herum. Erst mit dem Vollzug des Vertrages, der im geheimen ausgehandelt worden war, wurde er öffentlich und damit zu einer politischen Realität, mit der alle rechnen mußten. Außerdem ging es um die genaue Einhaltung der Bestimmungen über die Mitgift. Dieser ökonomische Teil war nicht unwichtig, ein Königshof durfte sich nicht lumpen lassen. Und der Thüringer Hof konnte Geld und Gold gut gebrauchen, die Wartburg wurde restauriert.

Entsprechend ihrem wichtigen Anliegen war die Delegation zusammengesetzt. Angesehene Ritter sollten die Braut geleiten, berichtete Rothe, an ihrer Spitze der „schöne und redegewandte Reinhard von Mühlberg“ aus dem Arnstädter Gebiet, an seiner Seite der Vertraute des Landgrafen Hermann, sein Mundschenk. Walther von Vargula war seinem Herrn treu ergeben. Als Ministeriale gehörte er eigentlich nicht zum Adel, aber er war in diesen Stand gesetzt, für seine Dienste mit einem größeren Grundbesitz belehnt worden, das Dorf Großvargula bei Langensalza erinnert noch heute daran. Der Einfluß der führenden Hofbeamten war erheblich. Ministerialen verwalteten die Angelegenheiten der fürstlichen Familie und besaßen daher einen besseren Überblick als mancher hochgestellte Ritter, sie dienten unauffällig und treu, waren Ratgeber in mancherlei Mission, auch die Vertrauenspersonen des Hofes über ihren eigentlichen Verantwortungsbereich hinaus. Vargula war nicht nur als Ehrenbegleiter eingesetzt, er hatte die Aufgabe übernommen, gleichzeitig einen wachen Blick auf die Verhältnisse am ungarischen Hof zu werfen. Man wußte zuwenig, niemand war bisher in Ungarn gewesen. Waren unterschiedliche Parteien zu erkennen? Wie war die Ausstattung der Königspfalz Pozsony, des heutigen Bratislava? Bemerkte man Mißstimmung, gar Streit? Aus allem konnte man wichtige Rückschlüsse ziehen, man durfte die kleinste Beobachtung nicht außer acht lassen.

Den rauhen Männern traute man die richtige Behandlung eines zarten, erst vierjährigen Mädchens nicht zu, und so wurde die Edelfrau des Ritters Einolf von Bendeleben, eine erfahrene Mutter und seit kurzer Zeit Witwe, der Delegation zugesellt. Andere Adlige hatten den Troß zu geleiten, man reiste mit mehreren Wagen und Pferden, berittene Knechte sorgten für die Bedürfnisse der Gesellschaft, und außerdem mußte man würdig auftreten. Eine solche Delegation durfte nicht klein daherkommen.

Die Straße nach Süden lief durchs Vogtland, sie führt heute noch an Landwüst vorbei ins Böhmische hinein. Nachdem die milderen Lüfte der böhmischen und mährischen Täler die Stimmung gehoben hatte, standen die Thüringer nach etwa zweiwöchiger Reise vor der alten Burg Pozsony, hoch über der Donau an einer Furt gelegen. Die westliche Königspfalz der Ungarn, gut ausgebaut, mit hohen Mauern umgeben, diente wie alle Königshöfe als zeitweilige Residenz. Man zog von Pfalz zu Pfalz, hielt sich jeweils eine Zeit dort auf, um die Angelegenheiten des umliegenden Gebietes zu regeln, Recht zu sprechen, Pläne für den Ausbau des Landes zu beraten. Es war eine schöne Geste der Höflichkeit, daß man den Thüringern entgegengekommen war und die kleine Elisabeth hierher gebracht hatte.

Am ungarischen Hof war man erfreut, daß der Landgraf Wort gehalten hatte, und nahm seine Gäste freundlich auf. Als die Thüringer aufgefordert wurden, über ihre Heimat zu berichten, priesen sie sie eifrig. Thüringen sei ein fruchtbares Land mit umfangreichen Waldungen, reich an Quellen sauberen Wassers. Allerdings mangele es an größeren Städten, aber dafür ginge es den Landsleuten gut. Ihre Dörfer seien wohlhabend. Die Bauern äßen gutes Weißbrot und tränken dazu starkes Bier. Dieses Bild klingt sehr geschönt, denn nach dem frostigen Winter war die Lage alles andere denn gut. Die Bauern standen hoffnungslos vor ihrer Aussaat. Auch der beklagte Mangel an größeren Städten hätte mit einem Hinweis auf den Bischofssitz Erfurt, der allerdings nicht zur Landgrafenschaft gehörte, gemildert werden können.

Die Thüringer Delegation war eingeladen, sich von der Reise zu erholen, so manche Frage mußte noch besprochen und in gegenseitigem Interesse gelöst werden. Inzwischen richtete man die Mitgift der Tochter, denn der Abschied war für immer, das wußten alle Beteiligten. Abends veranstaltete der Hof Spiele und Tänze, Festgelage und Gesangsvorträge. Die Festlichkeiten erstreckten sich über drei Tage. Und dann war die Stunde gekommen, in der die Eltern ihr Kind der Obhut der neugewonnenen Verwandten empfahlen.

Die Wagenkolonne hatte sich vergrößert, wahrscheinlich ein Erfolg kluger Verhandlungstaktik der Thüringer um die Mitgift. Bereits die persönlichen Gegenstände der Braut riefen Erstaunen hervor. Elisabeth sollte in einem silbernen Bett schlafen und in einer silbernen Wanne baden. Sie ruhte auf golddurchwirkten Bettlaken und schlief in seidenem Bettzeug, sie besaß „Kleinodien, wie man sie in Thüringen noch nicht gesehen hatte, und viele andere Kostbarkeiten".

Die Geschenke für die Verwandten, nicht minder wertvoll, umfaßten Gold- und Silbergefäße, edelsteinbesetzte Diademe für die Damen „und viele andere Gegenstände". Auch Bargeld wurde in die Kästen geladen: eintausend Silbermark, eine für damalige Verhältnisse außerordentlich hohe Summe. Eine andere Darstellung spricht von fünfhundert Pfund, worunter in diesem Fall sogar Feingold zu verstehen ist. Mitgift und Geschenke waren reichlich ausgefallen, man konnte zufrieden sein, auch mit den ehrenvollen Gastgeschenken für die Reisegesellschaft. Dazu kamen noch Versprechungen, daß man bei Gelegenheit weitere Geschenke überbringen wollte.

Auch damals schon wurden Verhandlungen gründlich geführt. Im Heiratsvertrag wurde nicht nur die Mitgift geregelt, sondern auch die Versorgung im Alter oder als Witwe, das Wittum. An ihm bestand ein Rechtsanspruch, der im Leben Elisabeths eine bedeutende Rolle spielen sollte.

Der Rückweg führte über Prag, man machte seinen Besuch bei den böhmischen Verwandten, und es war selbstverständlich, daß man von ihnen aufgenommen wurde, erwarteten sie doch bei ähnlicher Gelegenheit für sich dasselbe. Der Troß war nun um einiges angewachsen, neben Elisabeth waren noch zwei ungarische Begleiter dazugekommen. Es handelte sich um einen Grafen Berthold mit seiner Frau. Der Name deutet auf einen deutschen Gefolgsmann Gertruds hin, ihre Kenntnis der Sitten und Sprache mögen ausschlaggebend für die Wahl gewesen sein. Beide bekamen später von Elisabeths Bruder, Bela IV., ihre Verdienste in einer Urkunde bestätigt, in der es heißt, daß sie sich „ein Jahr lang bei unserer Schwester in Thüringen um die Ehre des ganzen Landes mit viel Aufwand und ruhmvollem Umgang auf empfehlenswerte Weise bemühten“. Die beiden haben offensichtlich das Kind bis Eisenach geleitet, der Verlobung beigewohnt und sind dann nach der Eingewöhnung der Kleinen wieder zurückgereist.

Anders lautete der Auftrag für die beiden ungarischen Priester, Farkas und David, die Elisabeth beigegeben wurden. Wahrscheinlich legte ihre Familie Wert darauf, daß sie weiterhin zweisprachig aufwachsen und die geistige Bindung zum ungarischen Volk nicht verlieren sollte. Erzieher in Herrscherhäusern nehmen eine Vertrauensstellung ein. So werden Farkas und David auch darüber gewacht haben, daß in Eisenach alles für die Königstochter getan wurde, was sie für die spätere gesellschaftliche Stellung benötigte.

Nachdem man Prag verlassen hatte, schlug man eine andere Route ein. Wir wissen davon, weil in Nürnberg eine Frau, die Harfnerin Adelheit, den Zug verließ. Die Musikerin war gewiß der Kleinen beigegeben worden, um mit ihr zu musizieren und zu singen und die Reise somit kurzweiliger zu gestalten. Wahrscheinlich sollte sie am Eisenacher Hof bleiben, um die Kleine die ungarischen Lieder zu lehren. Doch Adelheit hatte anderes im Sinn, als die Musiklehrerin der zukünftigen Landgräfin zu sein. Wir können nur Vermutungen über die Gründe anstellen, die sie dazu veranlaßt haben, ihr Leben grundlegend zu ändern. Nichts anderes bedeutete ihr Schritt, in ein Beginenhaus einzutreten. Das Nürnberger Frauenhaus besaß einen guten Ruf, seine Insassinnen lebten gottgefällig, wenn auch ohne die Gelübde der Klosterfrauen. Sie waren bei manchen Bürgern umstritten und mit dem Hauch des Besonderen umgeben, bedurfte es doch eines gewissen Mutes, sich außerhalb der familiären Bindungen seinen Lebenskreis zu suchen. Die Harfnerin muß ihren neuen Platz gut ausgefüllt und sich ein gutes Ansehen erworben haben, denn später findet man ihren Namen in der Chronik des Frauenklosters Engelthal bei Nürnberg, wo sie als dessen Gründerin bezeichnet wird.

Nach diesem Intermezzo in Nürnberg führte der Weg nach Norden weiter. Am Ende einer Tagesreise traf man in Bamberg ein. Hier residierte Ekbert, ein Onkel Elisabeths, als Fürstbischof, auch in Reichsangelegenheiten äußerst aktiv. Doch zur Zeit war er nicht anwesend, in seiner Residenz war ein Königsmord geschehen. Im Gefolge Kaiser Philipps hielt sich der Pfalzgraf Otto von Wittelsbach auf, er warb um eine Tochter Philipps, doch erfolglos. Da er glaubte, Anlaß zu haben, Philipp sei ihm auch bei anderen Plänen schon ablehnend begegnet, stieß er ihm aus Wut den Dolch in den Rücken. War es Privatrache? War es ein Komplott gegen den Staufer? Immerhin war damit die Zeit des unseligen Doppelkönigtums beendet, Philipp war dabei gewesen, die deutschen Fürsten mehr und mehr zu einigen, und nun dieses Ende nach nur zehnjähriger Regierungszeit (1198–1208)!

War Rom im Spiel? Hatte der Bischof die Bedingungen für die heimtückische Tat in seinem Hause geschaffen? Schließlich hielt sich der König als Gast in Ekberts Palast auf. Würde

Die Landgrafen von Thüringen

Ludwig mit dem Barte gest. 1056	verheiratet mit	Cäcilie von Sangerhausen
Ludwig der Springer gest. 8.5.1123	verheiratet mit	Adelheid von Sachsen
Ludwig I. geb. 1090 gest. 12.1.1140	verheiratet mit	Hedwig, Tochter des Grafen Giro IV.
Ludwig II. geb. 1128 gest. 14.10.1172	verheiratet mit	Jutta von Schwaben
Ludwig III. geb. 1152 gest. 16.10.1190	verheiratet mit	1. Margarete von Cleve 2. Sophie von Dänemark
Hermann I. gest. 25.4.1217	verheiratet mit	1. Sophie von Sommerschenburg 2. Sophie von Bayern
Ludwig IV. geb. 28.10.1200 gest. 11.9.1227	verheiratet mit	Elisabeth von Ungarn
Hermann II. geb. 28.3.1222 gest. 2.1.1241	verheiratet mit	Helene von Braunschweig
Heinrich Raspe geb. 1202 gest. 16.2.1247 Deutscher König	verheiratet mit	1. Elisabeth von Brandenburg 2. Gertrud von Österreich 3. Beatrix von Brabant

nun der Vertrauensmann des Papstes, der Welfe Otto von Braunschweig, allein weiterregieren? Zuerst mußten die Umstände des Mordes aufgeklärt werden, aber Ekbert wollte keine Auskünfte geben, er war bereits nach Ungarn geflohen und hielt sich bei seiner Schwester Gertrud auf, wo auch bereits ein weiterer, als Mitschuldiger angeklagter Bruder, Heinrich, Markgraf von Andechs und Istrien, eingetroffen war. Im

Bischof Ekbert von Andechs;
Grabplatte im Bamberger Dom

Schutze der Königin wollten die beiden das Weitere abwarten. Der Papst reagierte deutlich, er bannte Heinrich, seinen Bischof Ekbert allerdings nicht. War er froh, daß der unerwünschte Schwabe nun endlich aus dem politischen Spiel war? Wie auch immer, die Wogen glätteten sich, und es sollte nicht mehr lange dauern, bis Ekbert seinen Bischofssitz gegenüber dem wunderbaren Dom, als dessen Baumeister er gilt, wieder beziehen konnte. Und auch Heinrich durfte bald wieder nach Istrien zurückkehren.

Nach dieser letzten Nacht auf dem Wege brachen die reitenden Boten des Vorkommandos in aller Frühe auf. Vargula hatte ihnen aufgetragen, die baldige, glückliche Ankunft der Königstochter in Eisenach zu melden, in ein, zwei Tagesreisen würde man eintreffen.

Landgraf Hermann erwartete den Zug am Georgentor. Behutsam nahm er das Kind auf seinen Arm und zeigte es den angesehenen Bürgern von Eisenach, die gerührt die Szene beobachten. So war sie aufgenommen in Thüringen. Zuerst ging es zur Erholung ins Schloß, und nachdem der Reisestaub abgewaschen war, begann das Verlobungsfest. Unter vollständiger Anteilnahme des Hofes und in Anwesenheit geladener städtischer Gäste geleitete Landgraf Hermann I. seinen Sohn Hermann und die Landgräfin Sophie Elisabeth in das Prunkzimmer. Dort wurden die beiden zueinander gelegt und somit für jedermann sichtbar das Verlöbnis geschlossen.

Damit fand die erste Bestimmung des Heiratsvertrages nach vier Jahren ihren Vollzug, alles stand zum besten. Wußten die beiden Kinder, was mit ihnen geschah? Wahrscheinlich nicht, denn sie waren, und so galt es seit Jahrhunderten, nur die Objekte der Landespolitik, deren Subjekte sie allerdings eines Tages werden sollten, wenn alles gut ging. Von dem Verlöbnis erfahren wir durch die Chronisten, doch es hat sich keine Mitteilung gefunden, wie es dem Mädchen in der neuen Umgebung ergangen ist. War Elisabeth traurig oder fröhlich, hatte sie Sehnsucht nach der Mutter oder Heimweh? Gefiel ihr die

Die Eltern Elisabeths, Andreas II. und seine Gemahlin Gertrud

lange Reise oder war sie ihr beschwerlich? Das war dem Schreiber unwichtig, es ging ihm um Mitgift und Geschenke, über die junge Fürstengeneration hören wir nichts. Leider, denn es wird auch noch die nächsten Jahre so bleiben, Kinder waren einfach vorhanden, verdienten aber keine besondere Beachtung, wurden nicht gefragt, hatten zu gehorchen.

Die neue Verwandtschaft

Der Thüringer Landgrafenhof, an dem Elisabeth nun lebte, zeigte sich ihr nicht weniger prächtig als der Königshof ihrer Eltern. Vom Schloß in der Stadt Eisenach, die man damals Isenache nannte, blickte sie auf den Wartberg, von einer imposanten Burg gekrönt. Wie eine prächtige Kaiserpfalz ragt sie über die Stadt empor. Der Palas mit seiner anmutigen, leicht gegliederten romanischen Architektur wurde gerade von kunstfertigen Baumeistern und Handwerkern mit einem zweiten Obergeschoß versehen und erhielt die Gestalt, vor der wir bewundernd stehen. Die Männer kamen von weit her, es waren wahrscheinlich Zisterziensermönche, an den Kirchenbauten längs des Rheins geschult. Inzwischen hatten sie auch eine Bauhütte in der Nähe von Bamberg eingerichtet und waren dabei, dort den wunderbaren Dom, nicht minder eindrucksvoll als die rheinischen, zu errichten. Die Bauzeit des Palas hat wahrscheinlich zwischen 1170 und 1190 gelegen, andere Untersuchungen deuten auf eine etwas spätere Datierung, aber zu verlockend ist für uns die Vorstellung, Elisabeth hätte bei der Ankunft den Palas in seiner zweigeschossigen Gestalt bereits gesehen und ihn betreten, vor den ebenmäßigen Säulen gespielt und ihr vollendetes Maß in sich aufgenommen.

Die Ludowinger saßen erst knapp hundertfünfzig Jahre an dieser beherrschenden Stelle. Wie alle Adelsgeschlechter errichteten auch sie befestigte Plätze auf den Bergen, deren wichtigster der Wartberg war. Von diesem hohen Standort beherrschte man den Schnittpunkt zweier wichtiger Wege von Hessen nach Thüringen, den Weg von Salzungen hinauf zur Unstrut und den Wasserweg der Hörsel, die, damals schiffbar, Lastkähne trug bis hinüber nach Hersfeld. Neben dem Fluß verlief der Landweg nach Erfurt und weiter ins östliche Thüringen, bis hinein nach Sachsen und Polen. Neben ihrer militärischen Funktion erfüllten die Burgen nach innen und außen weitere Aufgaben für die lokalen Herren wie für den König. Mit ihrer Hilfe wurden die Bauern unterdrückt und in Botmäßigkeit gehalten, sie dienten als Kasernen für die Soldaten, als Vorratsspeicher, Verwaltungs- und Gerichtsstätten. Auch wenn der Burgherr unterwegs war, erfüllten seine Befehle die dort ansässigen Ministerialen, seine Verwaltungsbeamten und Statthalter, die Vögte.

Ursprünglich waren die Ludowinger in Mainfranken ansässig. Was sie bewegt hat, nach Thüringen umzusiedeln, wissen wir nicht, jedenfalls wird zum erstenmal im 11. Jahrhundert Graf Ludwig mit dem Bart als Herr der Schauenburg bei Friedrichroda genannt. Hier gründete er eine kleine Rodungsgemeinschaft. Sein Sohn aber, Ludwig der Springer, war mit dem bescheidenen Besitz und der ungünstigen Lage der Burg nicht zufrieden, sie lag zu weit abseits, und gründete die erstmals 1080 erwähnte Wartburg, wovon die Sage berichtet:

Mit zwölf seiner Gefährten ritt er auf der Suche nach einem günstigen Platz, von dem er seine Macht besser ausbauen konnte als von der Schauenburg, durch die Lande, auf seinem Schild das blaue Feld, auf dem ein rot-weiß gestreifter Löwe seine Krallen zeigt. Bei seiner Inspektionsreise stieß er auf die Burg auf dem Metilstein, von der aus Eisenach beherrscht wurde. Sie gehörte dem Frankensteiner, der sie als Lehen von der Reichsabtei Fulda erhalten hatte. Ihr war er zinspflichtig

Ludwig der Springer

und dadurch auch politisch abhängig, die Reichsabtei war kaisertreu.

Der König Heinrich IV. aber hatte Auseinandersetzungen mit dem Papst, wie wir wissen, und die Ludowinger richteten sich nach niemandem, nur nach ihrem eigenen Grundsatz, daß man mit dem Stärkeren gehen müsse. Der König war schwach, und so hielten sie es mit dem Papst. Dazu kam die Erkenntnis, daß Rom weit war und keine besonderen Forderungen stellen konnte. Dort war man froh, wenn man in fernen Landen neue Gewährsleute fand.

In einem Handstreich besetzten die Mannen Ludwigs den Wartberg, ein paar Hasensprünge vom Metilstein entfernt. Eine Herausforderung an den Frankensteiner, der sich auch bald rührte. Ludwig der Springer, so berichtet die Sage, hat gesagt: „Wart, Berg, du sollst mir eine Burg tragen!“, woher sich der Name erklärt. Es kam auf Antrag des Frankensteiners, der den Wartberg zu seinem Besitz zählte, zu einer Klage vor dem königlichen Gericht. Es hatte zu prüfen, ob der Grundsatz des Reiches, es dürften nur auf eigenem Grund und Boden Burgen errichtet werden, verletzt worden war, wie der Frankensteiner behauptete.

Konnte man den Rechtsgrundsatz des Reiches nicht auch anders auslegen? Und so schworen Ludwig und seine Ritter, daß sie in einer Nacht eigenen Grund und Boden auf den kahlen Fels getragen hätten, und stießen zum Beweis ihre Schwerter in die Erde. Das überzeugte, und so gehörte der Berg den Ludowingern. Die Wartburg-Gründung beruhte also auf einem Meineid.

Ja, die Königsmacht war schwach, sie mußte solche Frechheiten dulden, denn sie war moralisch angeschlagen. Dazu kam, daß König Heinrich IV., der spätere Kaiser, im Thüringer Gebiet Burgverwalter aus Schwaben einsetzte, das machte böses Blut. Die Thüringer Ritter sahen durch diese kaiserlichen Beamten ihre Freizügigkeit beschnitten, zu oft wurden Berichte an den Königshof gesandt, hatte man das nötig? In diesen oft verwirrenden Streitigkeiten zwischen den Feudalen in einem nicht fest herausgebildeten Herrschaftssystem waren die Burgen so etwas wie Ruhepunkte. Ihr Ausbau zeigte der ganzen Gegend, den Abhängigen, Leibeigenen und den Gefolgsleuten, daß man „zu Hofe“ gehen mußte, auf den Burghof, wenn man etwas erreichen wollte.

Die Wartburg wird seit 1067, dem angenommenen Gründungsjahr, zügig ausgebaut. Jeder Stamm, jeder Stein muß durch die leibeigenen oder frondienstpflichtigen Bauern den steilen Weg nach oben gezogen werden. Die erste Burg, aus Holz errichtet, war gut befestigt. Bereits nach zehn Jahren war die Ritterbesatzung imstande, in größere Kämpfe einzugreifen. König Heinrich IV. war zwar vor drei Jahren (1077) durch sei-

Bauhandwerker um 1170

nen berühmten Bußgang nach Canossa den päpstlichen Bannfluch losgeworden, doch noch immer konnte er nicht befreit aufatmen. Wieder einmal hatten sich unbotmäßige Ritter angemaßt, seine Macht zu ignorieren, und er hatte die Schlacht bei Mühlhausen (1080) verloren und mußte sich auf Eisenach zurückziehen. Als sein Heer glaubte, es hätte sich im Hörseltal bereits gerettet, stießen von den Hängen blitzartig die Gefolgsleute Ludwigs hernieder und wirbelten den Heerwurm durcheinander. Die Krieger des Königs mußten flüchten, sie wußten jetzt, Ludwig hatte sein Gebiet fest in der Hand, wer es berührte, mußte mit ihm rechnen.

Die militärische Macht war gesichert, doch wenn sie dauerhaft sein sollte, mußte Ludwig sich auch um die geistige Betreuung der Untertanen kümmern. So wandte er sich an das Kloster Hirsau im Württembergischen mit der Bitte um Unterstützung. Von dort aus waren die Reformen der verlotterten Kirche ausgegangen. Das Kloster Hirsau und besonders sein Abt Wilhelm traten energisch dafür ein, daß in den Klöstern Ordnung einzog und die Klosterregeln streng eingehalten wurden. Wilhelm verstand, daß die Kirche an Ansehen gewann, wenn die Klöster gut bewirtschaftet und als Vorbild angesehen wurden. Ludwigs Ruf wurde gehört, und Prior Ernst und zwölf seiner Brüder kamen nach Thüringen und ließen sich in der Nähe der Schauenburg, in Reinhardsbrunn, nieder. „Es waren ergebene und fromme Mönche. Sie lebten nach der Regel der Kluniazenser und Hirsauer, wie es ihnen von ihren Vorgängern überliefert worden war", sagt der Chronist.

Die Mönche errichteten das Hauskloster der Ludowinger. Sie müssen ihre Arbeit vorbildlich geleistet haben, denn bereits nach ein paar Jahren (1092) wird es vom Papst anerkannt. Zu ihren Aufgaben gehört es, den Landgrafen und ihren Familienmitgliedern Seelenbeistand zu leisten, ihre Hauschronik zu führen und das Archiv zu verwalten. Wahrscheinlich lag auch der Schriftverkehr in ihren Händen. Schließlich diente das Kloster mit seinem Friedhof als Grablege des Hauses. Fast alle Landgrafen wurden hier begraben, ihre Grabsteine sind heute in der Eisenacher Georgenkirche aufgestellt.

Die Wartburg beherrschte nun das Land und die Straßen, und wer die Königsstraße von West nach Ost befahren wollte, mußte an ihr vorbei. Der Nachteil ihrer Lage, sie befand sich am Rande des Gebietes, wurde durch Ludwigs Heiratspolitik ausgeglichen. Als der sächsische Pfalzgraf Friedrich III. von Goseck starb, warb Ludwig um die Hand seiner Witwe Adelheid und vergrößerte durch diese Verbindung sein Land um die Besitzung Neuenburg an der Unstrut, einen wichtigen Zuwachs im Nordosten. Seine Söhne heirateten ebenfalls günstig, und so kamen Hessen, an der westlichen Grenze Thüringens gelegen, und die Grafschaft Bilstein an der Lahn dazu. Nun ist der Ludowinger Besitz schon recht ansehnlich, und die Wartburg liegt 1121 bereits im Zentrum des Landes. In wenigen

Jahren ist ein großes Land entstanden, es ist nun an der Zeit, politische Fäden ins Zentrum des Reiches zu ziehen. Vielleicht ist die Absage an die Königsmacht nicht mehr richtig?

Diese Aufgabe übernimmt der Sohn Ludwigs des Springers. Er ist zwar der dritte Ludowinger in der Reihe der Thüringer Herrschaft, wird aber als der Erste bezeichnet. (Nach Ludwig mit dem Barte und Ludwig dem Springer). Auch der König war daran interessiert, daß die Thüringer aus ihrer Feindschaft zum Königshause herauskamen, und so traf man sich in der Mitte. Ludwig I. erkennt den König an, und König Lothar von Supplinburg verleiht ihm dafür die Landgrafenwürde. Ab 1131 ist Thüringen eine Landgrafschaft.

Diese Stellung in der Hierarchie der deutschen Fürsten taucht erst in diesen Jahren auf und bedeutet eine Neuerung zur Stärkung der Königsmacht. Gerade die Thüringer profitieren davon, obwohl sie bisher eher zum Papst neigten, aber die Lage ihres Landes verbietet im Interesse des Reiches subjektive Vorbehalte. Landgrafen waren dem König direkt lehnspflichtig, sie umgingen die Herzöge und Großherzöge und waren ihnen durchaus gleichgestellt. Verbunden mit der Verleihung der Würde war auch die Pflicht, im Namen des Königs in den anderen Thüringer Gebieten Recht zu sprechen. Diese Gerichtstage entschieden in letzter Instanz über Händel und Erbfolgestreitigkeiten des Adels, und da die Ludowinger nicht mit sich spaßen ließen, wie wir wissen, stärkten ihre Rechtssprüche zugleich ihre Autorität und ihren Einfluß, sie regierten wie Herzöge.

Das Amt war erblich, das Ansehen der ganzen Familie erhöhte sich mit ihm erheblich, sie wurde einflußreich auch in den Gebieten, die ihr nicht lehnspflichtig waren, wo sie aber in des Königs Namen auftrat. Die genaue Kenntnis der Probleme der Adelsfamilien, der Erbfolge und der Kräftekonstellationen war für die Entfaltung ihrer Pläne unbezahlbar, eine Quelle für die schnelle Erweiterung ihres eigenen Territoriums. Mit der Ernennung zu Landgrafen gehörten die Ludo-

Ludwig I. Landgraf von Thüringen; Grabplatte

winger nunmehr zu den führenden Adelsfamilien des Reiches, hatten jederzeit Zutritt zum Königshof und zu seinem Gefolge. Folgerichtig wurden sie auch ein halbes Jahrhundert später mit dem Fürstenrang belehnt, sie waren nun Reichsfürsten.

Wie sich die Thüringer Landgrafen gegenüber den lokalen Interessen des Adels durchzusetzen wußten, erzählt die Geschichte vom Schmied von Ruhla. Als eines Tages Landgraf Ludwig II. vom Weg abkam und sich in den Wäldern verirrte, von seiner Jagdgesellschaft war weit und breit keine Spur mehr zu finden, klopfte er beim Ruhlaer Schmied an und bat um ein Nachtquartier, ohne sich jedoch zu erkennen zu geben. Während er auf auf seinem Lager ruhte, hörte er, wie der Schmied noch spätabends das Eisen schmiedete. Dabei stieß er mehrmals einen fordernden Ruf aus, und Ludwig verstand schließlich: „Landgraf, werde hart!"

Nach der Bedeutung seiner Forderung befragt, berichtete ihm der Schmied nun freimütig – er hatte längst erkannt, wer sein Gast war –, mit welchen brutalen Methoden die Bauern geschunden und geschabt wurden. Dem Landgraf, dem nunmehr ein Licht über seine Standesgenossen aufging, wurde bewußt, daß durch die schrankenlose Ausbeutung seine Macht nur ausgehöhlt werden konnte. Energisch schritt er gegen die Willkür seiner Ritter ein. Um ein Exempel zu statuieren, befahl er sie auf die Neuenburg bei Freyburg, steckte sie in Bauernkittel und ließ sie ein Stück Land urbar machen. Noch heute zeigt an einer Mauer ein Relief an, wo nach der Überlieferung dieser Edelacker liegt.

Der Thüringer Adel wird die harten Methoden seines Landesherrn nur murrend ertragen haben, aber er mußte sich schließlich fügen. Nicht ohne Grund wird Ludwig II. auch der Eiserne genannt. Wie sein Großvater und sein Vater wußte auch er die richtige Frau zu heiraten, Jutta, eine Nichte des Königs. Mit dieser Ehe ging es um mehr als um die Erweiterung des Gebietes im Ostens, es wurde eine strategische Wende eingeleitet. Die Ludowinger vollzogen von nun an eine

Ludwig II. Landgraf von Thüringen; Grabplatte

dauernde Hinwendung zu den regierenden Staufern. Soweit sie dabei blieben, handelten sie im wohlverstandenen Interesse ihres Landes, verstießen sie gegen den Grundsatz der Königstreue, ging es ihnen und ihrem Lande schlecht. Seit 1138 stellte das Geschlecht der Staufer die deutschen Könige und Kaiser des Reiches, bis in die Mitte des 13. Jahrhunderts hinein, und seit Ludwig II. finden wir die Ludowinger in den Teilnehmerlisten der Hoftage, sie nehmen an allen Heerfahrten von Reichsbedeutung teil.

Ludwig II. kämpft mit seinen thüringischen Rittern an der Seite des Kaisers Barbarossa, beteiligt sich am Feldzug gegen Polen (1157) und steht mit der stolzen Zahl von tausend Rittern vier Jahre später vor Pavia, wo er sich mit dem kaiserlichen Heer vereinigt. Wenn Barbarossa in seinen Streitigkeiten mit dem Papst schließlich der Stärkere bleibt, hatten die Thüringer daran ihren Anteil. Bei einer dieser kriegerischen Unternehmungen, dem zweiten Polenfeldzug des Kaisers, erkrankt Ludwig und kehrt nur mit Mühe auf die Neuenburg zurück (1172). Hier eilt nun erschrocken der Kaiser Friedrich I. an das Krankenbett seines Schwagers, ohne Hoffnung muß er abreisen, kurz danach stirbt Ludwig II.

Als sein Sohn, Ludwig III., die Regierung übernimmt, hat er ein intaktes Land erhalten und kann ohne neue Wendungen den Kurs des Vaters übernehmen. Die Thüringer regieren nunmehr in der fünften Generation, ihre Stellung im Reich ist gefestigt. Er unterstützt weiter den Kaiser im Kampf um Italien, nimmt an mehreren Heerfahrten Barbarossas teil und folgt auch seinem Aufruf zum Kreuzzug ins Gelobte Land. Während die Seereise über das Mittelmeer noch einigermaßen gut überstanden wurde, setzen die ungewohnten klimatischen Bedingungen den deutschen Rittern doch stark zu. Bei der Belagerung von Akkon ist Ludwig dabei, dann will er heim, erreicht jedoch das heimatliche Thüringen nicht mehr. Er stirbt unterwegs, die Kräfte sind erschöpft, Seuchen gehen um, gegen die es keine Mittel gibt. Auf den Kreuzzügen verelendet die deut-

Kaiser Friedrich I. von Hohenstaufen im Kreuzfahrergewand

Ludwig III. Landgraf von Thüringen; Detail der Grabplatte

sche Ritterschaft. Sie gibt ihre Kräfte für eine irrationale, aussichtslose Sache, Kaiser und Papst haben niemals einen dauerhaften Erfolg in diesen Kreuzzügen erzielt. Und auch unter den Thüringer Landgrafen haben sie nicht das letzte Opfer gefordert. Ludwig stirbt während desselben Feldzuges, auf dem der Kaiser Friedrich I. Barbarossa ertrinkt. Der Erneuerer des Reiches ist tot, es brechen unruhige Zeiten in der Politik an.

Der Dienst am kaiserlichen Reich war für Ludwig III. kein Hindernis, gewisse Vorteile zu nutzen. Er hatte über seiner Lehnspflicht nicht versäumt, das Land nach Norden hin auszuweiten. Diese Grenze war immer unsicher gewesen, denn hier berührten sich die Thüringer Interessen mit denen der Welfen. Besonders Heinrich der Löwe aus Braunschweig wollte sein Gebiet auf Kosten seiner Nachbarn ausweiten. Doch er fand unerwarteten Widerstand, die Bedrohten wehrten sich und schlossen sich zusammen. Mit einer Klage beim Kaiser verlangten sie die Wahrung ihres Rechtes. Der Kaiser geriet dadurch in eine Zwickmühle, auch Heinrich war sein Gefolgsmann und recht mächtig, auf ihn konnte er ebenfalls nicht verzichten. So blieb alles beim alten, bis 1178 Heinrich seine Gefolgschaft aufkündigte. Nun brauchte der Kaiser keine Rücksicht mehr zu nehmen, sondern war im Gegenteil daran interessiert, die klagenden Fürsten auf seine Seite zu ziehen. So klärte der Reichstag zu Gelnhausen im Jahre 1180 den Streit Ludwigs und Heinrichs um die Pfalzgrafschaft Sachsen. Der sogenannte Hessegau, das Gebiet nördlich von Unstrut und Saale, wurde Ludwig zugesprochen, und er trug von nun an auch den Titel Pfalzgraf von Sachsen.

Nach nur hundert Jahren ihrer Entwicklung gehörten die Ludowinger nun, am Ende des 12. Jahrhunderts, zu den Reichsfürsten. Die Thüringer sind an einem Wandlungsprozeß beteiligt, der sich auch in anderen Teilen des Feudaladels vollzieht. Trotz mancher Partikularinteressen ist eine Hinwendung zur Zentralmacht erkennbar. Nicht nur die Landgrafschaften, sondern auch eine Reihe von Bistümern wurden dem Kaiser direkt unterstellt. Der Kaiser entschied damit unmittelbar über einen bedeutenden Anteil seiner Gefolgsleute, auch wer von ihnen zu den Reichsfürsten gezählt werden durfte, und damit formte sich zugleich die endgültige Struktur des Reiches.

So kann der neue Reichsfürstenstand als eine besonders getreue Gefolgschaft der kaiserlichen Zentralmacht angesehen werden. Der König und Kaiser überwacht die Lehnsbindung direkt, er kann daher auch unkomplizierter auf die Reichsangelegenheiten Einfluß nehmen. Dafür stattet er die Reichsfürsten mit ausreichenden Vollmachten aus. Die Thüringer Entwicklung ging Hand in Hand mit der Herausbildung der Machtstruktur des Reiches, sie war nun klarer und übersichtlicher, umfaßte das Territorium und seine Zuordnung zu den

Herrschaftsebenen, die Gerichtsbarkeit und die standesrechtliche Geltung sowie die Adelsränge.

Allerdings verlief dieser Prozeß für die Thüringer durchaus nicht problemlos. Dem Reichstag in Gelnhausen gingen erbitterte Kämpfe mit den Welfen voraus, die für das Land verheerende Folgen hatten. Ludwig III. und sein Bruder Hermann kamen sogar noch in die Gefangenschaft des Braunschweigers. Wenn die Reichspolitik nicht erfordert hätte, Front gegen die Welfen zu machen, wäre Thüringen auf dem alten Stand geblieben, vielleicht geschwächt worden. Nun aber ging alles günstig aus, nicht nur der Hessegau kam zu Thüringen, sondern auch größere Ländereien an der Grenze zu Hessen und im Leinetal, womit verschiedene Lücken im Territorium geschlossen werden konnten.

Mit dieser Entscheidung des Reichstages war die Entwicklung der Landgrafschaft so gut wie abgeschlossen.

Ritter mit Bildung und Geschmack

Wer heute durch die Wartburg geht, über ihre Schönheit erstaunt, ist von Hochachtung vor ihren Erbauern erfüllt. Allerdings handelt es sich bei der Wartburg um eine der bedeutenden Ausnahmen im Burgenbau; es ist den Landgrafen und besonders Hermann I., dem Schwiegervater Elisabeths, zu verdanken, wenn sie einen guten Ruf weit über die Thüringer Grenzen hinaus erwarb. Im allgemeinen war das Leben auf den Burgen, von denen es in Deutschland etwa zwanzigtausend gab, recht einfach und langweilig. Ulrich von Hutten hat uns eine treffliche Beschreibung davon gegeben, die sicher auch für das 12. Jahrhundert gelten kann.

Burg und Dorf

„Die Burg selbst, mag sie auf dem Berg oder im Tal liegen, ist nicht gebaut, um schön, sondern um fest zu sein; von Wall und Graben umgeben, innen eng, da sie durch die Stallungen für Vieh und Herden versperrt wird. Daneben liegen die dunklen Kammern, angefüllt mit Geschützen, Pech, Schwefel, und dem übrigen Zubehör der Waffen und Kriegswerkzeuge. Überall stinkt es nach Pulver, dazu kommen die Hunde mit ihrem Dreck, eine liebliche Angelegenheit, wie sich denken läßt, und ein feiner Duft! Reiter kommen und gehen, unter ihnen sind Räuber, Diebe und Banditen. Denn fast für alle sind unsere Häuser offen, entweder, weil wir nicht wissen können, wer ein jeder ist, oder weil wir nicht weiter danach fragen. Man hört das Blöken der Schafe, das Brüllen der Rinder, das Hundegebell, das Rufen der Arbeiter auf dem Felde, das Knarren und Rattern von Fuhrwerken und Karren; ja, wahrhaftig, auch das Heulen der Wölfe wird im Haus vernehmbar, da der Wald so nahe ist. Der ganze Tag, vom frühen Morgen an, bringt Sorge und Plage, beständige Unruhe und dauernden Betrieb. Die Äkker müssen gepflügt und gegraben werden; man muß eggen, säen, düngen, mähen und dreschen. Es kommt die Ernte und Weinlese. Wenn es dann einmal ein schlechtes Jahr gewesen ist, wie es bei jener Magerkeit häufig geschieht, so tritt furchtbare Not und Bedrängnis ein, bange Unruhe und Niedergeschlagenheit ergreift alle.“

Hutten beklagt die Kulturlosigkeit der Burg noch dreihundert Jahre nach Elisabeths Zeiten, und wir zweifeln nicht, daß er recht hat. Doch in Thüringen gilt die Regel nicht, denn gerade die Wartburg zieht Menschen mit geistigen Interessen an, und daran haben die Herren der Burg ihren entscheidenden Anteil.

Ludwig II. hatte erkannt, daß die Welt nicht nur mit Waffen, sondern vor allem durch große Ideen regiert werden sollte. Und während viele seiner Standesgenossen zufrieden waren, wenn sie ein paar schreibkundige Mönche in ihrer Umgebung hatten, schickte er seine beiden Söhne Ludwig und Hermann in der Mitte des 12. Jahrhunderts zum Studium nach Paris. In diesen Jahren übt die Pariser Universität bereits die entscheidende meinungsbildende Funktion für die Feudalklasse aus. Die besten Köpfe wirken an ihr als Lehrer und genießen durchweg den Ruf unangefochtener Autoritäten. Die Theologie ist noch nicht in Dogmatik erstarrt, die Theologen sind noch frei denkende Philosophen, der Prozeß der Aneignung antiker Lehren, die gerade entdeckt werden, ist in vollem Gange. Die Philosophie des Aristoteles wird neu verkündet, der griechische Philosoph zur geistigen Autorität dieser Zeit. Erst ein Jahrhundert später versucht Thomas von Aquino seine Lehren mit dem

Christentum in Übereinstimmung zu bringen und weist allen Dingen ihren unverrückbaren Platz zu.

Während der Studienjahre der beiden Landgrafensöhne aber sind die Lehrmeinungen noch im Fluß. In Paris werden die Denkweisen und Moralauffassungen bestimmt und in moderner Lebensart praktiziert, Paris gibt den Ton an. Die Gelehrten waren stolz und unabhängig genug, die Unfehlbarkeitsansprüche des Papstes zurückzuweisen. Sie hatten sich im Jahre 1200 sogar eine eigene Verfassung gegeben, in denen ihre Gewohnheitsrechte verbrieft festgelegt wurden. Die französischen Könige, klug genug, die Rechte der Universität nicht anzutasten, nahmen teil an ihrem Ruhm, der Glanz der Geisteswelt fiel auch auf den französischen Hof.

Ludwig und Hermann saßen bei den hitzigen Disputen, die vor scharfsinnigen Ideen nur so blitzten, hörten von neuartigen Auffassungen von der Bestimmung der Menschen, der Verantwortung der Herrscher und ihren Verpflichtungen vor ihren Untergebenen. Damals erschütterte der Streit der Nominalisten und der Realisten die philosophische Welt. Es ging darum, ob die Dinge im Bewußtsein nur als Begriffe (nomen) oder als Realitäten erscheinen, und so erwiesen sich nach unseren heutigen Kategorien die Nominalisten als Materialisten und die Realisten als Idealisten. Für junge Männer aus Thüringen dürften diese Dispute aufregend und anregend gewesen sein, sie lernten dabei die französische Sprache, das Latein der Gelehrten und die Sitten der Gebildetsten und Vornehmsten ihrer Klasse. Die feinen Umgangsformen schlossen nicht aus, daß auch deftig in der Wissenschaft gesprochen wurde. „Wenn der Hund mit dem Schwanz wackelt, erzittert die Sonne!“ Ja, so konnte man den Zusammenhang aller Dinge begreifen und verstehen, daß die ferne Sonne und die kleinen Dinge der Umgebung in ein Verhältnis gestellt werden mußten, man sollte das Große wie das Kleine bedenken, sonst könne man nicht herrschen. Im „Athen Europas“ konzentrierte sich das Wissen der Zeit.

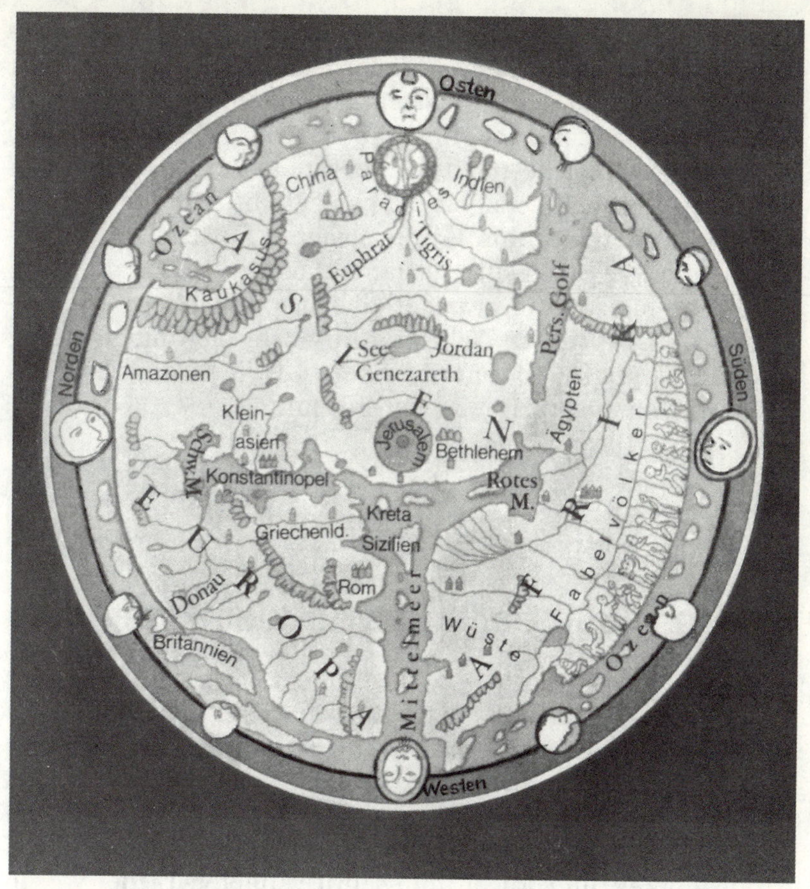

Das Weltbild des Christentums zur Zeit der Kreuzzüge

Wenn wir den Studien der jungen Grafen nachgehen, dann vor allem im Hinblick auf Elisabeth. Die beiden haben in der geistigen Metropole der Welt in jungen Jahren Bildung und Geschmack erworben und ins Alter hinein bewahrt. Der jüngere der Studenten ist Hermann, der spätere Landgraf und Schwiegervater Elisabeths. Er verwandelte seinen Hof in einen Musenhof, einen Anziehungspunkt für Dichter und Sänger. In erster Linie, neben den materiellen Bedingungen, zog das tolerante Klima die gebildeten Männer nach Eisenach, die schon durch viele Länder gereist waren, sie miteinander verglichen hatten und fanden, daß hier die besten Sitten herrschten. Diese Umstände, die offene Lebensart am Hofe, haben den Charakter Elisabeths weitgehend geprägt, ihr Selbstbewußtsein entwickelt, den Freiraum für die späteren Entscheidungen gegeben, die sie gegen alte, erstarrte Lebensformen, die nach dem Tode ihres Mannes wieder einzogen, traf. Wenn wir Verständnis für das weitere Schicksal Elisabeths gewinnen wollen, ist der geistige Hintergrund ihrer neuen Welt, in die sie geworfen wird, von ausschlaggebender Bedeutung.

Das neue Selbstbewußtsein des Adels

Man sagt, in Paris hätte sich zu dieser Zeit die Göttin der Weisheit niedergelassen, deren Sitz man vorher in Athen oder Rom angenommen hatte. Ähnlich muß es auch mit den Musen der Dichtung und des Gesanges gewesen sein, denn am Pariser Hof zeigten sich junge Sänger aus dem Süden, die Troubadoures, und trugen ihre selbst verfaßten Lieder vor, in nie gehörter Schönheit der Sprache und Musik.

In ihren Liedern spürte man, daß sich nun die Ritter nicht mehr als rohe, ungebildete Tölpel verstanden, die Sänger priesen die Ritterschaft als hohen, edlen Stand der Feudalgesellschaft. Nicht mehr die Eroberung war ihr ideelles Ziel, sondern allein der Kampf um Ruhm. Die neuen Töne warnten die Herrschenden der Feudalklasse, mit Raub und Verwüstung, Treubruch und Verheerung fremder Ländereien, mit dem Mord an Unschuldigen aufzuhören. Das Ritterideal und die Wirklichkeit des Ritterlebens klafften so weit auseinander, daß neue Moralkodexe gefunden werden mußten. In den Dichtungen der Troubadoures wurde ein erstrebenswertes Leben vorgeführt, sie schilderten das vorbildliche Ritterleben in einem neuen Verhältnis zu den Frauen. Die bis dahin eigentlich zurückgesetzte, gar mißachtete Frau wurde zur Dame des Ritters, in deren Dienst sich die Sänger stellten. Sie baten die Damen um ihre Gunst und versprachen dafür Zucht, also anständiges Betragen, Achtung der Keuschheit und Lob der Schönheit.

Ihre Minne sollte rein sein, allein die Beachtung ihres Gesanges durch die angebetete Dame war ihnen Lohn genug. Dieses keusche Verhalten wurde bewußt gegen die auf den Burgen verbreitete Unmoral gesetzt, ein ideales Bild, eine Forderung nach neuen gesellschaftlichen Beziehungen. Daß sie sich auf die Umgangsformen zwischen den Geschlechtern beziehen und vor allem von ihnen reden, hängt mit dem häufigen Ehebruch und anderen Verstößen gegen die Ehegesetze zusammen. Die Frau war immer die Schuldige und unterlag oftmals grausiger Rache, die bis zum ungesühnten Mord an ihr ging. Wie die realen Verhältnisse wirklich lagen, berichtet uns das spanische Epos vom Cid (um 1140). Ob gegen solche Praktiken die Appelle der Sänger ausreichten, die auch von den Frauen keusche Minne und artiges Benehmen verlangten, ist zu bezweifeln. Im „Cid" soll eine vermeintliche Untat aus verlorener Ehre gerächt werden:

„Zwei Infanten von Carrión hatten von König Alfons die beiden Töchter des Cid zur Vermählung erhalten. Nach der Hochzeit erwiesen sich die beiden Ritter jedoch als feige Versager, als es um die Verteidigung Valencias vor den angreifenden Mohammedanern ging, weshalb sie von den Gefolgsleuten des Cid verspottet wurden. Deshalb sannen sie auf Rache. Unter dem Vorwand, nach Carrión zurückzukehren, zogen sie mit ihren Frauen und den Reichtümern, die zum großen Teil aus der Mitgift kamen, unter Prahlereien davon.

Nachdem sie in einem Eichenwald übernachtet und der

Liebe gepflogen hatten, schickten sie ihre Begleitung voraus und blieben mit den beiden Frauen allein zurück. Nun eröffnen sie ihnen ihren furchtbaren Plan: ‚Glaub es nur, Doña Sol und Doña Elvira, hier werdet ihr geschändet, in diesen wilden Bergen. Heute werden wir euch verlassen, einen Anteil am Land Carrión bekommt ihr nicht. Der Cid Campeador wird davon die Nachricht bekommen, so werden wir uns rächen.‘

Nun entreißen sie ihnen Mäntel und Pelze und lassen sie entblößt, nur in Hemd und Unterrock. Sporen haben sie angelegt, die bösen Verräter, in die Hand nehmen sie Sattelgurte, harte und feste. Als die Damen das sahen, sprach Doña Sol: ‚Bei Gott bitten wir euch, Don Diego und Don Fernando; Ihr habt da zwei Schwerter, starke und scharfe – schlagt uns die Köpfe ab, dann sind wir Märtyrer. Mauren und Christen werden über die Sache reden, daß wir nicht das empfangen, was wir verdienen. Werden wir geschlagen, so erniedrigt ihr euch. Zur Rechenschaft wird man euch ziehen bei Gericht oder bei Hof!‘

Soviel die Damen auch bitten, es hilft ihnen nichts. Mit den geschmeidigen Gurten schlagen die Infanten von Carrión und treffen sie gefühllos. Mit den scharfen Sporen, die ihnen weh tun, zerreißen sie die Hemden und das Fleisch der beiden Frauen. Das helle Blut floß über die Röcke; schon spüren sie den Schmerz bis ins Herz hinein. So schwer schlugen sie, daß sie ohne Bewußtsein liegen, voller Blut die Hemden und die ganzen Unterröcke. Müde sind vom Schlagen die beiden Männer, denn beide haben versucht, wer besser als der andere schlägt. Schon können Doña Elvira und Doña Sol nicht mehr sprechen, für tot ließen sie sie im Eichenwald liegen. Sie nahmen ihnen die Pelze und die Mäntel aus Hermelin und ließen sie bewußtlos liegen im Rock und im Hemd, für die Vögel des Waldes und die Tiere der Wildnis.“

Das Epos berichtet dann weiter, was aus den vermeintlich toten Frauen wird, und anklägerisch kritisiert es die Vergewaltiger, die sich „gerächt“ fühlen und prahlerisch über ihre rüde

Tat reden. Nachdem der Dichter das Verhalten der beiden gebührend verurteilt hat, führt er die Geschichte der Frauen noch zu einem guten Ende.

Zweifellos gehört der unbekannte Dichter zu der Schicht fahrender Ritter, die von Frankreich ausziehen, um die neuen Ideen auf den Burgen zu verkünden. Neu ist, daß sie sich bei der Verurteilung solcher Schandtaten nicht auf eine religiöse Moral berufen, sondern eine weltliche Ideologie danebenstellen. Bisher ging es immer um die kriegerischen Tugenden der Ritter, jetzt wird dem feudalen Moralkodex ein Kapitel über das Zusammenleben der Geschlechter, über die richtige Minne hinzugefügt. So leitete die Minnedichtung nicht nur einen neuen literarischen Abschnitt ein, sondern trug vor allem zu einem neuen menschlichen Selbstverständnis bei. Bisher waren die Verletzungen des Lebens anderer zwar beklagt, nicht aber besonders verfolgt worden, da sich alle Hoffnungen auf einen gerechten Richterspruch im Jenseits richteten. Waren die Interessen Mächtiger berührt, wurden sie respektabel durchgesetzt, aber im irdischen Leben geschah durch Machtmißbrauch soviel Verwerfliches, daß kaum jemand übersah, wie die Verhältnisse juristisch geändert werden konnten, weil der Mißbrauch von oben kam und alle Schichten der herrschenden Klasse daran beteiligt waren. Natur, Liebe zur Heimat, Lobpreisung fraulicher Schönheit werden nun zum Gegenstand literarischer Arbeiten, die, zum großen Teil noch mündlich verbreitet und immer wieder verändert, gesungen werden. Wie wir aber am „Cid“ gesehen haben, beginnt schon die literarische Vermittlung durch geschriebene Werke, obwohl mancher Schriftsteller, wie zum Beispiel Wolfram von Eschenbach, noch nicht schreiben konnte und sich der Hilfe anderer bedienen mußte, was auch die relativ langwierige Arbeit an den Versepen erklärt.

Die neue Moralität wendet sich indirekt und in Einzelfällen auch schon direkt gegen die kirchliche Morallehre, die sich in einer Krise befindet und den Widerspruch zwischen der Heilslehre des bedürfnislosen Christus und dem Wohlleben der prassenden Oberschicht nicht beantworten kann. Die Reformen haben zwar ein Echo gefunden, doch die ihnen verpflichteten Klöster leben vom Zehnten der Bauern oder der direkten Ausbeutung der Klosterbauern. So gut die Ansätze zu Reformen gemeint waren, so wenig haben sie bewirkt, das parasitäre Leben breitete sich weiter aus, allerdings auch die Protestbewegungen der Unzufriedenen.

Unter diesen Verhältnissen war die Idealvorstellung vom edlen Ritter schon eine mächtige Anklage, zumal die lyrischen Sänger keine besondere Rücksicht auf den Klerus nehmen mußten, und selbst mancher Ritter und sein Hof hörten ein Spottlied auf die Pfaffen nicht ungern. Auch in den großen Epen, die oft Übersetzungen oder Bearbeitungen der französischen Literatur waren, handelten die Ritter in den Entscheidungssituationen vorbildlich, vertraten das Recht und schützten die Schwachen, bestanden mutig unerwartete Gefahren und ehrten die Frauen. Wenn Lieder und Gedichte sich politischen Fragen zuwenden, lehnen sie nicht nur Völlerei und weltliche Genüsse des Klerus ab, sondern greifen die prassende Kirche als Institution, ja selbst den Papst, als Hauptverantwortlichen an, seinen Hang zur Vormachtstellung in weltlichen Dingen und seine ewige Sucht nach Gold und Silber.

Als Elisabeth aufwächst, gehören Verse und Gesänge zum Leben auf der Wartburg. Der Eisenacher Hof, vor allem die nahe gelegene Creuzburg, waren den Minnesängern Arbeitsplatz und zeitweilige Heimstatt, woraus sich ein unmittelbarer Umgang mit der Dichtung und den Dichtern ergibt. Noch als sächsischer Pfalzgraf, sein Bruder Ludwig III. regierte vor ihm als Landgraf, bot Hermann dem Sänger Heinrich von Veldeke auf seinem Sitz, der Neuenburg, Unterkunft und Einkommen. Hier beendete der Dichter 1185 seine Ritterdichtung „Eneide“, Fürst und Dichter standen in täglichem Umgang miteinander. Als Hermann I. dann Landgraf ist, weilt Walther von der Vogelweide auf der Wartburg und Wolfram und die anderen Dichter des „Sängerkrieges" und viele andere mehr, von denen wir nichts mehr wissen. Eisenach ist, wie sonst nur noch Wien, ein Anziehungspunkt für Dichter in Deutschland.

Reichsangelegenheiten

Die Beziehungen der Feudalherren zum Reich wurden nach den Gesetzen der Hierarchie geregelt. Politische Angelegenheiten von allgemeiner Bedeutung, interne Streitigkeiten, die sich ausweiten konnten oder bereits entflammt waren, standen auf den Hoftagen des Kaisers zur Entscheidung. Diese Reichsversammlungen dienten außerdem der Prachtentfaltung der einzelnen Fürsten. Eine Schilderung des Hoftages von 1184, den Kaiser Friedrich I. Barbarossa, in Mainz abhielt, zeigt auch die Stellung der Ludowinger im Reich. Der Schreiber, der vor allem die Angelegenheiten seines Herrn, des Grafen aus dem Hennegau, im Auge hat, ist deshalb ein unverdächtiger Zeuge des Auftretens Ludwigs III., und wahrscheinlich ist mit ihm auch Hermann anwesend gewesen.

„Wegen der übergroßen Menschenmenge, die zusammenkam, ließ der Herr Kaiser auf den Mainzer Wiesen jenseits des Rheins für sich und alle Besucher Zelte aufschlagen; dort ließ der Kaiser für seinen Bedarf eigene Häuser errichten ... Nun versammelten sich zum Hoftag aus dem ganzen Reich diesseits der Alpen Fürsten, Erzbischöfe, Bischöfe, Äbte, Herzöge, Markgrafen, Pfalzgrafen, andere Grafen, Edelherren und Ministerialen. Nach wahrheitsgetreuer Schätzung waren auf diesem Hoftag die Ritter siebzigtausend an der Zahl, ohne Geistliche und Menschen anderer Stände.

Am heiligen Pfingsttag aber (der auf den 20. Mai fiel) trugen Herr Friedrich, Kaiser der Römer, und seine Frau Kaiserin mit großer und gebührender Feierlichkeit die Kaiserkrone. Auch König Heinrich, ihr Sohn, trug mit ihnen die Königskrone. Bei dieser Festkrönung beanspruchten die mächtigsten Fürsten das Recht, das Reichsschwert zu tragen, nämlich der Böhmenherzog, der auf dem Hoftage mit zweitausend Rittern erschien; Herzog Leopold von Österreich, ein tüchtiger und freigebiger Ritter, mit fünfhundert Rittern; der neue Sachsenherzog Bernhard, mit siebenhundert Rittern, Pfalzgraf Konrad bei Rhein, des Kaisers eigener Bruder, mit tausend und mehr Rittern, sowie der Landgraf von Thüringen, ein wackerer Mann und Neffe des Kaisers, der mit tausend oder mehr Rittern kam. Da gab der Herr Kaiser dieses Schwert dem Grafen von Hennegau zu tragen, und niemand widersprach, denn er war ein Mann von großem Ansehen in aller Welt, war zum erstenmal auf einem Hoftag und hatte auf demselben Hoftag unter den Fürsten und anderen Adligen viele hochmögende Verwandte.

Am Pfingstmontag wurden Herr Heinrich, König der Römer, und der Schwabenherzog Friedrich V., die Söhne von Herrn Friedrich, Kaiser der Römer, zu Rittern geweiht. Zu ihren Ehren gaben sie und alle Fürsten und anderen Adligen viele Geschenke an Ritter, Gefangene, Kreuzfahrer, Gaukler und Gauklerinnen, nämlich Pferde, kostbare Gewänder, Gold und Silber. Denn die Fürsten und anderen Adligen gaben nicht nur zu Ehren ihrer Herren, nämlich des Kaisers und seiner Söhne, sehr freigebig das Ihre aus, sondern auch zur Verbreitung ihres eigenen Ansehens und Ruhmes.

Am Montag und Dienstag nach dem Essen veranstalteten die Kaisersöhne ein Schauturnier, und daran nahmen schätzungsweise zwanzigtausend Ritter und mehr teil. Es war ein Turnier ohne scharfe Waffen. Die Ritter führten ohne Stoß und Hieb ihre Schilde, Lanzen und Banner vor und tummelten die Pferde. Bei diesem Turnier zeigte auch Herr Kaiser Friedrich selber geziemend vor den anderen seinen Schild, obwohl er von Gestalt nicht größer oder ansehnlicher als die übrigen war; der Graf von Hennegau, der ihn bei diesem Turnier bediente, trug ihm die Lanze.

An diesem Dienstag aber gegen Abend kam ein starker Wind auf und warf die Kapelle des Herrn Kaisers und ein paar Häuser zu Boden, die dort auf den Rheinwiesen für die Volksmenge neu errichtet worden waren. Bei ihrem Einsturz starben einige Menschen; der Wind zerriß viele Zelte und jagte allen Schrecken ein …

Der Herr Kaiser der Römer gewährte dem Grafen Hennegau seine Zustimmung betreffend aller Güter seines Onkels, des Grafen von Namur, sowie Eigentümer wie Lehen, und bekräftigte dies nach dem Rat seiner Fürsten und deren Abordnung und nach dem Entwurf Giselberts, des gräflichen Notars, durch seine Urkunde.

Der Graf von Hennegau hatte bei diesem Hoftag seine Geschäfte nach Wunsch abgewickelt und war dort vor anderen Fürsten geehrt worden. Er nahm nun vom Herrn Kaiser Urlaub, verließ den Hoftag am Freitag nach Pfingsten und kehrte über Bingen, Trier und Luxemburg heim."

Diese Schilderung des Hoftages zu Mainz ist nicht nur beeindruckend, weil wir von der hervorgehobenen Rolle der Ludowinger ein wichtiges Zeugnis erhalten, sondern vor allem, weil sie in ihrer vollen Länge auch der Beschreibung wichtiger Veranstaltungen Raum gibt, die von der Verbindung zwischen Kaiser, Adel und Volk zeugen. Die Zahlen mögen in der Erinnerung der üblichen Übertreibung unterliegen, doch es waren sicher viele Tausende, die auf den Rheinwiesen zusammenströmten und drei Pfingsttage feierten. Vielleicht wären die Spiele noch verlängert worden, wenn nicht der böse Sturm ein vorzeitiges Ende veranlaßt hätte. Freies Essen und Trinken für alle Anwesenden, Geschenke und Almosen, das alles war Kaiser- und Rittertugend. Das Volk erwartete es, und der hohe Preis hatte sich gewiß gelohnt. Landauf, landab wurde von der Pracht der kaiserlichen Prozession berichtet, die von den Wohnungen des Kaiserpaares, wo ein Priester ihm die Krone aufsetzte, zum Dom führte. Im Gefolge all die prächtig gewandeten Edelleute, am Rande die Masse der Schaulustigen, unter ihnen die Gaukler und Sänger. Auch Dichter waren anwesend, Heinrich von Veldeke wird erwähnt. War er mit den Thüringern gekommen? Wahrscheinlich, und die Eindrücke dieses Festes mit der ehrenvollen Teilnahme seines Mäzens mögen in manchen Vers eingeflossen sein.

Der Hoftag hatte sich für alle bezahlt gemacht, wenn auch die Ausgaben für Geflügel und Wein erheblich waren. Der Glanz der Prozessionen und Spiele fiel auf alle, man ordnete nicht nur die strittigen Angelegenheiten, sondern feierte mit allen, die gekommen waren, und wenn es keine ernstlichen Mißklänge gegeben hat, war es ein Erfolg. Beim Zusammensturz der Häuser waren fünfzehn Menschen zu Schaden gekommen, aber dieses Unglück führte nicht zum Abbruch der Festlichkeit. Nach den drei Tagen zerstreute sich das Volk. Kläger und Verklagte, wie im Falle des Grafen vom Hennegau, bleiben noch zur Verhandlung, die Thüringer mögen bald heimgeritten sein. Sie hatten keinen Streit mit dem Reich, nachdem sie vor wenigen Jahren das hessische Land zugesprochen erhielten.

Außenpolitisch standen Feldzüge nach Osten und Süden bevor, dabei war es immer möglich, auch eigene Interessen geltend zu machen, doch der schicksalhafte Kreuzzug für Ludwig III. schien unabwendbar.

Der Musenhof

So schön das Bild wäre, Elisabeth sei auf der Wartburg aufgewachsen, so stimmte es wahrscheinlich für die ersten Jahre ihrer Anwesenheit in Thüringen nicht. Auf der Wartburg wurde gebaut. Bereits Ludwig III. hatte eine Bauhütte beauftragt, dem Palas ein weiteres Stockwerk, das zweite, aufzusetzen und damit dem Hauptgebäude der Burg die einzigartige Gestalt zu geben, die wir noch heute so bewundern.

Nicht nur das Baugeschehen und die damit verbundenen Gespräche und Pläne des Bauherrn sind interessant, der Landgrafenhof inmitten der regen Stadt mit ihrem Markttreiben sind es nicht minder. Und am Abend saßen die Gäste an der Tafel, sie berichteten von anderen Ländern, Sitten und trugen ihre Lieder vor. Die nahe gelegene Creuzburg galt als der Aufenthaltsort der Minnesänger, hier konnten sie arbeiten und in einer wunderschönen Landschaft an der Werra heitere Eindrücke empfangen. Wenn Kinder auch nicht auf Reisen von Burg zu Burg mitgenommen wurden, so werden die wenigen Kilometer zur Creuzburg für Elisabeth sicher keine besondere Anstrengung bedeutet haben. Elisabeth liebte die Creuzburg, auch als Landgräfin kehrte sie mehrfach zu ihr zurück. Eine Elisabeth-Kemenate läßt heute noch über einem kleinen Waschbecken ihr Wappenzeichen erkennen, es ist der Raum, im dem sie später ihr erstes Kind gebar.

Alles deutet darauf hin, daß Walther von der Vogelweide mehrfach am Hofe weilte, jeweils für längere Zeit. Er hat einige Gedichte auf den Landgrafen geschrieben, die nicht nur für den Dank berechnet waren, sondern sicher, durchaus ohne Hintergedanken, das Ziel hatten, die Aufgeschlossenheit Hermanns zu rühmen und zu verbreiten. Es ist nicht ganz erwiesen, aber es spricht viel für die Annahme, daß Walther aus Österreich oder Südtirol kam. Gab es daher Beziehungen zu Elisabeths Mutter Gertrud und vielleicht sogar den Hinweis, er

Palas der Wartburg

Landgraf Hermann und seine Gattin Sophie mit den Minnesängern und Klingsor

Walther von der Vogelweide

möge sich doch am Eisenacher Hof sehen lassen? Suchte doch Walther zeit seines Lebens ein Lehen, um die unstete Reiserei aufzugeben. Er hat es nicht in Wien und auch nicht in Thüringen bekommen, sondern erst sehr spät von Kaiser Friedrich II. In der Stadtkirche von Würzburg ist ein Grabstein aufgestellt, der Walther zugeschrieben wird. Hier, am Main, soll er sich am Ende seines Lebens niedergelassen haben.

Als er an den Eisenacher Hof kam, mag er dreißig oder vierzig Jahre alt gewesen sein, zwischen 1165 und 1170 wird sein Geburtsjahr angenommen. Er kommt vom Babenberger Hof in Wien, wo er bei Reinmar dem Alten eine gründliche Ausbildung in der Dichtkunst und ganz allgemein in höfischem Benehmen erhalten hat. Gegen Ende des 12. Jahrhunderts ist er unfreiwillig auf die Wanderung gegangen. Wenn auch die einzelnen Stationen seines Weges nicht sicher sind, so ist doch mit großer Wahrscheinlichkeit anzunehmen, daß er längere Zeit am Thüringer Hof zugebracht hat.

Die Minnedichtung besingt bisher die adlige Herrin. Walther preist zum erstenmal die Frau als Partnerin des anderen Geschlechts. Er meint nicht mehr reine Minne, sondern spricht als erster von der sinnlichen Liebe, die er beiden Partnern zugesteht. Das aber ist das entscheidende, neue, von ihm als erstem geprägte Element in der Entwicklung des Humanismus, auf dem schließlich die europäische Kunst und Geisteswissenschaft beruht. Der Thüringer Hof war zweifellos ein Zentrum des Umbruchs von der ursprünglich religiös bestimmten Literatur zur weltlich geprägten Dichtung, woran Walther mit seinen Natur- und Liebesgedichten, aber auch mit seinen politischen Sprüchen entscheidenden Anteil hat.

In den politischen Kämpfen der Zeit ist seine Haltung immer klar. Er vertritt den Anspruch des Menschen gegen eine unmenschliche Politik, unterstützt den Kaiser in seinem gerechten Herrschaftsanspruch gegen den Papst und greift die anmaßende Haltung des Oberhauptes der Kirche an. Dafür ein Beispiel:

Der welsche Schrein

Ah i! wie christlich fromm der Papst in Rom jetzt lachet,
wenn er zu seinen Welschen sagt: „Ich hab es so gemachet!"
Was er da ausspricht, hätt er besser nie gedacht:
„Zwei Alemannen hab ich unter eine Kron gebracht,
damit das Reich zugrund zu richten sie nicht rasten.
In dieser Wirrnis füllen wir die Kasten.
Ich hab sie an den Stock gebunden, all ihr Gut ist mein,
ihr deutsches Silber fährt in meinen welschen Schrein.
Ihr Pfaffen, esset Hühner, trinket Wein,
und laßt die deutschen Laien mager sein und fasten!"

Die Doppelherrschaft, die das Land so beschwert, kommentiert Walther als eine Maßnahme, die sich der Papst zur Bereicherung der Kirche ausgedacht hat. Ohne Furcht sprach er aus, was er an Kritik gegen seinen landgräflichen Herrn vorzubringen hatte, dessen Verschwendungssucht, lärmende Geselligkeit mit Gauklern und anderem fahrenden Volk ihm nicht gefiel. Hermann I. erscheint hier durchaus nicht als Schöngeist, sondern als Herrscher, der seinen Gefolgsleuten auch Wein und Spiele gönnt und dabei kräftig mitzecht:

Ich rate jedem, der ein Ohrenleiden hat,
dem Hof des Landgrafen fernzubleiben,
denn lebt er hier, er wird wohl taub dabei.
Auch ich kam her. Ich kenn's zum Überdruß.
Ein Haufe drängt heraus, ein anderer herzu,
das geht bei Tag und Nacht. Ein Wunder,
daß noch jemand dabei etwas hören kann.
Der Landgraf lebt in Saus und Braus,
er bringt sein Gut mit Kämpen durch,
die wohl für Geld auch andrer Leute Sach' besorgen.
Die „feine" Art des Herrn kenn ich gut,

und kostete auch tausend Pfund ein Fuder Weins,
es blieb doch keines Ritters Becher leer.

Ob diese Kritik an Hermann Folgen gehabt und Walther veranlaßt hat, sich wieder dem Wiener Hof zuzuwenden? Zurückgekehrt ist er noch einmal, als Elisabeth schon ein Mädchen war, das seinen Gesängen mit Verständnis folgen konnte und sicher zu seinen Verehrern gezählt hat. Sein Lied „Under der Linden, auf der Heiden, wo unser zweier Bette was ..." mag so etwas wie ein Schlager der damaligen Jugend gewesen sein.

Hermann legte, entsprechend seiner Erziehung, Wert auf französische Vorbilder und hielt seine Dichter an, französische Werke zu übersetzen und zu bearbeiten. So betraute er Heribert von Fritzlar mit der Arbeit an dem „Lied von Troja" und beschaffte dafür eine französische Vorlage, ähnlich verfuhr er mit dem „Willehalm", den er Wolfram von Eschenbach übertrug.

Die Dichtung war damals nicht mehr nur mündlich überliefert. Es gab bereits an den großen und auch schon an den mittleren Höfen des Lesens und Schreibens kundige Männer, und so wirkten die Dichtungen über die Vortragsabende hinaus. Handschriften wurden angefertigt und wieder kopiert und schließlich auch illustriert. Am Thüringer Hof beginnt in diesen Jahren die Buchmalerei. Der Landgrafenpsalter, eine Mischung von Kalendarium, Gesangs- und Gebetbuch, zeigt die Darstellungen von der Dreifaltigkeit, von Aposteln, Geschehnissen aus dem Leben Jesu und der Heiligen. Der Landgraf und seine Frau Sophie sind ebenso abgebildet wie das ungarische Königspaar und der Böhmenkönig Ottokar und seine Frau Konstanze, die ebenfalls mit dem Landgrafenpaar verwandt waren. Diese Malerei ist zwischen 1211 und 1213 entstanden, also kurz nach der Ankunft Elisabeths in Eisenach.

Baukunst, Dichtkunst und Gesang, Malerei, Feste aller Art

mußten bezahlt werden. Der Hof wird also über eine funktionierende Verwaltung verfügt haben und damit über Beamte, die alle notwendigen Arbeiten in dieser Hinsicht erledigten: die Eintreibung der Geld- und Naturalabgaben, der Wegzölle und Steuern, die Lagerhaltung und anderes. Schon unter Ludwig III. waren Ministerialen eingesetzt worden, um eine geordnete Hofhaltung zu gewährleisten. Zunächst waren es vier, der Mundschenk, der Truchseß, der Marschall und der Kämmerer. Manchmal treffen wir heute noch einige dieser Begriffe an: Marschall, Kämmerer, Minister. Mit der geordneten Verwaltung war auch eine vernünftige Ausgabenpolitik möglich geworden, womit man Notzeiten und Kriegsschäden wenn auch nicht abwenden, so doch begrenzen konnte.

Hermann hatte diese Ordnung bitter nötig. Nach dem Tode seines Bruders Ludwig III. im Jahre 1190 wollte der Kaiser das Reichslehen wieder zurücknehmen, denn Ludwig hatte keinen Erben hinterlassen. Eine gewisse Zeit der Unsicherheit über das Schicksal des Landes geht aber vorüber, denn bald erscheint Hermann I. auf dem Hoftag in Gelnhausen. Dort legt er das Gelübde ab, am zweiten Kreuzzug teilzunehmen (1197/1198). Während er mit den anderen Fürsten im Nahen Osten kämpfte, starb Kaiser Heinrich IV. (1197) und mit ihm der Traum vom Weltreich der Hohenstaufen. Sein rechtmäßiger Erbe, Friedrich II., ist erst drei Jahre alt, und mit dem Streit um die Regentschaft des Reiches beginnt das Doppelkönigtum. Wie umstritten diese verfahrene Lage war, zeigt die Tatsache, daß die vom erfolglosen Kreuzzug heimkehrenden Fürsten, bevor sie sich trennten, einen Eid auf den Sohn des verstorbenen Kaisers, den dreijährigen Friedrich II., schworen. In der praktischen Politik hätte das bedeutet, so wie die Machtverhältnisse wirklich inzwischen lagen, als Hermann I. zurückkam, die Politik der staufischen Partei, also Philipp von Schwaben, zu unterstützen. Das hätte der bisherigen Politik der Ludowinger, die den Kaiser unterstützten, in etwa entsprochen.

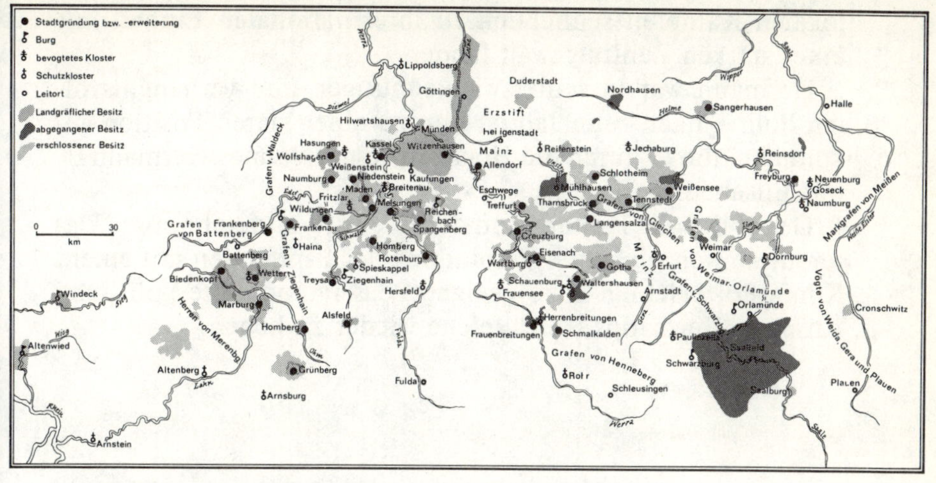

Die Landgrafschaft Thüringen zu Beginn des 13. Jahrhunderts

Hermann jedoch verließ diese klare politische Linie und suchte in den Wirren der Doppelherrschaft seinen Vorteil. Je nach der gerade vorherrschenden Kräftekonstellation wechselte er auf die andere Seite über, insgesamt sechsmal. Diese Haltung war außerordentlich verhängnisvoll für das Land, denn der jeweils verratene König schickte Strafexpeditionen, die ohne Rücksicht plünderten und brandschatzten und alle bewegliche Habe als Beute davonschleppten. Der Preis für Verrat, Eid- und Treuebruch ist immer groß, für Hermann bedeutete er ein mehrfach verwüstetes Land. Es ist durchaus nicht tröstlich, wenn man auf diese damals nicht seltene Praxis auch anderer namhafter Fürsten verweist. Der manchmal geringe Vorteil, in unserem Falle kann man ja nur von Verlusten sprechen, wiegt bei weitem nicht die lähmende Schwächung des gesamten Reichsverbandes auf. Schließlich kostete die Landesherrschaft so vieler kleinmächtiger Fürsten die Einheit des Reiches und führte zur folgenreichen Kleinstaaterei, während andere Länder, Frankreich und England vor allem, nach vielen lokalen Kämpfen schließlich zu ihrer nationalen Einheit mit einer starken Zentralgewalt fanden.

Hermann war in seiner wankelmütigen und verhängnisvollen Politik nach zehn Jahren nun zu einer klaren Position gekommen, die er durch die Hochzeit seines Sohnes Hermann II. mit Elisabeth besiegelte.

Der politische Hintergrund der Ehe wird nunmehr etwas klarer, diese weitreichende Verbindung der Landgrafen mit einem Königshof erschien dazu geeignet, das ramponierte politische Ansehen Hermanns I. im Reiche wieder zu heben.

Die ersten Jahre in Thüringen

Elisabeth erhielt unwissentlich eine bedeutende Rolle im Spiel der Mächtigen.

Sie wuchs am Hof in Eisenach auf und wurde bis zu einem gewissen Grade gemeinsam mit den Kindern Hermanns, die älter waren, erzogen. Darauf deutet hin, daß sich die beiden Jungen, Hermann und Ludwig, und Elisabeth mit „Bruder und Schwester" anredeten. Dieses geschwisterliche Verhältnis war natürlich die eigentlich vernünftige Haltung dem ungarischen Mädchen gegenüber.

Eine Erziehung der Kinder im heutigen Sinne gab es in dieser Zeit nicht, doch darf man annehmen, daß für eine zukünftige Landesfürstin gründliche Überlegungen angestellt wurden. Sie hatte verschiedene Betreuer. Sicherlich werden die beiden ungarischen Priester ihre geistliche Ausbildung geleitet haben, was wohl auch das Schreiben und Lesen einschloß. Eine Fürstin mußte vieles wissen, um die Form der Hofhaltung zu prägen. Das betraf nicht nur die Kleidung und die Tischsitten,

Rittersaal der Wartburg

Sophie und Hermann in einer Darstellung des Elisabeth-Psalters

sondern auch die Einflußnahme auf das Ansehen des Hofes gegenüber Gästen und wichtigen Personen des Adels. Man wußte natürlich auch schon damals, daß am stärksten auf andere eine Persönlichkeit wirkt, von der die Gäste einen günstigen Eindruck gewinnen. Gutes Benehmen, freundlicher Umgangston, bestimmte Entscheidungen im täglichen Leben wird man von der Landesfürstin wohl erwartet haben.

Doch bis dahin war es noch weit, man hatte noch genug Zeit, feste Lebensgewohnheiten herauszubilden. Damals war der Unterricht noch nicht die Hauptform der Erziehung. Die allgemeinen Regeln des Umgangs miteinander erlernte man durch die Vorbildwirkung der Erwachsenen, Kenntnisse und praktische Fähigkeiten wurden durch Spiele ausgeprägt.

Uns sind die Namen zweier Dienerinnen der jungen Fürstin überliefert. Mit der Ankunft in Eisenach wurde Elisabeth ein um nur ein Jahr älteres, adliges Mädchen, Guda, beigegeben. Diese blieb ihre Spielgefährtin und wurde später zu ihrer Freundin und Vertrauten. Sie waren wohl jeden Tag beisammen und haben Mädchenfreud und -leid miteinander geteilt. Aus den Mitteilungen Gudas erfahren wir die weitaus meisten Einzelheiten und Hinweise auf die Kindheits- und Jugendzeit Elisabeths. In späteren Jahren stieß zu den beiden noch die ältere Isentrut von Hörselgau, wohl zu einer Zeit, als Elisabeth mehrere Dienerinnen zustanden. Isentrut hat später vieles über die entscheidenden Jahre der Landgräfin zu berichten gewußt.

Die beiden können als die engsten Vertrauten Elisabeths gelten, die drei als Freundinnen, und Isentrut mag als Ältere wohl manche Verhaltensregeln den Jüngeren beigebracht haben. Jedenfalls blieben Guda und Isentrut bis kurz vor ihrem Tode ihre Dienerinnen und zugleich Vertrauten, bis sie gewaltsam getrennt wurden. Ihren Mitteilungen ist also, was den sachlichen Kern angeht, durchaus Glauben zu schenken, waren sie doch über Jahre hinweg nahe genug, um sich ein Urteil erlauben zu können.

In verschiedenen Darstellungen liest man, die Erziehung der jungen Königstochter habe in den Händen der Landgräfin Sophie gelegen. Abgesehen davon, daß die fürstliche Familie anders strukturiert war als die bürgerliche, von der das Mutter-Tochter-Verhältnis angenommen ist, überließ man am Hofe die Erziehung gebildeten Lehrern. Einerseits wußte man gründliche Kenntnisse durch gute Lehrer zu schätzen, andererseits konnte man sich auch die Ausgaben leisten. Es wird auch zum Ansehen des Musenhofes gehört haben, daß die Erziehung der Kinder gründlich erfolgte.

Die Landgräfin Sophie war weder eine böse Schwiegermutter, wie sie in Darstellungen des 19. Jahrhunderts oft gesehen wurde, noch eine fanatisch religiöse Frau. Sie überschaute die Lage ihres Hofes sicher sehr gut und wird in der Abwesenheit des Landgrafen die täglichen Angelegenheiten, auch der Kin-

Elisabeth mit ihren beiden Dienerinnen Guda und Isentrut

der, geregelt haben. Es gehörte wahrscheinlich auch zur guten Erziehung, den Kindern Zugang zu den mit Buchmalereien ausgestatteten Psalterien zu gewähren, woraus geschlossen werden kann, daß hierin die Bilderbucherlebnisse der des Lesens und Schreibens noch nicht kundigen Elisabeth lagen. So lernte sie die Bildnisse der in den frommen Geschichten, die ihr erzählt wurden, vorkommenden Gestalten kennen und wuchs damit wie selbstverständlich in der damals allgemein herrschenden Atmosphäre aufrichtiger Frömmigkeit auf.

Ihre Spiele mit dem in reichen Familien üblichen Spielzeug glichen denen heutiger Kinder. Die Mädchen spielten mit Puppen, die aus Leder gefertigt waren, mit bunt angestrichenen Vögeln aus Holz, ließen Windmühlen kreisen und bauten Dörfer und Städte aus Holzhäusern auf. Die Knaben ritten auf den Steckenpferden und verkleideten sich als geharnischte Ritter. Man spielte Ringelreihen und andere Kreisspiele, jagte den Lederbällen oder den Kreiseln nach, schwang sich mit der Schaukel in die Höhe, spielte Haschen und Verstecken oder stieß die Murmeln aus gebranntem Ton oder Glas in die Löcher.

Die Spielgefährten Elisabeths, neben Guda, waren die Landgrafenkinder Hermann und Ludwig, Konrad, Heinrich und sechs weitere Kinder aus der Hofgesellschaft.

Die schulischen Unterweisungen setzten mit sieben Jahren ein, umfaßten Lesen und Schreiben, Französisch und Latein. Man spielte auf der Harfe oder der Flöte, lernte Lieder und religiöse Gesänge, zu Weihnachten das „Sei willkommen, Herre Christ“ und zu Ostern „Christ ist erstanden aus der Marter allen“.

Der für alle verbindliche Unterricht im höfischen Benehmen wurde bei den Knaben ergänzt durch die Grundregeln der Jagd, das Abrichten der Falken und das richtige Führen der Waffen. Schließlich bestand das Ziel darin, die sechzehn- bis achtzehnjährigen Jungen zum Ritter zu schlagen, und die Mädchen waren in diesen Jahren heiratsfähig und mußten also bis dahin unterwiesen sein in den Dingen, die sie als Hausherrin zu verantworten hatten.

Der Inhalt der Erziehung umfaßte die Haltung zu den ritterlichen Tugenden. Nach der Ernennung zum Ritter, anfangs durch die Umgürtung mit dem Schwert und später durch einen

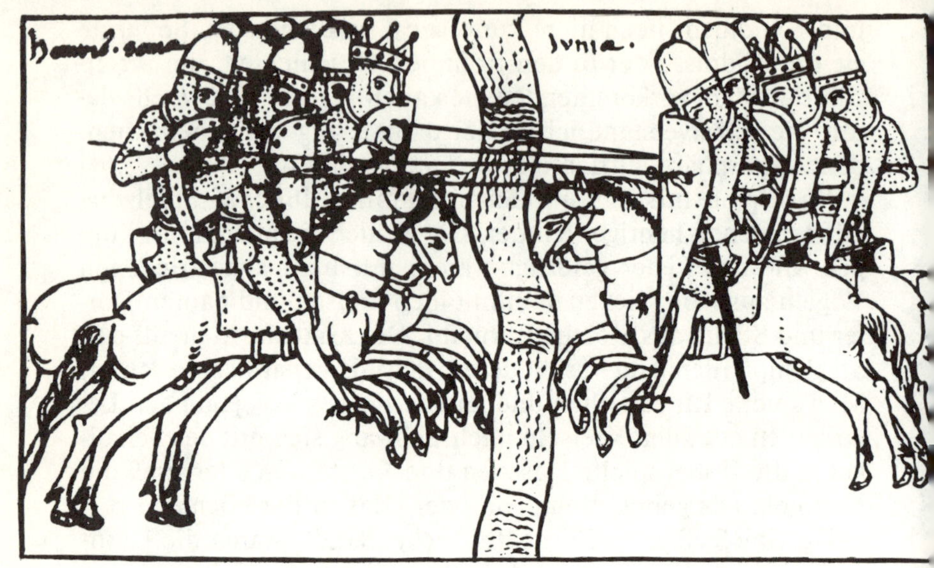

Kämpfende Reiterscharen im 12. Jahrhundert

oder mehrere Schwertschläge mit der flachen Klinge auf die Schulter, war der junge Mann verpflichtet, um Jesu Christi willen das Kreuz auf sich zu nehmen. Er stand damit in der allgemeinen Christenpflicht und war daran gebunden, das Christentum zu vertreten, zu verkünden und zu schützen.

Das versprach er. Die Formel lautete, er wolle „mit frommer Andacht täglich die heilige Messe hören, für den katholischen Glauben das Leben wagen, Witwen, Waisen und Kinder in ihrer Not schützen, ungerechte Kriege vermeiden, unbillige Dienste (der Bauern) vermeiden, für die Befreiung eines Unschuldigen den Zweikampf annehmen, dem (römischen) Kaiser in weltlichen Dingen ehrfurchtsvoll gehorchen und untadelig vor Gott und den Menschen leben“.

Natürlich hatte er diese Grundsätze nicht einfach durch Unterricht beigebracht bekommen. Man hielt damals schon sehr viel von den eigenen Erfahrungen für ein selbständiges Handeln. So ging der etwa zwölfjährige Knabe in die Fremde und hielt sich als Knappe an anderen Höfen auf, um andere Sitten und fremde Sprachen kennenzulernen. Für die Mädchen begann in diesem Alter die Unterweisung in den praktischen Fertigkeiten einer Dame, sie lernten spinnen und weben, nähen und sticken mit dem Rahmen (Seidenstickereien), stellten Tafeltücher her und versuchten sich an Wandteppichen und Stikkereien für weltliche und religiöse Gewänder.

Wichtiger als diese Kenntnisse war gewiß die aufrichtige Befolgung der moralischen Grundsätze des Rittertums. Die Jun-

Eine Dame stiftet dem Blinden ein Almosen.

gen versprachen den Schutz der Schutzbedürftigen und die Vermeidung unbilliger Lasten, die bereits in großer Zahl auf den Bauern lagen. Es war wohl nicht mehr möglich, sie noch zu verstärken, ohne daß die Bauern rebellisch wurden oder einfach von ihren Höfen davonliefen. Trotzdem ist die Zahl der Beispiele unerschöpflich, die vom Gegenteil berichten, obwohl die Ritter die Wehrlosen mit dem Schwert und der Lanze schützen und die Damen sie mit milden Gaben erfreuen sollten.

Es gehörte zur Praxis der herrschenden Klasse, daß sie sich sozial gab, von ihrem Reichtum nicht nur Schmuck und teure Kleider sehen ließ, sondern auch Almosen verteilte. Die auf dem Mainzer Hoftag in die Menge geworfenen Silberstücke und das freigebig verteilte Essen, Bier und Wein waren gesellschaftliche Verpflichtungen, denen sich niemand entziehen konnte, auch wenn man dabei an die Grenze seiner Möglichkeiten gehen mußte. Außerdem hoben solchen Gesten das eigene Ansehen. Man sprach allerorten darüber, und die Berichte der Augenzeugen mögen im Laufe der Zeit die tatsächlich gegebene Menge erheblich vergrößert haben. Wie durfte man sich lumpen lassen, wenn der Nachbar sich großzügig zeigte?

Die Mildtätigkeit war nicht nur ein edles Verhalten, sie war auch objektiv notwendig. Die Zahl der Menschen ohne Einkommen wuchs. Obwohl schon genug von ihnen am Wege umkamen, stellten ihre Ansammlungen in den Städten doch eine größer werdende Gefahr dar. Von irgend etwas mußten sie schon leben, und so entstand eine Art karitativer Hilfe, zu der sich Adel, Kirche und das aufkommende Bürgertum verpflichtet fühlten, zumal maßlose Verschwendung auf der einen Seite und erbarmungswürdiges Elend auf der anderen zu offensichtlich für jedermann waren. In der Praxis kam die Organisation der Almosen wohl den Frauen zu, die Mädchen wurden deshalb rechtzeitig mit dieser Tugend vertraut gemacht und stellten auch selbst ihre eigenen Beobachtungen an. Dabei lernten

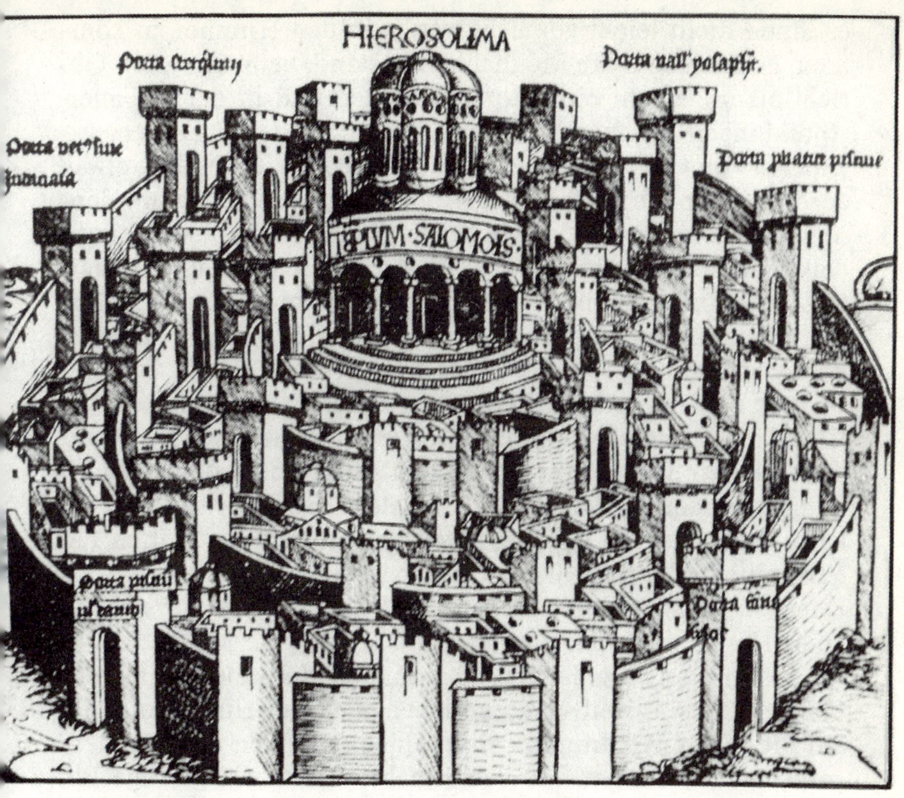

Jerusalem in einer Darstellung aus dem 15. Jahrhundert

sie früh, daß die Gaben auf keinen Fall bedeuteten, sich mit den Empfängern auf eine Stufe zu stellen oder sich gar mit ihnen gemein zu machen. Die notwendigen Schmutzarbeiten überließ man den Bediensteten. Der Hilfesuchende war als Mensch völlig nebensächlich. Gewiß, er war eine Kreatur, die sich nicht selbst erhalten konnte, mehr aber auch nicht. Das Betteln gehörte zum Alltagsbild, es bettelten aussätzige Kranke ebenso wie barfüßige Mönche.

Die Reichen hatten aus der christlichen Lehre erfahren, daß

es ihnen nicht leicht gemacht werde, in den Himmel zu kommen, ja, daß sogar die Möglichkeit bestand, beim Jüngsten Gericht als ungerecht eingestuft zu werden und in der auf allen Abbildungen als furchtbar dargestellten Hölle zu landen, wo jede Art von Qualen drohten. Hatte man aber regelmäßig etwas gegeben, war die Gefahr der Hölle etwas geringer geworden, und man konnte vor dem höchsten Richter darauf verweisen, daß man milde gewesen sei. Nicht Menschenfreundlichkeit war das grundlegende Motiv, sondern Egoismus, obwohl natürlich nicht ausgeschlossen werden soll, daß es fromme Ausnahmen gegeben hat.

Auch zu Elisabeths Zeiten war es üblich, zu bestimmten Anlässen in Kirchen Opfer darzubringen. Die noch seltenen und daher teuren Kerzen wurden auf den Altären angesteckt, Weihrauch verbrannt, Flachsbündel abgelegt, Geld für die Armenkasse gespendet. Es kam auch vor, daß an heiligen Stätten Lebensmittel, Getreide, Brot, Eier abgegeben wurden, auch als Dank für eingetretene Gesundung, die auf die Fürsprache eines Heiligen zurückgeführt wurde.

So stimmten religiöse Bräuche mit den Notwendigkeiten des Lebens überein, weil vorgeschrieben war, daß eine Dame, die auf die rechte Art fromm sei, in einem Kranken den elenden, geschlagenen Christus zu sehen habe. Solcherart geistige Beeinflussung war mächtig und führte zu dem echten Gefühl, gar den Herrn in der gerade begegneten Gestalt eines Kranken getroffen zu haben. Das war sicherlich eine der heftig sprudelnden Quellen für Wundertätigkeit und Legendenbildung, für die Geschichten von Heiligen, von denen es im frühen 13. Jahrhundert bereits eine erhebliche Anzahl gab.

Die Gläubigen erwählten sich in entsprechendem Alter, Elisabeth tat es lange vor ihrer Vermählung, einen Schutzpatron. Der persönliche Heilige wurde aus den zwölf Aposteln nach einem bestimmten Verfahren ausgelost. Niemand wollte den Verräter Judas haben, jedermann einen Apostel aus der Nähe des Herrn. Elisabeth erhielt wunschgemäß den Lieblingsjünger

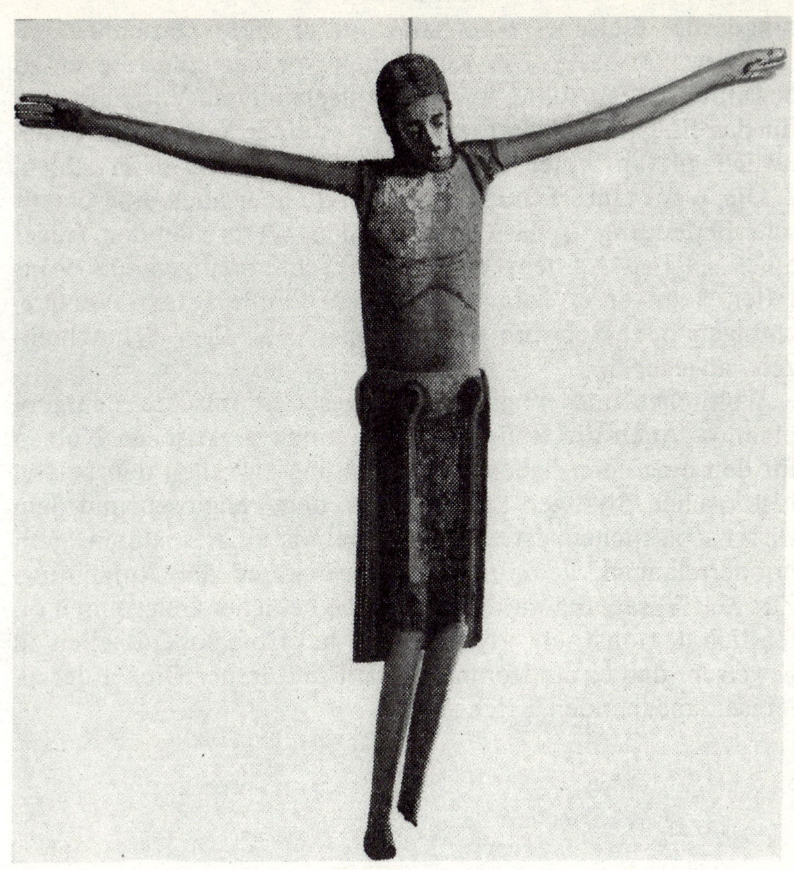

Im Namen des elenden, gekreuzigten Jesus traten die Armutsbewegungen hervor. Schwäbischer Christus um 1100

Johannes zu ihrem Schutzapostel, nachdem sie aus den auf verschiedene Zettel aus Pergamentpapier geschriebenen Namen dreimal hintereinander immer wieder den des Johannes gezogen hatte. Die Zettel wurden auf den Altar gelegt und gemischt, dann erfolgte die Losziehung. Johannes galt bei Jungfrauen seinerzeit als besonders vorbildlich, da er allen Anfechtungen des Fleisches widerstand und er seine Keuschheit immer bewahrt hatte. Die Keuschheit vor der Ehe, die er zu bewahren helfen sollte, war eine entscheidende Vorbedingung für das Eheglück. Außerdem stand es einer Königstochter natürlich gut an, einen der Lieblinge des Herrn zu erwählen.

Die Wahl eines Schutzheiligen hatte aber auch eine praktische Bedeutung für das tägliche Leben. Wenn man den Träger eines solchen Namens bei seinem Schutzheiligen um etwas bittet, kann er es kaum abschlagen. Große Bitten, Versprechungen oder Schwüre werden sogar „bei allen Schutzheiligen“ abgegeben.

Weltliches und religiöses geistiges Gut mischte sich problemlos. Auch die Religion mußte einen praktischen Nutzen für den einzelnen haben. Die Trennung zwischen den beiden historischen Strängen des Denkens, dem religiösen und dem wissenschaftlichen, ist erst das Ergebnis einer späteren, jahrhundertelangen, kampfreichen Entwicklung der Aufklärung. Zur Zeit Elisabeths wurde der Glaube bei jeder Gelegenheit öffentlich demonstriert, und niemand bei Hofe zögerte, allen zu beweisen, daß er ein frommer Christ und treuer Diener der alleinseligmachenden Kirche war.

Schicksalsschläge

Zwei Jahre nach der Ankunft Elisabeths in Eisenach wird ihre Mutter in Ungarn ermordet. Wir haben schon bei der Anbahnung der Verheiratung von Elisabeth ihre aktive Rolle in politischen Angelegenheiten betrachtet. Andechs-Meran, ein einflußreiches Fürstenhaus in europäischem Maßstab, war über Gertrud auch in Ungarn sehr einflußreich geworden. Sie holte viele Deutsche ins Land, Ritter in ihrem Gefolge, Ratgeber, Priester, wahrscheinlich auch Künstler. Diese fremden Männer, meistens nicht der Landessprache mächtig, waren dabei, am Königshof der Ungarn die bestimmende Rolle zu übernehmen. Hatte Andreas II. vergessen, daß er seinen Thron allein der Unterstützung seiner ungarischen Ritter verdankte? Warum verbot er seiner Gemahlin nicht die dauernden, ehrgeizigen Einmischungen in die Landespolitik, die Bevorzugung der Deutschen, die Verteilung von Pfründen an ihre Verwandten? War der ungarische Hof eine Außenstelle von Andechs-Meran?

Die Unzufriedenheit des ungarischen Adels wuchs, und da Gertrud wegen ihres herrschsüchtigen Gehabes sehr unbeliebt war, kam es, wie es kommen mußte. Während eines Jagdausfluges erstach ein rebellierender Ungar seine Herrin, ihr Leichnam wurde in Stücke zerhackt und im Wald zerstreut. Dessenungeachtet besitzt Gertrud ein reich geschmücktes Grab in der Zisterzienserkirche zu Pilis, wie es sich für eine Königin gehört.

Es wäre zu hoffen gewesen, daß die Umstände ihres Todes der sechsjährigen Elisabeth verschwiegen wurden, als man ihr die Nachricht überbringen mußte. Wahrscheinlich hatten die zwei Jahre in Thüringen so manche Erinnerung an Ungarn überdeckt. Für ihre Stellung als Verlobte des zukünftigen Landgrafen ergaben sich aus dem Tode der Mutter noch keine Folgerungen. Ihr Vater, Andreas II., war nach wie vor der entscheidende Faktor in Ungarn, und wahrscheinlich war die Eindämmung der deutschen Einflüsse in seinem Land durchaus in seinem Sinne. Die Politik würde sich dadurch gewiß nicht ändern.

Drei Jahre später allerdings trat ein Ereignis ein, das die Stellung Elisabeths am Hofe erheblich verändern konnte und anscheinend sogar gefährdet hat. Ihr zukünftiger Mann, der zum Nachfolger Hermanns I. bestimmte älteste Sohn der Landgrafenfamilie, Hermann, starb plötzlich. Damit war die

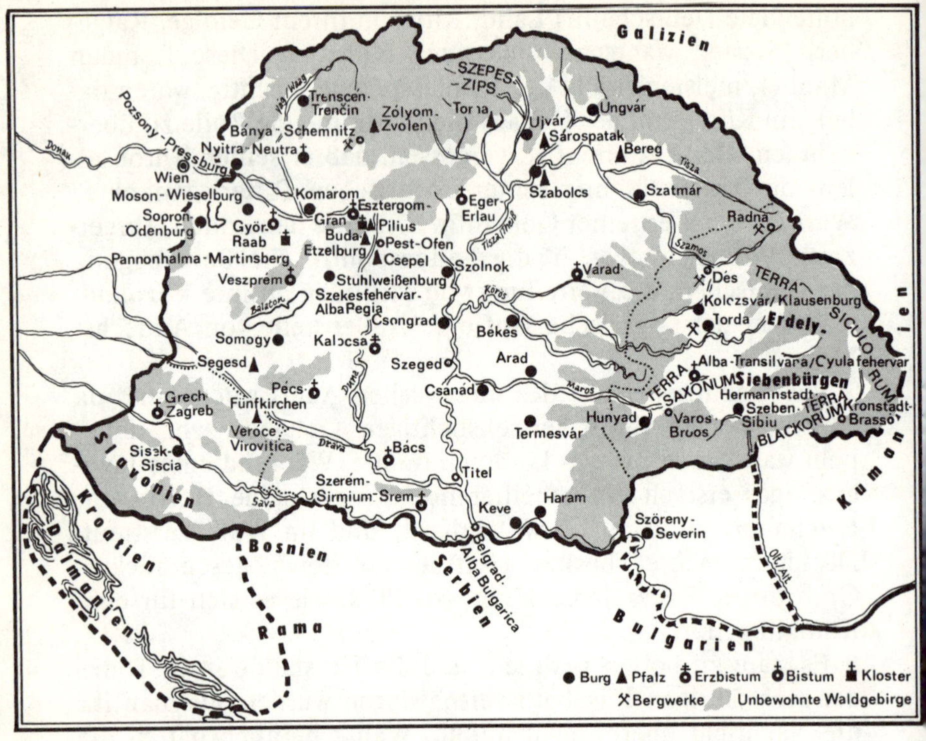

Ungarn zur Zeit des Königs Andreas II.

Verlobung auf eine unerwartete Weise aufgelöst. Die neunjährige Elisabeth wird sicher schon Schmerz und Trauer über den Tod ihres zukünftigen Gatten empfunden haben, denn daß sie ein Paar werden sollten, stand durch die Gespräche und Überlegungen am Hof für alle fest, beide wurden darauf zielgerichtet vorbereitet.

Die weitere Zukunft des Heiratsbündnisses war mit dem Ableben Hermanns in Frage gestellt, denn sie war natürlich nicht mit dem Hof, sondern mit einem bestimmten Menschen verlobt worden, und den hatte man in Reinhardsbrunn beigesetzt. Der Landgraf hätte sie also wieder in ihre Heimat zurückschikken können, was anscheinend auch erwogen worden ist. Aber damit wäre nichts gewonnen gewesen. Es gibt Darstellungen, in denen behauptet wird, ihre Stellung am Hof sei in Gefahr gewesen, man hätte sie sogar als Fremdkörper angesehen. Daraus wurden verschiedene Schlüsse gezogen. Die ungarischen Priester-Erzieher hätten sie auf fremdländische, ungarische Weise erzogen und beeinflußt, die Landgräfin hätte sie wegen ihres lebhaften, ungestümen Wesens nicht gut leiden können und ähnliches mehr. Das alles könnte niemals ein ernsthafter Grund für eine Trennung von ihr gewesen sein, hier ging es nicht um Sympathie und Antipathie, hier entschied die Politik. Der Tod des jungen Hermann würde an dieser Priorität nichts ändern.

Die politische Großwetterlage war inzwischen übersichtlicher geworden. Die von Andechs-Meran und von Hermann I. unterstützte Politik der Wahl Friedrichs II. hatte Erfolg. Otto IV., der Welfe, hatte Italien erobert und wurde deshalb vom Papst exkommuniziert. Ein Jahr später, auf dem Reichstag von Nürnberg (1211), wählten die deutschen Fürsten ihren neuen Herrn, Friedrich II., König von Sizilien, Sohn Heinrichs VI. Der bisherige Gegenkönig Otto IV. wurde abgesetzt und zwei Jahre später auch endgültig militärisch von den Franzosen in der Schlacht bei Bouvines entscheidend geschlagen.

Hermann I. war also objektiv nicht an einer Spannung zwischen Thüringen und Ungarn, das ebenfalls zur Partei Friedrichs II. gehörte, interessiert. So bleibt Elisabeth am Hof, über ihr Schicksal müssen neue Verabredungen getroffen werden, und dazu verfügte man über verschiedene Möglichkeiten und Kanäle. In Bamberg saß inzwischen wieder Ekbert, der Bischof.

Streit an der Westgrenze

Hermann I. hatte sein ehemals klares Verhältnis zur Zentralmacht wiedergewonnen und sich glücklich schätzen können, nunmehr eine neue Friedensperiode begonnen zu haben. Das Land sollte sich erholen und seine Kräfte erneuern. Doch da war noch eine alte, unbeglichene Rechnung mit dem Mainzer Erzbischof. Auf den ersten Blick handelte es sich um eine der zahlreichen Streitigkeiten um Land und Besitz, in diesem Falle um das ständige Problem, wem die Klöster unterstehen, dem Klerus oder der weltlichen Macht. Das große Kloster Hersfeld, in Hermanns Einflußgebiet nahe Eisenach gelegen, besaß den Status einer Reichsabtei. Hermann hielt diese Privilegien für revisionsbedürftig, lag das Kloster doch auf seinem Gebiet, also war es ihm abgaben- und gehorsamspflichtig, wie er meinte und auch durchsetzte. Im Jahre 1205 zwang er der Abtei einen Vertrag auf, der ihm erlaubte, über das Klostergut, seine Wälder und den Grund und Boden der Klosterbauern zu verfügen. Um seine Ansprüche gleich sichtbar zu machen, nahm er dem Kloster die zinspflichtigen Bauern direkt weg, indem er sie rücksichtslos in Städte umsiedeln ließ, er vertrieb sie mit Gewalt.

Das Kloster unterstand dem Mainzer Erzbischof, der die Rücknahme der Maßnahmen verlangte und seine älteren Rechte geltend machte. Hermann, der sich näher am Punkt der Auseinandersetzung wußte, gab nicht nach. Daraufhin wurde ein starkes Mittel gegen ihn eingesetzt, der Mainzer Erzbischof, mächtigster deutscher Kirchenfürst, verhängte gegen ihn den Kirchenbann. Der Bann war ein Mittel, das seine Wirkungen zeigte, wenn es auch nicht allvermögend war. Der Gebannte wurde mit dem Bannspruch isoliert, gemieden, niemand durfte mit ihm verkehren oder ihn unterstützen. Für Christen war die kirchliche Form des Banns besonders schwerwiegend, kam sie doch einer Exkommunizierung gleich. Die

Sakramente wurden nicht erteilt, der Betreffende durfte nicht am kirchlichen Leben teilnehmen. Da der Bann im Falle Hermanns auf einen Herrscher geschleudert wurde, der über einen festen Stuhl verfügte, reichte der Fluch nur bis an die Grenzen seines Herrschaftsbereiches, er traf ihn sogar weniger hart. Doch immerhin besaß jedermann das kirchlich sanktionierte Recht, den Gebannten gefangenzunehmen, ihn auszuliefern und gegebenenfalls sogar zu töten, ohne dafür bestraft zu werden. Diese ständige Drohung blieb bestehen, bis der Bann gelöst wurde, was möglich war, aber die Lösung der Streitigkeiten voraussetzte.

Hermann gab nunmehr in einigen Punkten seiner Besitzansprüche etwas nach, aber der Erzbischof wollte alles unter seiner Fuchtel behalten. Hersfeld war vermögend, und wer die Vogteirechte besaß, hatte immer den Schlüssel zur Reichsabtei in der Hand. Außerdem stand über den Anlaß hinaus auch zwischen Mainz und Eisenach die Frage zu klären, ob Bischöfe oder Fürsten das erste Wort hatten. Der Widerstand nicht nur des Klosters, sondern auch der Kleriker an anderen Orten muß beträchtlich gewesen sein, das Blatt wandte sich gegen den Landgrafen. Auch die Priester seines Hausklosters werden ihm zum Nachgeben geraten haben, denn als er stirbt, befindet er sich noch im Bann und wird nicht in Reinhardsbrunn, wie alle seine Vorfahren, begraben, sondern im Katharinenkloster in Eisenach. Ein deutliches Zeichen für ein Zerwürfnis, in dem er nicht nachgeben wollte, ging es doch um die Gebiete westlich vom Zentrum, das er in keiner Weise beeinflußt sehen wollte.

Der Zweiundsechzigjährige war von den andauernden Anstrengungen der siebenundzwanzig Regierungsjahre müde geworden. Er hatte sich wahrlich nicht geschont, hatte die Anstrengungen des Kreuzzuges auf sich genommen, war während der Doppelkönigsherrschaft durch seinen dauernden Frontwechsel aus den Aufregungen und Kriegsfahrten nicht herausgekommen, mußte auf alle neuen Ränke sofort reagieren, was oft genug wieder neue, unglückliche Folgen für Thüringen hatte. Dazu kam der frühe Tod seines Lieblingssohnes und Nachfolgers und schließlich das unstete Wanderleben, das ihn sogar in die Schmach der Gefangenschaft führte. Das alles hatte ihn überanstrengt und seinen Geist verwirrt. So fand er, krank am Gemüt geworden, am 25. April 1217 seinen Frieden bei einem Besuch seiner Stadt Gotha. Er hatte seinem Sohn Ludwig, dem noch nicht regierungsfähigen Nachfolger, ein schweres Erbe hinterlassen.

Und was bedeutete der Tod Hermanns nun für Elisabeth? Was würde aus dem zehnjährigen Mädchen werden, dem die Mutter, der Bräutigam und nun auch der Schwiegervater genommen worden war?

Es lebe der neue Landgraf

In der Erbfolge stand der zweitgeborene Sohn Hermanns an erster Stelle. Bei seiner Geburt hatte er den Namen Ludwig erhalten. Nun hatten die Ludowinger wieder einen Ludwig, den vierten, als Landgrafen. Der junge Mann, erst siebzehn Jahre alt, als sein Vater die Augen schloß, besaß noch nicht die Schwertleite, wenn er auch in den ritterlichen Tugenden bereits unterwiesen war. Man hatte keine Zeit, auf einen großen Anlaß, etwa ein prächtiges Turnier, wie wir es vom Hoftag in Mainz kennen, zu warten. Der Thron durfte nicht lange verwaist sein. Außerdem wurden Fürstensöhne in der Regel schon mit fünfzehn Jahren zum Ritter befördert. Die Krankheit Hermanns I. hatte wohl eine Entscheidung immer wieder verzögert.

Mit der Schwertleite übernahm ein junger Mann die volle

Verantwortung für sein Handeln, er wurde volljährig gesprochen. Die Zeremonie erfolgte in aller Öffentlichkeit durch die Umgürtung des Schwertes. Dieser weltliche Akt wird in der Zeit Ludwigs bereits mit einem kirchlichen Zeremoniell verbunden, denn wir erfahren, daß es in der Georgenkirche zu Eisenach stattgefunden hat. Im allgemeinen zog man nach der Schwertleite in die Kirche und schwor dann am Altar angesichts des Herrn. Einen Ritterschlag kannte man damals noch nicht, er kam erst im 14. Jahrhundert auf. Leider besitzen wir keinen Augenzeugenbericht von der Schwertleite Ludwigs, er wird nach den üblichen Gepflogenheiten verlaufen sein. Wahrscheinlich hat Ludwig den aus dem 10. Jahrhundert stammenden Eid geleistet. Er lautet:

„Erhöre, so bitten wir dich, Herr, unsere Gebete und mache dieses Schwert deiner wert, womit dein Diener Ludwig sich zu umgürten wünscht, indem du es mit der rechten Hand deiner Majestät segnest, damit es zur Verteidigung und zum Schutz von Kirchen, Witwen, Waisen und allen, die Gott dienen, gegen die Wildheit der Heiden gereichen kann, und damit es anderen Feinden Angst, Schrecken und Entsetzen einflößt."

Das Schwert galt im Ritterideal als ein Schutzschwert, wer es trug, war von Adel und übernahm die Verpflichtung, die Schwachen zu schützen. Dazu heißt es in einer Urkunde des Grafen Wilhelm von Valentinois aus dem Jahre 1183: „Es ist ein besonderes Merkmal des Adels, und es erfordert die Gewalt unseres Schwertes, daß wir Witwen und Waisen verteidigen und beschützen, Recht sprechen und Gerechtigkeit üben an den Armen in ihrer Not."

Sicher war man in Eisenach hoher Stimmung, als der junge Landgraf, begleitet vom Hof, neben seiner Mutter durch ein Spalier der Bürger ins Schloß schreitend, seinen Herrscherplatz einnahm. Unter den engeren Verwandten auch Elisabeth, sicher mit gemischten Gefühlen.

Den Höhepunkt der Festlichkeiten zur Inthronisierung bildete dann das Turnier, so gebot es die Sitte. Hier konnte der

Ritter, zumal der neuernannte, beweisen, was er gelernt hatte. Ob Ludwig glanzvoll bestanden hat, ob er vom Pferd gestoßen wurde, die Chronik vermeldet es nicht. Er wird schon einen guten Eindruck hinterlassen haben, wer würde es wohl wagen, einen Landgrafen im Turnier zu besiegen?

Die sportlichen Wettkämpfe der damaligen Zeit dienten mehreren Zwecken. Ein ritterlicher Schriftsteller, Heinrich Wittenweiler, stellte es im „King" dar: „Das Turnier und das Stechen sind nicht um ihrer selbst willen da, nicht nur, um den hehren Frauen zu hofieren. Sie werden auch veranstaltet, daß man seine Ritterschaft erzeige und etwas dazu lerne." Die Umstände waren nach seiner Schilderung prächtig: „Fünftausend Ritter oder mehr aßen da sein (des Landesherren) Brot. Man buhurdierte*, tanzte und trieb viele andere ritterliche Spiele. Die vornehme Herzogin und ihre liebreizende Tochter und viele andere treffliche Damen waren anwesend und versetzten uns in freudige Feststimmung."

Von einer Feierlichkeit mit der beschriebenen Prachtentfaltung ist aus Eisenach nichts bekanntgeworden. Das Land war arm, die Umstände des Todes Hermanns bedrückend, der Bann ruhte auch auf dem neuen Herrscher, solange er keine Übereinstimmung mit dem Mainzer Erzbischof erzielen konnte. Doch Schwertleite und Schwur fanden in der Georgenkirche statt, wer nahm, außer der Familie, noch an der festlichen Handlung teil? Ludwig soll gegen die Teilnahme fremder Fürsten gewesen sein, so daß der Bischof von Eisenach, andere Quellen sprechen vom Naumburger Bischof, am Altar einziger offizieller Zeuge des Gelöbnisses gewesen ist.

Das Land hatte einen neuen Herrscher, doch eine neue Herrin besaß es noch nicht, in diesem Punkte mußte Ludwig bald eine Entscheidung treffen, so gehörte es sich für den Landgrafen. Seine jetzige Stellung nach dem Tode des Vaters war nicht unabhängig gewesen. Die Mutter Sophie übte, wie es die Regel

* übte sich im Minnegesang

wollte, die Vormundschaft aus. Nun aber war Ludwig IV. ein Ritter, ein Mann. Er mußte als Landgraf regieren, folgenreiche Entscheidungen standen bevor, der Papst hatte den neuen Kaiser Friedrich II. sogleich verpflichtet, einen Kreuzzug zu beginnen. Müßte Ludwig gleich zu Anfang seiner Herrschaft in einen teuren, finanziell ruinösen Krieg?

Alle seine Vorfahren waren ins Gelobte Land gezogen, um es für den Papst zu erobern, auch sein Vater, der dabei umgekommen war. Würde er diese furchtbare Tradition fortsetzen? An der schwierigsten Frage, die gleich am Anfang stand, zeigte sich seine mutige Haltung. Ludwig entschied: Thüringen beteiligt sich nicht. Der Zufall wollte es, daß er diesen Entschluß seinem späteren Schwiegervater, Andreas II., mitteilen mußte, der als Kommandeur des Kreuzzuges eingesetzt war. Er schrieb ihm, daß Thüringen an seinen Grenzen die erforderliche äußere Ruhe brauche, bevor es sich an größeren Unternehmungen von Reichsbedeutung beteiligen könne. Ja, wie leicht konnte es geschehen, daß während der Abwesenheit der Ritter die Streitigkeiten mit dem Erzbischof von Mainz mit Waffengewalt erneut entflammten. Damit war durchaus zu rechnen, und wie schutzlos läge dann das Thüringer Land vor den Eroberern da.

Mit seinem Entschluß beweist Ludwig IV. allen, daß er regierungsfähig ist und beginnt, seine eigene Politik zu verfolgen. Zuerst mußte das Problem mit dem Kloster Hersfeld gelöst werden. Mit Diplomatie war offensichtlich kein Erfolg zu erzielen, also fiel er wie ein erfahrener Kriegsmann in das Mainzer Territorium ein. Das kaiserliche Landfriedensgesetz aus dem 11. Jahrhundert verbietet es, Dörfer und Städte des Feindes zu brandschatzen, die Heere sollten sich in einer Feldschlacht gegenüberstehen und bis zur Entscheidung kämpfen, nicht aber ihren Streit auf die unbeteiligten und unschuldigen Einwohner übertragen, besonders sind erwähnt Kleriker, Kaufleute, Bauern und ihre Felder und Tiere, Juden und Narren. An Sonntagen hatte der Streit grundsätzlich zu schweigen.

Wer aber hielt sich an diese Regeln? Inzwischen hatten alle erkannt, daß man den Gegner viel wirksamer treffen konnte, nahm man ihm die wirtschaftliche Basis. Waren die Dörfer vernichtet, hatte er keine Einkünfte aus ihnen. Machte man die Städte unbewohnbar, entfielen die Einkünfte aus den Märkten. Genau nach dieser Methode hatte Philipp von Schwaben vor fünfzehn Jahren aus Rache in den Thüringer Fluren gewütet und sein Gegenspieler Otto IV. ebenfalls, und zwar gleich zweimal, vor fünf und noch einmal vor drei Jahren. Ludwig kannte alles aus eigener jugendlicher Erfahrung, mußte er doch sogar einmal als Geisel dienen, kannte daher auch die Schrecken einer Gefangenschaft.

Er muß energisch vorgegangen sein, denn der Erfolg blieb nicht aus. Der Erzbischof lenkte ein, und beide Seiten einigten sich in einem Kompromiß zu Fulda mit der wichtigen Folge, daß der Bann von Ludwig genommen wurde.

Der Streit zwischen den Mainzern und Thüringern war nur eine Miniaturausgabe des berüchtigten Investiturstreites, der das ganze Mittelalter durchzieht. Irgendwann war jeder Fürst mit ihm konfrontiert, im Großen wie im Kleinen. Es änderten sich nicht einmal die Formen, Gewalt stand durch die Jahrhunderte des Mittelalters gegen Gewalt, und immer bezieht er sich auf das Verhältnis zwischen Kaiser und Papst, auf welcher gesellschaftlichen Stufe der Hierarchie auch immer.

Die Investitur, die Einsetzung eines Geistlichen in sein Amt, war lediglich der Streitpunkt, an dem sich entzündete, wer im Reich die Führung übernehmen sollte. Seit dem ersten Kaiser, Karl dem Großen, hatte die Kirche ihren Platz im Reich gefunden. Die Kaiser erkannten ihr große Bedeutung zu, vor allem, weil sie Gehorsam gegen die weltliche Obrigkeit lehrte, an der Entscheidungsfindung in Staatsangelegenheiten teilnahm, gebildete Männer für die Verwaltung zur Verfügung stellte und im Kriegsfall zur Verteidigung aufrief. Jedoch war es übliche Praxis, daß sich die Kirche nach dem Willen des weltlichen Herrschers richtete, im gesamten Reich wie auch in den einzelnen Fürstentümern. Der König berief die Synoden ein und bestätigte die Bischöfe. König und Kaiser hatten bei ihrer Krönung durch die Salbung Priesterweihen erhalten und leiteten daraus das Recht, höchster Priester zu sein, ab. Im 10. und 11. Jahrhundert wurden die Päpste ganz selbstverständlich und dazu häufig vom Kaiser abberufen oder eingesetzt. Nach dem Tode Heinrichs III. (1056), der nur einen minderjährigen Sohn und demzufolge ein durch Regenten und Berater regiertes Reich hinterließ, begannen einige einflußreiche Herzöge, ihre Macht auf Kosten der Zentralgewalt zu vergrößern. Sie bemächtigten sich sogar des jungen Königs und entrissen ihn der Erziehung seiner Mutter. Damit hatten sie auch die Regentschaft des Reiches übernommen und nutzten sie für die eigene Macht, indem sie das Königsgut zu ihren Gunsten antasteten. Die Kämpfe der Erzbischöfe und Fürsten untereinander schwächten das Reich auf unvorstellbare Weise.

Diese Situation nutzte der Papst Gregor VII. aus. Er erließ einen Rundbrief mit entscheidenden Veränderungen, beschrieb seine Stellung als „unumschränkter Herr der Universalkirche", als oberster Würdenträger über alle anderen Kirchenfürsten. Er war jetzt nicht mehr nur Bischof von Rom, sondern der erste aller Bischöfe.

Zugleich bezeichnete er sich als obersten Herrn der Welt, dem allein die kaiserlichen Insignien zustünden. Von nun an trägt er eine Tiara, eine königliche, kegelförmige Kopfbedeckung mit einem Kronreif, später ist sie sogar mit drei Reifen geschmückt. Jetzt entbrennt ein Kampf um die Vorherrschaft zwischen Papst und Kaiser, der unzählige Opfer gefordert hat. Zwar wurde ein Kompromiß gefunden im Wormser Konkordat (1122), demzufolge der Kaiser auf die Herrschaft über das Papsttum verzichtet, allerdings auch der Papst darauf, dem Kaiser die Insignien zu verleihen und den kaiserlichen Fußkuß zu erhalten. Das waren jedoch nur Äußerlichkeiten, tatsächlich war das Papsttum gestärkt aus dem Investiturstreit hervorgegangen, der, obwohl offiziell beigelegt, immer wieder an strittigen Problemen aufflammte, so wie auch am Streit der Ludowinger mit dem Erzbischof von Mainz um die Hersfelder Reichsabtei.

Mit dem Kompromiß hatte Ludwig für seine Besitzungen im Westen des Thüringer Landes wieder Ruhe erkämpft, nun konnte er sich um die Angelegenheiten im Osten kümmern.

Der neue Herr hat neue Pläne

Die Zeiten waren auch für den Thüringer Hof andere geworden. Die dauernden Kriege zeigten verheerende Auswirkungen auf die ökonomische Lage, insofern war die Rechnung der Welfen aufgegangen, das Land war arm geworden. Auch der Ausbau der Wartburg war nicht billig gewesen. Nun waren die Bauleute wieder in das Kloster Ebrach bei Bamberg zurückgekehrt, um sich dem Wiederaufbau des durch Feuer vernichteten Bamberger Doms zu widmen. Der Minnesang hatte in den Krankheitsjahren Hermanns keine besondere Förderung mehr erfahren, Walther hielt sich nicht mehr im Lande auf, und es war ungewiß, ob er wiederkehrte, und Wolfram war schon zu alt, um noch eine starke Anziehungskraft zu besitzen. Außerdem hörte man von neuen Ideen, die aus dem fernen Italien kamen. Junge Leute mit merkwürdigen Verhaltensweisen erklärten, daß sie nicht mehr im Reichtum leben wollten, und begannen, als Bettelmönche durch das Land zu ziehen. Sie verrichteten niedere Dienste und lebten einfach. Genaueres wußte man noch nicht, vor allem blieb unklar, wie der Papst im Lateran darauf reagieren würde. Gesprächsstoff gab es genug, und besonders die Jugend war davon angeregt.

Ludwig aber hatte andere Sorgen, er mußte zuerst im Inneren klarmachen, wie seine Herrschaft auszusehen hatte. So verlangte er die strikte Einhaltung seiner Anordnungen. Vergingen sich Adlige dagegen, weil sie annahmen, für sie gelte das allgemeine Landesrecht nicht, griff er streng durch und scheute auch nicht vor der Todesstrafe zurück. Außenpolitisch hatte er im Westen Ruhe, nun konnte er sich der Lage an seinen östlichen Grenzen zuwenden, und hier gab es eine interessante Situation für seine Bestrebungen, er meinte gar, es sei eine ungeklärte Lage durch den plötzlichen Tod des Markgrafen von Meißen entstanden. Nunmehr regierte seine Halbschwester Jutta an der Stelle ihres dreijährigen Sohnes das große Land, das bis nach Lebus reichte, dem bedeutenden Übergang über die Oder. Was würde in den fünfzehn Jahren, die noch bis zur Volljährigkeit vergehen würden, geschehen? Ludwig traute Jutta nicht zu, die Geschicke zu lenken, und noch dazu geboten Ritterehre und Reichsrecht, daß er sich als naher Verwandter um die Erziehung des kleinen Heinrich, der Halbwaise, kümmerte, er war der richtige Vormund.

Außerdem hatte er hier eine Gelegenheit, sein eigenes Territorium, das jetzt an der Saale endete, nunmehr bis zur Elbe und Oder auszudehnen! Jetzt könnte er das Land im Herzen Deutschlands zu einem starken Zentrum des Reiches ausbauen. Er zögerte nicht lange, rückte nach Meißen und ließ dort Treueide auf ihn als Vormund Heinrichs schwören. Dabei verkündete er dem sächsischen und Niederlausitzer Adel, den Beamten und dem staunenden Volk, daß er Landesherrschaft und Kirchenlehen ganz beanspruche für den Fall, daß sein kleines Mündel sterben werde. Alle wußten nun, woran sie waren, besonders Halbschwester Jutta, die damit entmachtet werden sollte und es dem Rechte nach vielleicht auch war. Sie wird ihn mit dem Gefühl der Erleichterung verabschiedet haben, als er wieder nach Eisenach aufbrach.

Woher kommt die Armut?

Während der Landgraf seine Fahrten unternahm, schwebte die zwölfjährige Elisabeth immer noch im ungewissen. An den politischen Gesprächen hatte sie – ein Kind noch – gewiß keinen Anteil. Politik war Männersache, nur in Ausnahmefällen griffen Frauen in die Auseinandersetzungen ein, wie zeitweilig Sophie oder auch Jutta, wenn sie, verwitwet, die Zeit bis zur Inthronisierung eines Fürsten überbrücken mußten. Im allgemeinen leiteten die Herrinnen die Erziehung der Jungen und Mädchen in den Kinderjahren, dann die der Mädchen zu jungen Damen, wenn die Jungen für das Ritterhandwerk von Männern ausgebildet werden mußten. Die Regeln für eine standesgemäße, fromme Lebensführung der adligen Damen lagen fest, sie sollte durch Erziehung selbstverständliche Gewohnheit werden. Dazu gehörte vor allem der regelmäßige, tägliche Besuch der Messe, ein allgemein züchtiges, sittsames Verhalten, darin eingeschlossen die Unterdrükkung „sündhafter" Anwandlungen und die Verteilung von Almosen an die Armen. Die letztere Aufgabe konnte auch an andere übertragen werden.

Almosen verteilte man in verschiedenen Formen, als einmalige Spende oder regelmäßige Stiftung. Als Beispiel mag ein Almosen gelten, das zu Lebzeiten Elisabeths (1218) der Burggraf Konrad von Hohensalzburg stiftete und noch bis ins 18. Jahrhundert ausgeteilt wurde. Zum Fest des heiligen Vitalis verteilten die Mönche des Klosters St. Peter, eines reichen Benediktinerklosters, an die Armen einhundertfünfzig Laib Käse, über zweitausend Liter Roggen oder das daraus gebackene Brot. Üblich war auch die Speisung der Armen an großen Tischen, an denen manchmal zusammen mit den Stiftern gespeist wurde. Die heutige Erinnerung daran besteht in den Suppenküchen weiter, die eine „Bettelsuppe" an die Arbeitslosen und sonstigen Bedürftigen ausgeben. Sammlungen von

Wohlfahrtsverbänden, die getragene Kleider erfassen und sie an Arme verschenken, bei Unwetterschäden und anderen Naturkatastrophen zu Geldsammlungen aufrufen – das alles geht auf die mittelalterliche Praxis der Almosenspende zurück, in der die Damen ausgebildet waren. Hilfe für Bedürftige? Ja, sicher, doch nicht ohne den erwünschten propagandistischen Wert für eine milde Herrschaft.

In ihrer frommen Lebensführung wurden die hochgestellten Damen durch einen Beichtvater bestärkt und, wenn erforderlich, auch mahnend angehalten. Fürstinnen bekamen einen Seelenführer, der nicht nur die Beichte abnahm, sondern auch über die erforderliche Bildung und das Taktgefühl verfügte, um sich als geistlicher Berater zu empfehlen. Diese Kleriker standen in der Kirchenhierarchie an oberer Stelle, waren Priore oder Äbte, Bischöfe oder Legaten des Papstes, je nach Rang der Fürstenhöfe. Sie griffen, soweit sie es für richtig hielten, durch vorsichtige Empfehlungen oder Meldungen an ihre vorgesetzten Kirchenfürsten in die praktische Politik ein.

Im Falle von Elisabeth ist anzunehmen, daß die ungarischen Priester sich um die geistigen Belange des Mädchens kümmerten. Lehrer und Priester – das ist zu jenen Zeiten noch identisch, denn die in den Mönchsorden ausgebildeten und in ihrem Auftrag handelnden Priester waren die eigentlich gebildeten Männer ihrer Zeit. Sie verfügten über rationelles Denken, logisch geschulten Verstand und oft auch über erstaunlich praktische Fähigkeiten als Techniker und Landwirte, Forstmeister und Wegebauer, Baumeister und Schriftgelehrte. Auf jeden Fall waren sie in ihrer Klosterzeit mit solcherart gebildeten Mönchsbrüdern in Kontakt gekommen und beschränkten sich mit ihren Kenntnissen und ihrem Wissen durchaus nicht nur auf die Auslegung der Bibel. Es ist sicher, daß ihr Ansehen beim einfachen Volk sich auch aus diesen praktischen Kenntnissen herleitete.

An einem Fürstenhof wie dem Eisenacher wird es vielleicht etwas anders gewesen sein, man verfügte über Ministeriale, von denen man die praktischen Dinge des Lebens ordnen ließ. Die Priester waren hier in einer anderen Position angestellt, als ständig anwesende Vertreter der christlichen Kirche, als Berater in den schwierigen Fragen des rechten Glaubens, als Verantwortliche für das Seelenheil, für die Übereinstimmung des Gewissens mit den oftmals rüden Taten, denn ein guter Christ wollte man trotz allem sein.

Elisabeth wächst in einer geistigen Welt auf, in der alles in Gottes Namen geschehen soll. Dennoch war das notwendige Wissen über die Lehre Christi sehr gering bei Laien und Priestern. Bibeln waren sehr selten, auch vom Eisenacher Hof ist nicht bekannt, ob es dort eine gab, vielleicht dürften wir annehmen, daß die Mönche von Reinhardsbrunn über ein Exemplar verfügten. Eine Bibel wird nirgends am Hofe erwähnt, doch ein Psalterium ist bekanntgeworden. Es enthielt Nacherzählungen über das Leben Christi und andere Heilige, daneben auch praktische Mitteilungen, etwa einen Kalender und Familiennachrichten, es diente als Lesebuch. Besonders gern wurden die Legenden von den Wundern weitererzählt, nicht nur aus der Bibel, sondern auch die umlaufenden Geschichten von Wundern in damaliger Zeit.

Die primitive Form des Glaubens erklärt sich daraus, daß auch viele Priester und Mönche nicht gebildet waren und in der übergroßen Mehrzahl noch nie eine Bibel in der Hand gehabt hatten. Nur wenige Männer konnten die schwierige Arbeit einer Bibelabschrift überhaupt bewältigen. So verbreitete sich das Christentum vorwiegend durch Predigten. In ihnen wurden Segen und Fluch, Lob und Tadel gespendet und das Nahen von Gottes Reich angekündigt. Aus den Predigten zog auch Elisabeth ihren Glauben, es gehörte sich, eifrig dabeizusein, und außerdem war es das bestimmte geistige Brot, von dem man täglich umgeben war, das Gebet begleitete den ganzen Tag. Vielleicht kannte sie auch gläubige Menschen, die behaupteten, Christus wahrhaftig gesehen zu haben, was ihnen den Ruf besonderer Frömmigkeit einbrachte.

Auch Kinder waren von solchen Erscheinungen betroffen. Gerade in den Jahren, als Elisabeth aufwuchs, kam die Kunde von den Kinderkreuzzügen nach Thüringen. Der zwölfjährige Hirt Stephan hatte auf einem Felde in Nordfrankreich, wo er seine Schafe bewachte, eine Stimme gehört, die ihm zurief, er solle aufbrechen, das Grab in Jerusalem zu befreien. Der erschrockene Stephan vermutete, das könne nur der Herr selbst gewesen sein. Danach trugen sich einige weitere Besonderheiten zu, deren Höhepunkt das Verhalten seiner Schafherde war. Als er sie schimpfend von einem fremden Acker verjagte, fielen die Schafe vor ihm auf die Knie und baten um Vergebung.

Das war nun der Anlaß für Stephan, seine Erlebnisse zu predigen und daran die Aufforderung zu knüpfen, mit ihm nach Jerusalem zu ziehen, zumal ein Pilger ihm noch versprochen hatte, daß er und alle seine Gefolgsleute trocken durch das Meer gehen könnten. Hatte diese Fähigkeit, über das Meer zu schreiten, nicht auch Jesus besessen? Seine Reden fanden bei der Jugend begeisterten Anhang, und bald fanden sich mehr und mehr ein. Zum Zeichen ihrer Anhängerschaft malten sie sich rote Kreuze auf ihre Kleidung, wie sie es bei Rittern schon gesehen hatten. Entgegen warnender Stimmen zogen sie los, eine singende und betende Kinderprozession, die auf siebentausend Teilnehmer angewachsen war.

Sie sollen bis nach Marseille gekommen sein, wo sie im August 1212 eingeschifft wurden. Ihr weiteres Schicksal ist unbekannt, einige Schiffe sollen gesunken sein, andere haben ihre Fracht auf den Sklavenmärkten Nordafrikas abgesetzt und reichen Gewinn dabei gemacht.

So wie Stephan, der arme Hirtenjunge, predigte ein neunjähriger Nikolaus in Köln seinen Auftrag, das Jesusgrab in Jerusalem zu befreien. Auch ihm hingen viele seiner Altersgenossen an, und wie ihre französischen Brüder zogen sie nach Süden, allerdings nach Italien, das sie nach vielen, opferreichen Tagesmärschen über die unwegsamen Alpen erreichten. Doch in Genua, der großen Hafenstadt, wollte man sie nicht haben und verstieß sie. Hilflos irrten sie ziellos in Italien umher, immer auf der Suche nach einem Hafen, immer auf der Suche nach etwas zu essen und einem Nachtquartier. Nur wenige sollen schließlich nach Deutschland zurückgefunden haben.

An diesen Überlieferungen, die mager genug sind und offensichtlich durch spätere, abmildernde Ausschmückungen ergänzt wurden, erstaunt die Behauptung, die Kinder wären allein auf den Gedanken gekommen, eine solche Fahrt zu wagen. Ab und zu werden sie in den Geschichten von Erwachsenen begleitet, in der Regel aber warnen die Erwachsenen, besonders die verantwortlichen Kleriker vor den Zügen. Wäre das so gewesen, wie sind die Kinder da überhaupt nach Süden gekommen?

Für uns sind die Kinderkreuzzüge besonders interessant, weil sie zeigen, daß auch Kinder in die großen Weltfragen einbezogen waren. Zugleich sind sie ein Beweis dafür, daß die expansive Politik von Papst und Kaiser in den Nahen Osten in einer Krise steckte, nach vier verlorenen Zügen wurde ein fünfter vorbereitet. Noch hielten sich die Thüringer heraus, aber wie lange konnten sie das tun, ohne ihre Stellung im Reich zu gefährden? Wer glaubte noch daran, daß die seit 1095 auf dem Konzil in Clermont verkündete Politik erfolgreich sein würde? Waren doch die vielfältigen Versuche, Jerusalem zu erobern, gescheitert.

Zwar hatte das Kreuzfahrerheer im Jahre 1204 Konstantinopel erobert, aber die Massaker an der griechischen Bevölkerung konnten auf keinen Fall mit dem Christentum gerechtfertigt werden. Vielmehr standen hinter dieser Eroberung die wirtschaftlichen Interessen Venedigs, dessen Handelsflotten jetzt zusammen mit Genua den ganzen Schwarzmeerraum beherrschten. Das aus diesem Grunde errichtete Lateinische Kaiserreich unter Balduin von Flandern unterlag bereits ein Jahr später (1205) dem Ansturm der Bulgaren und spielte fortan nur noch eine lokale Rolle. Die erfolglose Schlacht bei Adrianopel zwang die Ritter, geschlagen nach Hause zu ziehen, sie hatten nicht für die Sache des Erlösers, sondern für die Verbreitung des neuen, venezianischen Geldstücks, des Silbergroschens, ihr Leben gewagt. Balduin saß in bulgarischer Gefangenschaft, und als er ein Jahr später heimkehrte, konnte die damit verbundene Erwartung in Flandern durchaus nicht die eingetretene Lustlosigkeit des Adels an ähnlichen Unternehmungen überdecken. Und darin bildete der Thüringer Hof keine Ausnahme. Die ewigen kleinen und großen Kriege schädigten das Land, hemmten seine Entwicklung und konnten jederzeit zu einer existentiellen Krise führen.

Zu den äußeren Niederlagen des Reiches und der Kirche traten jetzt verstärkt die inneren Krisenerscheinungen. Das Christentum war seit seinen Anfängen von Kräften innerhalb der Hierarchie kritisiert und in Frage gestellt worden. Jedoch in den letzten fünfzig Jahren häuften sich die Erscheinungen eines Abfalls größerer Gemeinschaften, ja ganzer Landstriche. Sie folgten Predigern, wenn sie gegen das Papsttum auftraten, mit ungewohnter innerer Anteilnahme und waren bereit, Qual und Verfolgung auf sich zu nehmen. Die Kirchenpraxis, anfangs nur von Reformpriestern in Zweifel gezogen, war nun bei den gläubigen Massen in Mißkredit geraten, ein bedrohlicher Zustand für die Oberen.

Wer jung war und ehrlich glaubte, mußte auf die allenthalben sichtbar gewordenen Widersprüche stoßen. Die Lehre vom gemarterten und für seinen Glauben gestorbenen Jesus Christus, der einfach, bedürfnislos gelebt hatte, für die Armen da war und ihnen wundersam half, stand im offensichtlichen Widerspruch zu den Lebensumständen der Männer, die sich die ersten Diener der Kirche nannten. Der Unterschied zwischen dem armseligen Leben der Bevölkerung und dem Wohlleben der Herrschenden, zwischen den Bauern, die das Korn produzierten, den Rittern, die es vom Felde raubten oder es verwüsteten, und auch den Priestern, die solche Untaten duldeten, schrie zum Himmel. Nirgends war eine Kraft zu sehen, diese Verhältnisse zu ändern, zu übermächtig war die Gewalt der

Waffen und die Brutalität ihrer Besitzer, die dem Ethos der Ritterschaft spotteten.

So hofften die einfachen Menschen auch zwölfhundert Jahre nach Christi Geburt noch auf die Erlösung von ihrer Qual durch das Anbrechen des Reiches Gottes auf Erden. Eine frühe Autorität, der Bischof Irenäus, hatte in Berufung auf die Heilige Schrift es bildhaft ausgedrückt: „Es werden Tage kommen, wo Weinstöcke wachsen werden, jeder mit 10000 Reben, und an einer Rebe 10000 Zweige, und an einem Zweig 10000 Schosse und an jedem Schoß 10000 Trauben und an jeder Traube 10000 Beeren, und jede Beere wird ausgepreßt 10000 Liter Wein geben." Irenäus wurde heiliggesprochen, seine Worte also galten als wahr und autoritativ.

Wer wollte nicht diesen Überfluß, der ein Wohlleben für alle versprach! Doch die Prophezeiung war schon alt, es hatten sich gute Tage für das Volk noch nicht eingestellt. Die Diener der Kirche aber lebten schon so, sie praßten wie die Ritter auf den Burgen, hatten vom Brot das weißeste, vom Fleisch das schmackhafteste, vom Wein den süßesten. Woher? Der Zusammenhang zwischen Wohlleben und Armut wurde immer deutlicher, ja, die Kirchenfürsten waren an der Ausbeutung der Produzenten beteiligt wie die weltlichen Fürsten auch. In der Lebensweise der Reichen gab es keinerlei Unterschied, und alles geschah im Namen Christi.

Dagegen empörten sich immer wieder gläubige Menschen, die im Leben Jesu ihr Vorbild sahen und die Ankunft des Herrn in allernächster Zeit für möglich hielten, wenn sich nur jedermann einer frommen Lebensweise befleißigte. Diese Kritiker der Kirche wurden als Ketzer behandelt. Die von den Versammlungen der Kirchenpriester der Ketzerei für schuldig befundenen Christen wurden grausam hingerichtet, ihr Besitz verfiel der Kirche. Solange es nur wenige waren, stellten sie kein bedrohliches Problem für die Kirchenhierarchie dar, konnten sie als Abweichler verteufelt werden, und ihr Gut und Geld war in jedem Fall nützlich.

Armut – das neue Ideal

Gegen das Wohlleben der Kirchenfürsten entwickelten sich einige Protestbewegungen in der Kirche, deren wichtigste viele Anhänger fanden, ein Zeichen dafür, daß sie die Stimmungen der Christen trafen. Sie begannen meistens damit, daß wohlhabende Bürger ihrem Besitz entsagten und an die Armen aufteilten. Sie selbst wollten ein gottgefälliges Leben durch Bettelei führen, einfach und arm wie der Herr Jesu Christ durch das Land wandeln und seine Lehre verkünden. Die wohl bekannteste Bewegung dieser Art bildete sich um den Lyoner Kaufmann Valdes, nach ihm „Waldenser" genannt. Die „Armen von Lyon" traten mit apostolischer Armut und ehrlicher Buße für eine Reform der Kirche ein.

In der Stadt Lyon, durch ihre Textilproduktion bekannt, im reichen Burgund gelegen, das damals zum Heiligen Römischen Reich Deutscher Nation gehörte, waren die Patrizier durch Geldgeschäfte mächtig geworden. Sie verliehen gegen hohen Zins Kredite an die immer geldhungrigen Adligen und an die freien Bauern der Umgebung. Die Geldwirtschaft breitete sich aus, und Lyon als ein Zentrum der Geschäfte war zu einem dauernden Streitobjekt zwischen dem Erzbischof, dem Grafen, dem französischen und dem deutschen König geworden.

In allen Städten lag dicht neben dem Reichtum auch die hoffnungslose Armut, doch in einer wohlhabenden Stadt war der Gegensatz besonders sichtbar. Hierher strömten die Entwurzelten aus allen Gegenden, Lyon wurde diesem Sog nur Herr, indem es für seine Gemeinde, die damals 10000 Einwohner umfaßte, fünf Spitäler einrichtete. Kranke wurden in Lyon behandelt, Arme verpflegt, Pilger beherbergt, Witwen und Waisen konnten mit Zuwendungen vom Domkapitel rechnen, aber auch reiche Bürger beteiligten sich an den Spenden, soziale Stiftungen gehörten zur Lebensführung in dieser Stadt.

Gleich den anderen Bürgern hatte Valdes seine Gewinne in Grund und Boden angelegt, das erschien ihm in unruhigen Zeiten als sicherste Investition für die Zukunft. Doch plötzlich bedeutete ihm sein ansehnliches Vermögen nichts mehr. In ihm wurde der Wunsch übermächtig, den ersten Christen gleich, ein neuer Mensch zu werden, ein einwandfreies Leben ohne Laster zu führen, ganz neu zu beginnen. Petrus Valdus beließ es wie so mancher andere nicht bei dem Wunsch, er machte seine Absicht 1176 wahr. Als guter Hausvater versorgte er seine Frau und seine Töchter, und dann begann er seinen ungewöhnlichen Weg.

Es wäre nach den üblichen Spielregeln zu erwarten und auch der Kirche recht gewesen, wäre er in eines der zahlreichen Klöster eingetreten, um seine Zweifel in der Abgeschiedenheit der Mönchszelle zu bekämpfen und in den Schoß der Kirche zurückzukehren. Valdus aber ging es nicht nur um sich, er wollte seine Auffassungen offen verkündigen. Leben nicht auch die Klöster von den Besitztümern anderer und von der Ausbeutung der Klosterbauern? Hatten die Apostel etwa eine kirchliche Erziehung genossen? Sie waren Laienprediger gewesen, und dieser Laienpredigt verschrieb sich auch Petrus Valdus, er wollte auf den Spuren des Apostels Jacobus wandeln. In seinen Gründen finden wir das alte Spannungsfeld zwischen dem Glauben und den Werken:

„Weil der Glaube ohne Werke tot ist, haben wir der Welt entsagt und das, was wir hatten, nach dem Rat des Herrn für die Armen gegeben und beschlossen, arm zu sein, so daß wir uns um den morgigen Tag nicht kümmern wollen und kein Gold und Silber oder derartiges, sondern nur die tägliche Nahrung und Kleidung von irgend jemand annehmen wollen.“

Am Ende des 12. Jahrhunderts lagen die Ideen, die wenig später die Handlungen Elisabeths von Thüringen bestimmen sollten, schon in der Luft. Die freiwillige Armut war der Sprengstoff in der Waldenser-Bewegung, sie störte die hergebrachte Gesellschaftsordnung und warf die Frage auf, warum nicht die Diener der Kirche mit gutem Beispiel vorangingen. Und so traten auch ihre Autoritäten gegen Valdes auf den Plan, doch er kümmerte sich nicht darum, ließ sich weder von Priestern noch Äbten oder Bischöfen umstimmen. Den Kaufmann beeindruckte auch nicht, daß schließlich der Papst eingriff, dem die ungewöhnliche Bewegung zu groß wurde, der Zulauf hörte nicht auf.

Die öffentlichen Gewalten zwangen Valdes, seine Stadt zu verlassen, und so ging er, begleitet von seinen Gesinnungsgenossen, auf die Wanderpredigt. Wenn er bisher nur sein Leben als Beispiel herangezogen hatte, jetzt rief er die Apostel Christi als Zeugen an und verlangte von allen, sie sollten wie die Apostel leben, und auch er wollte nichts anderes sein als ein Apostel, ein Sendbote des Herrn. Zu seinem Anhang gehörten viele Arme, worunter man damals Leute mit und ohne Arbeit, Bauern und Knechte verstand. Sie alle galten als Leute zweiter Klasse. Deshalb wäre eine reine Armenbewegung nicht zum Mittelpunkt kirchenpolitischer Entscheidungen geworden, der Armut konnte man begegnen, Almosen linderten manchen Hunger.

Nein, dem durch Verzicht arm gewordenen Kaufmann Valdes folgten nicht nur arme Menschen, ihm schlossen sich auch gleichgesinnte aus anderen Schichten an, darunter viele Frauen, die sich von ihrer unterdrückten Lage befreien und bei den Waldensern die verkündete Gleichberechtigung erleben wollten. Tatsächlich machten die Waldenser nicht mehr den in der Kirche üblichen Unterschied zwischen den Rechten von Männern und Frauen. Bei ihnen durften die Frauen kirchliche Ämter bekleiden, was in der offiziellen katholischen Kirche bis heute ein Unding ist. Nicht nur die Waldenser, sondern auch andere Ketzerbewegungen neben und nach ihnen duldeten Frauen in Priesterfunktionen, und das brachte ihnen neuen Zulauf von Frauen, die eigentlich in die Klöster gegangen wären oder den Klöstern entliefen. Deshalb wurden unter den Frauen besonders die adligen aktiv, sie wußten sich nicht mehr zur klösterlichen Einsamkeit verdammt, wenn sie nicht standesgemäß verheiratet worden waren.

Der Bischof von Clermont befragte einmal zwei Ketzerinnen nach den Motiven ihres Abfalls. Sie antworteten, daß sie in der Sekte, die als ketzerisch verurteilt worden war, frei und niemandem unterworfen gelebt hätten, sie hätten predigen dürfen, während sie ihr früheres Klosterleben in Elend und Trübsal verbringen mußten. Es gab also zur Zeit Elisabeths bereits erprobte Modelle gleichberechtigten Lebens zwischen Männern und Frauen, wenn sie auch der offiziellen Kirche als unnatürlich, unsittlich und ketzerisch galten. Mutige Frauen ließen sich von diesen Vorurteilen nicht abhalten und gingen dafür sogar auf den Scheiterhaufen. Offen oder heimlich sympathisierten andere Frauen mit ihren entschlossenen Geschlechtsgenossinnen.

Die Gleichberechtigung der Frauen in der Gemeinschaft der Armen von Lyon war aber nicht das eigentlich hervorstechende Merkmal der Ketzerbewegung. Von Beginn an vertrat sie die apostolische Armut und forderte Buße für die Sünden der Welt. Die Kirche sollte nach altchristlichen Grundsätzen reformiert werden. Mit diesen Zielen gingen die Laienprediger zu weit, die Kirche gestattete ihnen nur eine beschränkte Predigt. Da die Waldenser das Gebot der Einschränkung auf die Sittenpredigt nicht beachteten und weiterhin öffentlich für ihre weitreichenden Ziele eintraten, wurden sie mit der Bulle „Ad abolendam“ im Jahre 1184 von Papst Lucius III. in den Kirchenbann getan.

Mit dieser Verurteilung gerieten die Waldenser immer mehr unter den Einfluß radikaler Ideen, die damals hauptsächlich von den Katharern vertreten wurden. Das Wort Katharer stammt aus dem Griechischen und bedeutet „die Reinen“. Sie selbst bezeichneten sich als „Boni humines“, als „gute Menschen“. Diese sozial-religiöse Bewegung kam aus dem Balkan. Sie wußten, daß ihrem Gott, der gut war, auch ein böses Element, der Teufel, als Weltschöpfer gegenüberstand. Diesen der

Welt innewohnenden Widerspruch wollten sie durch ihr persönliches Vorbild lösen, sie vertraten dazu die strenge Askese.

Die Waldenser wurden nach dem Kennenlernen dieser entschiedenen Auffassungen nun noch konsequenter in der Beurteilung ihrer Umwelt. Nach und nach verwarfen sie jede Autorität der kirchlichen Lehre, erkannten zuletzt gar die Hierarchie nicht mehr an, lehnten die Sakramente ab und verwarfen folgerichtig auch die Heiligenverehrung und den Reliquienkult. Das Fegefeuer schreckte sie nicht mehr, sie lachten darüber, bekämpften den Ablaß, den Treueid, den Zehnten und sogar die Todesstrafe. Damit waren alle Autoritäten und Traditionen der Kirche und des Staates in Frage gestellt.

Rache und Bestrafung

Dieses unbotmäßige Verhalten der Waldenser und Katharer ging weit über die bis dahin bekannte Kritik an unchristlicher Lebensführung hinaus, es rührte an die Grundfesten der kirchlichen Hierarchie. Die anfängliche Reaktion der Kirche war dementsprechend undifferenziert. Mit Feuer und Schwert wurden die zahlreichen Anhänger verfolgt. Nachdem man sie exkommuniziert hatte, wurden sie gefangen und zu Hunderten umgebracht. Die grausame Rache vermochte nicht, die Überlebenden dazu zu bringen, ihren Ansichten abzuschwören. Wohin sie sich auch verkrochen, in welche Alpentäler sie im Laufe der Zeit auch auswichen, die extra für sie ins Leben gerufene Inquisition spürte sie auf, wiederum mußten sie weiterziehen, um zu entkommen.

Bezeichnenderweise war der als innerkirchliche Reaktion auf die Armutsbewegung gegründete Bettelorden der Dominikaner speziell mit der Inquisition beauftragt. Diese Bettelmönche verfolgten die Anhänger der Armutsideale des Neuen Testaments in der grauen Kutte, die ihnen vom Papst gegeben wurde. Allein diese Form, in die sich die Polizei der Kirche kleidete, zeigt schon, daß es ernsthafte Überlegungen gab, wie die Kirche auf die um sich greifende Massenbewegung antworten sollte. Schließlich verfochten die als ketzerisch verurteilten Gruppen ihre Ansichten im Namen des Evangeliums. Wenn sie sich auf die berühmten Worte, daß eher ein Kamel durchs Nadelöhr gehe, als ein Reicher in den Himmel komme, beriefen, versprachen sie zugleich das Himmelreich auf Erden, das jedermann durch ein gottgefälliges Leben erreichen könne. Würden sie nur die verbindlichen Normen der Kirche beachtet haben, hätte man ihnen auch diese Lehre gestattet und sie schließlich integriert. Sie aber erkannten die Lebensformen und die Autorität der Kirche nicht länger an, weil dann alles beim alten geblieben wäre.

Die immer häufiger entzündeten Scheiterhaufen waren kein wirkliches Argument gegen die trotzdem wieder auftretenden Ketzerbewegungen, sondern ein untaugliches, grausames Mittel gegen die gefährliche Frage, ob Christen nicht auch ohne die Kirchenhierarchie gottgefällig leben könnten.

Die konservativen Kräfte glaubten, daß die Gefahren erstickt werden könnten, wenn man die Machtmittel stärker einsetzen und Folter, Verteufelung der Ketzer und ihre Hinrichtung auf dem Scheiterhaufen systematisch betreiben würde. Dazu bauten sie die Inquisition zu einer heiligen Instanz aus, der sich jedermann unterwerfen mußte. Sie unterdrückte erbarmungslos die Waldenser, nachgiebige Reste versöhnte Papst Innozenz mit der Kirche, andere wurden von der Inquisition weiter verfolgt.

Um die Unterdrückungsstrategie zu beweisen, setzte die Kirche alle Kräfte gegen eine Abweichlersekte ein, gegen die Albigenser. Zwanzig Jahre lang tobten die Albigenser-Kriege (1209–1229), Berichte davon gingen zu Zeiten Elisabeths von

Mund zu Mund. Die in der alten Bischofsstadt Albi in Südfrankreich entstandene Ketzerbewegung lehnte, ähnlich wie die Katharer, die Papstkirche ab und lebte in Armut. Besonders alarmierend für die Fürsten war dabei die Tatsache, daß sich die Grafen von Toulouse und mit ihnen weitere Adlige der Bewegung anschlossen.

Dieser Umstand war so gefährlich, daß ein päpstliches Konzil 1209 in Paris ihre Ausrottung mit Feuer und Schwert beschloß und den zwanzigjährigen Krieg begann. Das Vorgehen des Kreuzzugsheeres unter dem Befehl des Simon von Montfort war immer das gleiche. Die von ihm kommandierten heiligen Landsknechtscharen belagerten die Städte und Dörfer der Albigenser, bis sie sturmreif gehungert waren. Dann drangen sie ein.

Nachdem die Stadt Carcassone in einem blutigen Kampf erobert war, wurden vierhundert überlebende Ketzer aufgespürt und verbrannt, weitere fünfzig aufgehängt. In Beziéres brachte man siebentausend Frauen und Kinder in einer Kirche, in die sie sich geflüchtet hatten, um, dann trieb man weitere dreizehntausend Albigenser oder solche, die man dafür hielt, zusammen und ermordete sie. Der fromme Abt Arnold verfaßte danach einen Erfolgsbericht an den Papst, in dem es heißt:

„Wir haben weder Stand, noch Alter, noch Geschlecht geschont. Ungefähr zwanzigtausend fielen durch das Schwert, die ganze Gegend ist verwüstet und verbrannt. Es hat die Rache Gottes wunderbar gewütet."

Es liegt hier fern, diese Schandtaten der Kirche ein weiteres Mal zu verurteilen, es kommt vielmehr darauf an zu verstehen, unter welchen Zwängen aufgeschlossene Menschen versuchen mußten, einen Weg für sich zu finden, auf dem sie Gottes Gebot nachkommen durften. Die Kirchenhierarchie rechtfertigte die inquisitorische Verfolgung der Herätiker, wie die von der Kirche abgefallenen Menschen genannt wurden, mit dem Neuen Testament, in dem sie als Diebe und Wölfe bezeichnet werden, und so solle man sie auch als Diebe und Wölfe erschlagen. Um die Wende zum 13. Jahrhundert breitet sich die Inquisition aus, und wo sie erscheint, verbreitet sie Furcht und Schrecken. Ihre Folterer, Henker und Knechte waren von allen Schandtaten, die sie im Namen der Kreuzes begingen, von vornherein freigesprochen, sie standen außerhalb jeder Gerichtsbarkeit.

Unter diesen Umständen einen abweichenden Gedanken zu äußern oder gar zu praktizieren war äußerst gefahrvoll. Die allgegenwärtigen Priester drohten mit ewigen Strafen für ein sündiges Leben und verlangten in der Beichte die rückhaltlose Offenlegung abweichender Gedanken und eventueller Zweifel. Auch Elisabeth sollte die Inquisition kennenlernen.

Die Armutsbewegung wird gebändigt

So suchten die mit der Kirche unzufriedenen Kräfte eine Veränderung innerhalb der Kirche. Bereits im 11. Jahrhundert hatten sich einige Orden gebildet, die sich als reformistisch verstanden. Ihre Kritik war auf die Verbesserung und Vervollkommnung der Kirchenpraxis gerichtet, nicht etwa auf eine christliche Religion ohne die römisch-katholische Kirche. Am bekanntesten sind wohl die Zisterzienser geworden, die in ihrem Orden Gottesdienst und produktive Arbeit miteinander verbanden und in verschiedenen Zweigen der Landwirtschaft und des Bauwesens Vorbildliches geleistet haben. Ihre Klöster wurden zu zentralen Punkten für ein reges, werktätiges Leben für das ganze Umfeld. Auch sie begannen durch den Mund ihres Ordensgenerals, Bernhard von Clairveaux, mit einer Kritik am bequemen Leben der Kirchenfürsten, die sich mit „irdischem Kram“ belasteten. Er wiederholte die Forderung nach

Askese, zwar lange erhoben, aber nie eingehalten, als verbindlich für alle Zisterziensermönche. Bernhard verstand, daß die Mönche auf diese Weise in eine gute Beziehung zu den Bauern kämen, beide Gruppen arbeiteten viel und besaßen nichts.

Die Bauern begaben sich zuerst gern in den Dienst ihrer Klöster, da die Zisterzienser anfangs keine Abgaben verlangten. So traten die Bauern- und Handwerkersöhne ohne Erbmöglichkeiten als dienende Mönche in den Orden ein. Diese Brüder erhielten keine Priesterweihe, waren aber anerkannt als gute Kenner der Klosterwirtschaft, des Acker- und Weinbaus, der Viehzucht und der Herstellung von landwirtschaftlichem Gerät.

Die mit den Priesterweihen versehenen Mönche stammten aus dem Adel, arbeiteten auch im Kloster nicht und waren den ganzen Tag mit Gebeten und anderen geistlichen Verrichtungen beschäftigt. Sie achteten aber auch auf eine konfliktarme Beziehung zu ihrer Umwelt, obwohl ihnen das nicht immer gelang, denn bei der Ansiedlung der Klöster, besonders während der Ausdehnung des Ordens in den östlichen Provinzen, kam es nicht selten zu Zusammenstößen mit den dort ansässigen Bauern. Die ständige Ausweitung der Klosterwirtschaften ging auch auf Kosten der Dörfer und ihres Gemeindelandes.

Seit 1132 durften auch Frauen in den Zisterzienserorden eintreten. In Eisenach gründete Landgraf Hermann I. das Katharinenkloster. Seine Frau Sophie, die Schwiegermutter Elisabeths, hielt enge Verbindung zu den Zisterzienserinnen, die den Reformbestrebungen folgten und sich um ein einfaches Leben bemühten. Die Mönche und Nonnen dieses Ordens besaßen kein persönliches Eigentum, mit zunehmendem Reichtum der Klöster aber legten sie nach und nach die Askese ab und lebten eher feudal-aristokratisch. Doch zu Elisabeths Zeit wird die damals noch bescheidene Lebensart der Eisenacher Nonnen und die belebende Kraft ihres praktischen Gottesverständnisses eine durchaus prägende Wirkung auf die junge, suchende Seele des Mädchens gezeigt haben. Wie oft mag sie an der Seite ihrer Erzieherin Sophie das Kloster besucht und sich vorgenommen haben, dem Ideal des einfachen Lebens nachzustreben? Der Schritt ihrer Schwiegermutter ermutigte sie dazu.

Nachdem Ludwig IV. die Regierung angetreten hatte, war es Sophie klar, daß sie mit der bevorstehenden Eheschließung ihres Sohnes ihre Rolle als Burgherrin aufgeben mußte, und so bereitete sie sich auf ihren Eintritt in das Katharinenkloster vor.

Die wohl bekanntesten Reformer, die Zisterzienser, waren jedoch nicht die einzigen, inzwischen sind weitere Bestrebungen und praktizierende Gruppen bekanntgeworden, und kaum noch zu übersehen. Alle wollten die Kirche verändern, aber wer von ihnen gehörte zu den Ketzern, wer war für die Kirche annehmbar? Für einen Laien waren die Grenzen kaum erkennbar. Die Reden der Wanderprediger klangen rebellisch, bekamen deshalb guten Zulauf, jedoch alle beriefen sich auf Jesus.

So auch einer der bekanntesten Wanderprediger, Norbert von Xanten, der die Mönche und Priester aufforderte, sie sollten das Leben Jesu genau nachleben, sich wie er und die Apostel mit ein paar Bissen und ärmlicher Bekleidung begnügen, frohen Herzens Gutes tun und sich ausschließlich um das Seelenheil der Christen kümmern.

Diese Auffassungen stießen auf das Mißtrauen des Papstes, und er band die Erteilung der Predigererlaubnis für Norbert an die Bedingung, ein Kloster zu gründen. Der Graf beugte sich gehorsam dem Befehl und begann 1120 sogleich, das Kloster Prémontré zu erbauen. Damit war er so stark beschäftigt, daß seine Gedanken anfangs weitgehend unbekannt blieben. Er nahm nur adlige Bewerber in seinen Orden auf, sie alle verstanden sich als eine Elitegemeinschaft von Chorherren, die nur das eine Ziel hatten, auf ihre Art, die Norbert angab, heilig zu leben. Dazu verfielen sie in gottgefällige Askese. Sie glaubten, daß ihre absolute Bedürfnislosigkeit ein Predigtamt in der Kirche glaubwürdiger machen würde. In starkem religiösem

Eifer wandte sich ihre Energie gegen alle Heiden und Ketzer, in ihnen sahen sie das Unglück der Welt, sie waren vom Teufel besessen und mußten von ihm erlöst werden. In den Bann dieser Ideen war auch ein Mann geraten, mit dem Elisabeth enge Bekanntschaft machen sollte, Konrad von Marburg. Ob er nun Prämonstratenser gewesen ist oder keinem Orden angehörig, wie auch angenommen wird – nicht die Mitgliedschaft in diesem Orden ist entscheidend, sondern der Geist, in dem die Predigt gehalten wird, und hierbei ist Konrad, den wir noch näher kennenlernen werden, zweifellos ebenso unerbittlich wie sein Vorbild Norbert.

Es war schon eine aufregende Zeit, in der Elisabeth aufwuchs. Das Mittelalter hatte seinen Höhepunkt erreicht, alle ihm innewohnenden Widersprüche waren deutlich geworden. Die Geldwirtschaft begann, die feudale Struktur aufzubrechen, Gleichheitsideale erschütterten die Hierarchie der Kirche. In diesen Schnittlinien spielte sich das kurze Leben der Landgräfin ab.

Die Unruhe kam aus Assisi

Das Leben Elisabeths als Landgräfin an der Seite Ludwigs IV. währte sechs Jahre, von 1221 bis 1227, als Witwe verbrachte sie nach einem Jahr ungeklärten Status drei Jahre in Marburg von 1228 bis 1231. In dieser kurzen Zeit initiierte sie mit Beharrlichkeit und seltener Energie gesellschaftliche Veränderungen, die sich seither mit ihrem Namen verbinden. Es gilt als gesichert, daß sie sich als Anhängerin des Franziskus von Assisi verstand, und gerade dieses Selbstverständnis ist das

Franziskus von Assisi; Fresko in Subiano

Ungewöhnliche aus damaliger Sicht: Eine Fürstin zählt sich zu den Minderschwestern! Und ihre Sympathie ist nicht nur eine heimliche Neigung, sie läßt den bettelnden Mönchen ihre Zuwendungen nicht etwa verschämt zukommen, nein, sie bekennt sich offen zur Lebensweise des Bettlerordens und nennt ihr Hospital nach dem Namen des heiligen Franz. Als sie sich nach dem Tode ihres Mannes in einer von fürstlichen Pflichten freien Situation dünkt, ist sie entschlossen, den Weg des bitteren Brotes zu gehen, und hätte es auch getan, wenn ihr Seelenführer sie nicht davon abgehalten hätte. Woher erklärt sich die Rigorosität ihrer Denkweise, was war für sie das Faszinierende an dem Ruf des Franziskus aus dem italienischen Umbrien?

Seit dem Jahre 1210 berichteten Reisende, die aus Italien kamen, unerhörte Dinge aus der Nachbarschaft der römischen Kurie. Es handelte sich um die Vorgänge in Assisi, einer mittleren Stadt in Mittelitalien, die aus ansehnlicher Produktion und weitreichendem Handel beachtlichen Reichtum gewonnen hatte. Aus einer ihrer Kaufmannsfamilien entstammte Franziskus. Seine Heimatstadt, die Kaiser Friedrich Barbarossa seinem Freund, dem Erzbischof von Mainz, geschenkt hatte, warf dessen Oberhoheit ab und wählte sich einen eigenen Stadtrat. Selbstbewußt und stark lehnte sie auch einige prassende, nur auf ihren Reichtum bedachte Prälaten, die ihr aufgenötigt werden sollten, ab, und als der junge Mann gerade einundzwanzig Jahre alt wird, setzen die Bürger sogar einen Mann als Bürgermeister ein, der sich offen zu den Katharern bekannt haben soll.

Franziskus, nunmehr erwachsen, ist als Sohn des reichen Tuchhändlers Pietro Bernardone für das Geschäft seines Vaters bestimmt und muß warten, bis er es übernehmen kann. Seine Mutter, Pica, stammte aus Frankreich. Diesem Umstand ist wohl sein Name Franziskus zu verdanken, denn getauft wurde er auf den Namen Johannes. Er interessiert sich für alles, was aus Frankreich kommt, und das ist zu seiner Zeit vor allem der Minnesang. Voller Entzücken lauscht Franziskus den Gesängen aus der Provence, der Heimat seiner Mutter, den Berichten über rauschende Feste an den Höfen in den reichen Städten.

Ein solches Leben könnte ihm gefallen, und er begann damit, die Jugend von Assisi dafür zu begeistern, griff zur Laute, sang auf den Plätzen und veranstaltete Umzüge und Festgelage. Das Geld dafür erbat er sich von seinem Vater, der auf seinen munteren Sohn stolz war. Bisher hatte er seine Entwicklung mit Sorge betrachtet, denn Franz war etwas schwächlich und kränkelte. Doch nun, wie umgewandelt, avancierte er zum Mittelpunkt der städtischen Jugend. Als Kaufmann sah Pietro es nicht ungern, daß sein Franziskus sich so manchen Jungen aus dem armen Adel verpflichtete, indem er ihm das notwendige Geld für die lustigen Feste gegen Zins auslieh.

Doch bald kommt der Ernst des Lebens auf die jungen Leute zu. Die Wirren des Doppelkönigtums machen auch vor Assisi und seinen Nachbarn nicht halt, die Jugend muß für die kleine Stadtrepublik in den Kampf. Die verhaßte Garnison wird geschleift, die Adligen aus der Stadt vertrieben. Sie fanden Zuflucht in Perugia. Als sie verfolgt wurden, entwickelte sich ein Kampf zwischen beiden Herren am Tiberübergang, in dessen Folge Franziskus zu den wenigen gehört, die in Gefangenschaft gerieten. Der Krieg hatte ihm seinen Berufswunsch erleichtert: Er will auch ein Kriegsherr werden, er verehrt den seinerzeit berühmten Walther von Brienna, der das päpstliche Heer kommandiert. In seiner Gefolgschaft sucht er nun den weltlichen Ruhm, aber er erkrankt schwer, und diese Krankheit sollte die Wende in seinem Leben bringen.

In dem kleinen Ort Spoleto liegt er auf dem Krankenlager und hadert mit seinem Schicksal. Da vernimmt er zum erstenmal die Stimme des Herrn. Der Herr ist mit ihm unzufrieden. Franziskus solle nicht dem Papst folgen, er sei nur sein Diener, statt dessen verlangt er eine direkte Folge. Verwirrt und ratlos fragt Franziskus nun wie Saulus: „Herr, was willst du, das ich tun soll?“ Als Antwort erhält er den Befehl, nach Hause zurückzukehren und Weiteres abzuwarten.

Die Erscheinung Christi hat zur Folge, daß sich Franziskus vom bisherigen sinnenfrohen Leben abwendet und sich in Assisi der Krankenpflege widmet. Zum erstenmal beachtet er einen aussätzigen Menschen. Der Bettler streckt die Hand aus, und als Franziskus ihm eine Münze geben will, fällt sein Blick auf die zerfressene Hand. Mitleid erschüttert ihn, er führt sie an seinen Mund und küßt sie. Von diesem Moment an verbringt er seine Zeit mit den Aussätzigen, unterstützt und pflegt sie. Die Kraft dafür empfängt er im Gebet, das er, völlig abgeschieden, in einer abgelegenen Grotte verrichtet.

Der Herr erscheint ihm nun zum zweitenmal, diesmal in einer kleinen, zerfallenen Kirche, in San Damiano. Franziskus bittet um Erleuchtung. Deutlich hört er den Befehl: „Gehe hin, Franziskus, baue mein Haus auf, das am Einstürzen ist!“ Auf der Stelle geht er in das Stofflager seines Vaters, entnimmt ihm einige Ballen Tuch und verkauft sie mitsamt seinem Pferd auf dem Markt. Den Erlös gibt er dem alten Priester von San Damiano, der alles für einen Irrtum hält. Doch Franziskus bleibt in seiner Nähe, wohnt in der Kirche und betet in seiner Grotte. Sein Vater läßt den Untergetauchten suchen, schreit und flucht, doch Franziskus läßt sich nicht beirren. Er zieht in seine Höhle, wo er vier Wochen hungernd und betend zubringt.

Arm und elend kehrt er schließlich in die Stadt zurück, seine Haltung wird auch jetzt nicht anerkannt, die Gaffer verhöhnen ihn und bewerfen den Enttäuschten mit Steinen, sein Vater läßt ihn kurzerhand einsperren, da er um seinen Besitz fürchtet.

Die Mutter befreit ihn aus der Haft, aber auch von ihr reißt er sich los und geht nach San Damiano zurück. Diesmal versteht der Vater überhaupt keinen Spaß mehr und verklagt seinen Sohn beim Stadtrat. Als Franziskus vorgeladen wird, verteidigt er sich damit, daß er allein in Gottes Diensten stehe.

Der Stadtrat erklärt sich für unzuständig und überweist den Fall an das bischöfliche Gericht, das ihn nun auffordert, das gestohlene Geld zurückzugeben. Da reißt er sich die Kleider vom Leib und schleudert sie seinem Vater vor die Füße: „Bisher habe ich Pietro Bernadone meinen Vater genannt. Jetzt sage ich: Vater unser, der du bist im Himmel." Daraufhin hängt ihm der Bischof seinen Mantel um und nimmt ihn in den Dienst der Kirche auf.

Diesen Auftrag versteht er wörtlich, beginnt nun mit der Instandsetzung der kleinen Kirche, sammelt Geld und Steine für die Bauarbeiten. Zuerst verspottet man ihn wieder, doch dann kommen einige, um zu helfen. Als die Arbeiten an San Damiano beendet sind, wendet er sich einer neuen Kirche zu, einer fünfhundert Jahre alten, winzigen, abgelegenen Kapelle, wegen ihrer kleinen Abmessungen im Volk Portiuncula genannt, eigentlich trug sie den Namen Maria degli Angeli. Hier gefiel es ihm, er blieb bei dieser Arbeit. Als das Kirchlein wieder instand gesetzt war, feierte der alte Priester die Messe, und Franziskus ministrierte ihm. In der Predigt hörte er die Worte, mit denen Christi den Jüngern seinen Auftrag gab. In diesem Moment erkannte auch er seine Mission. Nicht in der Reparatur baufälliger Kirchenmauern lag seine Aufgabe, sondern in der Verkündung der Lehre Christi: „Gehet hin und verkündet: Das Himmelreich ist nahe! Erwerbet kein Gold und kein Silber, keine Münze für eure Gürtel, nehmt kein Felleisen mit auf den Weg, nicht zwei Röcke, keine Sandalen, keinen Stecken, denn der Arbeiter ist seines Lohnes wert."

Nach dieser Messe legte Franziskus für immer Rock und Schuhe ab, zog sich seine schafwollene Bluse über, die er statt eines Gürtels mit einem Strick zusammenhielt.

Ein neuer Orden

Seit diesem Februartag des Jahres 1209 zog er durch seine Stadt und predigte als Laie ein demütiges Leben in Armut. Seine Beredsamkeit, die einfache Denkart, die fromme Haltung zeigten bald Erfolg. Der reiche Handelsherr Bernhard von Quintavalle verkaufte seinen Besitz, ihm folgten der angesehene Rechtsgelehrte und Domherr Petrus Cathanii und ein junger Landmann, Ägidius. Als sie die Armen der Stadt mit ihrem Reichtum beschenkt hatten, gingen sie mit Franziskus in seine Unterkunft, die Kirche Portiuncula. Immer zu zweit begannen sie von da an ihre Predigtwanderungen, und auch ihnen war der Erfolg der neuen Armutspredigt hold, immer neue Anhänger folgten ihnen, so daß sie bald in einen größeren Raum, einen verlassenen Schuppen, umziehen mußten. Ihren Lebensunterhalt verdienten sie mit allerlei Arbeiten in den Häusern, auf den Feldern und in den Spitälern der Aussätzigen. Nie nahmen sie Geld, ausschließlich Lebensmittel.

Der anhaltende Zulauf veranlaßte Franziskus, eine Grundregel für ihr Zusammenleben auszuarbeiten. Für eine Ordensgründung erhielten sie jedoch nicht die Zustimmung des Papstes, Franziskus wurde abgewiesen. Doch in der folgenden Nacht hatte der Papst einen Alptraum. Er sah seine Kirche vom Einsturz bedroht, Risse durchzogen ihren Bau. Da erschien ein kleiner Mann, stützte die Kirche und richtete sie wieder auf. Diese wunderbare Fügung hatte Franziskus vollbracht. Am nächsten Tag erteilte ihm der Papst die Genehmigung der Ordensregel und trug den Franziskanern die Bußpredigt auf (1209).

Nun wurde die Kirche Santa Maria degli Angeli zum Hauptsitz der Franziskaner erkoren, den ersten zwölf Brüdern strömten immer neue Anhänger zu.

Leider ist die erste Ordensregel nicht mehr erhalten, aber sie spielte für Franziskus ohnehin keine dominierende Rolle, denn er unterließ es, während seiner häufig gesuchten Einsamkeit und weiten Predigtreisen seinen Orden straff zu organisieren. Die ungeordneten Zustände erforderten aber eine klare Regel, streng und einfach anwendbar. Dafür ist die zweite Ordensregel aus dem Jahre 1223 aufschlußreich, in dieser Form wird sie nach Thüringen gekommen sein. Sie enthält zwölf Kapitel und wird durch eine Treueerklärung an den Papst eingeleitet. Das erste Kapitel ist entscheidend. Diese Armutsbewegung greift den Papst und seine Kirche nicht an, sondern bekennt sich zu ihr und stellt sich in seinen Dienst! Obwohl der Franziskanerorden vom Volke noch lange als ketzerisch angesehen wird, entgeht er doch mit seinem Bekenntnis den Verfolgungen der Kurie:

„… Bruder Franziskus verspricht Gehorsam und Ehrerbietung dem Herrn Papst Honorius und seinen rechtmäßigen Nachfolgern, sowie der römischen Kirche. Und die anderen Brüder sollen verpflichtet sein, dem Bruder Franziskus und dessen Nachfolgern Gehorsam zu leisten."

Nunmehr braucht niemand, der sich dem Franziskus anschließen will, den Vorwurf der Häresie zu scheuen, er kann sich offen zu Franziskus bekennen, das einfache Leben predigen und vorleben, ohne verfolgt zu werden. Tritt er in den Orden ein, darf er nach einem Prüfungsjahr ein Gelübde ablegen. Es verlangt Friedfertigkeit, Bescheidenheit, Sanftmut und Demut, eine anständige Rede und als Gruß das „Friede sei mit diesem Hause!". Ein Franziskaner durfte kein Geld annehmen und mußte seinen Lebensunterhalt durch Arbeit, notfalls durch Bettelei verdienen.

Die Minderbrüder, wie sie sich nannten, gliederten sich in Ordensprovinzen und unterwarfen sich einer freiwilligen Disziplin, indem sie widerspruchslos den Oberen des Ordens gehorchten. Sie durften Nonnenklöster nicht betreten und längere Reisen zur Bekehrung der Ungläubigen nur mit Erlaubnis unternehmen.

In dieser Regel sind alle Gebote enthalten, denen sich auch

Elisabeth unterwirft. Als sie aufwuchs, hatten die Franziskaner ihre große Zeit, und wir dürfen annehmen, daß die Berichte über den neuen Orden auch auf der Wartburg mit ihrem aufgeschlossenen geistigen Klima bekannt waren.

Allerdings waren die Minderbrüder damit noch nicht anerkannt, im Gegenteil, die erste Mission der Franziskaner in Deutschland scheitert. Die sechzig über die Alpen geschickten Brüder gelangen nur bis zur Donau, in Regensburg müssen sie umkehren. Der Abbruch dieser Missionsreise im Jahre 1219 muß jedoch nicht bedeuten, daß ihr Anliegen unbeachtet geblieben ist. Im Gegenteil, man weiß nur nicht so recht, ob sie die unzufriedenen Elemente ermuntern oder binden würden. Und auch für diesen Fall wurde Vorsorge getroffen. Der Dominikanerorden, ein Bettelorden, der als besonders papsttreu galt, wurde beschleunigt ausgebaut. Da er mit der Inquisition beauftragt war, legte man überall in Europa, auch in Thüringen, neue Stützpunkte an, eine Gegenmaßnahme der Papstkirche für den Fall, daß sich die Franziskaner als Orden verselbständigen wollten. Doch das war nicht die Absicht des Franziskus und seiner führenden Mitbrüder, sie wußten, außerhalb der Kirche hätte ihre Bewegung keine Chance, und die Kirche brauchte sie und ihren Einfluß.

Der Aufbruch der Franziskaner hatte alle Elemente, die für die Kirche damals notwendig waren: Ein verspielter junger Mann aus gutem bürgerlichen Hause erkennt den Herrn und folgt ihm. Seine zündenden Reden helfen der erlahmten Gottesfurcht auf. Veränderungen verlangt er nicht von der Kirche, sondern von den unfertigen Menschen. Er folgt dem Evangelienwort: „Die Stunde ist gekommen! Gottes Herrschaft bricht an! Ändert euch! Verlaßt euch auf mein Wort!“ Damit konnten die größten Konflikte entschärft werden, und jeder war aufgerufen, durch ein bußfertiges Leben und gute Werke zum Reich Gottes beizusteuern.

Nach der Gründung des Franziskanerordens wurden anderen Orden keine Regeln mehr bestätigt. Die Minderbrüder vergrößerten unverdrossen ihren Anhang, nahmen, getrennt untergebracht, auch Frauen auf und schließlich sogar Laienbrüder. Die Frauen unter ihrer Oberin Klara bekamen von den Benediktinern das Kirchlein San Damiano übereignet. Jetzt gab es schon den zweiten Stützpunkt der Franziskaner in Assisi; und er schickte Frauen in alle Welt! Besonders Fürstinnen aus vielen europäischen Ländern traten ihm bei, auch Agnes, eine Tochter des Königs von Böhmen und Cousine Elisabeths.

Die Laienbrüder, Tertiarier genannt, rekrutierten sich aus allen Schichten, auch aus dem wohlhabenden Bürgertum. Wieder ist es ein Kaufmann, Luchesius aus Poggibonsi in der Toskana, der mit seiner Frau zusammen die graue Kutte überzieht, die er aus den Händen des Franziskus nimmt. So bilden sich um ihn und seine Nachfolger immer neue Büßergemeinschaften. Sie widmen sich, neben religiösen Übungen, vor allem der Armen- und Krankenfürsorge und sammeln dafür regelmäßig Geld. Die Tertiarer verzichten auf die Anwendung von Waffengewalt und treten für die friedliche Schlichtung von Streitigkeiten ein, was in der Geschichte der italienischen Städte häufig bezeugt ist.

Der neue Orden ist auf einfache Weise so gegliedert, daß ihm jeder beitreten kann und einen Platz in ihm findet, wie er es für richtig und möglich hält. Seine praktikable Form macht ihn auch als Vorbild für Elisabeth geeignet. Welche Anziehungskraft er besitzt, mögen zwei Zahlen verdeutlichen: Den zwölf Gleichgesinnten des Jahres 1210 sind bis zum Jahre 1260 rund siebzehntausendfünfhundert gefolgt.

Elisabeth – eine Widerspenstige?

Der Thüringer Landgrafenhof war ein Fürstenhof wie jeder andere. Wenn auch durch die Beherbergung großer Dichter und die damit verbundene geistige Anregung das Niveau der Hofgesellschaft hoch anzusetzen ist, verläuft doch jeder Tag nach den Regeln, die seit langem Anstand und Sitte bestimmen. Sie bildeten den äußeren Rahmen, der von allen einzuhalten war, wenn der Landgraf es nicht anders bestimmte. Wir kennen Walthers Klage über die Saufgelage des Landgrafen Hermann I. Die lauten Alkoholfeste mögen vielleicht nicht so schrecklich auf Elisabeth gewirkt haben, denn sie war nicht daran beteiligt, aber sie wußte natürlich sehr wohl, daß an diesen Abenden gepraßt wurde, während im Umkreis der Burg manches Elend anzutreffen war. Wie man im engsten Kreis über Hermann dachte, hat seine Frau Sophie nach seinem Tode in einem Gebet für die Aufnahme seiner Seele in Gottes Reich aufgeschrieben: „Ich empfehle dir, Jesus, Deinen Diener Hermann, der, obwohl in viele Verbrechen und Sünden verstrickt, doch von Dir erschaffen und durch Dein teures Blut erkauft ist ..." Über solche Verstrickungen durfte natürlich nicht gesprochen werden, schon gar nicht vor einem fremden Kinde, dessen Zukunft noch nicht beschlossen war. Hat es deshalb nicht darüber nachgedacht? Auf der einen Seite das prassende Leben, an dem auch Elisabeth beteiligt war, auf der anderen äußerlich zur Schau gestellte Frömmigkeit.

Die sonntägliche Prozession zur Messe war immer auch eine Demonstration des Reichtums. Die Damen waren prächtig angetan, wenn sie die Kirche betraten, und Elisabeth wird sicher den Prunk als einen unerträglichen Widerspruch zu dem nackten Heiland, der vor ihr in seiner Not am Kreuz hing, empfunden haben. Sie legte deshalb ihre Krone während des Gottesdienstes ab. Dafür wurde sie von Sophie gerügt, die nichts dabei fand, sich vor dem Herrn mit Gold und Juwelen geschmückt zu zeigen. Sie fürchtete, Elisabeth wolle neue Sitten einführen, worüber die Leute lachen könnten. Doch Elisabeth, nicht älter als zwölf, antwortete: „Ferne sei mir, im Angesicht meines Gottes und Königs Jesus Christus, den ich mit Dornen gekrönt erblicke, selbst ein geringes und aus Erde gebildetes Geschöpf, mit eitler Überheblichkeit gekrönt zu erscheinen."

Dieser Widerspruch war ungewöhnlich, sprach so ein junger Mensch mit seiner Pflegemutter, mit der Landgräfin? Da mußte doch Tieferes dahinterstecken! Sophie hat es erkannt: „Elisabeth, du solltest nicht unter die herrschenden Fürsten, sondern zu den dienenden Mägden gezählt werden!" Fürstin oder Dienerin, beides paßte nach den Erfahrungen Sophies nicht zusammen. Elisabeth sollte es bedenken. Hatte sie es getan? Es schien so, als habe sie geglaubt, beides miteinander vereinigen zu können, Tertiarer konnten es doch auch. Vorläufig jedoch war Elisabeth bei weitem nicht anerkannt, eine kleine Ungarin, von der noch niemand genau wußte, was mit ihr werden sollte. Sie trug zwar die Krone, die einer Königstochter zustand, aber was wollte das schon bedeuten? Ihre Mutter war ermordet worden, die Mitgiftgeschenke blieben seither aus, und eine Ehe war auch noch nicht beschlossen. Es wäre sogar möglich, daß die Ungarn ihre Politik änderten, nachdem die deutsche Partei am dortigen Hofe in die Schranken verwiesen worden war. Was würde dann aus Elisabeth?

Entscheidung aus Liebe

Elisabeth war sich ihrer Lage wohl bewußt, wollte deshalb aber ihre Gedanken nicht verbergen. Vielmehr drängte sie in einer klugen Art auf eine Entscheidung. Sie wandte sich an den Vertrauensmann des alten und des neuen Landgrafen, an Ritter Walther von Vargula. Er hatte sie in Pozsony in Empfang genommen und sicher nach Thüringen geleitet, auch jetzt würde er ihr weiterhelfen, raten, wie sie sich verhalten sollte. Der Ritter verstand, daß er handeln mußte, und fragte den jungen Landgrafen direkt, wie er zu Elisabeth stünde.

Ludwig war sieben Jahre älter als sie; obwohl sie sich gut kannten, war er bei der gemeinsamen Erziehung sicher nur selten mit ihr zusammengetroffen, sie lebten mehr getrennt als verbunden. Sie galt als seine Schwester, er als ihr Bruder, doch wußte er auch, daß sie als die Braut seines älteren, verstorbenen Bruders an den Hof gekommen war. Nun war inzwischen Elisabeth zu einer Mädchenschönheit herangewachsen und er zu einem jungen Ritter. Das Land brauchte eine Herrin, der Landgraf eine Frau.

Man kann sicherlich viele Gründe dafür anführen, daß Elisabeth ein anziehendes Mädchen gewesen sein muß: Ihr freundliches, bescheidenes Wesen, eine fremdländische Schönheit, ihr eigenständiger, ernsthafter Charakter, doch das alles wäre keine ausreichende Begründung dafür gewesen, daß Ludwig sich nicht eine andere nahm, denn er war ihr nicht versprochen, und in der Politik richteten sich die Bündnisse nicht nach Schönheit oder Neigung. Fand er keine bessere Partie, schaute er gar nicht danach aus? Wir finden den Schlüssel für die glückliche Verbindung der beiden jungen Menschen gewiß in der schönen Geschichte, die man sich in Thüringen heute noch erzählt:

Als der junge Landgraf eines Tages in der Begleitung Walther von Vargulas auf die Jagd geritten war und sie allein, von den anderen abgesprengt, unterhalb des Großen Inselsberg ritten, nahm Vargula die Gelegenheit beim Schopfe und fragte seinen Herren direkt: „Sagt, mein Herr, was soll aus der Jungfrau Elisabeth werden. Es ist wohl an der Zeit, daß man über ihre Hochzeit nachdenke.“ Und dem jungen Landgrafen schien das Thema auch recht zu sein, er offenbarte sich seinem um viele Jahre älteren Vertrauten auf eine Weise, die darauf schließen läßt, daß er sich über seine Gefühle bereits klargeworden war: „Siehst du den großen Inselsberg vor uns liegen? Wäre er aus rotem Gold, so wäre er mein. Und doch würde ich diese große Menge Goldes dafür geben, daß meine liebe Buhle Elisabeth mein wäre. Was man auch bei Hofe sagen mag, ich spreche es offen aus: Sie ist mir lieb, und ich habe auf dieser Erde nichts Lieberes."

Mit diesem Bekenntnis war die Entscheidung gefallen, die das ungewisse Schicksal Elisabeths in glückliche Bahnen lenkte. Und zugleich war sie für die Zeit ungewöhnlich: Ludwig wollte Elisabeth aus Liebe heiraten. Zugleich hielt er an dem politischen Bündnis mit Ungarn und Andechs-Meran fest und erwies sich außenpolitisch als ein zuverlässiger Partner. Wir würden einem Irrtum unterliegen, wenn wir annähmen, politisches Kalkül hätte keine Rolle gespielt, doch vieles deutet darauf hin, daß die Ehe, so kurz sie auch sein, von welchen Widersprüchen sie auch berührt werden sollte, im Unterschied zu den vielen rein formalen Fürstenehen für beide glücklich war.

Die Heirat

Elisabeth war auch für damalige Zeiten recht jung, als sie zum Traualtar schreiten sollte. Ihre Ausbildung ging zu Ende, sie beherrschte die Riten, befolgte die sittlichen Gebote und verfügte sicherlich auch über das vorgeschriebene Maß an Kenntnissen in den praktischen Belangen einer Burgherrin. So standen der Hochzeit keine Probleme sachlicher Art entgegen.

Es ist leider nicht bekannt, wie sie die Brautwerbung aufgenommen hat, aber ein großes Rätsel ist es natürlich nicht. Einer herangewachsenen jungen Dame, um die der Landgraf wirbt, die er begehrt und zur Herrin des Landes will, muß das Herz bis zum Halse geschlagen haben, als Ritter Vargula ihr die Werbung überbrachte. Ludwig war ein stattlicher Mann, ein energischer, kluger, zupackender Mensch – was hätte es für Gründe gegeben, an seiner Liebe zu zweifeln, abgesehen davon, daß sie solche Zweifel zu äußern nie gewagt hätte. Mit der Zuneigung Ludwigs war sie nicht nur geschützt, sie gehörte nun auch zu den herrschenden Fürsten.

Mit der Heirat war der innere Widerspruch ihres Lebens nicht gelöst, aber während der Vorbereitungen auf ihren großen Tag mag der Gedanke an den Armendienst zurückgedrängt worden sein. Das schöne Gefühl, daß für ihr Leben eine gute Entscheidung gefallen war, mag sie ergriffen und alles andere zurückgestellt haben.

Im Jahre 1221 wurden Ludwig IV. und Elisabeth in der Georgenkirche zu Eisenach getraut. Die Chronisten berichten von einem prächtigen Fest, das alle am Hof vereinte, die Befürworter dieser Ehe und auch die warnenden Stimmen, die eine Verbindung mit einer deutschen Fürstin vorgezogen hätten. Nun, da sich Ludwig gegen „die Böswilligen" entschieden hatte, standen alle auch im Dienst von Elisabeth und mußten sie als Herrin anerkennen.

Ludwig hatte sie besser kennengelernt, mit ihr „recht gütlich Zwiesprach gehalten" und sie, als sie ihre Verlassenheit beklagte, mit „süßen, guten Worten" getröstet.

In der Regel führte die aus politischen Gründen geschlossene Ehe nicht zu einem Liebesverhältnis, beide willkürlich verheirateten Menschen – oft war der Altersunterschied beträchtlich – lebten in aller Form nebeneinanderher. Die Männer amüsierten sich auf ihren Reisen mit herangeführten Bauernmädchen, die Frauen interessierten sich für die Sänger, die Ehe blieb in den Fürstenhäusern ein Ritual, das dem Ausbau der Macht diente. Das Verhältnis zwischen Mann und Frau war durch die unbedingte Autorität des Mannes bestimmt, die Frau hatte zu folgen.

Ludwig verhielt sich Elisabeth gegenüber anders. Ein Chronist, Dietrich von Apolda, spricht gar von einer Gemeinschaft der Ehe, die sich ihm auch darin zeigte, daß Elisabeth neben Ludwig an der Tafel saß. Sonst blieben die Ritter unter sich, und die Damen speisten mit den größeren Kindern in eigenen Räumen. Die neue Gewohnheit des jungen Paares mag die Lästermäuler am Hof angeregt haben, denn Dietrich billigte ausdrücklich das Erscheinen Elisabeths an der Seite Ludwigs und stellt fest, daß sie dadurch „mancherlei Unannehmlichkeiten" ertragen mußte – wahrscheinlich handelte es sich um üble Nachrede oder die schlechten Tischsitten der Männer.

Ludwig stellte sich vor seine Frau, billigte ihre Handlungen und Entscheidungen, die offensichtlich beide miteinander besprachen.

Von seinen häufigen Landfahrten brachte er ihr kleine Geschenke mit, und wenn sie auf ihn zulief und sich dafür bedankte, nahm er sie vor allen Leuten in den Arm und herzte sie. Ihrer beider Liebe war unverstellt. Sooft er es ermöglichen konnte, ritt die junge Landgräfin mit ihrem Mann gemeinsam aus, und er sah es anscheinend gern, daß sie ihn auf seinen Reisen begleitete. Blieb sie zu Haus, erwartete sie ihn ungeduldig und flog ihm dann entgegen, „küßte ihn mit Herz und Mund wohl an die tausend Stund". Ihre ungewöhnliche Ehe erinnert an die neuen Züge in der Minnedichtung Walthers, der schon die erotische Liebe preist und die leere Anhimmelei der Ritterdamen für allgemeine Heuchelei hält. Aber auch die Anfänge einer gewissen Gleichberechtigung der Frauen, die sich in der Ketzerbewegung und im Orden der Franziskaner zeigen, haben manche Dogmen und feudalen Gewohnheiten in Frage stellt und attackiert. Elisabeth ist dafür aufgeschlossen, sie will ihre Rolle als Fürstin richtig ausfüllen.

Ende März 1222 schenkt sie einem Jungen das Leben, der

Creuzburg an der Werra mit der zur Zeit Elisabeths gebauten Brücke nach dem Großvater Hermann genannt wird. Zur Geburt hat sie sich auf die Creuzburg zurückgezogen. Hier, in angemessener Entfernung vom Trubel des Hofes, hatte die Vierzehnjährige damit auch die wichtigste Erwartung, die man an eine junge Fürstin stellt, erfüllt.

Mit ihrer Eheschließung ergeben sich weitere Veränderungen in der Familie. Nun, als die neue Herrin ihr Amt übernimmt, tritt Sophie zurück. Vier Jahre hat sie für ihren Sohn die Stelle ausgefüllt, die sie an der Seite ihres Mannes Hermann so lange und erfolgreich einnahm. Sie übertrug diese Erfahrungen auf die ersten Regierungsjahre Ludwigs IV. Doch nun war die neue Landgräfin erwählt, die alte Generation hatte sich zurückzuziehen. Sophie tat es auf standesgemäße Art. Im Kloster der Zisterzienserinnen, St. Katharina, verbrachte sie den Rest ihres Lebens im Blickfeld der Burg, der Stätte ruhmvoller Tage, beim Gebet am Grabe ihres im Kirchenbann gestorbenen Mannes. Die Dinge des Hauses waren geordnet, ihr Sohn Ludwig hatte die Zügel straff in die Hand genommen.

Ludwig galt trotz seiner jungen Jahre als ein zupackender Herrscher, gerecht gegen jedermann. Seine Richtersprüche trafen hoch oder niedrig gleichermaßen, wenn ein Verbrechen zu bestrafen war. Dadurch bewahrte er den Frieden im Lande. Obwohl die Chronisten übertreiben und, wie üblich, seinen Charakter in den beredtesten Worten rühmen, darf man seinem Biographen, dem Kaplan Berthold, wohl glauben, denn er schrieb seine Erinnerungen ein Jahr nach dem Tode Ludwigs nieder. Schon dessen Vater hatte er auf allen Fahrten begleitet, nun auch den jungen Landgrafen. Natürlich, er stand im Dienste des Thüringer Hauses und wird ungünstige Seiten in der Biographie unterdrückt haben, doch ein lebendiges Bild hat er durch eigene Anschauung gewonnen. Berthold beschreibt Ludwig als einen Mann mit freundlichem, lieblichem Antlitz, von gerader, wohlgeformter Gestalt, mit aufrechtem Gang und fröhlichem Gemüt. Seine Ausstrahlung war die eines offenen Mannes, in dessen Nähe man gern weilte.

Die große Hochzeitsreise

Obgleich Ludwig seine ersten Jahre als Landgraf erfolgreich bestritten hatte, war er doch bei seiner ungarischen Verwandtschaft unbekannt. Sein Schwiegervater mußte im selben Jahr, als Ludwig die Regentschaft übernahm, auf Kreuzfahrt gehen. Wegen dieser dringlichen Reichsangelegenheit und wohl auch, weil die inneren Schwierigkeiten des ungarischen Landes eine längere Abwesenheit nicht ratsam erscheinen ließen, war er notgedrungen der Hochzeit ferngeblieben. Er schickte eine ehrenvolle Delegation, der vier ungarische Fürsten angehörten. Sie haben ihn sicher würdig vertreten und seine Einladung überbracht, das Land Elisabeths zu besuchen, wenn ein günstiger Zeitpunkt gekommen war. Es war nur zu verständlich, daß sowohl Andreas als auch Ludwig sich gegenseitig kennenlernen wollten.

Die Schwangerschaft hatte den Reisetermin hinausgeschoben, aber ein halbes Jahr nach der Geburt, Ende September 1222, ist es dann soweit. Das junge Paar reist zu Pferde nach Ungarn. Die weite Reise war nicht nur beschwerlich – eine junge Frau von fünfzehn Jahren bewältigte die weite Strecke von etwa fünfzehnhundert Kilometern im Sattel, eine bewundernswerte Leistung! –, sondern sie war auch teuer. Um sie zu finanzieren, mußte Ludwig ein Gut verpfänden, ein Zeichen dafür, daß das Land und auch der Hof durch die Kriegszüge zur Zeit Hermanns verarmt waren. Die erhofften neuen Einkünfte aus den westlichen Gebieten kamen durch den Widerstand des Erzbischofs Siegfried von Mainz nur schleppend ein, aber die Thüringer Begleitsoldaten mußten bezahlt werden, die Reisegruppe brauchte Verpflegung und Unterkunft, nicht immer lag ein gastfreundlicher Hof am Wege.

Sicher hat die große Reise ihren Eindruck auf Elisabeth nicht verfehlt, war es doch nach Ausritten in die Umgebung Eisenachs und einigen Reisen auf die Neuenburg (bei Frey-

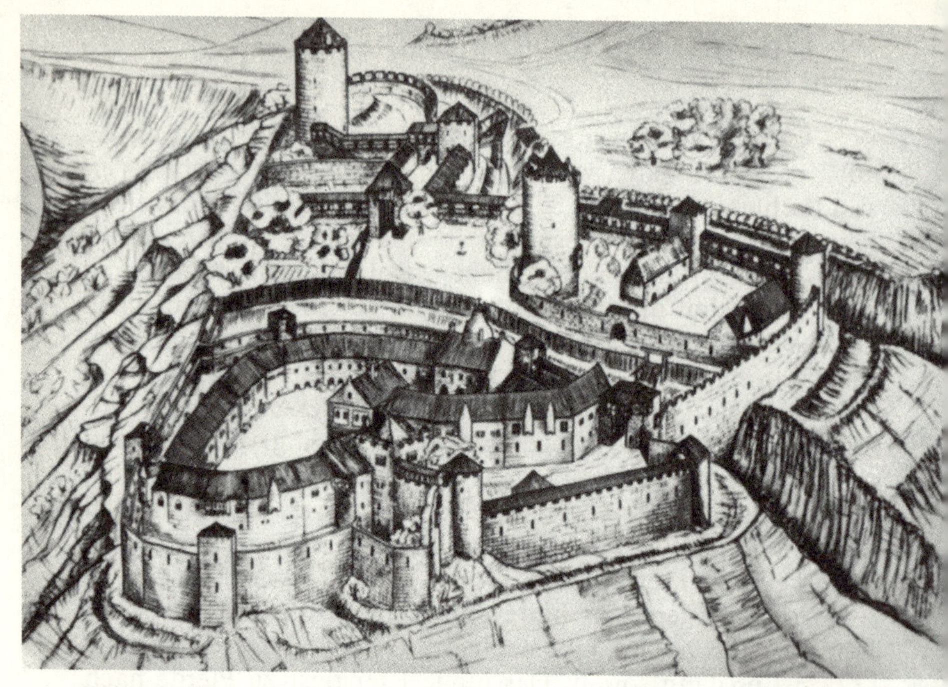

Die Neuenburg um 1235 (Rekonstruktion im Modell)

burg an der Unstrut) die erste größere Abwesenheit vom Thüringer Hof, dazu an der Seite des geliebten Mannes, der eine kurze Zeit Urlaub von den Regierungsgeschäften genommen hatte. So werden sie das schöne Böhmen und die Pracht Prags, der Hauptstadt des Landes, genossen haben, aufgeschlossen für die fremden Sitten, die sie mit ihrem Lande und Hof verglichen.

In Ungarn angekommen, erwartete sie eine Enttäuschung, mit der sie nicht rechnen konnten. Ihr Vater Andreas II. war von dem fünften Kreuzzug, dessen ersten Zug er anführte, noch nicht zurückgekehrt. Ihre Mutter lebte nicht mehr, und vielleicht hatte Elisabeth nun Gelegenheit, sich über die grausamen Umstände ihres Todes zu informieren. Inzwischen waren zehn Jahre vergangen, aber die Tat hatte nicht den Weg für eine glückliche Entwicklung gewiesen, es sah nicht zum besten in Ungarn aus. Die ungarischen Adligen waren mit der Regentschaft des Königs Andreas nicht zufrieden, sie hätten gern seinen Sohn Bela IV. auf den Thron gehoben. Es war eine Situation entstanden, die Andreas aus seiner Jugend kannte, Bela stand jetzt, wie er damals, an der Spitze einer Opposition; würde sie nach der Rückkehr vom Kreuzzug die Macht ergreifen wollen?

Es gelang Andreas zwar, seinen Platz zu behaupten, aber die ständige Unruhe im Lande vermochte er auch durch immer neue Zugeständnisse an den Adel nicht zu überwinden. Die zentralisierte Königsgewalt wurde schwächer und schwächer, die Stände erhielten immer mehr Macht über das Reich der Magyaren. Andreas mußte es dulden.

Mit diesen betrüblichen Gedanken werden die thüringischen Gäste das Land nach manchem prächtigen Festabend wieder verlassen haben. Elisabeth war in ihrer Heimat zum erstenmal mit den harten politischen Problemen ihres Vaters konfrontiert, und Ludwig wird gewiß seine eigene Lage mit der Andreas' verglichen haben. Im Inneren ruhig und nach außen in Treue zum Kaiser – das würde seinem Land Frieden und Wohlstand gewähren.

Wir wissen nicht, ob es auf der Rückreise in Prag zu einem Zusammentreffen Elisabeths mit ihrer Cousine Agnes, der Tochter des böhmischen Königs Ottokar, gekommen ist, aber es ist durchaus möglich. Ihre Verwandte beschäftigte sich wie sie mit der Frage, wie man einfach und nützlich leben könne. Agnes stand unter dem Einfluß franziskanischer Ideen, die schließlich, wenn auch erst nach Elisabeths Tode, im Jahre 1233 zur Gründung eines Franziskanerinnen-Klosters in Prag führten, dessen Vorsteherin sie wurde.

Die Fahrt nach Ungarn war für beide, Ludwig und Elisabeth, eine Bildungsreise. Außer der erneuten Kontaktaufnahme der beiden Höfe brachte sie sicher keine direkten politischen Resultate. Sie dürfte kaum länger als zwei Monate gedauert haben, aber gewiß war sie als erste Unternehmung des jungen Paares von besonderer Bedeutung. Das Selbstbewußtsein, mit dem von nun an Elisabeth ihre Aufgabe anpackte, zeugt davon, ebenso ihr Hang zu einem einfachen Leben ohne Verschwendung und Prachtentfaltung, der sich aus ihrer christlichen Lebensauffassung im Sinne des Evangeliums ergibt. Er wird durch die in Thüringen von Ludwig eingeführte Sparsamkeit unterstützt. Auch in diesem Punkt ist sich das Landgrafenpaar einig, obwohl nun die Sängerabende seltener sind und das frohe Burgleben mit freigebiger Bewirtung des fahrenden Volkes in ruhigere Bahnen gelenkt wird.

Warum Berthold, der Kaplan und Chronist, nichts über die Reise berichtet? Vielleicht hat er sie nicht mitgemacht, was dafür sprechen würde, daß die beiden ohne großen Aufwand geritten sind. Auch Walther von Vargula war nicht dabei, aber das hängt mit der Vorbereitung eines neuen Zuges nach Sachsen zusammen.

Kriegszug nach Sachsen

Am 3. Januar 1223 zog Ludwig auf seine Neuenburg. Er beabsichtigte, sich von hier aus nach seiner ersten Besichtigung der Markgrafschaft Meißen ein weiteres Mal im östlichen Interessengebiet zu zeigen. Für Mitte Januar hatte er zu einem Landtag mit Volksversammlung in Görschen, einem Ort zwischen Weißenfels und Leipzig, einen guten Tagesritt von der Neuenburg entfernt, eingeladen. Die Veranstaltung sollte eine größere Inspektion der von ihm beanspruchten Markgrafenschaft einleiten. Doch es kam anders, als er dachte.

Ein Gerücht verbreitet sich schnell, das Ludwig rätselhaft erscheinen mußte. Poppo von Henneberg gab ebenfalls bekannt, er plane einen Zug nach Sachsen, was die Teilnehmer des Landtages verunsicherte und den Termin hinausschob. Damit war der Zweck des Gerüchtes erreicht. Poppo mußte den Landtag verhindern, denn er beabsichtigte, am darauffolgenden Tag die Schwester Ludwigs, Jutta, in Leipzig zu ehelichen. Hätte Ludwig davon in Görschen erfahren, wäre er durchaus der Mann gewesen, diese Verbindung gewaltsam zu verhindern. Doch dieser Plan war nicht bis zur Neuenburg gedrungen, Ludwig wartete dort auf eine Klärung, und Poppo und Jutta heirateten in der Thomaskirche wie beabsichtigt. Diese Ehe bedeutete, daß Ludwigs Ansprüche auf eine Vormundschaft über die Mark Meißen dahin waren.

Der neue Markgraf Poppo, seiner Sache sicher, kam am Freitag nach der Eheschließung persönlich auf die Neuenburg, um seinem Schwager Ludwig die Kunde zu bringen. Außerdem lud er ihn zu einer großen Hochzeitsfeier ein, die die ganze Familie vereinen sollte. Als Ludwig begriff, daß er genasführt worden war, sann er auf Rache. Weit entfernt davon, die Entscheidung seiner Schwester anzuerkennen, die Fahrt abzubrechen und wieder nach Eisenach zu ziehen, rüstete er zum Besuch Juttas, die sich auf der Burg Dobbelin aufhielt. Wieder erreichte ihn ein Gerücht, er solle nicht nach Weißenfels ziehen, es würde für ihn gefährlich werden. Diesmal ließ er sich durch das Gerücht nicht von seinen Plänen abbringen und zog los, kam gut durch Weißenfels und konnte jedermann beweisen, wer in Meißen das Sagen hatte.

Gegen Leipzig, das treu zu Jutta stand, ging er streng vor. Er belagerte einen Turm der Stadtmauer, der von Juttas Anhang, angeblich ohne Berechtigung, in Besitz genommen wurde. Obwohl sich die kleine Besatzung sofort der Übermacht ergab, zeigte er seine Kraft, indem er den Turm zerstörte. Er „ließ die

Veste brechen", berichtet Berthold, „wie er den Leipzigern gelobt hatte".

Jutta, empört, daß Ludwig in ihrer Mark so rüde handelte, wehrte sich mit einem Rundbrief an die Städte und Ritter und bezichtigte den Landgrafen des Betrugs und des Treuebruchs. Ludwig scheint davon beeindruckt gewesen zu sein, antwortete er doch auf die gleiche Weise mit einer Entschuldigung. Er beteuerte seine Friedensliebe und wies den Vorwurf des Frevels von sich, denn er hätte nur die Bürger von Leipzig gegen rechtlos eingedrungene Soldaten geschützt.

Jutta ließ sich auf diese Entschuldigung nicht ein, sondern traf Vorsorge für den Verteidigungsfall, verstärkte die Besatzungen der Schlösser und zeigte ihrem Stiefbruder die kalte Schulter. Nun wollte Ludwig andere Saiten aufziehen und marschierte los. Unterstützt von den Städten, die sich unter seiner Regierung größere Selbständigkeit ausrechneten, zog er vor die Burgen und brannte die umliegenden Gebäude nieder. Anscheinend glaubte er, das würde reichen, denn zur Fastnacht war er wieder auf der Neuenburg. Für einen christlichen Herrscher sehr ungewöhnlich und nicht zu entschuldigen war, daß er in der Palmwoche, der Woche vor Ostern, das Schloß Tharandt belagerte. Er nahm es am Ostersonnabend ein und zog weiter nach Dresden. Nachdem er dort eine Woche geblieben war, belagerte er anschließend das Schloß Naunhof, eroberte es, besetzte Groitzsch und „setzte sich auf dem Rochlitzberg fest".

Der Inspektionszug Ludwigs war zu einem Kriegszug geworden. Der kriegerische Zustand dauerte bis in den Sommer, dann stellte Ludwig die Kampfhandlungen ein. Erreicht hatte er nichts. Ein Jahr später wurden die Geschwister wieder versöhnt. Als Vermittler und Friedensstifter fungierte Herzog Otto von Meranien.

Das wirkliche Bild des kämpferischen Ludwig sieht völlig anders aus als das im Mittelalter verbreitete und von den kirchlichen Chronisten geschönte Bild als mildtätiger Herrscher. Die Chronik von Reinhardsbrunn stellt ihren Landesherrn nachträglich sogar als Heiligen hin: „Wenn der gütige Herr in einen Ort kam, so besuchte er zuerst das Armenhaus, tröstete durch seine Gegenwart die Schwachen und Kranken und gab ihnen zur Unterstützung von seinen Kleidern und andere Geschenke."

Doch selbst der hausfromme Berthold, der immer einen Grund für diese oder jene Kriegshandlung des Landgrafen sucht, kann als Augenzeuge die Anwendung von Kriegsgewalt gegen Schwester Jutta nicht völlig entschuldigen. Ludwig bediente sich der Mittel, die damals üblich, wenn auch moralisch fragwürdig waren. Und natürlich hat auch Elisabeth davon gewußt. Wenn ihr Ritter heimkam, wurde von seinen Taten gesprochen, und sicher fand sie nichts besonders Verwerfliches an seinem Verhalten, alle waren sich in diesem machtpolitischen Methoden gleich.

Seine Mittel in der Politik schließen nicht aus, daß er sich seiner Frau gegenüber behutsam und feinfühlig, vielleicht auch zärtlich verhalten hat, Verständnis für sie aufbrachte und ihre Sympathie für die Armenpflege sogar als modische Strömung duldete. Diese Neigungen konnten dem Ansehen des Hauses im Volke nicht schaden, ihre Nachahmung sogar die Lage in den Städten etwas bessern. Als verantwortlicher Fürst war er darüber beunruhigt, wie drückend die sozialen Probleme der Stadtarmut geworden waren. Allerorten dachte man über eine Lösung nach.

Die Suche, nach der rechten Art zu leben

Wie jede hochgestellte Frau verschenkte auch Elisabeth die üblichen Almosen, das erstemal an ihrem Hochzeitstag. Als sich der festliche Zug von der Georgenkirche nach der Trauung zum Steinhof, dem Sitz des Landgrafen, bewegte, säumte das schaulustige Volk die Straße. Die junge Landgräfin in ihrem bestickten, mit Pelzen besetzten Festmantel streute kleine Münzen unter das Volk. Das war so Sitte und wurde unbedingt erwartet. Die Minderen, die kleinen Leute, hatten ein moralisches Recht darauf. Eine Almosentasche am Gürtel gehörte zur Ausstattung der Damen, wenn sie die Burg verließen, genau wie die juwelenbesetzten Goldreifen. Als letzte Mode kamen neuerdings auch schon hier und da kostbare Spiegel mit Elfenbeinrahmen dazu.

Aller Festprunk und das neue Gefühl, nunmehr Landesherrin zu sein, konnten für sie auf die Dauer nicht die Frage, nach der rechten Art zu leben, verdrängen. Wie in jeder Zeit wurde auch in der ihren darüber nachgedacht, doch gerade das neue Jahrhundert mit seiner aufregenden Dichtung und den unerhörten Bewegungen im religiösen Leben ließ hoffen, daß erstarrte Formen und Verrohung der Sitten überwunden werden konnten. Ab und zu hörte man schon von einflußreichen Frauen, die sich der sozialen Frage widmeten, allerdings meistens aus Klöstern.

Wie sich die Frauen öffentlich betätigen sollten, darüber hatte es lange keine Klarheit gegeben. Es begannen die Versuche der Orden, Männer und Frauen unter einem Klosterdach zu vereinen, um den Frauen hier, wenn auch klerikal nicht gleichberechtigt, Aufgaben zuzuweisen. Von der Kurie mit Mißtrauen gesehen, waren die Gemeinschaftsklöster wegen der aktiven Rolle der Frauen in den Ketzerbewegungen wieder verboten worden. Gegen Ende des 12. Jahrhunderts gab zum Beispiel auch der Prämonstratenserorden seine Versuche in dieser Hinsicht auf. In den Klöstern lebten Frauen und Männer von nun an absolut getrennt und die Frauen weit abgeschiedener als die Männer. Ein Fortschritt hinsichtlich dieser Form der Gleichberechtigung war gescheitert.

Der Grund für den Widerstand der Kirche erwuchs aus der Furcht vor der Auflösung ihrer Herrschaftsstruktur. Obwohl das Zölibat gerade erst obligatorisch durchgesetzt worden war, ist jedoch nicht seine Einführung die Ursache für die Verbannung der Frauen aus dem aktiven religiösen Leben, und die bewußten Frauen haben sich auch niemals völlig ausschalten lassen. Nein, die Frauen brachten völlig neue Probleme mit, die bisher und bis heute nicht von der Kirche beherrscht werden. So sann man nach Auswegen, und zu Elisabeths Zeiten schien die Laienbewegung der Beginen eine vorläufige Antwort auf die mißliche Lage der Frauen.

Frauenhäuser

Die Damen aus den adligen Familien kamen, wenn sie unverheiratet und damit unversorgt blieben, standesgemäß in einem der zahlreicher werdenden Frauenklöster unter. Was aber geschah mit den Frauen aus den niederen Ständen, in ihrem religiösen Anspruch meistens ehrgeiziger und konsequenter als die Adligen, wenn sie allein blieben oder Witwe wurden? Die Zeit war reif, eine praktische Lösung zu finden, und so bildeten sich, in den größeren Städten zuerst, Frauengemeinschaften. Sie verbanden ein christliches Leben ohne starre Ordensregeln mit der Ungebundenheit der Laienbewegung, ihre Häuser sind nicht mit den Klöstern gleichzusetzen. Manche Forscher bestreiten sogar, daß es sich um eine Form der Laienbewegung in dem bis dahin geläufigen Sinne gehandelt habe, sondern um fromme Frauen, die nach einem Mittelweg zwischen den Laien und den Ordensschwestern suchten. Wie auch immer die Begriffe interpretiert werden, die Beginen, wie sie allgemein heute genannt werden – es gab damals noch zehn andere Bezeichnungen für diese Art, Christus zu dienen –, zogen gerade in den Zentren des Glaubens immer mehr Frauen in ihren Kreis.

Eine Modeerscheinung? Das Wort ist zu modern, um richtig zu sein, aber die Beginen gaben Antwort auf die Unterdrükkung der Frauen, die fast keine Rechte hatten, ausschließlich an den Mann gebunden, ihm ausgeliefert, gleich, ob er gut oder bösartig war. Sie gebaren ihm Kinder, eines nach dem anderen, begruben jedes zweite, zogen die überlebenden Kinder auf, ernährten die Familie, und wenn ihre guten Jahre vorbei waren, und das war viel früher als bei den heutigen Frauen, war auch das Leben schon vorbei. Das abgeschiedene Dasein im Kloster brachte für die meisten auch keine Alternative, waren doch die Verbindungen zur Welt damit abgebrochen. Ein nützliches Leben wollten sie führen, etwas bewirken und bedeuten. Auch wenn sie in den Klöstern als dienende Schwestern mit den praktischen Dingen zu tun hatten, mit der Wirtschaftsführung und der Sicherung der Ernährung durch Gartenbau, sie blieben immer nur Schwestern zweiter Ordnung, auch unter Frauen nicht gleichberechtigt. Ein unbefriedigender Zustand für Frauen, die sicherlich von den ehrenden Worten der Minnedichter an ihre adligen Geschlechtsgenossinnen gehört hatten.

Die stärkste Konzentration der Beginen finden wir in den großen Städten. Für Köln sind hundertneunundsechzig Beginenhäuser, in denen etwa tausend Frauen lebten, nachgewiesen. In Straßburg finden wir fünfundachtzig Gemeinschaften, in Mainz wurden achtundzwanzig Beginenhäuser gezählt, in

Basel zweiundzwanzig. Aus der Kölner Zahl ergibt sich, daß es nur relativ kleine Gemeinschaften gewesen sind, nicht mit den Klöstern größerer Städte zu vergleichen. Zwischen fünf und zwanzig Mitglieder dürften die Kreise gezählt haben, die in einem Haus zusammenlebten, und damit haben wir zugleich den entscheidenden Vorteil dieser sich schnell verbreitenden Bewegung erfaßt. Der kleine Kreis ist überschaubar, aber nicht zu klein. Schwächere können von den Stärkeren mitgenommen werden, die Versorgung ist zu bewältigen, für die religiösen Belange, also das geistige Leben, bleibt Zeit und Gelegenheit, für das Gespräch, das stille Gebet.

Allerdings sind die Beginenhäuser keine ausschließliche Angelegenheit der Großstädte, hier sind sie nur wegen des Zulaufs in den Zentren besonders zahlreich. Die Klein- und Mittelstädte in ganz West- und Mitteleuropa – auch Eisenach – kennen diese Frauenhäuser, deren Insassinnen von ihrer eigenen Hände Arbeit leben, vom Weben, Spinnen und Nähen, vom Kochen und Waschen, von der Krankenpflege, von der Bestattung der Toten und der Pflege der Gräber, von der Unterrichtung lernwilliger junger Menschen. Sie galten als Häuser der Dienstleistungen für ihre Umgebung und waren daher nicht nur gelitten, sondern wurden auch gebraucht.

Ihr religiöser Status unterscheidet sich von dem der Nonnen in den Klöstern dadurch, daß die Beginen kein Gelübde ablegen und auch nicht für immer in die Gemeinschaft eintreten. Die Beginen bleiben, solange sie wollen, sie versprechen Armut, Keuschheit und Gehorsam vor der Vorsteherin, der Martha, nur für die Zeit, in der sie freiwillig dienen. Auch sind sie keineswegs sektiererisch, sondern pflegen Kontakte mit den Mitgliedern der Bettelorden, mit den Zisterziensern und nun auch mit den neuen, den sich überall niederlassenden Franziskanern. Hier und da wird gegen sie der Vorwurf der Ketzerei erhoben, doch da sie sich in der Nähe von Kirchen und Klöstern niederlassen und dort zum Gottesdienst gehen, finden sie auch dort ihre Verteidiger. Die Beginen waren durchweg resolute Frauen, die seit ihrer Jugend das Arbeiten gelernt hatten, denn die scheuten weder Schmutz noch ansteckende Krankheiten. Waren sie deshalb etwa einfältige Frauen niederen geistigen Niveaus? Keineswegs, wenn auch der Schulbesuch Frauen generell nicht erlaubt war, aber die Frauen aus den reicheren Familien besaßen Grundkenntnisse des Lesens und Schreibens. Davon zeugen Bücher mit einfachen Gebeten und Lebenserkenntnissen, von den Frauen angelegt und für ihre Unterhaltungen und Gebetsstunden genutzt. Die Feinheiten der Theologie interessierten sie gewiß nicht, sie hatten gar nicht die Zeit dafür, ihr Leben war mit Arbeit und anregender geistiger Unterhaltung eigenen Zuschnitts befriedigend ausgefüllt. Die Gründerinnen und Verwalterinnen bestimmten das Klima eines Beginenhauses, sie brachten eine gewisse Lebensart mit, denn sie stammten vorwiegend aus reichen, angesehenen Familien. Gegen den Willen ihrer Familien verließen sie die vorgezeichnete Bahn, stellten sich damit gegen gesellschaftliche Konventionen, die damals fast unüberwindbar schienen. Wer eine günstige Heiratspartie und damit ein gesichertes Leben verschmähte und sich statt dessen auf die unsichere Existenz einer Begine einließ, zeigte beachtlichen Mut zu einem Leben auf eigene Initiative und Art.

Es scheint, als ob Elisabeth ihre Hospitalgründungen nach dem Muster dieser Beginenhäuser vorgenommen hat, deshalb ist es angebracht, diese Einrichtungen etwas näher zu betrachten. Wenn jüngere Witwen keine Lust verspürten, die Last einer zweiten Ehe auf sich zu nehmen und lieber keusch weiterleben wollten, allerdings sinnerfüllt und nützlich für die Gesellschaft, nur ihrem eigenen und Gottes Willen unterworfen, was in der Praxis identisch war, traten sie in eins der Frauenhäuser ein. Hier konnten sie nach selbstgewählten Regeln leben. Es sind auch Fälle bekanntgeworden, daß Frauen ihre Ehemänner überzeugten, auf die gleiche Art zu leben und den Dienst an den Armen und Kranken aufzunehmen, zweifellos eine Wirkung der franziskanischen Praxis.

Am Niederrhein, in Flandern und Brabant waren Beginen aus reichen Familien nichts Ungewöhnliches. Die Witwe Yvetta von Huy, mit achtzehn Jahren Mutter von drei Jungen, widerstand sogar dem Bischof von Lüttich, der für sie eine weitere Ehe stiften wollte. Sie gründete eine Leprakolonie und hielt diese Arbeit für bedeutender als die Mutterpflichten, weshalb sie die Erziehung der Söhne dem Großvater überließ. Anscheinend hatte ihre gesellschaftliche Arbeit bei der Betreuung der Leprakranken auf die ganze Familie einen anspornenden Einfluß, denn auch ihr Vater und zwei ihrer Söhne folgten ihrem Beispiel in einem Männerorden, sie wurden Zisterzienser. Es muß etwas von Pioniergeist in diesen Frauen gesteckt haben, die von vielen Menschen unterstützt und geachtet wurden, von einigen allerdings auch angefeindet.

Das wichtigste Kennzeichen dieser Art von gottgefälligem Leben ist die Freiwilligkeit. Ohne sich tägliches Klosterleben als äußeren Zwang aufzuerlegen, wollten diese Menschen ein Büßerleben führen, um sich selbst, gewissermaßen zusätzlich, von den zahlreich und überall lauernden Sünden zu befreien. Das nämlich hatte das Christentum durchgesetzt: Der Mensch fühlte sich ständig von Sünde beladen und umgeben, sah aber auch sündiges Verhalten, bei den weltlichen und kirchlichen Oberen, beim Nachbarn und beim Kriegshauptmann. Wie konnte man den Sünden der Welt entkommen? Die Kirche empfahl, am besten durch ein Leben, in dem ein reinigender Mechanismus wirkte – die auferlegte Buße. Das Maß bestimmten die Priester, doch ihr Ansehen war in vielen Fällen erschüttert, ihre eigenen Sünden waren zu offensichtlich, das Vertrauen der Gläubigen zu ihnen war oftmals verlorengegangen.

So kam die Überlegung auf, sich selbst von der Sünde zu befreien, ein gottgefälliges Leben aus eigenem Antrieb zu führen. Es schloß das Gebet, die Fastentage, die Ablehnung unrechtmäßig erworbenen Gutes ebenso ein wie die Bereitschaft, die Schwachen der Gesellschaft zu unterstützen und ihnen zu helfen. Und wie sollte man sich zu der hier und da erhobenen Forderung nach sexueller Enthaltsamkeit stellen, weil die Erbsünde auf allen Generationen nach wie vor laste? Auch Eheleute fanden sich bereit, in diesem Punkte enthaltsam zu leben und ihren Kindern Keuschheit zu empfehlen. Nach dem Tode ihrer Männer gelobten Frauen häufig weitere sexuelle Enthaltsamkeit, ja den Verzicht auf weiteres Eheleben. Der eigentliche Grund dafür mag in der Furcht, ohne größere Pausen ein Kind nach dem anderen gebären zu müssen, gelegen haben.

Alle diese Elemente eines neuen Lebens waren im Gespräch und sicher auch heiß umstritten, denn sie warfen ja die Frage auf, wozu man eigentlich eine Kirche mit allen dazugehörenden Einrichtungen brauche, wenn es auch freiwillig ohne sie ging. Die Laienbrüder versammelten sich den Vorschriften entsprechend bei den Ordensleuten, um ihren christlichen Beistand zu erbitten, aber war das noch vonnöten, wenn sie wie die Franziskaner das graue Büßergewand auch zu Hause und überall trugen? Fast alle schlossen sich den Regeln des neuen Ordens an, dessen Mitglieder in ihrem Habitus und durch ihr demütiges, armseliges Leben den Vorstellungen der Büßer am nächsten kamen. Wenn aber die neuen Ordensregeln vernünftig und einem würdigen Leben zuträglich waren, warum mußte man noch in ein Kloster eintreten, was ohnehin nicht alle konnten und wollten? Nein, es war das Streben nach menschlicher Vollkommenheit, das diese Menschen beflügelte! Eine äußerste Konsequenz in dieser Hinsicht ist der Entschluß, in völliger Einsamkeit und Enthaltsamkeit zu leben, als Einsiedler, entweder in der Natur oder auch als Klausner in einer abgelegenen Hütte. Auch in dieser Lebensart, der sicherlich nur noch verhältnismäßig wenige Menschen anhingen, gab es von der eingemauerten Abgeschiedenheit bis zur tätigen Mithilfe alle Möglichkeiten. Man ist versucht zu denken, daß das Wort, ein jeder könne nach seiner Fasson selig werden, aus dieser Zeit stammt.

Die Kirche belauerte diese Art von frommem Leben, das

Ausgestoßene der Stadt: die bettelnde Hexe, der Verbrecher im Stock, der Abdecker bei seiner Arbeit

ohne ihre Mitwirkung geführt wurde, argwöhnisch, hatte aber in den meisten Fällen keine rechte Handhabe, es abzustellen. Allerdings besorgte das einige Zeit später die Inquisition, die hierbei mit der Verdächtigung, es handele sich um Ketzerei, bei der Hand war und in der Folter die notwendigen Geständnisse erzielte. Anfang des 13. Jahrhunderts jedoch waren die Möglichkeiten der Auslegung kirchlicher Normen noch vielfältig, und besonders die Beginen entwickelten dabei allerhand Phantasie. Mit einem kirchlichen Begriff, den wir schon bei Franziskus zur Gründung seines dritten Ordens gefunden haben, könnte man diese Mitglieder verschiedener Strömungen eines religiösen Lebens ohne Bindung an die Klöster als Tertiarier bezeichnen. Auch Elisabeth sollte sich zu ihnen zählen.

Unter dem Fürstenmantel die Kutte der Tertiarerinnen?

Für Elisabeth war dieser Weg eigentlich bedenklich. Als Fürstin hatte sie keine sozialen Aufgaben zu erfüllen, da sie sonst in den Verdacht geraten wäre, eine ihr nicht zustehende dienende Rolle zu übernehmen, wie es Sophie zeitig erkannt hatte. Sie wäre auf strikte Ablehnung gestoßen, und die Bewunderung hätte das nicht aufgewogen. Als Wanderprediger konnte sie ebensowenig auftreten, doch sie hatte andere Möglichkeiten als Frau. Auch eine Fürstin konnte ihr Leben strikt nach den Evangelien einrichten, wer hätte es ihr verwehren sollen?

Vielleicht bewunderte Elisabeth heimlich ihre Geschlechtsgenossin Klara Offrediccio aus Assisi, die der Predigt Franziskus' begeistert folgte und ihrer begüterten Familie danach den schuldigen Gehorsam verweigerte. Zu einer „günstigen Heirat" gab sich Klara nicht mehr her, sondern floh in heimlicher Verabredung zu den Brüdern des Franziskus nach Portiuncula. Sie kleidete sich in ein Bußgewand und bat Franziskus, ihr die Haare zu scheren. So war sie ihrer Familie verloren und einer neuen Familie, den Minderbrüdern, gewonnen. Dieser Schritt erfolgte durchaus nicht spontan. Seit ihren Mädchenjahren regte sich in Klara der Wunsch, nur Jesus als Braut anverlobt zu sein. Darüber hatte sie ein Gespräch mit Franziskus, und er unterstützte den ungewöhnlichen Wunsch des Mädchens.

Hätte Elisabeth in der Zeit, als ihre Zukunft unbestimmt war, überhaupt eine Vertrauensperson gefunden, mit der sie über solcherart geheime Gedanken sprechen konnte? Die ungarischen Priester hätten dafür gewiß kein Verständnis gezeigt, der Reinhardsbrunner Hofkaplan Berthold kam dafür ebenfalls nicht in Betracht, so ganz anders waren die Aufträge dieser Priester, als die Zweifel der jungen Elisabeth zu klären. Das Klosterleben kam für sie gar nicht in Betracht, wenn auch die unklare Zeit einer Entscheidung bedurft hätte. Man hätte sie wahrscheinlich einfach wieder nach Hause geschickt, nachdem die Voraussetzungen des Ehevertrages entfallen waren.

Nein, Elisabeth hatte keine Entscheidungsmöglichkeit wie Klara, nicht allein wegen ihrer andersgearteten religiösen Schwärmereien, sondern wegen eines anderen Ideals, arm zu sein. Es wird behauptet, ein Bruder Rodeger aus Halberstadt, der mit franziskanischen Ideen sympathisierte, hätte sie getraut. Es wäre denkbar, wenn auch ungewöhnlich, hätte Elisabeth den besonderen Wunsch für den Vollzug der Handlung durch diesen Priester geäußert. Auch wenn sie seiner franziskanerischen Predigt gelauscht und sie als richtunggebend angesehen hätte, mußte Elisabeth sich doch nicht wie Klara vor einem Leben mit einem ungeliebten Mann fürchten, im Gegenteil, sie hatte ihren Platz nach vielen Unwägbarkeiten an der Seite eines geliebten Mannes glücklich gefunden.

Außerdem wäre es einseitig anzunehmen, sie hätte vom Armutsideal ausschließlich durch die Franziskaner oder Berichte über sie erfahren. Noch vor den Franziskanern, auch wenn ihnen die Berichte über den frommen Lebenswandel ihres Ordensgründers vorauseilten, kommen die Dominikaner nach Thüringen, ebenfalls im Büßergewande.

Nach dem Tode von Dominikus, der im Hochzeitsjahr des jungen Landgrafenpaares verstarb, verfolgt nun der zweite Ordensmeister, Jordan von Sachsen, eine zielstrebige Verbreitung seines Bettelordens in Thüringen und steuert als erstes Erfurt an. Sicherlich ist die gleichzeitige Existenz zweier Orden, die sich einer einfachen Lebensweise befleißigten, nicht überall verstanden, sind ihre Unterschiede nicht erkannt worden. Es war für die Gläubigen klar, daß man Ketzer als Abweichler von der Lehre bestrafen mußte. Wer das tat, war gefährdet. Die Hauptsache war, man handelte im Namen der alleinseligmachenden Kirche. Eine weitere Begegnung Elisabeths mit den Dominikanern oder Berichten über sie wäre möglich gewesen, als sie mit ihrem Mann nach Ungarn reiste.

Die Dominikaner tauchten 1219 zuerst im Heimatland Elisabeths auf und erhielten hier die Erlaubnis, einige Klöster zu gründen. Wir können daher annehmen, daß ihre Erscheinung Elisabeth vertraut war. Einer der Anhänger des Dominikus, der Ungar Paulus de Hungaria, war an die angesehene Universität Bologna, maßgebend in theologischen Fragen, als Lehrer für das Kirchenrecht berufen worden.

Mit den Dominikanern tauchte ein neues Problem auf. Sie hingen der Armut an, lebten als Bettelmönche und wirkten zugleich als die Polizei der Kurie, denn sie waren mit der Inquisition betraut. In dieser Funktion gingen sie gegen die Anhänger anderer Armutsströmungen vor. Wie sollte das verstanden werden? War die graue Kutte nur ein Deckmantel?

Es kam darauf an, wer sie trug. Vielleicht diente das einzige Zusammentreffen von Franziskus und Dominikus der Klärung der Frage, ob man sich nicht vereinigen könne, eigentlich seien doch zwei Minderorden nicht erforderlich. Von Dominikus sagt man jedenfalls, daß er diese Meinung vertreten habe. Außerdem hatte er mit der Kurie Probleme, weil er seine eigene Ordensregel nicht bestätigt bekam. Man empfahl ihm, die Augustiner-Regel anzuwenden. Da solche wichtigen Dinge niemals dem Selbstlauf oder der willkürlichen Entscheidung überlassen wurden, kann man daraus nur folgern, daß die Zielsetzungen der Orden unterschiedlich waren. So kam es am Schluß der Begegnung nur zu einer demonstrativen Geste: Dominikus erbat den Strick des Franziskus und band ihn sich um. Wenn schon nicht die Verschmelzung der Orden, dann konnte wenigstens die Angleichung der äußeren Erscheinung erreicht werden.

Im Gegensatz zu den Franziskanern fand die Verbreitung der Dominikaner keinen nennenswerten Widerstand. Obwohl erst 1216 gegründet, dehnte der Orden sich über ganz Mitteleuropa in nur wenigen Jahren aus. Die Dominikaner gründeten nicht nur immer neue Klöster, auch die Lehrstühle wurden nach und nach von ihnen besetzt, wie wir am Beispiel des Paulus aus Ungarn sehen. Die Kurie förderte die Mission des Ordens, er war dem Papst in allen Angelegenheiten unbedingt ergeben und erwies sich als gut geeignet, um die Inquisition zu stützen, ihr einen religiösen Rahmen zu geben. Nach nur fünfzehn Jahren waren die Dominikaner zu einem einflußreichen Orden geworden, mit dem die maßgebenden weltlichen und kirchlichen Herren rechnen mußten, während die Franziskaner keinerlei besondere Autorität in der Hierarchie erlangten, auch als man feststellte, daß sie, undenkbar noch für Franziskus, in der Eigentumsfrage einen Kompromiß schlossen. Sie erkannten schon in der zweiten Generation ein korporatives Eigentum an und duldeten Schenkungen und Stiftungen für ihre Kirchen und Klöster, nahmen Geldspenden zur allgemeinen Verwendung auch der Mönche an, Unterdrücker waren sie jedoch nicht.

Die ersten Franziskaner in Deutschland

Heute kann man wohl kaum ermessen, was es bedeutet, sich für die ersten Franziskaner eingesetzt zu haben. So wie sie durch die Lande zogen, war der Unterschied zu den ketzerischen Wanderpredigern nicht groß. Arm das Aussehen, Armut ihre Predigt, ein Aufruf zur Buße durch demütiges Leben. Worin unterschieden sie sich von den vielen Gruppen, die das reiche Leben der Oberen als unchristlich tadelten? Sie erwähnten den strittigen Punkt nicht! Für Franziskus ergab sich da kein Widerspruch. Die Erneuerung der Kirche mußte durch eine Einsicht von innen kommen, nicht durch Änderung der

Hierarchie. Er hatte auf seinen Wanderungen genug gesehen und war sich wohl klar darüber, daß von oben nichts zu erwarten war. So begann er nicht mit Streitigkeiten, sondern mit einer unerhörten Praxis, die heute als etwas Selbstverständliches dargestellt wird, um ihre revolutionäre Sprengkraft nicht zu betonen, aber in Wahrheit wurde sie mächtig durch die Aufnahme von Brüdern aus jedem Stand.

Bis dahin galt es als ein Axiom, daß nur Männer adliger Herkunft als Brüder in einen Orden eintreten durften, es sei denn, sie wären als dienende Brüder mit niederen Arbeiten beschäftigt wie bei den Zisterziensern. Zu den Franziskanern aber konnte jedermann kommen, gleich, ob er bereits als Priester in einem anderen Orden gedient hatte, ob er aus dem städtischen Bürgertum kam, als Soldat die Erde verwüstet oder als Bauer die Erde bestellt hatte. Gebildete und Ungebildete, Männer und Frauen, sie alle fanden in diesem Orden ihren Platz, wenn sie nur die Regel, das Ordensstatut, anerkannten.

Der Ordensgründer maß zu Anfang der Organisation der nach Tausenden zählenden, ihm zuströmenden Menschen keine besondere Bedeutung bei. Doch unter ihnen waren auch allerhand Leute, die keine oder andere Vorstellungen von einem Ordensleben gehabt hatten und sich nunmehr in einer dienenden Rolle getäuscht oder überflüssig vorkamen. Also mußten die Ansprüche an eine Aufnahme geregelt werden. Die eigenen Kirchen verlangten eine Verwaltung und Ausstattung mit den notwendigen Kultgegenständen, die franziskanischen Priester benötigten eine theologische Ausbildung. So war die absolute Besitzlosigkeit des Einzelnen wie der Ordensgemeinschaft schon bald durchbrochen, aber das Ausmaß an Besitz fiel vorläufig nicht ins Gewicht, wenn es überhaupt wahrgenommen wurde. Die ausgesandten Mönche jedenfalls blieben, völlig mittellos, auf die ständige Unterstützung durch ihre Umwelt angewiesen. In diesem Punkt war die Regel genial einfach und äußerst praktisch. Die Franziskaner mußten ihr Anliegen deutlich machen, wenn sie überleben wollten.

Nachdem die erste Mission gescheitert war, kamen nunmehr 1221 die mit der zweiten Mission beauftragten Brüder nach Deutschland, und diesmal ist ein enger Mitarbeiter Franziskus', ein guter Kenner der Heiligen Schrift, Cäsar von Speyer, dabei. Cäsar hatte bei der Abfassung der Ordensregel geholfen und ihr die feste Verbindlichkeit gegeben, nun kam er nach dem Ordenskapitel von 1221 in die nördlich der Alpen gelegenen Gebiete und predigte.

Die fünfundzwanzig Brüder nahmen den Weg über den Brennerpaß. Nachdem sie mit diesem zweiten Anlauf das Land an der Donau erreicht hatten, trafen sie sich Ende des Jahres in Augsburg. Die dort versammelten einunddreißig Brüder – sechs hatten sich unterwegs angeschlossen – bildeten drei Gruppen und zogen getrennt weiter. Eine Gruppe ging nach Salzburg, eine zweite nach Regensburg, und eine dritte zog den Rhein bis nach Köln hinab. Die Fahrt mag das ganze Jahr 1222 über gedauert haben, bis sich diese Gruppe 1223 nach Osten in das Gebiet nördlich des Mains wandte. Die Brüder hatten bald zwanzig Niederlassungen gegründet, als sie das Gebiet um den Harz erreichten. Sie hatten Hildesheim, Goslar und Braunschweig kennengelernt. Dann trafen sie in Halberstadt und Magdeburg ein. Hier soll Cäsar von Speyer den Bruder Rodeger zum Vorsteher der Halberstädter Niederlassung gemacht und ihn wohl gleich darauf mit der Mission betraut haben, die Verbindung zum landgräflichen Hof aufzunehmen und Unterstützung zu erbitten.

Ein kühnes Unternehmen, denn die Höfe standen diesem dubiosen Anliegen abwartend, wenn nicht ablehnend gegenüber, nun sollten sie sogar Unterstützung gewähren. Allerdings hatten die Franziskaner Unterstützung vom Hildesheimer Bischof Konrad II., einem einflußreichen Kirchenfürsten und Jugendfreund Ludwigs, bekommen, der ihnen die freie Predigt in seinem Bereich erlaubte. Der Bericht über die Mission nach Sachsen und Thüringen ist von einem Mitarbeiter Cäsar von Speyers vierzig Jahre später aufgezeichnet worden.

Jordanus von Giano berichtet, daß man nach Erfurt von Würzburg aus aufbrach, wo sieben Brüder am 11.11.1224 eintrafen. Nach der bewährten Methode blieb eine Gruppe in Erfurt und nahm Unterkunft bei dem Priester, der sich um die Seelsorge der Leprakranken kümmerte und daher nicht innerhalb der Stadtmauern leben durfte. Von seinem Quartier aus gingen einige Brüder ins Thüringer Land, um weitere Möglichkeiten für die Verbreitung des Ordens zu erkunden. Schließlich, im Jahre 1225, so meldet Jordan, der sich als „custos von Thüringen" bezeichnet, gründeten die Erfurter Franziskaner in Eisenach, Gotha, Nordhausen und Mühlhausen, also im Zentrum und Umfeld des Thüringer Landgrafenhofes, weitere Niederlassungen.

Jordan erwähnt die vorbereitende Mission Rodegers, von der in allen Elisabeth-Darstellungen berichtet wird, nicht besonders ausführlich. Das muß nicht bedeuten, daß sie nicht stattgefunden hat. Es ist durchaus möglich, daß die Gruppe mit Cäsar von Speyer verantwortlich dafür war, den Thüringer Hof zu unterrichten. Cäsar war gewiß der politische und diplomatische Kopf der Mission und wußte, daß man sich der Zustimmung der Fürsten versichern mußte, wollte man auf die Dauer Erfolg haben. Deshalb ist ein vorbereitender Besuch von Rodeger durchaus denkbar, sonst wäre kaum zu erklären, wie in einem Jahr ohne größere Widerstände in der Nähe vier Franziskaner-Niederlassungen gegründet werden konnten. Obwohl Rodeger anscheinend aus Eisenach so schnell wieder abreist, wie er gekommen ist, mag er einen nachhaltigen Einfluß durchaus hinterlassen haben. Wenn man etwas erreichen will, muß man sein Anliegen begründen, was in seinem Falle bedeutet, den Hof über die Absichten des neuen Ordens zu informieren, die Methoden seiner Arbeit darzustellen. Jordanus ernennt in seiner Altersverklärtheit den Bruder Rodeger gar zum geistlichen Lehrmeister Elisabeths, was übertrieben zu sein scheint. Wahrscheinlich hat sie sich von ihm darüber informieren lassen, warum die Franziskaner diesen Zulauf hatten, und sie damit beeindruckt, war er doch für sie eine sichere Quelle. Vielleicht hat Jordanus von Giano auch nur bezwecken wollen, daß ein wenig von dem späteren Glanz der Heiligen auf die Franziskaner von Eisenach falle.

Anscheinend noch völlig ohne ihren Einfluß gründet das Landgrafenpaar in Gotha bereits 1223 ein Hospital und schafft damit eine geordnete Armen- und Krankenpflege in der Stadt, wobei über Elisabeths Mitwirkung berichtet wird. Oder hat es schon frühere Verbindungen zu Rodeger gegeben? Er war bereits seit 1221 ein franziskanischer Laienbruder, ein Mann des dritten Ordens, ein Tertiar.

Wie wirkungsvoll eine franziskanische Predigt gewesen ist, können wir einem Bericht aus dem Jahre 1250 entnehmen. Er entstammt allerdings einer Zeit, als der Orden schon weithin bekannt und eingeführt war. Die ersten Brüder werden es schwerer gehabt haben, doch ihre Botschaft mag nicht weniger eindringlich gewesen sein:

„Die Bevölkerung der Stadt wurde beim Anblicke der Einfalt und Demut der Brüder so betroffen, daß sie vor ihnen das Knie beugte und ihren Fußstapfen Ehre erwies. Wollte er (der Mönch Berthold) predigen, so bestieg er einen Turm aus Holz, der wie ein Glockenturm war. Das war seine Kanzel auf freiem Felde. Auf der Spitze des Turms pflanzten die Wehrleute eine Fahne auf, so daß das Volk erkennen konnte, woher der Wind kam, und damit, wohin es sich zu setzen habe, um den Prediger gut zu verstehen. Und merkwürdig! Die weit weg von ihm ihren Platz hatten, hörten ihn ebensogut wie die ganz in der Nähe, und niemand stand auf und verließ die Predigt vor Schluß. Sprach er aber einmal von dem entsetzlichen Letzten Gerichte, so zitterten alle wie Binsen im Wasser. Da baten sie ihn bei der Liebe Gottes, er möchte doch diesen Gegenstand nicht mehr behandeln, da sich Schrecken und Entsetzen auf sie legte.“

Neue Sitten bei Hofe

Eine damals vielbeachtete Neuerung, deren Besonderheit seither alle Chronisten veranlaßt hat, sie gebührend zu kommentieren, ist die unter Ludwig eingeführte, bereits erwähnte gemeinsame Tafel mit der Landgräfin. Es wird berichtet, daß die Landgräfin bestimmte Speisen nicht anrührte. Ein Benehmen, das anfangs mit Unwohlsein erklärt wurde, sich aber später als eine grundsätzliche Haltung herausstellte. Nachdem sie erfahren hatte, daß den Bauern oft auf ungesetzliche Weise Lebensmittel geraubt und in der landgräflichen Küche verarbeitet wurden, lehnte sie es ab, Speisen, die daraus hergestellt worden waren, anzurühren. Sie wollte von den Köchen genau wissen, ob die Nahrung auch wirklich von den Äckern der Güter des Hofes stammte. Das wird sicherlich nicht zu klären gewesen sein, wie soll man das im Einzelfall herausfinden? Die Dienerinnen berichten von der Unterdrückung ihres Appetits, wenn die Herkunft unrecht oder unklar war. So aßen sie lieber nichts und rührten, gleich ihrer Herrin, manchmal gar nichts an.

War dieses Verhalten auf die gehorsame Befolgung von Speisevorschriften, die ihr zu besonders frommen Lebenswandel nach 1226 auferlegt worden sind, zurückzuführen? Die kirchliche Geschichtsschreibung nimmt es so an, um die daraus entstehenden Fasten als eine besonders bußfertige Haltung zu erklären. Oder handelte es sich um einen individuellen Protest gegen Willkür bei der Behandlung der Bauern? War Elisabeth bereits die mutige Person, die sich diese Eigenart, sicher noch ohne jede bewußte Absicht, erlaubte? Ist die Verweigerung unrechter Speisen eine ungewöhnliche Form des individuellen Widerstandes gegen Gewalt, Raub und Willkür? Es wird vom Landgrafen berichtet, daß er sich bei ihr nach den Gründen erkundigt und Elisabeths Verhalten gebilligt habe. War Verweigerung die erste Stufe der freiwilligen Armut? Man mag es als schöne, nachträglich erfundene Geschichte oder als prinzipielle Haltung gegenüber dem Unrecht nehmen, es bleibt bemerkenswert, daß hier zum erstenmal eine trotzige Haltung, auch wenn sie noch passiv ist, auftaucht, die eine Solidarisierung mit den Armen erkennen läßt. Wenn Ludwig sie gebilligt hat, ohne sich brüskiert zu fühlen, läßt das auf tolerantes Verhalten und Ritterlichkeit im Sinne der Minnedichtung schließen. Er weiß natürlich, daß Elisabeth ihre Kritik an der schändlichen Praxis übt, die im offenen Widerspruch zum Ritterversprechen steht, die Armen zu schützen. Da es alle so machen und niemand willens ist, diese Vergehen und Verbrechen zu ahnden, so alltäglich sind sie, kapituliert er vor der Wirklichkeit und sieht darüber hinweg, weshalb es seine Leute ebenso halten.

Bei den ausführlichen Darstellungen der Frömmigkeit Elisabeths ist oft übersehen worden, daß sie durchaus mit den weltlichen Angelegenheiten einer Fürstin befaßt war. Es liegt kein Grund vor, zu glauben, Ludwig sei mit den weltlichen Dingen, Elisabeth mit den geistlichen betraut gewesen. Verschiedene Urkunden geben Auskunft darüber, daß sie in Rechtsfragen nicht nur gehört wurde, sondern auch ihre Zustimmung erteilt hat. In einer umstrittenen Angelegenheit, in der es darum ging, was mit dem Zehnten aus dem Dorf Niederzwehren zu geschehen habe, regelte Ludwig das verfahrene Problem nur mit der Zustimmung seiner Frau und seiner Brüder. Es gibt keinen Anlaß anzunehmen, Elisabeth sei weltfremd und sich nicht bewußt gewesen, daß Land und Hof bestimmte Erwartungen an sie stellten.

Glückliche Jahre im neuen Haus

Drei Jahre nach ihrer Eheschließung ist es soweit, der Hof kann nun ständig auf der Wartburg residieren. Die Bauarbeiten sind abgeschlossen, der zweigeschossige Palas ist wunderschön, er unterstreicht die Pracht des Hofes. Wer hier regiert, geht gerade und stolz über den Burghof und durch die Räume, lebt gern hier, zweifelt nicht an der Dauer seiner Herrschaft. Die Familie vergrößert sich, im März 1224 wird hier oben das zweite Kind geboren. Es ist ein Mädchen, nach seiner Großmutter Sophie genannt. Das Jahr beginnt glücklich für das Landgrafenpaar. Ein gesundes Kind in einem prächtigen Bau, der sich mit allen Burgen des Landes messen kann, eine schöne Zukunft steht bevor.

Bei ihren Reisen durch das Land stoßen sie auf alle möglichen Probleme, die entschieden werden müssen. Ludwig hält den Landfrieden und bewahrt ihn, aber er kann die elenden Verhältnisse eines bedeutenden Teiles der Bevölkerung nicht durch Dekrete lösen, das vermag nur eine lang währende, auf wirtschaftliche Blüte orientierte Politik dauerhaft zu bewirken. Die sozialen Widersprüche stachen ins Auge, sie waren nicht zu umgehen.

Wir wissen, daß Elisabeth von diesen Fragen gequält wurde und daß sie ihre Sorgen und Wünsche mit ihrem Mann besprochen hat. Sie fragte ihn, ob es nicht besser sei, ein armes Leben zu führen. Damit könne man zufriedener leben und hätte ein gutes Gewissen vor sich und Gott. Ludwig wollte nun erfahren, was sie sich darunter vorstelle. Sie entwickelte einen Plan, den man heute als Ausstieg aus der Klassengesellschaft bezeichnen würde, als Versuch, mit einem Schlage alle Plagen loszuwerden, unter denen man zwangsläufig leidet, wenn man sozial verantwortungsvoll denkt. Sie hatte ein naives Rezept parat und schlug Ludwig vor, gemeinsam einen Acker mit zweihundert Schafen darauf zu bewirtschaften. Ihren Mann

Der Speisesaal der Wartburg

stellte sie sich als Bauern vor, der den Boden bearbeitet, sie wollte sich um die Tiere kümmern, melken und Wolle spinnen. Nachsichtig klärte er sie auf: „Liebe Schwester, wer einen Acker Land mit zweihundert Schafen hat, ist niemals arm, sondern sehr wohlhabend!“

Wir dürfen in der sozialen Utopie der Landgräfin gewiß eine Schwärmerei sehen, wie sie durch die Jahrhunderte bis heute bei Menschen anzutreffen ist, die darunter leiden, daß sie wenig tun können, um das Leid auf der Welt, Hunger und Krankheiten zu lindern. Sie wollen einen persönlichen Beitrag zum Kampf gegen die Not leisten, zugleich sich auch von den Verstrickungen des täglichen Lebens zurückziehen. Dabei erscheint das Leben des Bauern als Idylle, als Arbeit in frischer Luft und ohne zivilisatorische Bedürfnisse. Ludwig, der realistisch denkende, staatserfahrene Mann, wußte, daß die Sache beim ersten Sturm zusammenbrechen würde und nahm wahrscheinlich den Einfall seiner Frau als Augenblickslaune. Für uns ist nicht die Unwissenheit Elisabeths in den praktischen Verhältnissen der Bauernschaft ihres Landes das Interessante an diesem Gespräch, sondern die modern erscheinende Fragestellung. Warum wollte sie ein armes Leben dem Hofe vorziehen?

Wir müssen auf der Suche nach einer Antwort bedenken, daß Elisabeth schon als Kind ein eigenwilliges Mädchen war. Die Dienerinnen berichten von einem Verhalten, das wir heute als Abweichen von der Norm bezeichnen würden, und die Umstände, unter denen sie aufwuchs, sprechen durchaus dafür, daß ihr besonderes Benehmen, ihre nachdenkliche, ernsthafte Art, die sie von anderen Kindern ihres Alters unterschied, durchaus begründet sind.

Allerdings ist die mündlich überlieferte Geschichte ihres Lebens gerade für die Jugendjahre eine zu unsichere Basis, als daß man zu schlüssigen Angaben über ihren Charakter gelangen könnte, aber es finden sich durchaus Anhaltspunkte, die ernst zu nehmen sind.

Eine furchtbare Entdeckung

Die ersten Jahre ihrer Ehe mit Ludwig verliefen überwiegend glücklich, doch nun im Jahre 1224 trübte ein doppeltes Unglück das unbeschwerte Leben der jungen Landgräfin.

Zu Beginn des Jahres waren noch alle froh über die Aussöhnung des Landgrafen mit seiner Halbschwester Jutta von Meißen, mit der ein mit kriegerischen Mitteln geführter Streit über die Grafschaft Meißen an der Ostgrenze des Landes beigelegt wurde, doch eine Naturkatastrophe brachte neue Sorgen.

Ein anhaltender, trockener Wind dörrte das Land kurz vor der Mahd aus, so daß die Körner ausfielen und ein großer Teil der Ernte verlorenging. Eine „teure Zeit“ begann. Sie sollte nicht nur bis zur nächsten Ernte dauern. Thüringen hatte weitere schwere Prüfungen zu bestehen und die junge Landgräfin mit ihrem Land.

Bereits seit dem Sommer 1223 ward Ludwig im Besitz eines Schreibens des Kaisers, in dem er ihn aufforderte, am nächsten Kreuzzug teilzunehmen. Kaiser Friedrich II. stand bereits seit acht Jahren im Wort. Bei seiner Kaiserkrönung in Aachen am 25. Juli 1215 hatte sich der junge Kaiser zum Kreuzzug entschließen müssen, indem er das Kreuz nahm, das übliche Zeichen für die eingegangene Verpflichtung. Allerdings wurde sie von ihm seitdem nicht eingelöst, obwohl ein weiterer Kreuzzug während seiner Regierungszeit, unter der Hauptverantwortung des Papstes, stattgefunden hatte. 1221 war dieses Unternehmen, wie die anderen vor ihm auch, gescheitert, und Friedrich sollte die Scharte nun endlich auswetzen. Seine beredten Gründe für eine immer wieder notwendige Verschiebung wurden nicht mehr anerkannt, der Papst, Honorius III., drängte und erhielt nun auch die feste Zusage Friedrichs. Der Kaiser forderte kurz danach die verschiedenen Fürsten auf, sich bereitzuhalten, und Ludwig stellte eine feste Position in seiner Rechnung dar.

Die ritterlichen Tugenden des Landgrafen waren bekannt, stellte er sich doch selbst in seinem Siegel als lanzenschwingender Ritter in Harnisch und Helm, auf seinem Pferde reitend und den Schild mit dem Thüringer Löwen tragend, dar, lebhaft flatterte sein Fähnlein im Wind. Der Kaiser hatte ihm sein Wohlwollen gezeigt und ihn umworben, indem er ihm gleich von sich aus eine Summe von viertausend Silbermark als Entgelt für eine Teilnahme am Kreuzzug anbot. Das ausgedörrte Land konnte einen solchen Segen schon gebrauchen.

Doch Kaiser Friedrich II. ließ es nicht bei diesem handfesten Angebot bewenden. Er appellierte deutlich an Ludwig, als er ihm bescheinigte, er „nehme unter den anderen Fürsten keinen geringen Rang ein", um daraus abzuleiten, daß diese Stellung auch besondere Verpflichtungen einschlösse. Diese größeren Verpflichtungen bestünden eben gerade darin, mit einer nennenswerten Schar Thüringer Ritter am geplanten Kreuzzug teilzunehmen. Während dieser Zeit sei sein Land sicher durch den Kaiser geschützt, landgräfliche Rechte dürften nicht angetastet werden. Der Papst selber bestätigte in einem eigenen Schreiben an Ludwig diese Zusage. Als Termin für den Kreuzzug war der Sommer des Jahres 1225 angegeben.

Sollte Ludwig diesen Aufruf, der sich auch an andere Fürsten und freie Städte richtete, ernst nehmen? Die Werbung lief auf vollen Touren; wie würden sich die anderen verhalten? Der Kaiser und der Papst hatten sich auch an den Dogen von Venedig gewandt, dessen Unterstützung sie für den Seetransport auf jeden Fall brauchten, genauso wie das Geld der Städte in Italien. So schrieben sie auch an Genua, Pisa, Ancona und andere. Vom König von Frankreich erwarteten sie ebenso ein stattliches Kontingent an edlen Herren. Handelte es sich auch hier nur um die ersten Schritte für ein solches Unternehmen, so war doch der Ton ernst und fordernd. Man konnte die Sache zwar hinziehen, aber entziehen konnte man sich ihr so einfach nicht. Zu schnell wäre man mit Kaiser und Papst in einen unerwünschten Konflikt geraten. Die bevorzugte Stellung der Thüringer Landgrafenschaft brachte beträchtliche Zwänge mit sich, aus denen man schwer unbeschadet herauskommen konnte.

Ludwig war sich seiner Pflichten bewußt, die sich für ihn aus der unglückseligen Politik von Papst und Kaiser ergaben, den Nahen Osten in Besitz zu nehmen und die Mohammedaner, die Heiden, die Ungläubigen daraus zu vertreiben. Sein Vater war glücklich zurückgekehrt, warum nicht auch er? Obgleich, die Gefahren waren groß und nicht zu verkennen, zu abenteuerlich die Fahrten, zu unwägbar die Geschicke der Kreuzfahrer. So wird Elisabeth mit Bangen die Folgen dieses Briefes durchdacht haben, zugleich wußte sie, mit solchen Angelegenheiten vertraut, daß sich immer Veränderungen ergeben konnten. Thüringen war nah, der Papst in Rom und das Heilige Land weit weg von ihrem Leben. Kommt Zeit, kommt Rat.

Die Entscheidungen waren nicht zu umgehen. Zwar konnte Ludwig den Betrag von viertausend auf fünftausend Mark in Silber erhöhen, der für die Teilnahme vom Kaiser zu zahlen war, doch auf dem Hoftag von Frankfurt im Mai 1224 wurden die Fürsten vom kaiserlichen Beauftragten, dem Hochmeister des Deutschen Ordens, Hermann von Salza, noch einmal gründlich beeinflußt, das kaiserliche Wort vor dem Papst einzulösen, so daß eine Ablehnung vor dem obersten deutschen Fürsten auch aus moralischen Gründen nicht möglich war. Aus der Hand des Bischofs von Hildesheim, des obersten Kreuzpredigers in Deutschland, nahm Ludwig vor allen anderen das Kreuz. In einem Jahr sollte das als Pilgerfahrt bezeichnete Unternehmen zur Verbreitung des christlichen Glaubens im Heiligen Land beginnen, so lautete die Verabredung. Ein Jahr hatte Ludwig noch Zeit, sein Land zu ordnen und fürsorglich zu hinterlassen. Wem konnte er in seiner Abwesenheit die Regentschaft übertragen?

Obgleich auf dem Hoftag die Entscheidung gefallen war, zögerte Ludwig, seiner Frau davon zu berichten, er fürchtete wohl, ihr Schmerz würde übermächtig werden. Wahrscheinlich war er sich auch noch nicht im klaren darüber, wer in seiner Abwesenheit das Land regieren sollte. Bei den relativ kurzen Landfahrten vertrat Elisabeth den Fürsten, die Entfernungen waren zu überschauen, und in Notfällen genügten einige Tage scharfen Rittes, um an Ort und Stelle zu sein.

Ein Kriegszug stellte andere Anforderungen. Bis zum Heiligen Land war es weit, allein die Reise dauerte mindestens drei Monate. Die Verbindungen zum Hof waren nicht aufrechtzuerhalten, jede Entscheidung, aus der Ferne getroffen, mußte ungenau, gar falsch sein. Alle vertrauenswürdigen Ritter gehörten mit zum Thüringer Aufgebot. Vargula wäre für eine Vertretung recht gewesen, doch in den Stürmen eines Feldzuges benötigte Ludwig den Rat eines Vertrauten, er mußte mit nach Palästina. Im Kampf wollte er einen selbstlosen Freund an seiner Seite wissen.

Während er noch grübelte, welches die beste Entscheidung wäre, ordnete Elisabeth seine Reisekleider. Als sie die Taschen ausräumte, durchfuhr sie ein kalter Schreck. In seinem Wams fand sie das Kreuz. Er hat es genommen! Ludwig muß in den Krieg! „All ihre Freude über seine Rückkehr war ins Gegenteil verkehrt.“ Sie schlug besinnungslos zu Boden.

Ihr Vater hatte den ersten Zug des fünften Kreuzzuges angeführt, das Unternehmen war nicht erfolgreich gewesen. Auch der zweite Zug hatte sein Ziel nicht erreicht. Nun sollte Ludwig, ihr Mann, die Scharte auswetzen und dem Kaiser ein stattliches Aufgebot Thüringer Ritter stellen. Die Ehre war groß, doch Gefahren lauerten überall, wie sollte sie sich nur verhalten? Was konnte sie wirklich tun?

Eine Frau war in diesen Zeiten völlig machtlos gegen einen solchen Schicksalsschlag, noch dazu, wenn sie gottergeben war. Elisabeth wußte, daß man von ihr eine Billigung des Vorhabens erwartete. Sie mußte Haltung zeigen, galt doch dieser Kreuzzug, wie alle anderen vor ihm, als eine Fahrt von Gottes Heerscharen, nach seinem Willen organisiert. Dies war nicht ein einfacher Raubzug wie andere Kriege, dieser hatte eine religiöse Begründung. Er forderte von allen Christen, daß sie in ihm eine kirchliche Mission sahen, die zum Ruhme des Evangeliums, zu dessen Verbreitung unter den Heiden, zur Eroberung des Grabes Christi und seiner Befreiung aus der Gewalt der Ungläubigen veranstaltet wurde. Dafür war jede Gefahr in Kauf zu nehmen, auch der Tod für den Glauben und die alleinseligmachende Kirche.

War ihr junges Glück in Gefahr? In diesen Zeiten konnte man schon in jungen Jahren Witwe werden, wie vielen anderen Frauen war es so gegangen! Nun, auch sie mußte tapfer sein, vielleicht würde ein Wunder geschehen, Gottes Wege sind unerforschlich.

Und zu Anfang schien es noch so, daß der Kreuzzug abgewendet werden könnte. Wie wird sie aufgeatmet haben, als die Nachricht kam, der Kaiser sei wieder einmal von seinem Versprechen abgerückt und habe den Termin abgesagt. Er begründete seine erneute Meinungsänderung diesmal mit seiner Krankheit und den unzulänglichen Vorbereitungen der deutschen Fürsten, die allesamt die Sache hinzogen. Sie hatten wohl erkannt, daß nach hundert Jahren die Kreuzzüge sich als eine nicht zu gewinnende, unrealistische politische Strategie erwiesen.

Doch was half das Ludwig? Obwohl etwas Hoffnung aufkam, der Kaiser würde sich durchsetzen, wußte er doch, daß der Zug nur aufgeschoben, nicht aufgehoben war. Zudem verdichteten sich Gerüchte, der Papst sei sehr verstimmt über die Haltung des Kaisers. Also mußte Ludwig mit den Planungen in der Vorbereitungszeit beginnen. Tausende von Kilometern waren zu überwinden. Der Landweg über den Balkan und Griechenland erwies sich bereits als überaus gefährlich. Wie viele Ritter waren auf den beschwerlichen Wegen in der erbarmungslosen Sonnenglut des Südens umgekommen und hatten das Gelobte Land nie erblickt? Der Seeweg über das Mittelmeer war kürzer, setzte aber die Bereitschaft Venedigs voraus, die erforderliche

Ludwig IV. Landgraf von Thüringen, der Gemahl Elisabeths; Grabstein

Riesenflotte zu stellen. Dazu kam, daß nicht klar war, wie viele Ritter überhaupt bereit waren, ein weiteres Mal zu folgen. Die kaiserliche Gewalt hatte infolge der falschen Strategie, das Abendland in den Nahen Osten auszudehnen, ihr Zentrum nach Sizilien verlegt, wo der Kaiser am liebsten weilte. Sein Hinterland in Europa aber erwies sich als zersplittert, besonders in Deutschland trafen die Meinungen für oder gegen den Papst immer noch deutlich aufeinander, und die meisten zögerten zuzusagen. Wie sollte das alles gelöst werden, was mußte alles von Ludwig bedacht werden? Seine entschlossene Haltung war bekannt, aber seine Erfahrungen als Heerführer in Unternehmungen von solchen Ausmaßen gleich Null.

Der Kaiser war nicht in eigener Person zum Hoftag nach Frankfurt gekommen, sondern hatte Hermann von Salza als seinen Beauftragten geschickt, wohl in der Annahme, als Hochmeister des Deutschen Ordens, der seine Erfahrungen aus den vorhergehenden Kreuzzügen besaß, verfüge er über die erforderliche Überzeugungskraft, was aber ein Irrtum war, denn alle wußten, aus Kritik an der falschen Kreuzzugspolitik hatte der Schwiegervater Ludwigs den 1211 eingerichteten Stützpunkt der Deutschritter in Ungarn wieder geschlossen. Die Basis im ungarischen Burgenland war gedacht als eine Station zur Aufnahme kranker Kreuzfahrer und zur Versorgung der Krieger. Aber Andreas II. war erfolglos zurückgekehrt und wandte sich von seiner Gründung ab, entzog dem Orden das Lehen, Ungarn wollte nichts damit zu tun haben, zumal die Deutschritter mit ihrer Anwesenheit die alten Vorurteile des ungarischen Adels noch verstärkten. Mit dieser Entscheidung kam der Landweg über den Balkan praktisch nicht mehr in Betracht. Ludwig mußte den Seeweg erwägen, da Elisabeths Vater sich auf seine Weise von weiteren Unternehmungen distanzierte, Ungarn sollte kein Durchgangsland für die Heere sein.

Die vorbereitenden Planungen waren also mit vielen Unsicherheiten verbunden. Hätte militärische Vernunft regiert, wäre allen Beteiligten klargeworden, daß ein Erfolg nicht möglich war. Die drei vorwiegend mit den Kreuzzügen beschäftigten Ritterorden, die Templer, bereits 1119 nach dem ersten Kreuzzug gegründet, die Johanniter und die Deutschritter, konnten einen Sieg nicht erringen, die zeitweilig aufgestellten Heere waren nicht auf die besonderen Bedingungen vorbereitet. Also wäre es das beste gewesen, die grandiose Fehlkalkulation zu beenden. Doch die irrationale Sucht nach immer mehr Land, nach den unermeßlich erscheinenden Reichtümern des Nahen Ostens, nach seinen Seidenstoffen und Kunstschätzen, nach seltenen Gewürzen und schönen Hölzern, die der italienische Handel bereits in Europa eingeführt hatte, ließ jede militärische Vernunft außer acht.

So bestand der Papst unbeirrt auf der Einhaltung der kaiserlichen Verpflichtung, auch wenn er gegen eine Verschiebung nichts machen konnte. Im Sommer 1225 sollte der Kreuzzug eigentlich beginnen. Der Papst drohte dem Kaiser gewaltige Strafen an, wenn er nicht losschlüge: den Kirchenbann und eine unermeßliche Geldbuße von einhunderttausend Unzen Gold. Als letzten Termin setzte der Papst den August 1227 fest. Das war ein Aufschub von zwei Jahren. Würde sich der Kaiser diesmal beugen? War seine Unterwerfung unter die päpstliche Autorität so tief, daß er sich weiterhin auf dieses Abenteuer einlassen würde? Der Kaiser vermied den erneuten Streit mit der Kirche und suchte nach einem Ausweg, und dieser schien ihm im fernen Thüringen zu liegen. Mit der Hilfe Ludwigs, so deuchte ihm, müßte der Kreuzzug gelingen.

Hungerjahre

Die Verschiebung des Termins duch den Kaiser erschien den Thüringern wie ein Segen. Eine Dürre hatte das Land heimgesucht. Hunger plagte die Menschen, die Zahl der Armen wuchs täglich, sie verließen die Dörfer und suchten in den Städten ein wenig Nahrung zu erhaschen. Dadurch stieg die Zahl der Besitzlosen in den größeren Orten, und die Bürger waren mit ihrer Versorgung hoffnungslos überfordert. In dieser Notzeit machte die Landgräfin zum erstenmal weithin von sich als Retterin der Armen reden. Es ist viel darüber gerätselt worden, aus welchen Motiven sie handelte, als sie die Initiative im Kampf gegen die Armut ergriff. Eine übersinnliche Eingebung war es gewiß nicht, vielmehr wohl die Erkenntnis, daß Hungerzeiten auch immer die Zeiten der Seuchen sind, vor denen das Land bewahrt werden mußte. Geschwächte Körper sind für Krankheiten aller Art anfällig.

Die bisher üblichen Almosen reichten für eine dauerhafte Lösung nicht aus, hier mußte vielmehr ein Beispiel persönlicher Art gegeben werden. Alles, was aus diesen Jahren bekanntgeworden ist, deutet darauf hin, daß Elisabeth bewußt dieses Beispiel geben wollte. Dabei kam ihr entgegen, daß in den religiösen und halbreligiösen Reformbestrebungen ihrer Zeit bereits vorgeprägte Modelle vorhanden waren. So begann sie mit Dingen, die einer Frau angemessen schienen, allerdings waren sie bis dahin für eine Fürstin unvorstellbar gewesen. Begleitet von ihren Dienerinnen, begann sie dort zu helfen, wo es am notwendigsten war, bei den Neugeborenen.

Als sie von einer Wöchnerin hörte, die keine Kraft hatte, ihr Kind zu nähren, ging sie in die abgelegene Bauernkate, wo sie vor dem Anblick, der sich ihr und den Dienerinnen bot, zurückprallte. Die kleine, aus Lehm und Stroh gestampfte Hütte war fast dunkel, aus kleinen Luken drang etwas Tageslicht in den Raum. Nachdem sich die Augen an das Halbdunkel gewöhnt hatten, sah Elisabeth das Neugeborene neben der Mutter nackt im Stroh liegen. Das Kleine schrie, aber die Brüste gaben keine Milch her. Ein unerträglicher Gestank erfüllte den Raum, die Tiere blökten dazu, auch sie wollten versorgt sein, wozu die Bäuerin nicht die Kraft besaß. Ihr Mann arbeitete seit Tagen auf dem Gut des Ritters, dem er fronpflichtig war. Er würde erst nach dem Dunkelwerden müde heimkehren, die Bäuerin hoffte, daß er ein Stück Brot, das er erbitten wollte, mitbringen würde.

Der Herd war kalt, und Elisabeth befahl den Dienerinnen, die sich vor dem Gestank ekelten, Feuer zu machen. Sie selbst nahm sich den dreibeinigen Schemel und setzte sich an die Kuh, um sie zu melken. Da sie es noch nicht geübt hatte, stellte sie sich zu ungeschickt an, was sich das Tier nicht gefallen ließ. Es schlug aus, und Elisabeth fiel in den Kot. Entschuldigend verwies sie auf ihre Unkenntnis, und so blieb ihr nichts übrig, als sich zu verabschieden, wobei sie der Bäuerin ihren reich bestickten Mantel schenkte und sie ermahnte, daraus nicht Hemden für das Baby zu nähen, sondern ihn zu verkaufen und mit dem erlösten Geld die notwendigen Anschaffungen zu machen.

Nach dieser Erfahrung betrachtete sie sich als Patin vieler neugeborener Kinder, brachte ihnen Hemden und einfache Kittel, die sie und ihre Dienerinnen aus der selbstgesponnenen Wolle gestrickt hatten. Ihre Fürsorge galt den alleinstehenden Wöchnerinnen, deren Männer die Frauen verlassen hatten oder sich in den Städten um Arbeit bemühten. Diese Hilfe wurde gewiß durch die nachträgliche Überlieferung verklärt und übertrieben, doch ihre Methode war von jedermann zu praktizieren, der das Vermögen und den guten Willen dazu hatte.

Die Landesherrin erschien als Patin neugeborener Kinder in verarmten Familien, das mußte damals von ungeheurer Wirkung gewesen sein! Sicherlich lag den Schritten Elisabeths von ihrer Seite keinerlei Berechnung zugrunde, sie wollte lediglich

Fresko von Moritz von Schwind

doppelte Not lindern, die Kinder am Leben erhalten und den hilflosen Müttern Lebensmut geben. Bereits in normalen Zeiten lag die Säuglingssterblichkeit sehr hoch, nicht weniger als die Hälfte der neugeborenen Kinder starben. In Notzeiten aber war jedes Kind armer Familien bedroht und damit auch der normale Nachwuchs des Landes.

Neben den Entbindungen interessierte sie sich auch für die Lage der einsamen Kranken, die entweder ohne Angehörige lebten oder von ihnen einfach verstoßen worden waren. Wer nichts hatte, um versorgt zu werden, mußte Schulden machen. Es ist bekanntgeworden, daß die Landgräfin in schweren Fällen einsprang und die Schulden beglich.

Die Probleme der zahlreichen Beerdigungen erwiesen sich in den Notzeiten als besonders heikel. Da jedermann an das ewige Leben nach dem Tode glaubte, war es ihm und seinen Angehörigen von größter Wichtigkeit, in welchem Aufzug er vor seinem höchsten Richter erscheinen würde. Das Seelenheil der Reichen schien wegen ihrer üppigen und rücksichtslosen Lebensführung besonders gefährdet zu sein, und so gewandeten sie ihre Toten in kostbare Kleider, und die Totenfeiern gerieten aufwendig. Während die Bestattungen der Reichen sehr viel Geld kosteten, bekamen die Armen nicht einmal ein Leichenhemd, da auch das letzte für den Unterhalt der Lebenden erforderlich war.

Elisabeth änderte die Einstellung zu den Toten im Sinne des Evangeliums, das die Gleichheit vor dem Richterstuhl im Himmel verhieß. So untersagte sie die Einkleidung reicher Leichen mit neuen Hemden aus Leinen, verfügte, daß die guten, neuen Stoffe den Armen gegeben und die Verstorbenen in einfache, gebrauchte Tücher gewickelt würden. Sie selbst ging mit gutem Beispiel voran und nähte selbst für die Armen Totenhemden. Es wird auch berichtet, daß sie eigenhändig die Leichen wusch und dann mit ihrem Schleier bedeckte, der als wiederverwendungsfähige Leichendecke dienen mußte. Wie groß muß die Not, entstanden durch die Mißernte, gewesen sein!

Die Armen und Kranken blieben damals fast immer allein und hatten, von ihrer Familie verlassen und ausgestoßen, keinen Platz, wo sie wohnen oder auch nur schlafen konnten. Sie waren auf die öffentliche Fürsorge angewiesen. Ein bewegungsunfähiger Kranker ist jedoch auch zum Betteln nicht mehr fähig, er muß betreut werden.

Dazu kam die fast unlösbare Aufgabe, die durch die unheilbare Lepra befallenen Menschen von den Gesunden abzusondern, ohne sie grausam ihrem sicheren Hungertodc zu überlassen. Die damals übliche Praxis bestand in der gewaltsamen Vertreibung der entstellten, lahmen, von Geschwüren und offenen, eiternden Wunden bedeckten, hilflosen kranken Menschen an einen weit entfernten, isolierten Ort. Manchmal brachte man ihnen Brot in die Nähe, ohne ihnen aber zu gestatten, sich den Boten zu nähern. Leprakranke, die noch in der Lage waren, sich zu bewegen, mußten Schellen oder eine Knarre tragen und sich damit bei jeder Bewegung bemerkbar machen, um die gesunden Menschen vor einer Berührung zu warnen.

Wenn die Armen schon deklassiert und diffamiert wurden, die Leprösen waren die absolut letzten auf der sozialen Stufenleiter, hilflos und ausgestoßen. Um ihre Lage zu ändern, bedurfte es nicht der Aufmunterung durch das Gebet, sondern des körperlichen Einsatzes, energischer Arbeit, die auch nicht den größten Schmutz und die abstoßendsten Ausdünstungen und Ausscheidungen der Kranken scheut. Der Landesherrscher war entsprechend dem Moralkodex der Ritter auch für die Armenfürsorge verantwortlich, aber was tat er, wenn die Armut eine Massenerscheinung wurde? Gern ließen sich die Fürsten als Väter der Armen bezeichnen, die konkreten Umstände aber zeigten, daß die Verhältnisse unbeschreiblich waren, wenn man auch einige Ausnahmen gern für einen gewissen Stand der Armenfürsorge anführt.

In Notzeiten wird der Widerspruch zwischen den Herrschenden und den Ausgebeuteten besonders deutlich, Wohlleben auf der einen, Elend in der niedrigsten Form auf der anderen Seite. Die städtische Bevölkerung, die Handwerker und Händler, versuchten einen Weg zu finden, der christlichen Nächstenliebe und Existenzerhaltung in Einklang bringen konnte. Es geschah nicht selten, daß auch Angehörige der oberen Schichten, selbst Ritter und Priester, in die Armut gestoßen wurden, genau wie die Bauern, die als Opfer einer Kriegshandlung Haus und Hof verloren hatten. Auch sie zogen herum, und manche Räuberei an Kauffahrern ging auf das Konto der kriegserfahrenen Ritter. Sie waren zwar arm, aber nicht hilflos wie die Schwachen und Rechtlosen.

Auf der Suche nach einem dauerhaften Mittel gegen die Armut

Durch die Hungersnot war es klargeworden, daß Hilfe in Einzelfällen, auch wenn sie mit persönlichem Einsatz erfolgte, gegen katastrophale Notsituationen nichts ausrichten konnte. Der aus Mangel an Möglichkeiten zur Verbesserung erteilte Hinweis auf die zu erwartende Gerechtigkeit im ewigen Leben half nicht viel, zumal er von denjenigen kam, die richtigen Hunger nie kennengelernt hatten, sich aber für die Gerechtigkeit auf Erden zuständig fühlten. So verstärkte sich die Glaubenskrise, das Vertrauen in die Kirchenhierarchie mit ihren Sprüchen schwand, es zählte nur noch die praktische Hilfe, gleich, von wem sie kam, von Städten und Gemeinden, von tatkräftigen Priestern, Klosterwirtschaften oder einem landgräflichen Hof. Im Namen des elenden Christus am Kreuz wurde immer stärker Hilfe gefordert.

In diesen aufbrechenden Widersprüchen der Feudalgesell-

Buchdeckel des Codex aureus aus Esternach (um 990)

schaft beriefen sich alle Kräfte, die sich verantwortlich fühlten, auf das Kreuz. Wie konnten Lösungen für immer gefunden werden?

Elisabeth sucht nach Wegen und findet sie auf ganz praktische Art, die sozialen Mißstände müssen abgeschafft, die Not gelindert, der elende Mensch darf nicht ans Kreuz geschlagen werden, man muß ihm helfen. Diese Entscheidung ist nicht die Marotte einer hohen Frau, und auch die Erklärung aus ihrer Zuneigung zu den Lehren des Franziskus reicht nicht aus. Bei aller Sympathie für den selbstlosen Prediger eines Lebens in Armut, sie selber kann diesen Weg (noch) nicht gehen, sie hat fürstliche Pflichten und will sie auch wahrnehmen und erfüllt sie auf christliche Art. So fördert sie mit ihrem Einfluß die Ansiedlung der Franziskaner in Eisenach. Im Jahre 1225 erscheinen die ersten vier Brüder und bitten um die Zuweisung einer Niederlassung. Sicher hat sie in ihnen und der anzunehmenden Ausbreitung des Ordens eine wirksame Unterstützung für ihre Bemühungen in der Armenfürsorge und der Erfüllung der zahlreichen praktischen Handlungen gesehen.

Der landgräfliche Hof wies den Franziskanern die Michaeliskirche zu. Sie hatte dem Hof während seiner Residenz in der Stadt wegen des Umbaus der Burg als Hofkirche gedient, war aber nun dafür nicht mehr erforderlich, denn die Burg verfügte über eine eigene Kapelle im Palas. Durch den Einzug der Franziskaner in die Stadt Eisenach wird Elisabeth zweifellos in ihren Auffassungen bestärkt worden sein. Vielleicht war es doch möglich, die entstandenen Widersprüche durch Widerspruch zu mildern? „Contraria contrariis curare“ hat Konrad von Marburg ihre Haltung in seinem Bericht an den römischen Stuhl beschrieben. So meldete sie Widerspruch gegen die bisherige Meinung der Gesellschaft an, daß niemand etwas gegen die gottgewollte Armut ausrichten könne. Die Praxis sollte es beweisen.

Die Hauptursache für plötzlich aufbrechende Massenarmut war im Mittelalter immer eine Mißernte. Die Bevölkerung lebte fast ausschließlich von Getreide, Kartoffeln waren unbekannt. Von einem Teil Saatgut bekam man drei Teile Erntegut, wovon wiederum ein Teil für das Saatgut zurückgelegt werden mußte. Blieb die Ernte unter diesen durchschnittlichen Werten, die kaum überschritten werden konnten beim damaligen Stand der Landwirtschaft, war Schmalhans Küchenmeister, blieb sie stark unter den Erwartungen, mußte man sogar das Saatgut angreifen, um nicht zu verhungern. Anscheinend handelte er sich 1225/26 um eine Erntekatastrophe, die um so stärker wurde, als die Vorräte der Bauern schnell verzehrt waren. Die Kranken traf es zuerst und am stärksten, und sie belagerten die Burg in hilflosen Gruppen und warteten auf Linderung der Not.

So schritt die Landgräfin zum Bau eines Hospitals. Als Ort wählte sie einen am Fuße der Burg gelegenen Platz, der dem heutigen Elisabethplan, ein paar Meter neben der Fahrstraße gelegen, entspricht. Zwar hat man bei Grabungen keine direkten Beweise für das Hospital gefunden, aber das mag an der leichten Bauweise gelegen haben. Aus den Bemühungen, Spuren zu finden, ging als Resultat die Feststellung eines Klosterfundaments hervor. Franziskaner hatten Jahrzehnte nach dem Tod Elisabeths, als das Hospital längst verschwunden war, am gleichen Platz zu ihren Ehren eine Gedenkstätte in Gestalt eines kleinen Klosters gebaut.

Vor dem Georgentor, außerhalb der Stadtmauer, bestand bereits ein städtisches Hospital, und Elisabeth soll in den Notjahren täglich dorthin gegangen sein, um sich um die Kranken zu kümmern. Man sagt, sie hätte ihr Hospital am Fuße der Burg zweimal am Tage besucht. Wenn auch eine gewisse Übertreibung durch die Zeiten darin liegen mag, so erscheint doch sicher, daß sie sich persönlich um die Kranken in den Hospitälern gekümmert hat. Diese Haltung macht vielleicht noch nicht das Besondere aus. Das Unerhörte liegt in der gesicherten Überlieferung, daß sie die Kranken und Siechen nicht nur besuchte, sondern auch persönlich pflegte. Daß eine Fürstin die Hilflosen wusch, ihnen den Schweiß abwischte, die Wunden säuberte, war bis dahin unbekannt und erregte Aufsehen. Die Ausdünstungen der achtundzwanzig Insassen des Hospitals standen wie eine Wand in dem kleinen, schlecht gelüfteten Raum, und es bedurfte ständiger Überwindung, die erforderlichen Handreichungen mit gelassener Sanftmut zu geben. Nach heutigen Auffassungen konnte man von hygienischen Verhältnissen sicher nicht sprechen, immerhin lag aber eine Wasserquelle in der Nähe. Die notwendige Motivation für die tägliche Überwindung erhielt Elisabeth aus ihrem Glauben. Sie sah in jedem der armen Menschen den elenden, verlassenen Christus. An ihm tat sie Dienst, wenn sie die Kranken pflegte.

Ja, sie muß es gespürt haben, daß sie Buße tat für alle die Menschen, die ihrem Herrn auf dem Wege nach Golgatha und am Kreuz Böses getan, ihn verhöhnt und angespien, geschlagen und gestochen hatten. Es ist die gleiche Haltung, aus der bis auf den heutigen Tag fromme Menschen ihren Dienst an den Kranken tun. Sie betrachten Elisabeth als Mutter der Caritas und geben vielen Anstalten den Namen „Elisabeth-Hospital“, deren Schwestern und Pflegerinnen sich Elisabethschwestern nennen.

Der Geist, aus dem heraus Elisabeth Dienst an den Armen geleistet hat, lebt in einer anrührenden Legende. Eines Tages klopft ein Leprakranker ans Burgtor und bittet um Hilfe, die sie ihm auch geben will, doch Leprakranke dürfen auf keinen Fall in die Burg, wo soll sie ihn unterbringen? In ihrer Ratlosigkeit versteckt sie ihn im ehelichen Schlafzimmer und legt ihn in das Bett des Landgrafen. Die an dieser Aktion beteiligten Dienerinnen bekommen Skrupel und berichten der Schwiegermutter von dem verbotenen Schritt Elisabeths. Sophie informiert empört ihren Sohn, und Ludwig fordert seine Frau auf, mit ihm das Schlafzimmer zu besichtigen, da er diese Unbedachtheit nicht glauben kann. Als sie beide nun das Schlafzimmer betreten, schlägt er die Decke seines Lagers zurück, und vor ihnen liegt wundersam der Gekreuzigte selber. Ihr Glaube hat das Wunder vollbracht, hat sie mit ihrem Gott und mit dem Ehemann versöhnt.

Zu höherem Ruhme?

War die von Elisabeth so beharrlich praktizierte Nächstenliebe eine Schlußfolgerung aus dem Nachdenken über die Frage, wie man richtig leben sollte? Sicherlich auch, aber vorrangig ging es den gläubigen Menschen des Mittelalters immer um die Erlösung von den eigenen Sünden. Diese Hoffnung verband sich mit jeder vergleichbaren Unternehmung und widersprach dem gesellschaftlichen Anliegen nicht, denn Gesellschaft und Religion waren nicht zu trennen. Es ging immer auch um ein bußfertiges Leben, das Gott wohlgefallen solle. Für die Beurteilung der ungewöhnlichen Handlungsweise einer Fürstin ist die allgemein-religiöse Problematik jedoch ohne besonderen Belang. Niemand hätte auch nur einen geringen Vorwurf erhoben, wenn sie es vermieden hätte, den Speichel und Auswurf aus dem Gesicht eines unheilbar Kranken mit ihrem Kopftuch zu wischen, seine Nase und Ohren von Schmutz und Schorf zu säubern. Für diese Arbeiten gab es üblicherweise genügend Dienstpersonal, einer Fürstin kam vielleicht ab und zu eine Inspektion zu, so wie man es überall kennt: Die Wohltäterin betritt den Raum und kontrolliert die Durchführung ihrer Anweisungen.

Elisabeth geht den anderen Weg, den des persönlichen Beispiels. Während ihre Mägde heimlich über die unzumutbaren Arbeitsbedingungen murren, „bediente sie die Kranken eigenhändig und frohen Herzens“. Die Insassen für das Hospital am

Fuße der Burg hat sie selbst unter den besonders Bedürftigen ausgewählt und dabei die Kinder bevorzugt. Von ihnen wurde sie „Mutter“ genannt, und sie streichelte die grindigen Köpfe, drückte die Mißgestalten und schenkte ihnen kleine Ringe und Glaskugeln. Am Gründonnerstag, dem Tag der Festnahme Jesu, vollzog sie die Fußwaschung an den Armen. Auch Aussätzige waren dabei, und sie soll ihnen in Demut die Füße geküßt haben, ungeachtet der Schwären und Wunden.

Diese Demonstration im Namen Christi, den Wanderern und Heimatlosen den Kot von den strapazierten, bloßen Füßen zu waschen, wird ihr manchen scheelen Blick der Höflinge eingetragen haben, die darin eine Erniedrigung der Fürstin gesehen haben müssen. In der späteren Verklärung ihrer Handlungen ist von kritischen Stimmen, wenn sie überhaupt laut geäußert wurden, kaum die Rede. Elisabeth berief sich mit dieser Fußwaschung auf den Evangelisten Lukas, der mitteilt, eine Sünderin hätte Jesus in dem Haus des Pharisäers Simon, der versäumt habe, dem Wanderer Wasser zur Fußwaschung zu geben, seine Füße mit ihren Tränen gewaschen und danach mit feinem Öl gesalbt. Diese selbstlose Tat habe dazu geführt, daß der Frau, einer Prostituierten, durch Jesus ihre Sünden vergeben wurden, denn sie habe „viel Liebe erwiesen“, und ihr Glaube habe ihr geholfen. Nun könne sie erleichtert „mit Frieden“ gehen. Die offensichtliche Parallelität der Vorgänge kann nur als Ritual, nicht als beiläufige Handlung angesehen werden. Christenliebe heißt, im Bedürftigen Jesus zu sehen. Wenn sie dem Aussätzigen die Füße küßte, so wie es Lukas von der Sünderin berichtet, vereinte sie sich mit dem Gekreuzigten. Bei aller Barmherzigkeit, die vor ihr andere reiche Damen geübt haben – das war noch nie dagewesen. Elisabeth stellte sich mit dieser Rigorosität ihrer Dienstauffassung an den Menschen in die Anhängerschaft des Franziskus von Assisi.

Wie alles Neue wurde auch diese selbstlose Haltung zu Anfang nicht verstanden. Elisabeth sollte darunter bis zu ihrem Tode leiden.

An der Stelle des Landgrafen

Im Jahre 1225 jedoch lagen die Dinge noch völlig anders. Der Landgraf muß die Aktivitäten seiner Frau nicht nur geduldet, sondern auch als willkommene Unterstützung seiner Politik angesehen haben. Ihm war klar, daß er schließlich in den Krieg ziehen mußte, und die Verwaltung des Landes sollte inzwischen seine energische Frau übernehmen. Alles, was sie tat, tat sie mit Verstand, auf eine moderne Weise. Sie übertrieb die landgräflichen Repräsentationen nicht, hatte sich beliebt gemacht durch die allen sichtbare soziale Hilfe. Ihr konnte er unbedingt vertrauen, denn sie liebte ihn und hätte nichts getan, was er nicht billigen würde. Ihr soziales Engagement wird oftmals als eine aus ihrer Frömmigkeit entspringende Marotte hingestellt, die der Landgraf seiner Frau zugestand, indem er keinen Widerspruch einlegte. Das ist eine Interpretation aus heutiger Sicht. Allein ihre höfischen Pflichten hätten sie ganz ausgefüllt.

Elisabeth war eine junge Frau von staatsmännischem Format. Eine Münze, zu ihrer Zeit geschlagen, beweist den ernsthaften Willen des Landgrafen, in ihr seine Vertretung zu sehen, wenn er abwesend sein mußte. Eine im Durchmesser knapp vier Zentimeter große Silbermünze zeigt das Paar. Ludwig hat ein Schwert in der Hand, sein Mantel, der über die linke Schulter fällt, trägt das Kreuz, das Zeichen des Kreuzzuges. An seiner linken Seite sitzt Elisabeth. Ihre erhobene Rechte hält das Zepter, die Linke den Reichsapfel.

Da auch früher die Münzprägung nicht dem Zufall, dem Münzschmied überlassen wurde, muß angenommen werden, daß mit diesem Silberpfennig der Bevölkerung angezeigt werden sollte, wer während der Kreuzfahrt des Landgrafen die Geschäfte führt, wer die Insignien der Macht in der Hand hält. Er trägt das Schwert, sie das Zepter.

Wenn auch der Termin für den Kreuzzug verschoben wor-

Ludwig und Elisabeth als regierendes Paar. Er trägt das Schwert, sie das Zepter und den Apfel. Zeitgenössische Münzdarstellung

den war, für Ludwig war es keine Erleichterung. Er bekam vom Kaiser eine noch größere Rolle zugewiesen. Dazu wurde er nach Italien gerufen, der Kaiser wollte den Kriegszug vorbereitend mit ihm besprechen. Diesmal mußte die Planung perfekt sein, ein Scheitern ausgeschlossen werden. Ludwig ernannte er zu seinem Stellvertreter, dem eigentlichen Kommandeur der fahrenden Ritter, mit ihm mußte er in Übereinstimmung sein. Es hieß wieder Abschied nehmen. Zwar war die Gefahr nicht so groß wie auf einer Kriegsfahrt, aber der Weg nach Italien würde weit und auch im Frieden nicht ungefährlich sein. Ludwig sollte den Kaiser auf dem Hoftag in Cremona treffen.

Er fand Friedrich II. jedoch an der Ostküste Italiens, in Ravenna. Vielleicht wollte der Kaiser in der Nähe des Grabes von Theoderich, der als König der Goten auch König von Italien wurde, seinem Anliegen einen historisch bedeutsamen Rahmen geben? Die Besprechungen müssen intensiv gewesen sein, jedenfalls hielt sich Ludwig mehrere Wochen an der Adriaküste auf. Die milde Frühjahrsluft wird ihm gutgetan haben, die Strapazen des Rittes über die stark verschneiten Alpen zu ver-

Konrad von Marburg; einzige erhaltene Darstellung auf seinem Siegel mit der Inschrift „Prediger von Gottes Wort“

gessen. Ludwig ließ sich noch einmal die bereits vor einem Jahr zugesagten fünftausend Mark Silber als Entgelt für die Unkosten, die den Thüringern auf dem Kreuzzug entstehen würden, bestätigen und dazu seinen auf die Zukunft berechneten, seit langem angesteuerten Besitzanspruch auf die Markgrafschaft Meißen im Falle des Todes des jungen Markgrafen Heinrich, des Sohnes seiner Schwester Jutta. Solche Waffendienste für den Kaiser waren immer auch ein Geschäft, und der Herrscher entsprach den Wünschen Ludwigs, ließ die Eventualbelehnung ausstellen und bestätigte sie. Es war ihm sogar sehr recht, band er doch damit den

Landgrafen enger an seine Politik, auch im Osten des Reiches.

Es wird erzählt, Ludwig hätte auf der Reise nach Italien zum erstenmal den Kreuzzugsprediger Konrad von Marburg getroffen, der unterwegs nach Deutschland war. Der energische, asketische Mann verfügte als päpstlicher Legat über die Vollmacht, die deutschen Fürsten zu kontrollieren. Er beobachtete die Teilnehmer am fünften Kreuzzug, ob sie die notwendigen Vorbereitungen trafen. Stellte er Versäumnisse fest, sprach er Mahnungen aus, kamen unvorgesehene Schwierigkeiten ans Licht, war er in der Lage, diese Angelegenheiten im Interesse des Heiligen Stuhles zu ordnen. Die Begegnung mit Ludwig ist nicht belegt, aber sehr wohl möglich, denn Konrad hielt sich 1226 in Deutschland auf und schürte die Kreuzzugsstimmung kräftig an. Ob sie sich nun unterwegs trafen oder nicht, bald sollten sie gründliche Bekanntschaft miteinander machen.

Die Anwesenheit Ludwigs am kaiserlichen Hof in Italien erstreckte sich auf die vier ersten Monate des Jahres. Es war auch die Zeit der Vorbereitung auf die Frühjahrsbestellung, der sparsamen Bewahrung des Saatgutes und schließlich der Aussaat. Ohne Beeren, Pilze und Gemüse spürten alle Menschen die Folgen der Mißernte besonders nachdrücklich. Die Lebensmittelversorgung stellte die junge Regentin vor große Prüfungen, gern hätte sie die drängenden Entscheidungen bis zur Rückkehr ihres Gatten zurückgestellt oder den Ministerialen übergeben, doch das ging nicht, die Not erforderte eigene Entscheidung. Die Zahl der Armen wurde immer größer, und sie erwarteten zu Recht die rettenden Spenden vom landgräflichen Hof. Jeden Tag sammelte sich die Schar der Hungernden in Eisenach, und sie kamen auch manchmal herauf und standen vor dem Burgtor. Sollte sie den Soldaten befehlen, die Bittsteller gewaltsam auseinanderzutreiben?

Elisabeth beschloß, die Reserven des Landgrafenhofes anzugreifen. Die Kornspeicher waren gut gefüllt, jedoch würden die Vorräte nicht für alle reichen, wenn nach Verlangen gegeben würde. Teilte man aber täglich eine bestimmte, geringe Ration an die Bedürftigen aus, käme man vielleicht über die schwierigen Monate. So begann sie, die Not zu bekämpfen, indem sie eine Mangelwirtschaft aufbaute. Sie gab „der großen Menge täglich nur so viel, wie zur Abwendung der Not erforderlich war“. Diese kluge Maßnahme linderte die Gefahr einer Hungerkatastrophe, erschöpfte aber die Vorräte des Hofes. Einbezogen in diese Maßnahmen waren auch die bettlägerigen Kranken in den Hospitälern, die zur Almosenverteilung nicht erscheinen konnten.

Doch ließ sie es nicht bei Spenden bewenden, sondern sorgte dafür, daß sich die Arbeitsfähigen selbst halfen. Dafür benötigten die Armen Kleidung und Schuhwerk, die sie beschaffen ließ und bezahlte, auch Sicheln und andere Werkzeuge verteilte sie. Die Arbeitsunfähigen erhielten Kleidung, Elisabeth ließ die Kittel und Hosen auf dem Markt kaufen. Als das alles nicht reichte, verteilte sie an die bedürftigen Frauen ihre eigenen Kleider mit dem Hinweis, daß sie nicht getragen, sondern mit gutem Erlös weiterverkauft werden sollten. Nicht nur mit den kostbaren Seiden- und Brokatgeweben verfuhr sie so, sondern auch mit ihren Schmucksachen. Die „Milde“, wie man die fürstliche Tugend der Freigebigkeit nannte, übte sie vorbildlich aus.

Die Dinge des Landes hatten sich während der Abwesenheit des Landgrafen zugespitzt, niemand wußte einen Weg, und es gab auch sicher keinen anderen, aber in dieser Zeit hörte man bereits die ersten kritischen Bemerkungen zur Regierungstätigkeit der jungen Frau. Mancher Hofgänger hätte kein Wort gesagt, wären die Hungernden dem sicheren Tod ausgesetzt worden. Sollte ihretwegen vielleicht gar die Versorgung der landgräflichen Familie und ihrer Umgebung gefährdet werden?

Als Ludwig zurückkam, stand er vor einer schwierigen Situation. Alle erwarteten von ihm das klärende Wort. Es scheint so, daß er die Handlungsweise seiner Frau anfänglich gebilligt und sie vor kritischen Nachreden in Schutz genommen hat.

Ludwig IV. als Kreuzfahrer; Münzdarstellung

Auch er sah, daß durch das entschlossene Handeln seiner Frau eine größere Katastrophe verhindert worden war. Zu diesem Zeitpunkt, gaben die Dienerinnen zu Protokoll, habe „sie das Volk so bis zur nächsten Ernte mit Nahrung versorgt ..." Dem Adel aber ging ihr selbstloses Verhalten zu weit, und während der Besprechungen über die schweren Probleme des Kreuzzuges in der nächsten Zeit wird Ludwig manches bedenkliche Wort gehört und seine Entscheidung, ihr auch weiterhin die Vertretung in Staatsangelegenheiten zu übertragen, überdacht haben. Wenn sie in wenigen Wochen die Vorräte des Hofes erschöpft hatte, was würde er antreffen, wenn er von dem wesentlich länger dauernden Kreuzzug zurückkehren würde?

Seit diesem Hungerjahr verehrt das Volk die Landgräfin. Die „einfachen Leute" besitzen das feine Gefühl für echte Handlungen und Empfindungen. Sie sind sehr wohl in der Lage, den Mut zu schwierigen Entscheidungen zu beurteilen und gleichermaßen auch die Gefahr, die aus dem ungewöhnlichen Schritt erwachsen konnte und auch wirklich erwachsen ist. Gewiß ist in dem Gefühl, Hilfe von unerwarteter Seite, von oben, erhalten zu haben, manches verklärt und erhöht worden, aber das richtige Gespür für besonderes Engagement hat das Volk wie immer gehabt. Am Thüringer Hof war der franziskanische Geist eingezogen, damit mußte von nun an sowohl der Adel als auch der Klerus rechnen. Würde Franziskus in den nächsten Jahren gar die Politik bestimmen?

Bedroht Elisabeth die Existenz des Hauses?

Landgraf Ludwig, ein Machtpolitiker wie alle Feudalen, sah gewiß die Gefahr, die aus dieser Auffassung von christlichem Tun für die weitere Politik erwachsen konnte. Alles stand plötzlich auf dem Spiel: die ökonomische Vorherrschaft seiner Familie, die mit ihrem starken Besitz stand oder fiel. Er wußte, daß die anderen Adligen die Vorgänge am Hof beobachteten. Was würden sie denken, wenn er ein zweites Mal die gleiche Entscheidung fällte? Würden sie die mildtätige Landgräfin als ihre Herrscherin anerkennen, wenn er nicht anwesend war? Möglicherweise war die Herrschaft der Ludowinger bedroht. Gewiß, Mildtätigkeit vertrat auch er, aber Freigebigkeit in solchen Maßen? Durfte eine Landgräfin in einfachen Kleidern gehen, daß sie kaum vom Volk zu unterscheiden war? Sie hielt nicht viel von höfischer Etikette, lieferte sie sich vielleicht gar den franziskanischen Minderbrüdern aus, mit denen sie Kontakt aufgenommen hatte? Mit wem nur konnte er sich beraten, auf wen stützen? Auch er war gewiß für die Milderung von Härten, die bestimmt niemand übersehen konnte, aber bisher waren sie ausschließlich durch seine Politik der Befriedung im Inneren und der Ausweitung der Grenzen nach Westen und Osten und der Erhöhung seines Ansehens bei Kaiser und Papst vermindert worden. Die Hungerjahre würden vorübergehen, sie konnten ja nicht ständig anhalten, die Natur hatte immer alles wieder ausgeglichen, und auch diese Katastrophe würde bald wieder vergessen sein. Das Land würde nach einem erfolgreichen Kreuzzug nicht ärmer, sondern reicher sein, dafür wollte er schon sorgen.

Das Hauptproblem aber, so hatte sich gezeigt, war die elementare Frömmigkeit seiner Frau, die sich für ihre Entscheidungen sicherlich auch weiterhin vom Evangelium leiten lassen würde. Im Frühjahr und Sommer 1226 war alles gut gegangen, die Besserwisser hatten keine klügeren Vorschläge gemacht, als die eigenen Vorräte einzusetzen, aber solche Dinge wiederholen sich nicht auf die gleiche Weise. Es könnte vielleicht eine harte Hand vonnöten sein, und die hatte sie bestimmt nicht.

Als der junge Landgraf, der seine Frau liebt, nüchtern die Konsequenzen ihres Handelns überdenkt und folgerichtig auf den unlösbaren Widerspruch zwischen Staatsinteresse und sozialem Handeln trifft, erscheint in Eisenach Konrad von Marburg.

Er kam als Sendbote des Papstes, von dem er gerade weitreichende Vollmachten erhalten hatte, ein Zeichen großen Vertrauens in seine Fähigkeiten, die Interessen der Kirche klug und nachhaltig durchzusetzen. Konrad war schon seit einiger Zeit als Kreuzzugsprediger tätig und daher mit allen Besonderheiten dieses Problems vertraut. Bereits seit 1216 erfüllte er selbstlos die Aufgabe, für den Papst in dieser kompliziertesten aller politischen Fragen zu wirken, und kannte die Widerstände genau. Er wußte sich in bezug auf Ludwig mit dessen Bekannten aus der Jugendzeit und jetzigem Bischof von Hildesheim, Konrad II. (Bischof von 1221 bis 1246), einig. Konrad hatte Ludwig das Kreuz gegeben, er betrieb den Kreuzzugsgedanken wie kein anderer als ein wichtiger Stützpunkt des Papstes und auch seines Dieners Konrad von Marburg.

Konrad von Marburg beginnt seine Mission in Deutschland mit Bedacht am Thüringer Hof. Ludwig ist auch für den Papst die Schlüsselfigur für den Kreuzzug. Was man vom Kaiser, der den Oberbefehl hat, erwarten kann, weiß der Papst zur Genüge. Ludwig aber ist energisch, jung und in die verzwickten Beziehungen zwischen Papst und Kaiser nicht eben intim eingeweiht. Er muß vor dem Kreuzzug noch gründlich instruiert werden, damit auch er weiß, was der Papst von ihm verlangt. Ob er vielleicht vom Kaiser anders informiert worden ist, wird man dabei sehen.

So erscheint Konrad durchaus nicht zufällig und keineswegs wegen der exzentrischen Landgräfin in Eisenach. Ludwig nimmt die Gelegenheit wahr, sich mit einem welterfahrenen, klugen Mann zu beraten. Konrad ist besonders an der Regelung der ungestörten Zehnten-Abführung während der Abwesenheit Ludwigs interessiert. Sein Vorschlag kommt dem Landgrafen entgegen, der Zehnte geht nun direkt nach Rom, nicht mehr über den Erzbischof Siegfried von Mainz. In dessen Säckel blieb immer einiges hängen, was eigentlich nicht dorthin gehörte. Siegfried ist ein alter Feind des Thüringer Hauses. Wenn man ihn ausschalten kann, soll es Ludwig nur recht sein. Diese Entscheidung der beiden zeigt, unabhängig von ihrem konkreten Anlaß, zugleich, wie wichtig die Landgrafschaft war, wie direkt sich Kaiser und Papst für dieses Land in Zentraleuropa interessieren und ihm gewiß eine Schlüsselstellung für die Lage im Reich zubilligen. Wenn Ludwig sich gut in seiner neuen Mission bewährte, könnte man ihm gewiß eine bedeutendere Rolle in den geplanten politischen Schritten nach Osteuropa zuweisen.

Konrad ist für seine Aufgabe sehr gut ausgebildet, es ist wahrscheinlich, daß er seine Studien an der Pariser Universität betrieben hat. Dazu kommt seine umfassende praktische Erfahrung mit den Armutsbewegungen der Zeit. Mit ihnen verbindet sich seine asketische Lebensart. Er steht der Denkweise der Prämonstratenser nahe, einem Mönchsorden, der sich nur aus Mitgliedern adliger Familien zusammensetzt und sich als Eliteorden versteht. Es wird angenommen, daß Konrad Mitglied dieses Ordens war, obwohl neuere Forschungen diese Annahme bezweifeln. Aber es kommt bei seiner Beurteilung nicht auf die formelle Zugehörigkeit an. Er gehört nicht zu denen, die öffentlich Wasser preisen und heimlich Wein trinken, er ist arm aus Überzeugung, vor jeder Korruption durch materielle Güter gefeit. Dagegen vertritt er rücksichtslos den Machtanspruch der Kirche, und das macht ihn geeignet für seine Funktion als päpstlicher Legat. Der hervorgehobene Kleriker reitet demonstrativ auf einem Esel durch die Lande und stellt äußerlich das Gegenbild eines einflußreichen Kirchenmannes dar.

Gerade die betonte Zurückhaltung in nebensächlichen Dingen muß auf Ludwig einen guten, vertrauenerweckenden Eindruck gemacht haben, denn er übertrug nicht Elisabeth, sondern ihm die Wahrnehmung der dem Landgrafen zustehenden Patronatsrechte während der bevorstehenden Abwesenheit, eine für beide Seiten wichtige ökonomische Angelegenheit. Es ging dabei um die Nutzung der kirchlichen Pfründe und die rechte Verwendung der Abgaben. So wird Konrad zum Verwalter eines Teiles der Hoheitsrechte des Landgrafen und damit sein Ratgeber und wahrscheinlich auch sein Beichtvater. Dafür spricht, daß Konrad den Vorstellungen von der richtigen kirchlichen Lebensweise bestimmt näher kam als die Franziskaner, die über keinerlei Autorität beim Klerus in Rom verfügten. Die Chronisten heben seine Gelehrsamkeit und seinen „reinen Lebenswandel" hervor, er vertrat den „rechten Glauben und verfolgte die Ketzerei".

Diplomatische Erfahrungen konnte er aus seinen früheren Arbeitsbereichen Bremen und Trier einbringen. Als Legat des Papstes war er unabhängig von allen Bischöfen und durfte beanspruchen, daß alle seiner Predigt folgten. Auch wissen wir von seiner Tätigkeit als Schlichter zwischen Kirche und Staat, besonders als die Benediktiner in Nienburg gegen die Herzöge von Sachsen und Anhalt, Albrecht I. und Heinrich I., klagten, einer Aufgabe, diffizil und folgenreich zugleich, wenn die Lösung befriedigend für alle ausgehen sollte.

Konrad ist schon ein reifer Mann, als er den 26jährigen Ludwig trifft. Sein Geburtsdatum wird zwischen 1170 und 1180 angenommen, er mag also fünfzig Jahre alt gewesen sein. Mit seiner Lebenskenntnis konnte er einen jungen Fürsten schon beeindrucken und auch mit seiner Herkunft, denn die Kreuzzugsprediger stammten in der Regel aus dem hohen Klerus und demzufolge aus einflußreichen Familien des Adels. Schließlich wußte Ludwig, daß er mit Konrad einen Verbindungsmann zum römischen Papstsitz vor sich hatte. Andere als zuverlässige Kleriker, die der katholischen Kirche unbedingt ergeben waren, kamen für eine solche Mission überhaupt nicht in Betracht.

Es liegt deshalb auf der Hand, daß Ludwig seinen Gast auch um Rat und Beistand in bezug auf die theologische Beurteilung der Auffassungen seiner Frau zur christlichen Nächstenliebe gebeten hat. Konrad kam gerade aus Italien, kannte zweifellos die dort umgehenden Meinungen über die Anhänger des Franziskus, die sehr geteilt waren und von begeisterter Anhängerschaft bis zum Verdacht der Ketzerei reichten. Für eine Landgräfin kam ein solcher Orden als Vorbild in den Augen Konrads nicht in Betracht. Fromme Lebensweise konnte man auch ohne die Rigorosität der Franziskaner üben. Es gab indes andere Orden, die für Reformen eintraten, die Zisterzienser und die Prämonstratenser. Und war er nicht das beste Beispiel dafür, daß auch unter den besonders hervorgehobenen Kreuzpredigern Männer zu finden waren, die ihr Amt nicht für Bereicherung und gesicherte Alterspfründen ausnutzten? Nein, er war wohl der konsequenteste Anhänger von Armutsforderungen an die Kirche. Daher traute er sich durchaus zu, den offensichtlichen Gegensatz zwischen den Verpflichtungen, die sich aus der Stellung einer Landgräfin ergaben, und den religiösen Überzeugungen Elisabeths zu lösen und aufzuheben. Dazu war ein Franziskaner wegen der Ordensregeln gar nicht geeignet, deren Vorschriften verboten schlichtweg den Minderbrüdern, sich von frommen Frauen Gehorsam leisten und versprechen zu lassen. Zuspruch ja, den durften Franziskaner erteilen, aber die geistige Führung der Frauen war ihnen nach anfänglichen Ausweitungen und dem damit verbundenen großen Zustrom von Frauen verboten.

Ludwig verstand, daß er für Elisabeth etwas tun mußte, um ihre inneren Konflikte und Spannungen abzubauen, sonst würde sie ihm vielleicht sogar entgleiten. Konrad galt als ein wortgewaltiger Mann. Seine Predigten fanden großen Zulauf, und auch Elisabeth soll, um sie zu hören, weite Wege gemacht haben. Zu seiner Beredsamkeit kam hinzu, daß sein vorbildlich asketisches Verhalten sie beeindruckte, so daß sie in ihm den richtigen Mann sah, ihre ungelösten Fragen zu beantworten. Sein Vorgesetzter und Vertrauter, der Bischof von Hildesheim, war doch ein Förderer der Minderbrüder gewesen, und auch Konrad vertrat Armutsideale. Die Unterschiede in der Regel konnten in ihren Feinheiten sowieso nur von gelehrten Klerikern erkannt werden. Vielleicht, so mochte sie hoffen, gehörte er gar zu den Klerikern, die der Bewegung der Beginen sympathisierend gegenüberstanden, weil er klug genug war zu wissen, daß eine solcherart an die Kirchenorganisationen angelehnte Bewegung der beste Schutz gegen Ketzerei war, auch wenn ungewöhnliche und manchmal unbequeme Erscheinungen dabei auftraten.

Ein folgenreiches Gelübde

Konrad war also in jeder Beziehung ein Mann, der Ordnung in die Verwirrung der Gefühle Elisabeths bringen konnte. Er war klug genug, die Probleme der Achtzehnjährigen zu erkennen, merkte, daß sie mit der Verwaltung des Landes natürlich überfordert war und daß sich diese Unsicherheit bei ihr in Verhaltungsweisen äußerte, die für den Bestand des Hauses gefährlich werden konnten. Das aber lag nicht in seinem Interesse, das gleichbedeutend mit dem der Kirche war. Zu wichtig war der Thüringer Stein im Spiel der Großen. So entschloß er sich – wahrscheinlich auf Bitten des Landgrafen –, ihr Seelsorger zu werden. Dieses Verhältnis zu ihr ist mit dem Verständnis eines üblichen Beichtvaters nicht zu erfassen. Konrad wird der Seelenführer Elisabeths genannt.

Es handelt sich bei dieser geistlichen Funktion um eine Einrichtung, die für reiche Leute geschaffen war, wenn sie sich freiwillig den weitergehenden Forderungen der Moralgebote unterwerfen wollten, um einem Leben nach Christi Gebot näherzukommen. Auch sie durften die Gelübde ablegen, die man sonst nur bei einem Ordenseintritt verspricht: Keuschheit und Gehorsam. Dieser Gehorsam wurde persönlich demjenigen versprochen, der als Seelenführer ausgewählt wurde, wobei es sich meistens um Bischöfe oder Äbte handelte, je nach dem gesellschaftlichen Rang der Personen.

Was bedeutete dieses Gelübde für den nach Vollkommenheit strebenden Christen? Im Sinne der Armutstheologie war der Verzicht auf den eigenen Willen, der unbedingte Gehorsam dem Vertreter der Kirche gegenüber, ein glücklicher Gewinn. Der Verzicht auf den eigenen Willen schuf den freien Weg für den Willen Gottes, der dadurch in den Geist des Beichtenden eindringen konnte, ohne auf kleinliche, weltliche Sperren zu stoßen. Franziskus nannte diesen Zustand die „Armut im Geiste“. Die persönlichen Gehorsamsgelübde weltlicher Personen betrafen nur die geistliche Seite des Lebens, die weltlichen Interessen wurden durch sie nicht berührt. Aber war das überhaupt möglich?

Ein solches freiwilliges Gelübde legte Elisabeth im Jahre 1226 vor einigen Zeugen ab. Es sollte für ihr weiteres Leben entscheidende Bedeutung erlangen. Die feierliche Zeremonie im Katharinenkloster fand in Anwesenheit der wichtigsten Persönlichkeiten des Hofes statt. An erster Stelle ihr Mann, Ludwig, und seine Mutter, Sophie. Sie traten vor den Altar, und Elisabeth legte ihre Hände in die Hände ihres Seelenführers und versprach ihm Gehorsam, soweit die Rechte ihres Gatten, des Landgrafen, nicht davon berührt wurden. Für den Fall, daß sie ihren Mann überlebte, gelobte sie ewige Keuschheit, was bedeutete, daß sie keine weitere Ehe mehr eingehen würde.

Es ist kein Zweifel daran, daß Elisabeth diesen Schritt freiwillig getan hat, in Übereinstimmung mit ihrem Mann. Vielleicht war er froh darüber, daß ihre spontane Frömmigkeit nun in die festen Bahnen der Kirche kam und durch einen erfahrenen Seelsorger geformt werden konnte. Denn die Rechte, die Konrad nunmehr erhielt, waren bedeutend und griffen ständig in das Leben Elisabeths ein. Er war berechtigt, ihr Aufgaben und Bußen aufzuerlegen, wenn er das für die Ruhe ihrer Seele als erforderlich ansah. Konrad war ein Mann, der sich und anderen gegenüber streng verfuhr. Er mußte keinerlei Rücksichten auf weltliche Bindungen, Pfründe und andere Abhängigkeiten von Fürsten nehmen, er kannte viele von ihnen und hatte seinen Willen häufig bei ihnen durchgesetzt. Nunmehr würde er der Landgräfin auf Bitten ihres Mannes schon beibringen, daß es mehr auf innere Zucht und Bedürfnislosigkeit ankam als auf soziale Gesten anderen gegenüber.

Zuerst verlangte er, daß sie ihn als höchste Autorität nach ihrem Mann anerkannte. Das begann bereits bei der Erfüllung protokollarischer Pflichten, die er hinter die religiösen Übungen zurückstellte. Einmal mußte sie eine Predigt von ihm versäumen, weil die Markgräfin von Meißen auf der Burg eintraf und es sich gehörte, daß Elisabeth bei der respektvollen Begrüßung anwesend war. Konrad entrüstete sich so sehr über ihre Abwesenheit von der Predigt, daß er sie zurechtwies und ihr sogar drohte, die Seelenführung niederzulegen. Doch wer konnte schon weltliche und kirchliche Pflichten in der Praxis trennen? Um ihren Eigensinn zu brechen, verschärfte er die freiwillig von Elisabeth schon vor seiner Ankunft eingeführten Speisevorschriften. Um sicher zu sein, daß die Lebensmittel, die sie verzehrte, auch rechtens erworben waren und nicht aus Raubzügen der Soldaten stammten, verlangte sie jedesmal vor dem Essen eine klare Auskunft. Im anderen Fall verzichtete sie. Auf seinen Befehl hin verstärkte sie die Regeln und handhabte die Unterscheidung noch strenger.

In der Praxis kam das in vielen Fällen natürlich einem Nahrungsentzug gleich, Fasten genannt, der für begrenzte Zeit und zu bestimmten Tagen eine durchaus positive Wirkung für den Körper haben kann, auf die Dauer aber zur Entkräftung führen muß. Für einen jungen Menschen ein doppelt lästiger Zustand, denn er braucht ausreichend Nahrung, wenn er tätig ist. Da Elisabeth auch im Zweifelsfall auf das Essen verzichtete, um ein gutes Gewissen zu haben, hat sie oft mit ihren Dienerinnen gehungert. Die Kasteiung des Körpers war für einen gläubigen Christen nichts Schlimmes, denn der Körper war ja das Gefäß der Sünde und mußte im Gegensatz zum Geist an die zweite Stelle gerückt werden. Das Wohlleben betraf immer den Körper, den Genuß, die Enthaltsamkeit in allen körperlichen Dingen, in der Sexualität und im Essen. Um gottgefällig zu sein, mußte man den Körper in Disziplin nehmen, dann war man frei für den Geist.

Es wird hin und wieder wohlmeinend die Behauptung vertreten, die Speisegebote Konrads seien die Auswirkung von Reformbestrebungen gewesen. Die an Reformen interessierten Kreise der Kirche, die ihren großen Finanzaufwand für Repräsentation und die Einmischung in weltliche Händel kritisierten, hatten wohl die Mäßigung der Oberen verlangt, womit aber gewiß nicht die völlige Enthaltsamkeit bei Tische gemeint war. Die Vertreter dieser Auffassung übersahen, daß die teuersten kriegerischen Unternehmungen, die die Länder ruinieren und immer neue Beiträge an Menschen und Geld von ihnen verlangen, im kirchlichen Interesse auf den Befehl des Papstes und des Kaisers veranstaltet wurden. Und zu diesem Zwecke war Konrad ja gerade unterwegs und deshalb auch in Thüringen. Es konnte sich nur um eine demonstrative, äußerliche Einschränkung des Konsums der Reichen handeln, um die Mittel der Kirche und dem Kaiser zuzuführen. Konrad schritt gegen Verschwendung ein, auch gegen Veruntreuung von Geldern, die einzelnen Kirchenmännern anvertraut waren, aber er hatte nicht nur das Recht, sondern sogar die Pflicht, Gelder für den Kreuzzug aufzutreiben und entgegenzunehmen, er fungierte auch als Finanzbeauftragter des Papstes.

Es handelt sich eher um eine gezielte Maßnahme, die sozialen Initiativen der jungen Frau zu zügeln und ihr zu zeigen, daß der Mensch sehr wenig Nahrung zu sich nehmen kann, daß der Hunger zwar ärgerlich, aber zu ertragen ist. Auch die Verärgerung über die Nichtbefolgung seiner Einladung zur Predigt, einer geringen Unterlassung, führte anstelle der Landgräfin zu einer schweren Züchtigung der Dienerinnen. Bei Elisabeth wagte er diese Methode der Disziplinierung wohl nicht – noch nicht. Noch verordnete er andere Geißelungen des Körpers.

So mußte sie nachts aufstehen und eine bestimmte Anzahl von Gebeten verrichten, mit gebeugten Knien, manchmal auch einfach wach bleiben und beharrlich gegen den vom Körper verlangten Schlaf ankämpfen. Die Dienerinnen berichten, daß sie Elisabeth oft wecken mußten. Zu mangelndem Schlaf kamen Auspeitschungen, die sie an sich selbst vornahm oder von den Dienerinnen vornehmen ließ. Sie sollte und wollte den Schmerz mißachten. Da diese Praktiken in der Ordenswelt nichts Unbekanntes waren und auch in den Beginenhäusern zum frommen Leben gehörten, wird sich Elisabeth in Befolgung des Gehorsamgelübdes den Exerzitien gleichmütig unterzogen haben in dem Bewußtsein, daß sie für ihr Seelenheil vonnöten seien, Magister Konrad habe es so für richtig gehalten. Kritisierte er sie und bemängelte er an ihr die vorgeblich nachlässige Ausführung seiner Gebote, bedankte sie sich dafür und versprach Besserung. Er war oft unzufrieden mit ihr, was wiederum zu noch größeren Bußauflagen führte. So wird sie in ständiger Sorge gelebt haben, ein sündiger Mensch zu sein, der es nicht schafft, erfolgreich dagegen anzukämpfen.

Erklärbar ist die Demutshaltung nur, weil sie das Gefühl bestimmt haben muß, ihre Hinwendung zu den Armen und ihr Dienst an den Kranken seien erst jetzt gerechtfertigt. Wenn es auch für uns Heutige schwer nachzuvollziehen ist: Sie wird sich durch Konrad bestätigt gefühlt haben. Und auch ihr Mann, in religiösen Angelegenheiten unerfahren und inkompetent, unterstützte sie bei der Befolgung der Konradschen Befehle. Der Hof mag eher erstaunt auf die merkwürdige Abhängigkeit der Landgräfin von Konrad gesehen haben, die Benediktiner von Reinhardsbrunn hätten es nie gewagt, sich derart autoritativ aufzuführen. Doch Konrad war ein Mann des hohen Klerus und brachte durch seine Predigten wieder Ordnung in das erschütterte Geistesleben der Christen: Armut ja, aber immer standesgemäß. Da fiel die abwegige Auffassung der Landgräfin nicht so sehr ins Gewicht, von ihr war man sowieso unübliches Verhalten gewöhnt, jetzt verlief es wenigstens in frommen Bahnen.

Für den Kreuzzug vorbereitet

Der Landgraf war beruhigt, er konnte die notwendigen Vorbereitungen für die Kreuzfahrt treffen, und dabei war eine Menge zu berücksichtigen, angefangen von der Herstellung bester Waffen bis zur Auswahl der Ritter, den notwendigen Anweisungen für die Verwaltung des Hofes und den Festlegungen der Reiseroute und -stationen. Vor allem aber, es war gesichert, daß für den Fall seines Todes sein Geschlecht weiterhin in Thüringen regierte. Das Keuschheitsgelübde seiner Frau für den Fall ihres Überlebens garantierte die Nachfolge durch seine Söhne. Für alle schwierigen Fälle, die auftreten konnten, wäre Konrad von Marburg als Ratgeber da. Elisabeth würde ihm folgen; wenn es darauf ankäme, auch in den weltlichen Dingen des Lebens.

Konrad von Marburg hatte keine Zeit, sich dauernd in Eisenach aufzuhalten, er war unterwegs, wichtige Geschäfte im ganzen Land zu betreiben. Sein Einfluß wirkte selbst während seiner Abwesenheit nach, die religiösen Dinge waren inzwischen geregelt, es war nicht erforderlich, daß er sich ohne Unterlaß um die Landgräfin kümmerte. Er war kein Hofkaplan, sie würde ihm auch während seiner Abwesenheit gehorchen.

Für ihn war die Vorbereitungszeit für den Kreuzzug Hauptarbeitszeit. Seine Aktivitäten über den Thüringer Hof hinaus sind in dieser Zeit wenig bekannt, sicher weil sie sich auf das Übliche und von ihm zu erwartende Maß konzentrieren. Wenn die Thüringer Truppen zahlreich und vollständig teilnehmen würden, hatte er gut gearbeitet. Dazu kommt, daß ihn der Papst 1227 mit einer neuen, seinen Wirkungskreis erweiternden Aufgabe betraute. Nachdem die Vorbereitungen für den Kreuzzug gut standen, wird er sich die Beförderung wohl verdient haben. Er wurde zum Visitator und Reformator des Ordens- und Weltklerus in Deutschland bestellt und gleichzeitig zum Ketzerinquisitor ernannt.

Die Verbindung dieser Funktionen in einer Hand ist an sich schon bemerkenswert. Diese Ketzerei begann in den Klöstern. Manche der Reformen in den Orden, von denen inzwischen die meisten erfaßt waren, bedeuteten an sich schon Ketzerei. Und war nicht eigentlich in den Augen der römischen Kurie fast jede Reformbemühung eine Abweichung? Hier Klarheit zu schaffen, war Konrad von Marburg der richtige Mann. Seine Inspektionen an Ort und Stelle, seine feinen Fragen würden wohl die unbedachten Mönche zittern lassen und die Reformbemühungen in die gewünschten Bahnen leiten. Stellten sich bei diesen Inspektionen Ketzereien heraus, war er berechtigt und verpflichtet, gleich an die Verurteilung zu gehen. Aus seiner Wanderpredigerzeit kannte Konrad alle einschlägigen Gründe für oder gegen diese oder jene Neuerung in den Orden und vermochte zwischen einer Neuerung und einer Abweichung wohl zu unterscheiden. Er hat sich, wie der weitere Weg dieses unerbittlichen Klerikers zeigt, diesen neuen Aufgaben mit Eifer und persönlicher Genugtuung gewidmet. Als ein niemals zweifelnder Soldat des Papstes sah er seine Aufgabe darin, die vollkommene Übereinstimmung der ewigen, unverrückbaren Glaubensprinzipien mit den drängenden Erfordernissen des Tages herbeizuführen. Und er war bereit, die ihm verliehene Sondervollmacht dafür einzusetzen. In den Händen dieses Mannes lag die Seele Elisabeths – welch eine Tragik!

Am Anfang des Jahres 1227, das so schicksalsschwer für den Thüringer Hof werden sollte, erreichte Ludwig ein vom Papst an ihn gerichtetes Schreiben vom 11. Januar. Honorius III. fordert den Landgrafen auf, unbedingt im August zum Heer Friedrichs II. zu stoßen und mit ihm den Kreuzzug zu beginnen. Die gleiche Mahnung erreichte ihn noch einmal mit dem Schreiben des inzwischen gewählten neuen Papstes, Gregor IX., vom 16. April. Gregor verlangt, mit den unmittelbaren Vorbereitungen nicht zu zögern, und teilt außerdem mit, daß zur Verstärkung auch die Lombarden endgültig teilnehmen würden. Das war der Befehl! Nachdem das Schreiben in den Händen Ludwigs war, sandte er Boten aus, die seine Thüringer Ritter zum Landtag auf die Creuzburg bestellten.

Der Zweck der Ritterversammlung im Juni 1227 war klar, die Tagesordnung hatte nur einen Punkt: die Lage im Lande während des Kreuzzuges. Ludwig wandte sich an die Versammelten mit der Aufforderung: „Geliebte Getreue! Ich habe ein großes Unternehmen vor und weiß nicht, welches Geschick mir bevorsteht. Lebt gut und glücklich und einträchtig in der Gemeinschaft des Heiligen Geistes. Meine Untertanen und meine Elisabeth sowie meine Kinder empfehle ich in Eure Obhut und mich Eurer Fürbitte. Lebt Gott und meiner eingedenk, wie ich auch Eure Andenken heilig- und rein halten werde.“ Mit Segenswünschen verabschiedete er sich, nicht ohne die Ritter aufgefordert zu haben, dem Land das Ihre zu geben.

Die wichtigsten Männer waren hier versammelt. Neben den Verwaltern der wichtigsten Ämter, Schenk Rudolf von Vargula, Marschall Heinrich von Eberberg, Truchseß Hermann von Schlotheim, Kämmerer Heinrich von Fahner und Hofmeister Heinrich von Erffa, die Grafen Ludwig von Schwarzburg, Burkhard von Brandenburg, Meinhard von Mühlberg, Heinrich von Stolberg, Ernst von Gleichen, Günther von Kefernburg und die edlen Ritter Hermann von Heldrungen, Rudolf von Bilzingsleben, Gerhard von Elende, Heinrich von Meidenburg, Siegfried Rothe, Seifarth von Spatenberg, Rudolf von Ballstedt, Lutz von Wartberg, Ludwig und Rudolf von Husen, Berthold von Heiligen, Gerhard von Kappel, Reinhard Fork, der Geheimschreiber Konrad von Würzburg, der Kaplan Gerhard von Naumburg und Berthold, der Chronist, in ihrer Person die ganze Thüringische Ritterschaft. Wer mitzog, kannte seine Aufgabe. Die zu Hause blieben, weil sie alt waren, würden das Land hüten.

Abschied

Am 22. Juni 1227 ritten die Teilnehmer zum Sammelplatz nach Schmalkalden, Elisabeth neben Ludwig. Die Reise dorthin dauerte zwei Tage, dann mußten sie scheiden. Neben den Teilnehmern am Kreuzzug war auch Ludwigs Bruder, Heinrich Raspe, zur Verabschiedung gekommen. Der Landgraf trug ihm auf, sich um die Landgräfin und die Kinder zu kümmern, dann nahm er Abschied von seiner Mutter. Elisabeth begleitete den Zug noch bis zur Landesgrenze. Ein Chronist sagt, daß sie nicht wußte, ob sie mit ihm gehen oder ob sie dableiben sollte.

Ritter Walther von Vargula machte der quälenden Situation ein Ende: „Es ist Zeit, lasset die gnädige Frau umkehren! Es muß doch sein." Ludwig zeigte ihr zum Abschied den Siegelring, damit sie sich sein Bild einpräge. Wer zu ihr käme und diesen Ring vorweise, hätte den Auftrag, ihr von seinem Schicksal zu berichten.

Der Abschied der beiden ging allen ans Herz. Elisabeth war guter Hoffnung, sie trug ihr drittes Kind. Schon bald wurden Lieder im Volk gesungen, die diesen Abschied erzählten. Sie klingen, als ob die Menschen gewußt hätten, daß es der Abschied für immer gewesen sei: „Es schied sich Lieb von Liebe, der Fürst von seiner liebsten Gemahlin. Ihrer beider Herzen litten großes Leid und große Qual." Es hielt sich noch lange die Sage, daß Elisabeth nach ihrer Rückkehr auf die Burg ein Witwenkleid angelegt habe, so endgültig erschien den Zeitgenossen der Abschied, wenn es auf eine weite Kriegsfahrt ging.

Das Thüringer Fähnlein begann seinen langen Weg, der tausendfünfhundert Kilometer in den Süden Europas führen sollte. Auf dem Lechfeld bei Augsburg wollte man sich mit den übrigen Teilnehmern treffen. So wird der Weg über Bamberg und Würzburg durch Franken geführt haben, wo sie dann im Augsburger Land der Mainzer Bischof Siegfried mit vielen anderen Rittern erwartete. Gemeinsam zog man weiter durch Bayern, über den Brenner und dann die Esch entlang. Nachdem Trient erreicht war, ließ man Verona rechts liegen und nahm Kurs auf Ravenna, wo der Zug die Adriaküste Italiens erreichte. Auf der Küstenstraße zog man über Rimini, Ancona und Pescara, bog dann schließlich von der Küste ab und kam

Der Abschied in Schmalkalden

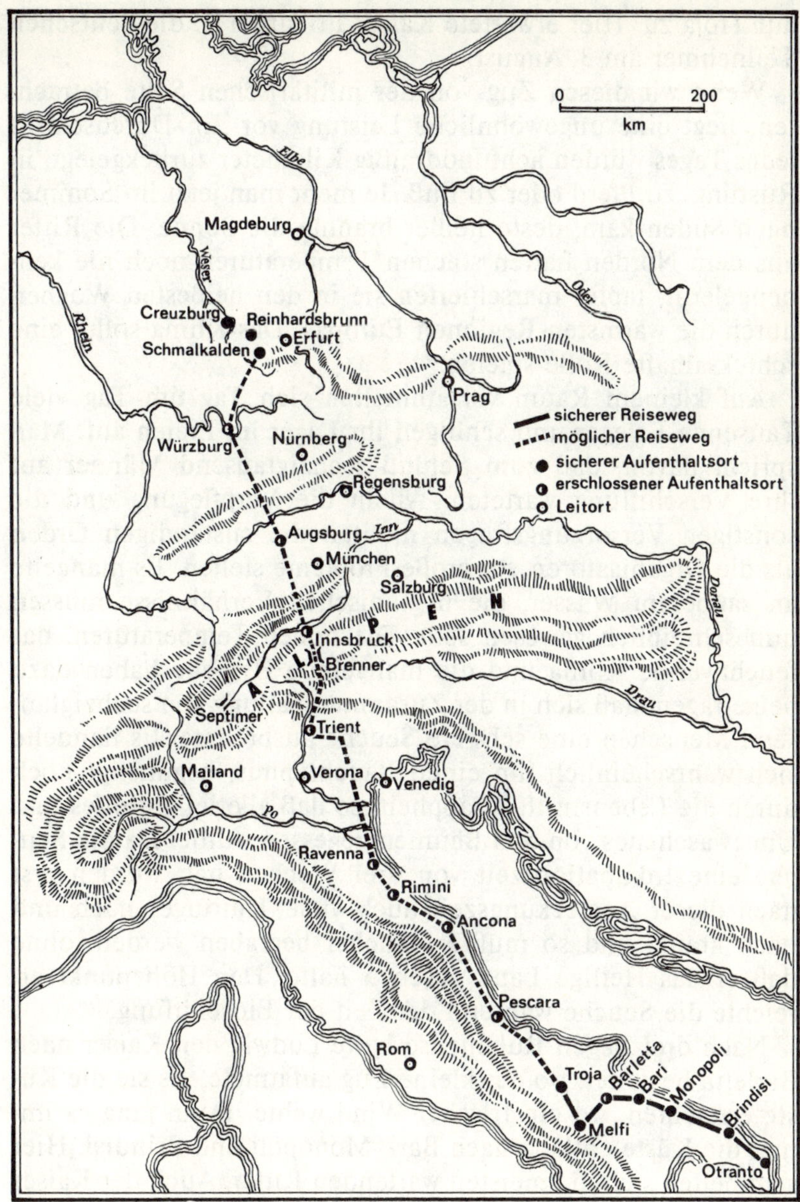

Die Route der Thüringer nach Süditalien

auf Troja zu. Hier erwartete Kaiser Friedrich II. die deutschen Teilnehmer am 3. August.

Wenn wir diesen Zug von der militärischen Seite betrachten, liegt eine ungewöhnliche Leistung vor. Im Durchschnitt jedes Tages wurden achtunddreißig Kilometer zurückgelegt, in Rüstung, zu Pferd oder zu Fuß. Je mehr man jetzt im Sommer nach Süden kam, desto heißer brannte die Sonne. Die Ritter aus dem Norden hatten solchen Temperaturen noch nie kennengelernt, tapfer marschierten sie in den heißesten Wochen durch die wärmsten Regionen Europas. Das Klima sollte eine schicksalhafte Rolle spielen.

Auf kleinem Raum versammelten sich Tag um Tag viele Tausende Krieger und schlugen ihr Lager im Freien auf. Man spricht davon, daß zum Schluß sechzigtausend Männer auf ihre Verschiffung warteten. Allein die Verpflegung und die sonstigen Versorgungsfragen mußten die zuständigen Orden als die Organisatoren vor große Probleme stellen. Es mangelte an sauberem Wasser, die hygienischen Verhältnisse müssen unbeschreiblich gewesen sein. Die hohen Temperaturen, das feuchtwarme Klima und die mangelnde Hygiene haben dazu beigetragen, daß sich in der Zusammenballung von sechzigtausend Menschen eine schwere Seuche ausbreitete. Es handelte sich wahrscheinlich um einen Bauchtyphus, begünstigt noch durch die Lebensmittelknappheit, so daß allerlei Unreifes und Ungewaschenes von den Bäumen gegessen wurde. Da die Seuche eine Inkubationszeit von drei Wochen hat, wurden erst nach dieser Ansteckungszeit auch viele Thüringer nach und nach krank, und so mußte mancher begraben werden, ohne daß er das Heilige Land gesehen hatte. Den Höhepunkt erreichte die Seuche während der Zeit der Einschiffung.

Nach drei Tagen Ruhepause hatte Ludwig den Kaiser nach Barletta begleitet, wo der kleine Zug aufatmete, als sie die Küste erreichten, wo ein frischer Wind wehte. Dann ging es immer die Küste entlang nach Bari, Monopoli und Brindisi. Hier sammelten sich die meisten wartenden Ritter. Auch der Kaiser begann über leichte Anzeichen von Übelkeit zu klagen und hoffte auf einer kleinen Insel, isoliert von den Menschenmassen, schnelle Gesundung zu finden. Als Ludwig mit dem Kaiser auf St. Andrea landete, erkrankte auch er.

Tod im fernen Land

Die Pause diente nicht in erster Linie der Ruhe, sondern der letzten Absprache der beiden entscheidenden Männer des beginnenden Zuges. Nachdem Einverständnis über die ausgearbeitete Route bestand, begann am 8. September der Zug. Mit einem Boot fuhr Ludwig nach Otranto, in dessen Hafen die eigentliche Einschiffung stattfand. Hier verabschiedete sich der kranke Ludwig noch kurz von der fünfzehnjährigen Kaiserin. Als er auf seinem Schiff war, packte ihn das Fieber, und sein Zustand verschlechterte sich rapide. So konnte die Abreise nicht erfolgen, statt dessen mußte der Priester geholt werden. Ein Patriarch, einer der höchsten der Christenheit, Gerold von Jerusalem, reichte ihm die Letzte Ölung in Anwesenheit und Assistenz des Bischofs Leo Brancaleo von der Kirche S. Cruce in Jerusalem. Ludwig IV. starb am 11. September im italienischen Otranto, ohne das Heilige Land gesehen zu haben. Berthold übermittelte uns seine letzten Worte: „Seht ihr nicht die vielen Tauben? Ich muß nun von hinnen fliegen mit diesen weißen Tauben.“

Die Thüringer wickelten den Leichnam ihres Landgrafen in Wachstücher und begruben ihn. Dann schlossen sie sich wieder den Kreuzfahrern an. Der Kreuzzug verzögerte sich durch die Umstände, was den Papst wiederum zu schweren Vorwürfen gegen den Kaiser verleitete. Er glaubte nicht, daß die Seuche schuld an der Verzögerung wäre, und verdächtigte den Kaiser wiederum einer seiner Finten, so daß er ihn sogar exkommunizierte, bezichtigte ihn gar der vorsätzlichen Verhinderung der Kreuzfahrt, weil er das Heer in der krank machenden Sommerhitze zu lange hätte lagern lassen, „in mörderischer Gegend und verseuchter Luft“. Der Papst blieb auch hart, als Friedrich versuchte, den hohen Herrn umzustimmen, und ihn bat, die Exkommunikation von ihm zu nehmen. Er bestätigte seinen barschen Beschluß noch einmal schriftlich im Oktober.

Darauf antwortete der Kaiser in einem langen Rundbrief vom 6. 12. 1227. Ausführlich schilderte er seine Anstrengungen, die Verpflichtungen, die er dem Papst gegenüber eingegangen war, zu erfüllen. Widriges Mißgeschick hätte ihn immer wieder zu Verschiebungen gezwungen. Seiner erneuten Verpflichtung im Jahre 1225 wäre er damals schon entschlossen nachgekommen, hätte den Bau von Transportschiffen angeordnet und das Heer versammelt. Nun sei Ludwig an der Krankheit gestorben, er selber schwer krank gewesen. Auf Grund dieser Umstände hätten die Fürsten ihn gedrängt, die Fahrt abzubrechen. Im Frühjahr des kommenden Jahres würde er den Kreuzzug erneut beginnen, was er tatsächlich dann im Sommer auch tat, und im März 1229 zog er in Jerusalem ein.

In diesem Brief wird Ludwig unter den großen Fürsten erwähnt, die der Kaiser für die Fahrt gewonnen habe „unter großen Geldopfern“. Auch der Papst erwähnt in seinem Oktober-Schreiben den Tod des Thüringer Landgrafen, und zwar als ein Beispiel für die falsche Taktik des Kaisers.

Der Leichnam Ludwigs wurde nach Abbruch des Kreuzzuges von den zurückkehrenden Thüringer Rittern wieder ausgegraben. Sie lösten in siedendem Wasser das Fleisch vom Gebein, vergruben es, legten das Skelett in einen Sarg und transportierten es so in die Heimat, mitten durch den beschwerlichen Winter. Die Nachricht von Ludwigs Tod aber war nach Thüringen vorausgeeilt.

Die Familie distanziert sich

Soeben gebar Elisabeth ihr drittes Kind, das Mädchen Gertrud. Nun mußte der jungen Mutter die Todesnachricht überbracht werden. Diesen schweren Gang übernahm die Mutter Ludwigs, Sophie. Selbst gramgebeugt, eröffnete sie der Schwiegertochter die schlimme Nachricht. Elisabeth schrie auf und rannte wie außer sich vor Schmerz durch die Räume: „Er ist tot, tot! So ist auch mir die Welt tot und alles, was an ihr süß ist."

Zu ihrem Schmerz sah sie ihre ungewisse Lage deutlich vor sich. Ihr einziger Rückhalt, ihr geliebter Mann, war das Opfer eines sinnlosen Krieges geworden. Der Erbfolge nach wäre ihr fünfjähriger Sohn, Hermann II., der künftige Landgraf, sie könnte die Regentin bis zu seiner Volljährigkeit sein, die frühestens mit vierzehn Jahren einsetzte, also 1234. Das aber fand den starken Widerspruch der Verwandten, sie wollten sich nicht sieben Jahre lang in eine Situation begeben, in der das Schicksal der Bettler der Landgräfin wichtiger war als die Wohlfahrt der Familie.

Ohne die geringste Rücksichtnahme auf Elisabeth in ihrer Trauer verdrängte man die junge Frau, die jetzt als Witwe nur noch wenig interessant war, aus den politischen Geschäften, sicherlich auch mit Wissen und Billigung der Landgrafen-Mutter Sophie. Heinrich Raspe, der drei Jahre jüngere Bruder Ludwigs, fungierte de facto als Landgraf und überging Elisabeth. Ihre Situation muß im Herbst und Winter unhaltbar geworden sein. Angefeindet als Fremdelement, geriet sie in eine unheilvolle Isolation. Sie wurde wie eine Unmündige behandelt, Heinrich Raspe fungierte als ihr Vormund und der ihrer Kinder. Er wollte den Familienbesitz zusammenhalten und vor erneuter „Verschwendung" bewahren. So bestritt er ihr das Recht, von den Einkünften ihrer Wittumsgüter in Marburg, die ihr unbestritten zustanden, nach eigener Entscheidung zu leben, verlangte damit die Aufgabe des ihr wichtigen Speisegebotes und wies ihr die Verpflegung durch die landgräfliche Küche, wie sie jeder andere am Hof auch erhielt, zu. Seine Überlegung war klar: Wenn sie keine eigenen Einkünfte hat, kann sie nichts verschenken. Elisabeth ist entmündigt, allein, verzweifelt. Wieder die ewige Frage: Wie leben? Wie herauskommen aus dieser Hölle von Unverstand und Feindseligkeit? Sie weiß es nicht, sie weiß nur eines: Hier will und kann sie nicht länger bleiben. So verläßt sie ratlos die Burg im Winter 1227/28. Ist es eine Flucht?

Verlassen

Es deutet einiges darauf hin, daß sie diesen Entschluß in einer depressiven Stunde spontan gefaßt hat, denn sie weiß eigentlich nicht, wohin sie will. In Eisenach irrt sie umher, niemand will sie so recht aufnehmen. Die Bürger wissen nicht, was sie von der Sache halten sollen. Die erste Nacht verbringt sie in dem Stall eines Wirtshauses, die Franziskaner singen ihr am nächsten Tag in der Michaeliskirche den Lobgesang „Te deum laudeamus“ (Dich, Gott, loben wir), aber aufnehmen können sie eine Frau nicht, auch wenn es eine Landgräfin ist. Sie hat anfangs ihre Kinder nicht mitgenommem, die werden ihr jetzt hinterhergebracht, darunter auch der Säugling, Gertrud.

Anscheinend ist sie danach im Haus eines wohlsituierten Bürgers untergekommen. Die Eisenacher scheinen überrascht, manche auch schadenfroh gewesen zu sein, denn es geht die Geschichte um, daß eine alte Bettlerin, die ihr Gutes zu verdanken hatte, den Weg nicht freigab, als sie, die Kotsteine benutzend, eine Straße entlangging. So fiel Elisabeth in die Abwässer, die ihre Kleidung völlig verschmutzten. Die Alte soll sich schadenfroh kichernd entfernt haben, ohne zu helfen.

Elisabeth hielt sich mit ihren beiden Dienerinnen, Guda und Isentrut, zeitweilig in einer Kirche auf. Warum sie nicht in das Katharinenkloster gegangen ist, kann nur mit der Haltung ihrer Schwiegermutter, die dort wohnte, zusammenhängen. So blieb Elisabeth nichts weiter übrig, als selbst um Almosen zu bitten, die sie noch vor kurzem so reichlich gegeben hatte. Auf die Dauer war ihre Lage unhaltbar und ohne jede Hoffnung. Die Familie rührte sich nicht und ließ sie in Eisenach. Sollte sie doch in der freiwillig gewählten Armut leben, die sie so heiß ersehnte!

Trotz der mißlichen Verhältnisse empfand Elisabeth ihre Situation anders als die Umwelt. Sie fühlte sich befreit von den Zwängen des Hoflebens, sie hatte sich selbst davon befreit. Dieses Gefühl war zweifellos gegründet auf die neue Erfahrung, daß ihr nun, nach dem Tode ihres Mannes, zwar die Güter genommen werden konnten, nicht aber ihre Entscheidungsfreiheit. Sie erstrebte ein frommes Bettlerleben, dem sie sich gewachsen und verpflichtet fühlte.

Ihr Seelenführer, Konrad von Marburg, war indes nicht untätig geblieben und hatte dem Papst Mitteilung von ihrer mißlichen Lage gemacht. Daraufhin erhielt er einen Brief, in dem mitgeteilt wurde, daß der Papst die Landgräfin unter seinen Schutz gestellt und mit der Durchführung aller damit verbundenen Entscheidungen wiederum Konrad beauftragt hatte. So war er nicht nur ihr Seelenführer, sondern jetzt auch ihr Defensor. Schutzbriefe des Papstes waren ernst zu nehmende Dokumente, hinter denen erforderlichenfalls auch die notwendigen Mittel, den Schutz zu verwirklichen, standen. Dieses Verfahren war nicht einmalig, es wurde als ein regulierendes Mittel bei verschiedenen Arten von Willkür gegen Witwen und Waisen eingesetzt. Da die Angehörigen von Kreuzfahrern unter dem besonderen Schutz des Papstes standen, kam dieser

Elisabeth verläßt die Wartburg. Fresko von Moritz von Schwind

Grund im Falle Elisabeths noch hinzu. Wer sich gegen die Person oder die Rechte hilfloser Menschen verging, wurde mit der Exkommunizierung bedroht und von allen kirchlichen Veranstaltungen ausgeschlossen (Interdikt), was praktisch die Ausstoßung aus der menschlichen Gesellschaft bedeutete.

So lagen nicht nur Elisabeths Seele in der Hand Konrads, sondern auch ihre Person und ihr Besitz. Er selbst schreibt, der Papst habe ihm Elisabeth anvertraut. Anders gesprochen: Sie war ihm völlig ausgeliefert und scheint das auch so empfunden zu haben. Anders ist ihre Haltung nicht zu erklären, wie aus einer Zusammenkunft mit Konrad im März 1228 in Eisenach hervorgeht.

Ein großer Verzicht

Konrad überbrachte ihr die Mitteilung, daß der Papst den Schutzbrief ausgestellt hatte und erklärte ihr die daraus resultierenden Beziehungen zum Hof, der sie nicht fallenlassen durfte. Sie besäße ihre Ansprüche zu Recht, solle sie geltend machen und damit ihre unwägbare Lage beenden. Obgleich Elisabeth nach dem harten Winter nunmehr in völliger Mittellosigkeit lebte, scheint sie gar nicht mit Konrads Meinung einverstanden gewesen zu sein. Jetzt, wo sie sich am entscheidenden Punkt bei der Verwirklichung der franziskanischen Ideale befand, wurde erneut in ihr Leben eingegriffen. Schon wieder entschieden außenstehende, hohe Gewalten über sie, ohne sie auch nur zu fragen und ihre Wünsche in Betracht zu ziehen. Weshalb ließ man sie in der gewünschten Armut, die ihr ein neues Lebensgefühl gab, nicht zufrieden sein?

In der problematischen Auseinandersetzung zwischen Elisabeth und Konrad muß es darum gegangen sein, daß sie, als äußerste Konsequenz ihres Denkens und bisherigen Handelns, den Vorschlag gemacht hat, ein Einsiedlerleben zu führen. Damit wäre sie vollkommen auf der gleichen Stufe mit den Ärmsten der Armen. Doch Konrad verweigerte ihr den erhofften geistlichen Rückhalt für einen solchen Schritt. Als Landgräfin hatte sie ihn gespürt, wenn seine Vorschriften auch schwer zu erfüllen waren. Jetzt fühlte sie sich frei, und er verwies sie darauf, daß sie doch unmöglich ihre drei kleinen Kinder als Waisen behandeln könne.

Sie stand vor einer weitreichenden Entscheidung. Der Hof war als Quelle von Gewissensqualen endlich weggefallen, sie war dabei, ihr Gelübde zu erfüllen, Ansprüche stellte sie nicht; jetzt bremste sie ihr Seelenführer, der sie auf diesen Weg geführt hatte. Wenn er nun auf den Schutzbrief pochte und auch die Erziehungspflicht hinwies, würde sie sich verweigern. Sie sagte ihm: „Dann werde ich das tun, woran ihr mich nicht hindern könnt!"

Am Karfreitag trat sie an den Altar, von dem man wegen dieses Tages die schmückenden Tücher genommen hatte. Als sie die Hände auf die Altarplatte legte, war sie auf diese Weise mit ihrem Herrgott verbunden. Sie wollte vor Konrad und einigen Franziskanern, die anwesend waren, ein noch weitergehendes Gelübde ablegen, das dem einer Nonne gleichkommen sollte. So entsagte sie allen Verwandten, auch ihren eigenen Kindern, ihrem eigenen Willen, allem Glanz der Welt und „allem, was der Heiland zu verlassen geraten hat". Diese Punkte fanden die volle Billigung Konrads. Als sie aber daranging, auf ihren Besitz den gleichen Verzicht zu leisten, riß er ihre Hände vom Altar zurück.

Wir wissen von seinem Eingriff in die feierliche, das weitere Leben Elisabeths bestimmende Handlung aus seinem Brief an den Papst. Sie wollte zur Vollkommenheit gelangen, und dazu mußte sie auf alles, was sie an die Welt band, verzichten, auch auf den eigenen Willen. Dagegen hatte ihr Seelenführer, dem sie ja diesen Gehorsam in persona gelobte, nichts einzuwenden. Mit einem Bettlerdasein dagegen war er nicht einverstanden. Zu gefährlich war für eine bis dahin sicher behütete Fürstin eine solche unberechenbare Existenz. Er war mit ihrer Seelenführung betraut, aber er konnte sich nicht ihr ausschließlich widmen, seine eigentlichen Aufgaben lagen anderweitig. So wollte er anhand des päpstlichen Schutzbriefes die Dinge auf eine geordnete materielle Grundlage stellen. Allerdings war er noch nicht dazu gekommen, er wollte aber seine Anwesenheit in Eisenach nutzen, um mit dem Hof darüber zu verhandeln. Bis hierher war alles nach seinem Plan verlaufen, nun aber folgte ihm seine Schutzbefohlene in einem wichtigen Punkte nicht.

Würde sie auf ihren Besitz verzichten, fiele dieser vollständig an den Thüringer Hof, und damit hätte Konrad keine Einflußmöglichkeit mehr, seine Rolle als Defensor auszufüllen. Da es sich um einen namhaften Besitz handelte, um ihr Wittum, das schon beim Verlöbnis zwischen Ungarn und Eisenach festgelegt worden war, konnte er mit dem Gelübde nicht einverstanden sein. Sie hatte auf den eigenen Willen verzichtet, nun sollte sie auf ihn hören, zumal er ihre Ansprüche selbst betreiben wollte.

Zum gleichen Zeitpunkt griff ihre Familie mütterlicherseits ein. Ihre Tante Mechthild stand dem Kloster Kitzingen, in der Nähe von Würzburg gelegen, als Äbtistin vor. Sie holte sie kurzerhand zu sich, wohl um zu erkunden, ob Elisabeth in ihr Kloster eintreten wolle oder wie ihr sonst zu helfen war. Vielleicht sei es auch besser, wenn sie wieder nach Ungarn zurückginge, sollte der Konflikt mit dem Landgrafenhof nicht zu überbrücken sein. Im Kloster Kitzingen mußte Elisabeth ein weiteres Mal erleben, daß sie wiederum Gegenstand von Überlegungen wurde, die sie nur als Objekt familienpolitischer Pläne ansahen. Da sie es ablehnte, daß statt des Hofes nun ihre Tante sich anmaßte, über sie zu bestimmen, wußte sich Mechthild am Ende ihres Lateins und brachte sie kurzerhand zu

Ostchor des Bamberger Domes, in dem Elisabeth ihren toten Gemahl empfing

ihrem Bruder, Elisabeths Onkel Ekbert, dem Fürstbischof von Bamberg, der sie auch an seinen Hof nahm und nun seinerseits einen noch weitergehenderen Plan entwickelte.

Der in diplomatischen Dingen erfahrene Politiker schlug ihr vor, sich ein zweites Mal zu verheiraten, und zwar mit dem Kaiser. Die zweite Frau Friedrichs II. war gerade bei der Geburt ihres zweiten Kindes gestorben.

Ekbert hatte alles wohlüberlegt, nur das eine nicht. Elisabeth wollte keine Klärung ihres Besitzstandes, kein sorgenfreies Leben, und sei es auch an der Seite des Kaisers, sie wollte nach ihrem Willen leben. Hatte sie nicht versprochen, nach Ludwigs Tod unverheiratet zu bleiben? Hatte sie nicht erst am Karfreitag auf die Hilfe Verwandter verzichtet? Sie wehrte sich mit dem Hinweis auf das Gelübde.

Ekbert nahm ihre Schwüre nicht so wörtlich. Er scheint weiter auf sie eingeredet zu haben, um sie zu einem Sinneswandel zu bewegen, so daß ihr nichts weiter übrigblieb, als ihm anzudrohen, sie würde sich ihr Gesicht durch das Abschneiden der Nase so entstellen, daß kein Bewerber mehr auf den Gedanken käme, sie zu begehren. Ekbert traute seiner Nichte wohl zu, daß sie ihre Absicht wahr machte, und steckte sie erst einmal auf die abgelegene Burg Pottenstein, etwa vierzig Kilometer östlich von Bamberg gelegen. Die Dinge würden sich so oder so klären. Unter Bewachung verbrachte Elisabeth dort das beginnende Frühjahr 1228.

Trauriger Empfang

Inzwischen waren die Thüringer mit den Gebeinen ihres Landgrafen unterwegs und im April in Deutschland angekommen. Sie schickten einen Boten voraus, der ihre Ankunft in Bamberg meldete. Elisabeth wurde von Pottenstein nach Bamberg geholt, wo der Sarg eine Zeitlang im Dom aufgebahrt wurde. Man öffnete ihn, und Elisabeth konnte noch einen letzten Blick auf die sterblichen Überreste ihres Gatten werfen. In einem Gebet dankte sie Gott dafür, daß sie die Gebeine „ihres lieben Bruders und Freundes" noch sehen durfte. Sie bekannte sich zu ihrer Liebe zu Ludwig und tröstete sich mit Gottes unerforschlichem Ratschluß, dem sie sich unterwerfe. „Ich wollte gern alle meine Tage in Armut mit ihm betteln gehen, könnte ich nur seine geliebten Züge wiedersehen und seinen liebreichen Umgang genießen." Seine Nähe, sein Leben, sein liebes, frohes Antlitz wären ihr „die größte Freude, Wonne, Ehren und Wollust dieser Welt".

Als der Beobachter Berthold diese Worte festhielt, fügte er hinzu: „Als sie so gesprochen hatte, trocknete sie ihre Augen und war geduldig."

Bei diesem traurigen Empfang des toten Gemahls auf den Stufen des Bamberger Domes fand auch die erste Begegnung der Thüringer Ritter mit ihrer Landgräfin statt, die sie vor zehn Monaten so schweren Herzens in Schmalkalden zurückgelassen hatten. Der Landgraf hatte ihnen in Creuzburg ans Herz gelegt, sich um seine Elisabeth zu kümmern, falls ihm ein Leid zustieße. Auf einem Anger sprachen sie mit ihrer Landgräfin, und erfuhren, wie es der Herrin seit der Todesnachricht ergangen war. Sie wollten es zuerst gar nicht glauben, aber auch Ekbert bestätigte ihnen die unerhörte Behandlung durch die Familie, besonders durch Heinrich Raspe.

So beendeten die Ritter die unwürdige Gefangenschaft auf Pottenstein und forderten sie auf, mit ihrem Zug nach Thüringen zurückzukehren, um die Rechte Elisabeths bei Hofe durchzusetzen.

Sie ritten gemeinsam nach Reinhardsbrunn, wo im Kloster die Beisetzung erfolgen sollte. Ludwigs Grab würde in der Reihe der Landgrafen stehen.

Als Ludwigs Sarg eintraf, war die Familie schon versammelt. Nach dem feierlichen Begräbnis in der heimatlichen Erde hielt man Familienrat, wobei angenommen werden kann, daß Konrad inzwischen mit dem Hof die geplante Rücksprache genommen hatte. Eine Klärung des Verhältnisses der Landgräfin zum Hof war nicht zu umgehen und damit auch die Bestätigung ihrer Besitzungen.

Der erste Schritt zur Aussöhnung war das Versprechen, ihre Ansprüche auf den Witwensitz würden geklärt werden, eine regelrechte Entscheidung fiel noch nicht. Allerdings stand das Drängen der Ritter hinter dieser Festlegung. Sie sollen durch Walther von Vargula ihr Mißfallen über die Behandlung der Landgräfin ausgedrückt haben. Heinrich Raspe mußte einlenken, er konnte sich nicht die besten Männer seines Landes verärgern, sein Bruder Konrad, der mit ihm regierte, schloß sich an.

Das erste Ergebnis der Gespräche war ihre Rückkehr auf die Wartburg, womit sie ihren Protest, für alle sichtbar, erst einmal beendete. Doch auf der Burg war an ihrer Lage eigentlich nicht viel geändert, wenn man davon absieht, daß der Status Quo, der in Reinhardsbrunn erreicht worden war, ganz sicher etwas zur Beruhigung der dramatisch zugespitzten Lage beigetragen hatte. Innerlich aber fühlte sie sich leer und von ihren Auffassungen abgebracht, sie konnte ihren praktischen Dienst an den Armen nicht durchführen, dafür sorgten schon die für die Geldmittel verantwortlichen Ministerialen. Eine grundsätzliche Regelung mußte gefunden werden.

Konrad von Marburg kümmerte sich bereits intensiv darum. Ob er bei der Beisetzung Ludwigs in Reinhardsbrunn anwesend war, wissen wir nicht, aber bald danach taucht er auf der Wartburg auf und unterbreitet seine Vorschläge zur Regelung der Besitzansprüche seines Schützlings. Ihr Besitz bestand aus Grundstücken, von denen sie Lehensrenten bezog. Darüber hatte sie das Verfügungsrecht, und sie hat es auch genutzt, sonst wären ja die strengen, selbst auferlegten und von Konrad noch verschärften Speisegebote nicht durchzuführen gewesen. Die Brüder betrachteten diese Rechte auf die Grundstücke als Familienangelegenheit und hatten sie streitig gemacht. Konrad gelang es nun durch den Hinweis auf das geltende fränkische Recht, diese Einkünfte aus dem Haushalt des Landgrafenhofes abzulösen (abzuschichten) und wiederum Elisabeth zu übertragen, was nichts anderes bedeutete, daß er, und damit die Kirche, darüber in ihrem wirklichen oder vermeintlichen Interesse verfügen konnte.

Der Besitz setzte sich bei Abschluß der Verhandlungen nunmehr aus Grundstücken in und bei Marburg, aus einer ausgezahlten Geldsumme von zweitausend Mark Silber und den Werten aus ihrer Aussteuer, die ihr ausgehändigt wurde (Geräte, Schmuck, Geld, Kleidung), zusammen. Nachdem diese Angelegenheit ordentlich erledigt war, zog Elisabeth im Sommer 1228 nach Marburg.

„Man muß die Menschen froh machen!"

Alles hatte sich gefügt. Die kleine Stadt, am Rande der Landgrafschaft gelegen, zeigte sich als der richtige Ort für den Aufenthalt einer eigenwilligen Frau, der man nicht recht beikam, um ihr die beharrlich vertretenen Ideen auszutreiben. Das Schloß, hoch über dem Ort an der Lahn gelegen, erschien als die angemessene Unterkunft für eine Witwe, es war standesgemäß, aber ohne größere Bedeutung. Ihrer Frömmigkeit könnte sie in neuen Beziehungen, die zu den umliegenden, zahlreichen Klöstern schnell anzuknüpfen wären, intensiv leben. Die Franziskaner mit ihrer fragwürdigen Regel waren dort noch nicht erschienen, und Konrad wollte gewiß dafür sorgen, daß ihr Einfluß nicht zu groß würde. Bei näherer Betrachtung erschien auch für die Familie diese Lösung, wenn man schon eine vollständige Entmündigung oder gar eine Abreise nach Ungarn nicht erreichen konnte, akzeptabel zu sein. Sollte sie doch in Marburg ihr Witwengeld verleben, sie hatte genug davon, zweitausend Mark und ihre Einkünfte aus den Grundstükken waren eine Menge Geld.

Gleich nach ihrer Ankunft begann Elisabeth mit der Verwirklichung ihrer Lebenspläne. Nun, wo sie von den Zwängen ihrer bisherigen Existenz befreit war und ihre Zukunft selbst neu gestalten konnte, wollte sie es auch nach eigenen Vorstellungen tun. Franziskus war im Juli 1228 heiliggesprochen worden. War das eine Aufforderung, ein Auftrag, ein Signal? Die franziskanische Idee, inzwischen vollständig ausgebaut und überall verbreitet, hatte nun auch die Anerkennung des Konzils gefunden. Es war an der Zeit, das eigene Tun danach bewußt einzurichten.

Wir kennen von Elisabeth keine theoretischen Überlegungen zu diesen Fragen. Konrad hat davon nichts mitgeteilt, nur ihrem Seelenführer dürfte sie ihre Gedanken anvertraut haben, doch sind uns einige Worte überliefert, die sie zu ihren Helferinnen geäußert hat. Sie könnten alle von Franziskus sein:

„Wir müssen das, was wir haben, froh und gerne geben."

„Man muß die Menschen froh machen."

„Wenn es am schönsten ist, will ich um Gottes Willen verzichten."

Und als nach einer Speisung die Gäste gegangen waren: „Seht, die Schwächsten sind zurückgeblieben, wir wollen ihnen noch etwas geben." In diesen verschiedenen Überlieferungen steckt der franziskanische Geist, den Elisabeth nicht nur vertrat, sondern auch inhaltlich richtig praktizierte. Sie hatte längst beschlossen, ihren Besitz dafür einzusetzen, auf eine Art, gegen die niemand ernsthafte Einwände erheben konnte. So errichtete sie auf ihrem Grund und Boden ein Hospital. Es sollte sich als eine besondere Art von Zündstoff in den Kämpfen ihrer Zeit erweisen.

Zuerst mußte es ihr gelingen, Konrad für ihr Programm zu gewinnen. Da der Bau recht zügig voranging, dürfen wir annehmen, daß er seine Zustimmung gegeben hatte. Zwar taucht immer wieder die Meinung auf, er hätte die Aktivitäten Elisabeths beim Bau des Hospitals nicht gern gesehen, diese scheint aber nicht begründet zu sein. Es war ihm gewiß klar, daß sie ihrem sozialen Engagement gegen jeden Widerstand treu bleiben würde. Die Situation in dieser Beziehung war nicht anders als seinerzeit in Eisenach. Sie wohnte noch auf dem Schloß, sollte sie doch täglich auf die Lahnwiesen pilgern, um den Fortgang der Arbeiten zu beaufsichtigen.

Allerdings steckt hinter den durch alle Zeiten immer wieder durchschlagenden Stimmungen gegen Konrad die Volksmeinung, er hätte seine eigene, von den Auffassungen Elisabeths abweichende Meinung zur Armutsfrage gehabt. Wie wir wissen, war er ein Anhänger persönlicher Besitzlosigkeit, mag aber im Prinzipiellen die allgemeine Lehrmeinung der Theologie vertreten haben, man könne die Armut mildern, zu beseitigen sei sie nicht. Die Franziskaner aber glaubten, das persönliche Beispiel, die Ablegung und Zurückweisung des Reichtums könne die sozialen Widersprüche beseitigen. Sie vertraten also eine Gleichheitsutopie. Verteilte man gerecht auf alle, dürfte niemand hungern und darben. Sie wußten zuwenig von den ökonomischen Zusammenhängen zwischen dem Besitz an Land und der Ausübung der gesellschaftlichen Macht. Die feudale Ausbeutung war durch fromme Gedanken nicht zu beseitigen, das Übel blieb in der Welt. Damals aber waren des Franziskus Ideen neu und belebend, der Orden noch im Aufstieg, und seine unverbrauchten Praktiken begeisterten verantwortungsbewußte Menschen.

Konrad glaubte nicht an die Lehre des heiligen Franziskus von Assisi, und er ließ das spüren. Zu nahe lagen dessen Gedanken bei der Abweichung von der Lehre. Was half es, die katholische (umfassende) Kirche anzuerkennen, wenn alle anderen Grundsätze das bisher Gewohnte in Frage stellten? Wie lange würde es noch dauern, bis auch der erste Punkt bestritten wurde? Wenn es um die konkreten Probleme in Marburg des Jahres 1228 ging, mußten Elisabeth und Konrad zusammenstoßen. Es lag in der Natur der Sache, daß der Widerspruch zwischen der frommen Mildtätigkeit und dem bedingungslosen Dienst am Armen in jeder konkreten Handlung aufbrechen mußte. Sie waren beide aufeinander angewiesen, aber sie waren dauernd unterschiedlicher Meinung, wie konnte das auf die Dauer gut gehen?

Ist es erlaubt, ihr Verhältnis zueinander mit dem Begriff Haßliebe zu charakterisieren? Warum löste sie sich nicht von ihm, nun, nachdem die Familie die angemessene Entscheidung getroffen hatte? Benötigte sie jetzt noch einen Defensor? Wohl den Seelenführer, aber warum zog er ins Hospital, in ihre Nähe? Wir können die Gründe nur vermuten, daher hat diese Beziehung auch zu den unterschiedlichsten Deutungen Anlaß gegeben. Anfang der dreißiger Jahre wurde mit den Methoden der Psychoanalyse versucht, das Verhältnis zwischen Elisabeth und Konrad zu bestimmen. Es wurde die Ansicht vertreten, beide hätten im Unterbewußtsein ein Liebe-Haß-Verhältnis entwickelt, das die aufgetretenen erotischen Spannungen nicht abbauen konnte, da es nicht zu sexueller Erfüllung gelangt sei.

Wie man bisher auch versuchte, dem Phänomen auf die Spur zu kommen, die Beziehungen wurden immer subjektiv gesehen, in Unterschieden des Charakters oder des theologischen Anspruchs. Die langen Zeiten, die uns von dem tatsächlichen Geschehen trennen, verbieten es zu spekulieren. Es muß statt dessen hervorgehoben werden, daß es objektive, politische Beziehungen waren, die auf einer unterschiedlichen Interessenlage beruhten. Die Geschichte des Marburger Hospitals spricht dafür.

Während der Lebenszeit Ludwigs war er als ihr Gatte auch ihr oberster Beschützer, ihr Defensor, das war selbstverständlich. Nach seinem Tod hätte ihre Familie die Verantwortung übernehmen müssen, das wäre nur durch Entmündigung zustande gekommen. Die dritte Lösung, eine Schutzerklärung des Papstes, bewahrte sie vor dem Bruch ihres Versprechens, keine Ehe mehr einzugehen, aber auch von der inakzeptablen Lösung, in den Schoß der Familie nach Ungarn zurückzukehren.

So war ihr derzeitiger weltlicher Schutzbeauftragter und gleichzeitiger Seelenführer, Konrad von Marburg, der dazu noch an ihrem derzeitigen Wohnsitz seinen Heimatort hatte, an den er immer wieder von seinen Fahrten zurückkehrte und deshalb häufig für sie zu erreichen war, die einzige Bezugsperson, an die sie sich halten konnte. Natürlich, er sollte ihre seelische Vervollkommnung leiten, aber dieses Verhältnis zwischen einer Frau von Format, der selbständig zu handeln gewohnten und auch weiterhin gewillten Landgräfin und einem Kleriker vom Format Konrads ist natürlich nicht das Beichtstuhlverhältnis eines jungen Mädchens zu seinem Beichtvater gewesen, in dem Bagatellfragen gütig oder streng geregelt und gelöst werden können. Hier trafen sich zwei Persönlichkeiten und behandelten existentielle Fragen der Zeit und ihrer Person, und zwar nicht auf theoretisch-akademische Weise, sondern anhand eines praktischen Lebensprogramms.

Eine Franziskanerin in Marburg

Es geht auch jetzt immer noch um die Frage, wie man leben solle. Und deshalb weiht Elisabeth ihr Hospital, ihre ureigene Schöpfung, ihrer geistigen Leitfigur Franziskus, weiht es ihm und hofft noch immer, daß ihr Armutsideal das gleiche ist, das auch Konrad von Marburg vertritt, weshalb sie diesem Mann eigentlich folgt.

Wer ist dieser Mann, der so viel Einfluß auf sie und andere von ihm abhängige Menschen hatte und von dem man trotzdem so wenig weiß? Die mangelhaften Angaben über sein Leben und seine Tätigkeit erklären sich zweifellos aus seinen Aufgaben, die meistens vertraulicher Art waren, von denen die Eingeweihten natürlich wußten, über die man aber gegenüber Uneingeweihten tunlicherweise nicht ohne Grund sprach. Konrad war während der Marburger Zeit Elisabeths hauptsächlich ein Ketzerrichter. In der Funktion war er an ganz bestimmte dogmatische Festlegungen des Heiligen Stuhles gebunden, die er allerdings in jeder ihm richtig erscheinenden Weise auslegen durfte und auch die dazu notwendigen Machtmittel besaß.

Ketzerverfolgungen hatte es schon seit den ersten Jahrhunderten des Christentums gegeben, aber sie trugen damals noch vorwiegend gewaltfreien Charakter. Das einzige, was in den ersten Jahren des Christentums den Ketzern passieren konnte, war der Ausschluß aus der Kirche, sie lebten in der Regel danach als Sekte weiter oder verließen den bisherigen Ort ihrer Wirkung. Nachdem aber die Abweichler zu einer Volksbewegung anwuchsen und man gar nicht wußte, wie ihrer Herr zu werden sei, verfolgte man die Ketzer durch ein Blutgericht. Die Albigenser wurden durch ein Ritterheer, durch Kriegshandlungen umgebracht, und wer übrigblieb, kam auf den Scheiterhaufen, daß auch von ihm nichts mehr übrigblieb. Die Ketzer waren für immer verschwunden, kein Grabstein kündete von ihrer vormaligen Existenz, ihre Asche verwehte.

Die Inquisition mit ihren Blutgerichten beginnt im 12. Jahrhundert. Das Laterankonzil des Jahres 1179 erließ erstmalig die verbindlichen Richtlinien und verpflichtete die weltlichen Mächte zu ihrer Durchführung: weltliche Richtersprüche für die Verfolgungen geistlicher Meinungsverschiedenheiten. So ist zum Beispiel der militärische Kreuzzug gegen die Albigenser zu erklären. Nur fünf Jahre später verschärft das Konzil diese Aufforderungen noch und verpflichtet ausdrücklich Kaiser Friedrich Barbarossa zu einem detaillierten Strafkatalog und dessen Einhaltung. Hier ist zum erstenmal auch von Maßnahmen gegen Geistliche die Rede, die in ketzerischer Verblendung gegen die Interessen der Kirche verstoßen. Was ist in der Auslegung der Schrift richtig oder falsch? Das mußte durch das Ketzergericht entschieden werden, und es war immer eine Entscheidung, die das Leben des Beschuldigten antastete. Überall seien diese unsichtbaren Elemente anzutreffen und daher aufzuspüren, zu verhören und zu richten. Das geschah auf eine autoritäre Weise. Die Erzbischöfe oder Bischöfe waren verpflichtet, ihre Pfarrbezirke zu inspizieren, wenn sie auch nur durch ein Gerücht davon erfahren hatten, daß dort Ketzer zu finden seien.

In diesen Fällen wurden Leute vorgeladen, die unter Eid aufgefordert wurden, Ketzer anzugeben. Das Urteil wurde gleich an Ort und Stelle vom Bischof gesprochen. Die weltlichen Stellen waren durch den Papst angehalten, diese Urteile auszuführen, bei Weigerung drohte der Bann und die Verjagung aus den Ämtern. Zu Lebzeiten Elisabeths beschäftigten sich noch zwei weitere Konzile mit dieser Problematik, in den Jahren 1215 und 1229, was für unsere Thematik besonders wichtig ist. Der Papst, der Konrad nach Deutschland mit der Kreuzzugspredigt geschickt und ihn nunmehr auch mit dem Kampf gegen die Ketzerei betraut hatte, saß dem Konzil von Toulouse vor. Diese oberste, gesetzgebende Kirchenversammlung erließ achtzehn Artikel allein gegen die Ketzerei, jeder dritte ihrer insgesamt fünfundvierzig Beschlüsse verschärfte die Verfolgung. Als Methode wird die Durchsuchung verdächtiger Häuser und ihrer Keller empfohlen, die nach erfolgreicher Aktion – und wann hätte man jemals etwas nicht gefunden, wenn man es suchte – zerstört wurden.

Konrad war ein wichtiges Schwungrad in diesem Mechanismus, denn die Bischöfe hatten begreiflicherweise nicht immer die erforderliche Lust, auf diese grausamen Reisen zu gehen und die Verhandlungen mit den weltlichen Herrschern zu führen, was sicher zahlreiche Querelen mit sich brachte. So sandten sie Beauftragte aus, und einer von diesen Stellvertretern, ausdrücklich mit der Billigung des Papstes, war Konrad. Er übte sein Amt in schwerer Zeit aus, die Erfolge der Ketzerversuche und -verurteilung erschienen dem Papst als zu gering. Er drückte auf seine Untergebenen und forderte sie zu effektiveren Methoden auf. Da alles nichts half, setzte er dann 1239 den Dominikanerorden, der seinen Aufbau abgeschlossen und sich bereits in der gewünschten Weise bewährt hatte, als kirchliche Inquisition ein, womit die lästige Gewaltenteilung in dieser Frage beendet wurde.

In dieser Zeit also suchte und verfolgte Konrad Abtrünnige, und es gab davon sehr viele. Die für den Feudalismus und seine christliche Ideologie wohl gefährlichste Idee war die Gleichheit aller Kinder Gottes. Die Forderung nach Gleichheit dehnte sich auf alle Bereiche aus, man verstand darunter die Gleichheit vor dem Gesetz, die Gleichstellung der Bauern mit den Adligen, der Patrizier mit der Stadtarmut, die Abschaffung von Privilegien, der Frondienste, der Steuern und Wucherzinsen. Diese Forderungen waren ihrem Wesen nach programmatisch und rührten an die Grundfesten der Feudalordnung. Geschickte Oppositionelle gründeten ihre Meinungen immer mit der Berufung auf religiöse Literatur, auf das Vorbild Jesu, der gar nichts besessen habe. Deshalb müsse man das ungleiche Eigentum ganz abschaffen oder allen gleiches geben. Handelte Elisabeth nicht auch danach?

Konrad hatte sich intensiv und unter Einsatz seiner Autorität um die Sicherung ihrer Eigentumsansprüche bemüht und sie auch erreicht, und nun mißachtete sie diese Anstrengungen und ging den äußerst verdächtigen und bei weitem nicht unumstrittenen Weg des Franziskus, von dessen Ideen man hoffte, daß sie mit seinem Tod am 3. Oktober 1226 auch schnell verschwinden würden. Sein letzter Wunsch war es, auf dem Schindanger seiner Heimatstadt begraben zu werden, was auch geschah. In den Jahren zuvor hatte er sich in selbstgewählter Einsamkeit der Meditation hingegeben und seinen Körper mißachtet, gehungert und gewacht. Krank kam er wieder in seine kleine Kirche zurück und verstarb dort im Alter von vierundvierzig Jahren.

Noch nicht einmal zwei Jahre vergehen, bis Franziskus durch denselben Papst, der den Kaiser wegen des unglücklichen Kreuzzuges exkommunizierte, heiliggesprochen wird. Das geschieht im Sommer 1228 (16. Juli), gerade zu der Zeit, als Elisabeth ihr Hospital plant und mit dem Bau beginnt. Bei diesem ungewöhnlich schnell vorgenommenen Akt, der in der Kirche San Giorgio in Assisi stattfand und mit großem Gepränge vorgenommen wurde – ganz im Gegensatz zum erbärmlichen Leben des Heiligen –, spielte nicht so sehr die Wohltätigkeit eine Rolle. Zwar hatte Franziskus seinen einzigen Mantel einem Frierenden geschenkt, Lahme, die ihre Glieder nicht mehr bewegen konnten, massiert und gewaschen und seine Brüder ausgesandt, Gleiches zu tun, doch dies alles war nicht das Ungewöhnliche, was dem greisen gerührten Papst bei der Heiligsprechung die Stimme nahm, es war das Wunder, das Gott selbst an Franziskus getan hatte. Als er, schon vom Tode bedroht, noch einmal in absoluter Einsiedelei in den Tagen vor Ostern 1226 betete und Jesu eindringlich bat, auch ihn die Schmerzen spüren zu lassen, die er am Kreuz empfunden, und ihm die Liebesfähigkeit zu schenken, die ihm ermöglicht habe, sein Leben für die anderen zu geben, da erschien in der Morgenstunde des Karfreitags ein sechsflügeliger Engel am Himmel. Der Gottesbote kam zu ihm herab und überschüttete Franziskus mit Freude und Schmerz. In diesem religiösen Rausch empfing er an seinem Körper die Wundmale des Herrn, Hände und Füße waren durchbohrt, die Lende blutete. Er war auf diese Weise Jesus gleich geworden.

In den nächsten Wochen trat die Stigmatisation zurück, und er vergaß sie. Doch als er zu Grabe getragen wurde, waren die Wundmale wieder zu sehen, und alle Welt konnte noch im Tode die besondere Erleuchtung des Minderbruders feststellen. Dem Papst sollte es nur recht sein, war doch sein armer Schützling, dem er seinerzeit als Kardinal die Ordensregeln bestätigt hatte, der beste Zeuge für ein gotterfülltes Leben und zugleich von den übrigen Suchenden auf wunderbare Weise unterschieden. Wie die Heiligen in der langen Kette vor ihm, war auch er in die Hierarchic der Kirche aufgenommen und damit kein Minderbruder mehr, die feudale Ordnung war in diesem schwierigen Falle wiederhergestellt. Mit der Erhebung ihres Gründers stellten die Ordensbrüder keine ernsthafte Gefahr mehr für die Hierarchie dar. Bald wurde über dem Grab auf dem Galgenberg mit der Spende eines reichen Bürgers aus Assisi, dem dieser Hügel gehörte, eine prächtige Kirche gebaut. Als Bauherr wirkte Franziskus' Stellvertreter, Elias von Cortona. An gleicher Stelle steht dort heute die Patriarchalbasilika San Franzesco.

Bei diesen Beschlüssen des Papstes handelt es sich natürlich um Kirchenpolitik. Franziskus und mit ihm sein Orden hatten zwar immer die Kirche und an ihrer Spitze den Papst als oberste Autorität anerkannt, aber eine praktische Bedeutung besaß diese Formel nur in Fällen, in denen die verdächtig erscheinenden Franziskaner vor üblen Verfolgungen geschützt werden mußten. Für die scheelen Augen der meisten Kleriker taten sie in der Kirche das, was den Armutsbewegungen außerhalb der Kirche mit Feuer und Schwert ausgetrieben wurde: sich selber zu helfen und ihr Leben durch Dienste an den Armen zu fristen. Der entscheidende Punkt aber, in dem sie sich von allen Orden unterschieden, war der Kardinalpunkt in jeder Klassengesellschaft – das Eigentum. Die Meinung des Franziskus dazu ist ganz klar:

„Besäßen wir Habe, so brauchten wir Waffen, um sie zu schützen. Denn aus dem Eigentum wachsen die Streitigkeiten und die Rechtsverdrehungen, und hierdurch wird die Liebe zu Gott und zum Nächsten am häufigsten verletzt. Deshalb wollen wir keinerlei Eigentum in dieser Welt besitzen." Die Ablehnung des Eigentums und die Ablehnung der Waffen, die Besitzlosigkeit und die Gewaltlosigkeit, sind die hervorstechenden Merkmale franziskanischer Frömmigkeit, und wir finden sie auch in dieser Form bei Elisabeth, nicht aber bei Konrad von Marburg.

Zwar lehnt auch er persönlichen Besitz der Priester ab, aber die anderen Orden, außer den Franziskanern, erkennen das korporative Eigentum des Klosters, des Ordens, der Kirche an und leben gut davon. Mehr noch, sie jagen dem Eigentum hinterher. Es gibt Beispiele ohne Zahl von den Bestrebungen und Praktiken, das persönliche Eigentum der Witwen und sonstigen Alleinstehenden durch Überredungen und Überschreibungen den Kirchen und Klöstern zuzuschlagen. Das bekannte Wort, daß die Kirche einen guten Magen habe, kommt wohl aus dieser Erfahrung. Die Ketzerjagd, der sich Konrad widmete, war auch immer mit dem Einzug der Besitzungen des Beschuldigten zugunsten der Kirche verbunden.

Franziskus hatte in seinem Testament, das vermutlich aus dem Jahre 1224 stammt, seinen Brüdern die körperliche Arbeit als Lebensform empfohlen: „Und ich arbeite mit meinen Händen und will arbeiten. Und ich will nachdrücklich, daß alle anderen Brüder einer Arbeit nachgehen, die ehrbar ist. Die das nicht können, sollen es lernen nicht aus Sucht, für die Arbeit einen Lohn zu erhalten, sondern um des Beispiels willen und um den Müßiggang zu vertreiben. Und wenn uns einmal der Arbeitslohn nicht gegeben werden sollte, so wollen wir zum Tisch des Herrn Zuflucht nehmen und von Tür zu Tür um Almosen bitten."

Arbeit ohne Lohn, um den Müßiggang zu bekämpfen? Wen kritisierte Franziskus da? Mußte diese für die Kirche gefährliche Lehre nicht eingedämmt werden, wenn man sie schon nicht verbieten konnte? Es ist offensichtlich, daß Konrad dieser Meinung war, denn er wußte aus seiner Erfahrung, wie nahe die Kritik am Eigentum neben der Ketzerei lag. Was war denn die Inquisition anderes als die Unterdrückung der Kritik an der auf Eigentum gebauten Gesellschaft? Dieser Tätigkeit hatte er sich verschrieben. Elisabeth aber griff, zu seinem Unmut, die Lehren des Franz von Assisi freudig auf, sympathisierte nicht nur mit ihnen, sondern befolgte sie dem Buchstaben nach.

Das Hospital an der Lahn

Das Hospital war ein ständiger Zeuge für ihre Haltung. Gegen Ende des Jahres 1228 wird es fertig gewesen sein, und nach der Weihe, die Konrad selbst vornahm, begann die Wirkung dieses Zentrums gelebter franziskanischer Lehre. Er hatte den dort tätigen Frauen und Männern die graue Kutte übergezogen als Zeichen ihrer nunmehrigen Zugehörigkeit zu einer kirchlichen Gemeinschaft. Alle Mitglieder der Hospitalgemeinschaft mußten die Gelübde nach Keuschheit und Armut ablegen, und es sah damit ganz so aus, daß er die wichtigen Entscheidungen über die Neugründung selbst treffen wollte. Gegen ein Hospital konnte er natürlich nichts einwenden, denn es war auch ihm klar, daß es ein dringendes öffentliches Anliegen war, Armut und Krankheiten zu bekämpfen. Hospitäler waren zur damaligen Zeit bereits bekannt, wenn es auch nur wenige waren. Konrad zeigte sich mehr daran interessiert, wie sich Elisabeth zu ihrer Gründung verhalten würde. Übernähme sie die für eine hochgestellte Dame angemessene Aufsicht, oder plante sie einen weitergehenden persönlichen Einsatz in ihrer Einrichtung, wie man es aus Eisenach bereits kannte?

Sancta Elisabeth.
Die
sieben Werke der Barmherzigkeit
der heiligen Elisabeth.
Wandgemälde auf der Wartburg.
Ausgeführt von
Moritz von Schwind.
Die Hungrigen speisen.

Die Eröffnung des Hospitals sollte bald eine klare Antwort geben. Elisabeth verteilte einen großen Teil ihrer Mitgift, ein Viertel ihrer Barschaft, fünfhundert Mark, unter die Armen. Um eine Vorstellung davon zu bekommen, welches Aufsehen diese Verteilung erregt haben muß, ist eine kleine Rechnung behilflich. Zwanzig Mark war die Summe, die man benötigte, wenn man ein kleineres Grundstück kaufen wollte. Für einhundertfünfzig Mark bekam man schon ein ansehnliches Bauerngut. Ein Huhn kostete einen Pfennig, für die gleiche Summe bekam man auch ein Dutzend Heringe. Für ein Ferkel oder ein Zicklein zahlte man sechs Pfennige, wobei man berücksichtigen muß, daß eine Mark damals zwölfmal ein Dutzend Pfennige zählte, also einhundertvierundvierzig Pfennige.

Elisabeth rief alle Armen und Schwachen aus Marburg zu sich, nicht nur aus der Stadt, sondern auch aus der Umgebung von zwölf Meilen, nach dem heutigen Längenmaß also etwa neunzig Kilometer. Schon dieser Umstand zeigt, daß sie die Verteilung als eine geplante Demonstration ihrer Anwesenheit und ihres Programms ansah. Die Armen mußten gerufen werden und Zeit haben, die Strecke auch zu gehen. Also war die Art der Verteilung dieser riesigen Geldsumme vorbedacht worden. Wir dürfen uns diese Handlung als eine würdige Eröffnung auf ihre Weise vorstellen. Endlich war das Hospital fertiggestellt, nun sollten alle davon erfahren, jeder bedürftige Gast willkommen sein, ihr Programm erleben.

Eine begründete Schätzung nimmt an, daß damals in Marburg sechshundert bis achthundert Arme wohnten, allein diese Zahl würde das Ausmaß des gesellschaftlichen Problems zeigen. Zählt man das Umfeld dazu, wird sich die Zahl der Interessierten auf vielleicht zweitausend Bedürftige erhöhen, die Kinder, in Elisabeths Augen nicht nur gleichberechtigt, sondern bevorzugt, eingerechnet. Im allgemeinen schenkt das Mittelalter den Kindern kaum Aufmerksamkeit, als Nichterwachsene waren sie wenig interessant, sie waren einfach da, streunten umher, wenn sie nicht schon zu Arbeiten herangezogen wurden.

Wären alle gekommen, hätte jeder sechsunddreißig Pfennige erhalten, eine Summe, für die man einen weiten Weg riskieren konnte, ein Gottesgeschenk für einen Hungernden.

Das eigentlich Unerhörte an dieser Eröffnung bestand darin, daß mit ihr ein Ort bekannt gemacht wurde, von dem jedermann weitere Wohltaten erwarten durfte. Sicherlich hat Elisabeth am Anfang gar nicht ganz übersehen können, was diese Massenversammlung im Hofe ihres Hospitals bedeuten würde, welche Kräfte sie mit ihrem Zauberstab gerufen hatte. Allein die gerechte Verteilung der immerhin zweiundsiebzigtausend Pfennigstücke an zweitausend Leute war ein Meisterstück der Organisation. Mit welchen Augen schaute Konrad auf die Wartenden?

Der Ketzerrichter als Vorsteher

Um diese Verteilung entstand eine Legende. Konrad soll mit scheelen Blicken auf die großzügige Verteilung gesehen haben, schließlich hat sie ihn veranlaßt, eine Kontingentierung anzuordnen. Als Limit setzte er lediglich sechs Pfennige fest. Die Legende betont, daß Elisabeth sich nicht danach richtete und listig mehr gab, als er erlaubte. Das wiederum bemerkte Konrad und verschärfte seine Bestimmungen erneut. Es macht wenig Sinn, darüber zu streiten, ob es sich bei diesen Berichten um Wahrheit oder Erfindungen handelt, denn sie betreffen immer wieder die Grundeinstellung zwischen Elisabeth und Konrad. Zum Zeitpunkt der Eröffnung mochte es wohl ab und zu einige Ursachen für Verstimmungen gegeben haben, aber noch keine für eine rigorose, boshafte Bekämpfung ihrer Existenz.

Um seine Haltung – auch ihr gegenüber – zu begreifen, müssen wir berücksichtigen, daß er in diesen Jahren in Verbindung mit seiner Berechtigung, Ketzer aufzuspüren und zur Aburteilung an die Bischöfe zu übergeben, als Visitator des Klerus tätig war, als Prüfer für unbedingte Einhaltung der Vorschriften der Kirche und der Ordensregeln, die den gleichen Rang wie die kanonischen Vorschriften hatten. In allen diesen Fragen zuständig, mußte er bei Verstößen eingreifen. Diese Verstöße aber lagen naturgemäß vor allem bei Amtsmißbrauch, bei persönlicher Bereicherung und Korruption aller Art, Völlerei und Vergehen gegen das Keuschheitsgesetz. Er hatte also keine Illusionen über den wahren Zustand der Kirche und ihrer Diener, die sich in Wahrheit zu Herren über die Gläubigen aufschwangen, gleichsam über den Gemeinden thronten.

Wo die Grenzen lagen, bestimmte er. Die übliche Praxis ermahnte die korrupten Kleriker streng, um sie auf diese Weise auf den rechten Pfad zurückzuführen. Die Anhänger der Erneuerung der Kirche von unten durch ein gottgefälliges Leben in Armut waren jedoch verdächtig, die Grundlagen der Hierarchie anzutasten, und deshalb schneller als Ketzer verschrien, die Prälaten nie. Bei ihnen handelte es sich um korrigierbare Auswüchse, bei den Kritikern um Fehlhandlungen mit unabsehbaren Folgen. Wahrscheinlich war Konrad in seiner Tätigkeit als Visitator ein sachlicher, strenger Mann. Dieser Ruf ist ihm von keiner Seite bestritten worden, als Ketzerverfolger aber zeigte er leidenschaftlichen Eifer und wies überraschende Erfolge auf. Unbarmherzig fuhr er unter die Abtrünnigen und brachte sie vor das Ketzergericht. Er hielt die Macht in seinen Händen und setzte sie nach eigenem Ermessen ein. Seine Meinung entschied über Wohl und Wehe der Betroffenen, auch ihre Familien kamen auf diese oder jene Weise in Mißkredit, wenn sie nicht verarmten oder gar umkamen. Angehöriger eines Ketzers zu sein war gleichbedeutend mit Mitwisserschaft und Schuld. Dieser mit Machtfülle ausgestattete, von niemandem angreifbare Mann war ständiger Gast im Hospital, das er sich zu seiner Wohnstätte erkoren hatte. Von hier zog er aus, hierher kam er von seinen Strafgerichten zurück, mit seiner Anwesenheit mußte man rechnen, er war der Vorsteher.

Was als ein geistliches Verhältnis, als Führung der Seele begann, veränderte sich schrittweise in ein Abhängigkeitsverhältnis bis zu den praktischen Angelegenheiten des Hospitals, in dem Elisabeth täglich als dienende Schwester arbeitete. Der Alltag besteht aus der Krankenpflege und der Speisung der Armen. Dazu sind die Schwestern und auch zwei Brüder auf den Beinen, Tag und Nacht. Sie kennen keine unzumutbaren Arbeiten, und Elisabeth schließt sich dabei nicht aus, sie arbeitet nach der Weisung des heiligen Franziskus. Für sich brauchen die Schwestern nichts, alles, was sie hatten, gaben sie den Armen. Da die Einkünfte aus den Grundstücken weiterhin eintrafen und die Summe von eintausendfünfhundert Mark noch zur Verfügung stand, funktionierte das Hospital, wie es geplant war.

Obwohl Elisabeth eine Schwester unter anderen sein wollte und auch die gleichen Arbeiten wie alle anderen verrichtete, besaß sie jedoch eine natürliche Autorität, die sie über die anderen heraushob. Hier setzte Konrad an, um ihr, die bei allen beliebt war, in Berufung auf den ihm schuldigen Gehorsam, das ständige Gefühl von ungesühnter Schuld zu geben. Weil er fühlte, daß ihm die freiwillige Achtung nicht mehr entgegengebracht wurde, die man nicht erzwingen kann, die errungen werden muß, verschärfte er schrittweise seine strengen Vorschriften gegenüber seiner Schutzbefohlenen.

Auf der Höhe der Zeit

Elisabeth gründete ihr Hospital auf den Lahnwiesen, in der Nähe der heutigen Elisabeth-Kirche gelegen. Der Platz, außerhalb der Stadtmauern, war gut gewählt. Durch die Lahn war das notwendige Wasser ausreichend vorhanden. Ein Seitenarm des Flusses, in den noch „der Ketzerbach" einmündete, war die Voraussetzung für die Standortwahl, und die Lage außerhalb der Stadtmauern gestattete es auch, Aussätzige zu betreuen.

Es sind keine aufschlußreichen Reste von den Gebäuden mehr vorhanden, die Berichte erlauben es aber, ein paar Schlüsse auf die Art der Anlage zu ziehen. Dabei spielen sowohl die damals üblichen Baupraktiken, die einen gewissen Typ des Hallenbaus für solche Spitäler hervorgebracht haben, eine Rolle als auch der vielseitige Verwendungszweck eines Hospitals. Wir dürfen es uns als einen eingegrenzten Hof mit mehreren Gebäuden vorstellen. In der Mitte die Halle als Krankenhaus, darum die Wirtschafts- und Wohngebäude für das Personal angeordnet. Die damals geltenden Vorschriften für Leprakranke, die das Hauptproblem jedes Gemeinwesens darstellten, sahen ihre strenge Isolation vor. Zuerst wurden diese Kranken ausgesetzt, daher die Bezeichnung „Aussätziger", dann in einfachen Hütten untergebracht, und Anfang des 13. Jahrhunderts kannte man bereits die stabileren, hallenartigen Hospitäler.

Links und rechts vom Mittelgang wurden die Kranken, nach Geschlechtern getrennt, untergebracht. An der Ostseite des Baues stand ein etwas erhöht angeordneter Altar, auf den die Kranken während des Gottesdienstes oder einer Andacht blikken konnten. Allerdings ist in bezug auf das Hospital der Elisabeth immer von einer Kirche die Rede, wofür es aber keine baulichen Funde als Beweis gibt. Es scheint unwahrscheinlich, daß eine Kirche, in welche die Kranken von ihrem Lager gebracht werden mußten, außerhalb des Hauptgebäudes errichtet sein sollte. Die Insassen der Hospitäler waren in der Mehrzahl sieche Menschen, die sich nicht mehr selbst helfen konnten. Wir sehen Elisabeth auf den Bildern immer, wie sie die Kranken besucht, also zu den Bettlägerigen hingeht und sie versorgt. Bewegliche Kranke wurden ganz sicher nicht aufgenommen, so groß waren die Anlagen nirgends.

Hospitalgründungen in der Zeit Elisabeths waren noch recht selten. Die eigentliche Entwicklung beginnt nach ihrer Zeit, als ob ihr Beispiel ermutigend gewirkt hätte. Immerhin verfügten seit etwa dreihundert Jahren größere Klöster bereits über Stationen zur Betreuung kranker Mönche, seit dem 9. Jahrhundert richteten die größeren Städte nach und nach Hospitäler ein. Entlang den Kreuzzugsrouten widmeten die sich dieser speziellen Aufgabe verschriebenen Orden der Pflege erkrankter Kaufleute und verwundeter Ritter. Auch dienten die Hospitäler zur Unterbringung der Reisenden, der Pilger. Von diesen Orden ist der Johanniterorden heute noch in der Krankenpflege tätig. Auf gleiche Weise wie er arbeiteten damals der Templerorden, der Orden des hl. Lazarus, und auch der Deutsche Ritterorden ist uns als ein ursprünglicher Krankenpflegeorden bekannt. Allerdings wandte er sich zu Lebzeiten Elisabeths vorwiegend militärischen Aufgaben zu.

Die Prämonstratenser, denen sich Konrad sehr verbunden wußte, gründeten zugleich mit ihren Niederlassungen auch Hospitäler in oder bei den Klöstern. Um die Wende zum 13. Jahrhundert waren auch kleinere Städte an zahlreichen Neugründungen beteiligt. Die Armenpflege benötigte eine finanzielle Grundlage, und diese war nunmehr mit dem Aufblühen des Handels und damit der Handelsplätze gegeben. Einen Teil der Steuern stellte man für die Armenpflege bereit. In Frankreich war das Netz der zum Teil schon beachtlich großen Hospitäler geradezu vorbildlich entwickelt.

Wollte Elisabeth einen neuen Orden, der sich der Krankenpflege widmete, gründen? Eine Annahme dieser Art ginge wohl an ihrem Streben vorbei, obwohl sie die dazu notwendige Tatkraft wahrscheinlich besessen hätte. Nein, sie setzte ganz auf die dienende Arbeit und auf die davon ausgehende beispielhafte Wirkung auf andere Männer und Frauen ihres Standes. Es wäre durchaus möglich gewesen, in einer Beginengemeinschaft, die nach den franziskanischen Grundsätzen lebte, eine segensreiche Tätigkeit zu entfalten. Man hatte schon von einem Pariser Hospital der Augustinerinnen gehört, wo die Nonnen mit den obdachlosen Armen an einem Tische saßen.

Schwester in der Welt

Überlegungen dieser Art hat Elisabeth bestimmt angestellt, die Ablegung der Gelübde hätte ihre Stellung wohl endgültig geklärt, aber der richtige Einsatz ihres Witwenanteils brauchte ihre Tatkraft, darüber wollte sie auch weiterhin wachen. Zu der stark ausgeprägten subjektiven Seite ihres Wesens gehörte es, daß sie den Dienst an der Welt freudig leisten wollte. Sie trug die graue Kutte einer dienenden Schwester, einer Soror in saecolo, einer Schwester in der Welt, damit war ihr Platz aus freiem Willen eindeutig bestimmt. Ja, so konnte und sollte ihr Witwenleben bei freiwilliger Einhaltung der Gelübde verlaufen. Ähnlich dachten wohl auch die anderen Schwestern, von denen wir erfahren, daß sie gleiche Gelübde abgelegt haben.

Von den Männern, außer vom allgegenwärtigen, tonangebenden Konrad, der sicher keine praktischen Aufgaben übernommen hat, wissen wir wenig. Es wird allgemein von zwei Brüdern berichtet, von denen man einen mit Namen kennt: Heinrich. Sie werden die schwereren Arbeiten im Hospitalbetrieb übernommen haben, die körperlich von Frauen nicht zu bewältigen sind. Auch von zwei Spitalpriestern, Gottfried und Crafdo, ist die Rede. Wahrscheinlich vertraten sie Konrad während dessen Abwesenheit. Obgleich der Vorsteher das Hospital geweiht hatte und jedermann wußte, über welche Macht er verfügte, war nicht er, sondern Elisabeth die Hauptperson, allein schon wegen seiner häufigen Abwesenheit und der vielen Einzelfragen, die im Krankenbetrieb geklärt werden müssen. Sie wird also Tatkraft mit Entscheidungsfreude verbunden haben. Entscheidungen müssen sich in der Praxis bewähren, sind von jedermann nachprüfbar. Auf die Dauer hängt die Autorität also von der Qualität der Entscheidungen ab, wobei Herkunft und guter Wille nicht entscheidend sind. Da übereinstimmend berichtet wird, daß sich alle freudig ihren Anweisungen unterwarfen, war sie das, was man eine praktische Frau nennt, von einer Königstochter konnte man diese Eigenschaften nicht ohne weiteres erwarten.

Vor ihr kennt man nur aus dem 7. Jahrhundert Gertrud von Nivelles, eine Tochter des französischen Königs, die sich vorbehaltlos der Armenpflege gewidmet hat. Doch sicherlich war die Kunde davon nach über fünfhundert Jahren bereits vergessen oder nie nach Thüringen gedrungen. Es mußte deshalb von den Zeitgenossen als Einmaligkeit angesehen worden sein, was da in den Berichten der Pilger die Runde machte: eine Landgräfin als mildtätige Stifterin eines Hospitals und praktische Krankenpflegerin. Hier handelte es sich nicht mehr um Almosen, sondern um dienende Arbeit nach dem Aufruf des Franziskus.

Wenn Konrad die dienende Funktion der Fürstin mißbilligte, so besaß er doch kein Mittel dagegen, kein Argument, das zwingende Logik besaß, sie ad absurdum zu führen. Aber er war kenntnisreich genug, um ihr die „Marotten" auf andere Weise auszutreiben. Er sah den Entschluß Elisabeths noch immer nicht als dauerhaft an, sondern hielt ihn nur für eine zeitweilige Verirrung. Wenn sie es nur lange genug getan hätte, würde sie vom Wollespinnen, von der Küchenarbeit, vom Nachtgeschirrsäubern wohl genug bekommen. Eine Fürstin war keine Dienerin, und so mußte es auch bleiben. Sie war immer noch hoffärtig, nicht demütig genug, sich in die Regeln der Welt und der Kirche zu schicken.

Seine Belehrungen ertrug sie mit gleichmütiger Gelassenheit, sie war inzwischen daran gewöhnt. Ein grindiger Junge aber war ihr wichtiger. Ihm mußten die Haare geschoren werden, und vielleicht verstanden sich die Schwestern auch schon auf die Kunst, Heilsalben aus Kräutern herzustellen, zu damaliger Zeit wohl der Höhepunkt einer medizinischen Behandlung. Durch ein päpstliches Edikt, hundert Jahre zuvor erlassen, war es den Mönchen verboten worden, sich mit der Medizin zu beschäftigen. Seitdem stagnierte die Heilkunst, an deren Stelle der Glaube getreten war. Die Natur würde sich schon selber helfen, das Schicksal der Kranken läge allein in Gottes Hand. Heilung durch Zutun von Ärzten war nicht zu erwarten, es gab sie praktisch nicht mehr.

Zur Bestreitung der Unterhaltskosten war Elisabeth zuerst allein auf ihren beweglichen Besitz und auf die relativ mageren Einkünfte von den ihr zugesprochenen Äckern angewiesen, bis dann, als sich die Gründung des Hospitals als günstig für die Bedeutung der Stadt erwiesen hatte, auch noch andere Einkünfte aus Kirchenspenden, Wallfahrten und aus dem Verkauf von handwerklichen Arbeiten hinzukamen. Doch das alles war nicht viel und nicht zu vergleichen mit den besser ausgestatteten Hospitälern des Deutschen Ordens, die schon zu Elisabeths Zeiten in den bedeutenden westlichen Städten des Reiches arbeiteten. Hinter ihnen stand die stärkere Organisation der Orden, die sie ausbauten und die Unterstützung auch der Papstkirche hatten.

Aber auch Elisabeth unterhielt Kontakte mit dem Lateran. Sie stand weiterhin unter dem Schutz des Papstes, der ihr mehrere Briefe schrieb, wovon einer, nach 1229 an sie gesandt, bekanntgeworden ist. Gregor IX. lobt darin ihren frommen Lebenswandel und ermuntert sie in ihrem Tun, das sie auch weiterhin fortsetzen möge. Zur Stärkung empfiehlt er ihr, sich an Maria zu wenden, sie werde helfen. – Ein Routinebrief, wie er damals üblich war? Ist er vielleicht ein Reflex auf die Berichterstattung über den Fortgang der Dinge in Marburg durch den päpstlichen Vertrauensmann Konrad? Oder bedeutet der Hinweis auf die Gottesmutter Maria schon das Zeichen für eine neue Weichenstellung in Hinsicht auf die Mission des verstorbenen Franziskus? Auf jeden Fall ist klar, daß die Hospitalgründung kein Akt von lokaler Bedeutung war, sondern auch die Aufmerksamkeit der römischen Kurie erregte.

Dazu gehörte der Ablaßbrief des Papstes für das Franziskanerhospital vom 19. April 1229. In ihm wird allen Menschen, die das Hospital am 4. Oktober, dem Festtag des Franziskus, und den nachfolgenden Wochen besuchen, ein Ablaß von vierzig Tagen beziehungsweise zwanzig Tagen gewährt. Dieser Brief hatte außer der allgemeinen Anerkennung für das Hospital auch eine erwünschte werbende Nebenwirkung, denn Wallfahrten zum Hospital, die einen Ablaß versprachen, waren immer mit wohltätigen, willkommenen Spenden an das Hospital verbunden.

Die Station wächst

Da Arme kostenlos aufgenommen wurden, benötigte das Hospital ständig Zuwendungen. Neuerdings zahlten die begüterten Siechen einen Zuschuß, zu Elisabeths Zeiten noch nach Ermessen gegeben, später richtete sich die Höhe nach dem Besitzstand. Reichere Bürger bekamen die Möglichkeit, sich einen Hospitalplatz für ihre Altersversorgung zu mieten. Das brachte die Hospitäler oft in Schwierigkeiten. Einerseits waren sie auf diese regelmäßigen Einkünfte oder großherzigen Schenkungen angewiesen, andererseits wurden dadurch die Plätze für die Armen eingeschränkt.

Die Krankenpflege bestand in einfachen Betreuungshandlungen. Die Schwestern reinigten die Lagernden und brachten ihnen das Essen. Die Lebensmittel wurden in manchen Spitälern durch angeschlossene Bauernwirtschaften und Gärten selbst erzeugt. Soweit man etwas von der wirklichen oder angeblichen Heilkraft von Lebensmitteln oder Naturkräutern wußte, setzte man sie im Sinne der bekannten Volksmedizin ein. Auch Aderlässe wurden gern ausgeführt, um die schlechten Stoffe aus dem Körper zu leiten.

Die meisten Verordnungen aber betrafen primitive, ja für uns heute unverständliche, übertrieben erscheinende Maßnahmen. So wird von einer Sterbenden berichtet, die bereits im Koma lag. Da sie aber noch keine Beichte abgelegt hatte, schlug man sie mit Ruten, um ihr Bewußtsein zu wecken.

Sicher wird es auch Enttäuschungen gegeben haben. Eine Frau gebar im Hospital ihr Kind, das Mädchen erhielt den Namen Elisabeth. Die junge Mutter durfte einen Monat dort bleiben, erhielt zum Abschied einen Mantel und ein paar Schuhe, Wegzehrung für sich selbst und das Kind und ein paar Pfennige. Das Kind wurde in die beiden Ärmel eines Pelzrockes, der Elisabeth gehörte, gewickelt. Am nächsten Morgen war die Frau gegangen, das Kind aber hatte sie dagelassen. Elisabeth übergab es einer Rittersfrau zur Pflege, der Stadtrichter aber wurde veranlaßt, alle Straßen zu überwachen, um die treulose Mutter zu finden. Da die Frauen Angst vor Konrad hatten, der „über diesen Vorfall sehr zornig werden könnte“, sprachen sie ein Gebet, das auch bald Wirkung zeigte. Die Eltern kamen und baten um Verzeihung. Sie mußten die Geschenke wieder abgeben, durften dann aber mit dem Kind unbehelligt gehen.

Die Verteilung von Geld war durch Konrad stark limitiert worden. Überschritt Elisabeth seine Vorschriften, indem sie mehrfach an dieselbe Person ausgab, wurde sie bestraft. Da sie es nicht ließ, verbot er ihr ganz, Geld zu verteilen, und erlaubte nur noch, Brot auszugeben. Auch diese Rationen waren ihm zu groß, so daß sie gezwungen war, mehrfach zu geben, damit die Leute satt wurden. Als er durch Zuträgerei dahinterkam, wurde auch das unterbunden.

In diesen Mitteilungen wird schon deutlich, daß die Spannungen zwischen Elisabeth und Konrad häufiger und schärfer aufgetreten sein müssen. Das Volk zog daraus die Schlußfolgerung, daß sich Elisabeth für die einfachen Leute, Konrad gegen sie einsetzte.

Von der selbstverleugnenden Konsequenz Elisabeths im Dienst der Armen und den Schwierigkeiten in der Arbeit der Hospitalgemeinschaft zeugt der Fall eines aussätzigen Knaben, der mehrfach in der Nacht auf die Toilette getragen werden mußte und dessen verschmutztes Bettlaken Elisabeth danach wusch. Sie tröstete das einäugige Kind mit Scherzen und guten Worten. Angst vor Ansteckungen hatte sie anscheinend nicht, denn sie aß auch mit den „Elendsten und Verachtetsten" an einem Tisch, wie Konrad von Marburg nach ihrem Tode berichtete. Er kritisierte sie deshalb, doch sie hätte darauf geantwortet, daß sie ihr zurückliegendes Leben durch ein nunmehr entgegengesetztes Leben ausgleichen und versuchen müsse, die früher entstandenen Wunden zu heilen. Da auch Konrad sie eine „zweifellos sehr kluge Frau" nennt, verstand sie sicher sehr gut, daß nicht eigentlich die schwer zu meisternde Krankenpflege das hervorstechende Merkmal ihres Marburger Lebens war, sondern die der Eisenacher Hofzeit entgegengesetzte Lebensführung. In dieser Überzeugung diente sie bewußt und freudig.

Die neue Haltung fand die Mißbilligung ihres Seelenführers, der sie wohl immer noch dem Hospital entfremden wollte. Er mischte sich zunehmend häufiger in Details der Wirtschaftsführung und beschwor dadurch Streitigkeiten und Meinungsverschiedenheiten herauf. Die Reibungen müssen unerträglich geworden sein, denn er ging dazu über, strenge Strafen für angebliches Fehlverhalten zu verhängen. In unserem heutigen Verständnis liegt weder Fehlverhalten noch ein sonstiges Abweichen von einer gesitteten Lebensführung in der Hospitalgemeinschaft vor. Konrad hielt Elisabeths Ernsthaftigkeit bei der Neugestaltung ihres Witwenlebens – wie die Mitglieder der Familie auch – lediglich für eine Verirrung, die er ihr wohl austreiben wollte. Als er dann erkannte, daß er sie von ihrer franziskanischen Nachfolge nicht abbringen würde, begann er, sie mit Gewalt davon abzuhalten.

Seine Lebensgrundsätze unterschieden sich diametral von den ihren. Sie gingen nicht vom Dienst am Nächsten, von der Liebe zu den Schwachen aus, sondern verkündeten die ständige, unerträgliche Sündigkeit der menschlichen Existenz. Da auch von ihm nicht erklärt werden konnte, wie ein durchweg vernünftiges, selbstloses Verhalten sündig sein kann, erfand er Anlässe, zu denen er seine Methoden, man kann es wohl nicht anders nennen, in provokatorischer Absicht anwendete.

Auf die Dauer blieben auch Gerüchte und Klatsch nicht aus: Sie lehne sich zu eng an ihren Seelenführer an. Waren die beiden nicht oft allein? Ob es da nicht doch noch um anderes ging als um ihr Seelenheil? Die Gerüchte erreichten auch den Eisenacher Hof, und ihr Vertrauter, Walther von Vargula, der Elisabeth stets väterlich behandelt hatte, übernahm es, mit ihr zu reden: „Meine gnädige Frau wolle Sorge tragen und achthaben ihres guten Namens, denn um der vielen Gemeinschaft, so Ihr mit Meister Konrad habet, macht sich das törichte Volk böse Gedanken und redet unziemlich von Euch!" Elisabeth war erschrocken. Sie antwortete: „Ich habe den Adel meines Geschlechtes verleugnet um Gottes Liebe willen und mich zu einer Magd gemacht, ich habe Reichtum und Ehre der Welt verschmäht und mich arm gemacht, aber ich dachte zu behalten die Zierde der fraulichen Ehre. Nun aber danke ich Gott, daß ich auch diese ihm darf opfern. Auf daß aber Ihr, Herr Ritter, kein Arges von mir denkt, sehet her ..." Sie zeigte ihm ihre

Schulter, von Rutenschlägen gezeichnet und mit Blutschorf überdeckt. „Sehet, dies ist die Liebe, die Magister Konrad zu mir trägt, mich dadurch zu Gott zu ziehen ...“

Womit er sie zu seinem Gott ziehen wollte, kann man als eine Mischung von allgemeinen kirchlichen Grundsätzen und heuchlerischen Verschärfungen und Übertreibungen ansehen. Der Katalog seiner Forderungen ist, auch von einem pädagogischen Standpunkt aus gesehen, nur als übel und demagogisch zu bezeichnen. Er verlangt:

Verachtung der Person in freiwilliger Armut,
Demut,
Absage an menschlichen Trost und die Lüste des Fleisches,
ständiges Denken an Gott, an seinen Opfertod, mit dem er alle von Hölle und ewigem Tod erlöst habe,
geduldiges Tragen des Kreuzes, d. h. der Leiden Jesu,
häufiges Erinnern an den Umstand, daß der Mensch das Werk Gottes, seine Schöpfung sei und demzufolge danach zu streben habe, sich mit ihm zu vereinigen,
das kurze irdische Leben werde durch den Tod beendet, deshalb solle man immer nach dem ewigen Leben streben,
der Mensch habe immer seine Sünden zu bereuen und darum ihre Vergebung zu erflehen.

Der Gott des Konrads erscheint als zürnender, rächender Gott, nicht als der gütige, liebende Gott des Franziskus. Der Mensch ist für Konrad ein Nichts, ein Staubkorn, das vor dem Antlitz Gottes unwichtig und erbärmlich ist. Mit dieser menschenverachtenden Philosophie verrichtete er sein grausames Handwerk als Ketzerrichter und ebenso als Seelenzerstörer bei Elisabeth. Er konnte mit diesen Grundsätzen jede beliebige Handlung zu einer unvollkommenen, sündhaften Angelegenheit erklären und strenge Bußübungen verlangen.

Das Ende

Zuerst greift er in die Personalstruktur des Hospitals ein. Da Elisabeth sich auf ihre seit der Kindheit vertrauten Dienerinnen und Freundinnen Guda und Isentrut stützt, verjagt er ihre Vertrauenspersonen und setzt an deren Stelle eine ihm hörige adlige Person, die unleidliche Witwe Hedwig von Seebach, zweifellos mit dem Auftrag, ihm Material für strengste Bußvorschriften gegenüber Elisabeth zu liefern. Die zweite eingesetzte Person ist eine Magd einfachen Gemüts, die als sehr häßlich bezeichnete Irmengard. Schweren Herzens läßt Elisabeth die alten Freundinnen gehen, sie alle drei haben keine andere Wahl. Elisabeth brachte seit ihrer ersten Begegnung auf der Wartburg Konrad unbegrenztes Vertrauen entgegen, ja sah in ihm einen vorbildlichen Christen, dem sie in jedem Punkt folgen konnte. Nun mußte sie erkennen, daß sich dieses Verhältnis, von dem sie hoffte, daß es auch von seiner Seite auf Vertrauen gegründet war, vollkommen ins Gegenteil wandelte. Sie ist ihm, der in ihr lediglich einen schwierigen Fall von ausgeprägtem Selbstbewußtsein und mangelnder Demut einer jungen fürstlichen Frau gesehen hatte, die von ihren Ausflügen in das Volk schon zu heilen wäre, nun in ihrer Festigkeit höchst verdächtig und – durch Glaube und Gehorsam – auch völlig ausgeliefert.

Jetzt hat sie keine freundliche Umgebung mehr, keine gleichgesinnten, jungen Frauen, mit denen sie scherzen und lachen kann, die sich gegenseitig Mut machen, jetzt ist sie von einer unbedarften Magd und einer gerissenen Zuträgerin umgeben, die prompt die Instruktionen des Konrad befolgen. Ihre ausweglose Situation wird als konsequente Befolgung der Gehorsamspflicht gepriesen, ist aber nur grausam und führt schließlich zu ihrem Zusammenbruch.

Da sie ständig durch die Zuträgerin angezeigt wird, steht sie auch immer unter der Strafe des Mannes, der jetzt ihren Untergang betreibt, weil er sie nicht anders zur Aufgabe ihres einfachen Lebens bringen kann. Die Fastenvorschriften werden verstärkt, die Nachtwachen verlängert, und schließlich geißelt er die zarte, entkräftete Frau, er prügelt sie ohne Erbarmen im Namen seines Gottes. Sie hat kein Mittel dagegen, sucht vielleicht in frommem Eifer bei sich nach den Versuchungen des Teufels, die Konrad ihr einredet. Für ihn sind alle Ketzer, die widerborstig ihre eigenen Auffassungen behaupten. Auch in ihr hat die Teufelsfurcht gesteckt, denn noch auf dem Totenlager dachte sie, daß er sich zeigte, und soll ihn darauf vertrieben haben.

Konrad behandelt sie wie eine Ketzerin, sie ist es in seinen Augen. Warum weicht sie in allem von den gesetzten Normen der christlichen Gesellschaft ab? Sie ist in der Selbstverleugnung ihres Standes eine Gefahr für die ganze Gesellschaft. Wenn das, was sie praktiziert, um sich greift, liegt überall sozialer Sprengstoff zuhauf!

Bedingt durch ihre körperliche und seelische Verfassung infolge der unmenschlichen Behandlung, die sie jetzt ausschließlich erfährt, verinnerlicht sich ihr Wesen. Ihre ausweglose, vielleicht schon hilflose Lage hatte sich herumgesprochen, sie konnte vor Ekbert von Bamberg und Mechthild von Kitzingen nicht verborgen bleiben, die entsprechende Meldungen nach Ungarn weiterleiteten. So unternimmt ihr Vater Andreas II. einen Versuch, sie zu sich zu holen. Sein Beauftragter, der Graf Paviam, erscheint in Marburg. Er ist völlig entsetzt, wie elend er Elisabeth vorfindet. Indem er sich bekreuzigt, ruft er aus: „Noch nie hat man eine Königstochter spinnen gesehen!" Seiner Aufforderung, mit ihm nach Ungarn zu kommen, folgt sie nicht. Er kann nicht verstehen, was sie an diesem Leben findet.

Die Wolle, an der sie spinnt, ist für das Kloster Altenberg bestimmt. Das bescheidene Haus, hoch über der Lahn gelegen, in der Nähe von Wetzlar, ist eine Filiale des Mutterhauses der Prämonstratenser in Rommersdorf bei Neuwied, das sich der besonderen Gunst Konrads erfreut. Wahrscheinlich ist Elisabeths Tochter auf seinen Vorschlag hier untergebracht worden. Die Sage berichtet, daß Elisabeth und Ludwig beim Abschied bestimmt hätten, daß ihr drittes Kind für den Dienst in der Kirche bestimmt sei. Sollte es ein Junge werden, würde es nach Rommersdorf geschickt, käme ein Mädchen zur Welt, solle es für Altenberg bestimmt sein. Dieser Fall war eingetreten, Gertrud lebte dort, und Elisabeth bestritt den Lebensunterhalt des Kindes mit Wolle, die sie ab und zu nach Altenberg brachte. Wahrscheinlich war diese Lösung erst später gefunden worden, als Elisabeth in Eisenach auf alles, auch die Kinder, verzichtete.

Da Wetzlar nicht allzu weit von Marburg entfernt liegt und auch zu Fuß zu erreichen ist, werden die Kontakte zwischen Mutter und Tochter nicht abgerissen sein. Bei einem der Besuche soll sich die wohl grausamste Szene zwischen Konrad und Elisabeth zugetragen haben. Ohne Arg übertrat Elisabeth die Grenze der Klausur und betrat daher unwissentlich den Bereich des Klosters, der ausschließlich den Insassen vorbehalten ist. Wer hier eintritt, ist der Welt verloren, er darf nicht mehr zurück. Doch Elisabeth geht harmlos wieder zurück vor das Tor, und dort erwartet sie Konrad.

Warum er dort war, erklärt die nachfolgende Auseinandersetzung. Ein besonderes kirchliches Interesse hat der vielbeschäftigte Ketzerrichter bestimmt nicht zu vertreten. Die kleine, unbedeutende Filiale des Mutterhauses mit ihren nur vierundzwanzig Insassen spielte keine Rolle in den Zeitläufen, es war eher verschlafen und abgeschieden. Die vermeintliche Übertretung der Klausur war der gefundene Anlaß, sie für immer aus Marburg abzuschieben und hinter den abgeschiedenen Klostermauern zu verstecken, dazu noch in der Nähe ihrer Tochter. Die heikle Situation in Marburg wäre damit auf delikate Weise beendet worden.

Doch Elisabeth weigert sich in Altenburg zu bleiben. Als sie sich anschickt zu gehen, nimmt er den angeblichen Verstoß gegen ein Gebot der Klosterordnung zum Anlaß, die Frau unerbittlich zu geißeln. Während sein Knecht die Peitsche niedersausen läßt, steht er daneben und singt ein Gotteslob. Die Folgen dieser Handlung seien noch drei Wochen später als Striemen, Blutergüsse und Wundmale sichtbar gewesen, heißt es in einem Bericht. So wird aus der reinen Absicht, dem Kloster für die Erziehung der Tochter einen Dank abzustatten, eine harte körperliche Strafe an der Unschuldigen vollzogen. Er sollte sie im Auftrage des Papstes vor Leid und Willkür schützen, jetzt peinigte er sie.

In der Literatur wird von Autoren, die Konrads Praxis zwar nicht erbaulich, jedoch erklärbar finden, auf die mittelalterliche Auffassung verwiesen, daß Geißelungen Ausdruck einer besonders frommen Lebensweise seien. Doch eigentlich dient diese Entschuldigung seiner inquisitorischen Methoden nur als Beschönigung unentschuldbarer Grausamkeit. So wie er seine Untersuchungen gegen der Ketzerei beschuldigte Personen führte, so unbegreiflich handelte er jetzt auch gegen seine Schutzbefohlene Elisabeth.

Es wird gesagt, Elisabeth hätte diese als Bußübung deklarierten Martern mit Gleichmut ertragen. Das ist unglaubwürdig. Auch wenn man eine besonders tiefe Frömmigkeit in Rechnung stellen will, wie muß eine zarte Frau darunter leiden! Wohl aber wird sie versucht haben, immer wieder die für ein Weiterleben erforderliche Fassung zu erlangen und eine gelassene Haltung zu den Demütigungen zu finden. Es ist ein Wort von ihr überliefert, das eine resignierende Lebensphilosophie offenbart. Noch von etwas Hoffnung getragen, ist sie zu der Meinung gekommen, daß man sich bücken und ducken muß, damit die Plagen über einen hinweggehen und man sich dennoch wieder aufrichten kann:

„Gern müssen wir Leiden erdulden, sind wir doch wie ein Schilf, das am Flußufer wächst. Schwillt der Fluß an, so beugt sich das Schilf und taucht unter, und das Wasser fließt darüber hinweg, ohne es zu brechen. Hört das Hochwasser aber auf, so

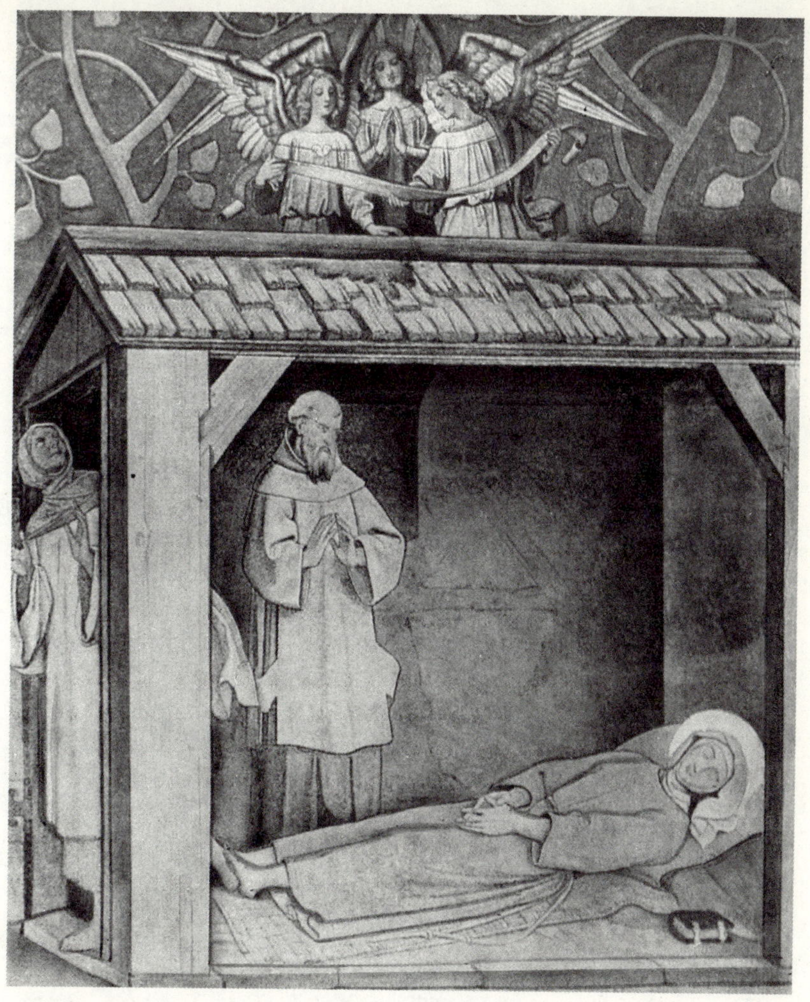

Das Ende; Detail aus dem Fresko von Moritz von Schwind

richtet sich das Schilf wieder empor und wächst mit seiner Kraft fröhlich und erquickt weiter."

Als sie dann still auf ihrem Sterbelager, einem Strohsack,

lag, erschien Konrad von Marburg, um zu sehen, wie weit sie mit dem Sterben sei. Sein Interesse in dieser Stunde galt nicht ihrer Seele, sondern ihrem Testament. Er hatte davon erfahren, daß sie das Hospital seiner Verfügungsgewalt entziehen und es dem Johanniterorden überschreiben wollte. Die Johanniter hätten es gewiß saniert und gut verwaltet. Doch Konrad wollte es in seiner Hand als Pfand für die kommenden Verhandlungen mit der Familie behalten, die ihren Witwensitz nur als Lehen auf Lebenszeit verstand und nach ihrem Tode wieder zurückfordern würde.

In ihrer letzten Stunde erkennt sie seine Absicht und weist ihn zum erstenmal zurecht: „Ich wundere mich, daß Ihr danach fragt. Ich habe Eurem Befehl alles geopfert, mein Leben, meine Kinder, meinen freien Willen. Ich bin nur ein Stück von Euch, und wenn ich formal noch Besitz habe, so doch nur deswegen, weil Ihr nicht wolltet, daß ich mein Brot erbettele. Und jetzt soll ich ein Testament machen?“ Er ging ohne diesen Letzten Willen, wähnte er sich doch ohnehin am Ziel.

Bis zuletzt wird sie wohl der Hoffnung nachgehangen haben, es würde immer weitergehen. Ein einzelnes Schilfrohr ist nicht widerstandsfähig, die Welle drückt es für immer nieder. Sie hat durch häufiges Fasten, fortwährenden Schlafentzug und körperliche Geißelungen keine Kraft zum Leben mehr. Die Erschöpfung entzog ihr den Willen, und in der Nacht vom 16. auf den 17. November 1231 ging dieser Zustand in den Tod über.

Es war ihr nicht vergönnt, das große Werk, das sie mutig begonnen hatte, länger als drei Jahre zu führen. Ihr Kampf war ausgefochten.

Wunder am Grabe

Bereits am Tage ihres Todes erwies sich, wie beliebt sie beim Volke gewesen war, die allgemeine Verehrung begann an ihrer Bahre, sie wurde in Besitz genommen. Wem gehörte sie nun?

Die herbeigeströmten Gläubigen versuchten, ein Stück ihres Körpers als Reliquie mit nach Hause zu nehmen, ein paar Haare, ein Ohrläppchen, die Brustwarzen. Die Hoffnung der Kranken im Hospital richtete sich darauf, daß die junge Frau, die schon auf Erden wie eine Heilige gelebt hatte, im ewigen Leben an der Seite Gottes sitzen dürfe, um für sie und die Linderung ihrer Leiden zu bitten. Gott würde Elisabeth für ihre selbstlose Arbeit belohnen und Wunder der Heilung tun. Ein Mönch behauptete, daß er bereits einen Tag nach der Beerdigung Elisabeths (am 19. 11. 1231), als er an ihrem Grabe stand, von seinem Leiden geheilt wurde. Das war der Beginn eines Zustroms hoffender Gläubiger nach Marburg, die Wallfahrt an ihr Grab begann.

An ihrer Beisetzung, die in einer kleinen Kapelle ihres Hospitals stattfand, nahmen viele Priester und große Scharen von Besuchern teil. Das würdige Ereignis war der eigentliche Beginn ihres zweiten Lebens als Heilige. Schon zu ihren Lebzeiten gingen Legenden um, jetzt aber wucherten sie und zogen wiederum neue Pilger an. Dieser spontane Prozeß in der Bevölkerung weist zwar auf die große Erwartung hin, daß ihr Werk nicht verlöschen möge, das Hospital aber als Wallfahrtsstätte wurde in seinem Betrieb empfindlich gestört, so daß für die ordentliche Abwicklung des Besucherandranges eine neue Kirche errichtet werden mußte. Der Plan entstand bald, nur ein halbes Jahr nach ihrem Ableben begann der Bau.

Indes saß der damalige Vorsteher, Konrad von Marburg, an einem Bericht über seinen Schützling, der Papst wollte informiert sein. Die öffentliche Verehrung war doch geradezu der

Beweis für Konrads frommen Einfluß auf die Landgräfin! Es hatte sich schnell ein neues Zentrum der Wundertätigkeit gebildet, ein Verdienst, das auch er sich anrechnen durfte. War sie nicht eine moderne Heilige?

Als in Rom der zuständige Beamte, der Kaplan des Papstes, Raimund von Penaforte, zweifelnd die Berichte Konrads las, verlangte er konkrete Einzelheiten zu erfahren. Dazu mußte, der Gepflogenheit wegen, der zuständige Erzbischof tunlichst einbezogen werden, sollte er später nicht Schwierigkeiten machen. Das aber war Siegfried von Mainz, der langjährige Gegner des Thüringer Landgrafenhofes. Es ist anzunehmen, daß er nicht gerade begeistert von dem Plan Konrads war, die Thüringer Landgräfin zur Heiligsprechung vorzuschlagen, denn nichts anderes konnte bei näherem Hinsehen die Absicht sein. Siegfried wird sich also gesträubt haben, denn aus Rom kamen weitere Mahnungen, wo denn die Berichte blieben.

Konrad – als gewiefter Politiker wußte er auch einen Erzbischof zur Änderung seiner Meinung zu bewegen – nutzte eine sich bietende Gelegenheit im Sommer des Jahres 1232. Der Bau der Franziskuskirche, der im Frühjahr begonnen wurde, mußte so weit gediehen gewesen sein, daß in ihr, sicherlich etwas verfrüht, wenn man die kurze Bauzeit bedenkt, zwei Altäre geweiht werden sollten. Siegfried wurde dazu nach Marburg eingeladen, und er kam. Er wollte nach dem Rechten sehen und die Weihehandlung zelebrieren. Die Predigt hielt Konrad. Sie war rechtzeitig im Umkreis angekündigt worden, so daß viele Gläubige anwesend waren. Sie alle hörten nun den Aufruf des Vorstehers, daß sich diejenigen melden sollten, die ein Wunder der Elisabeth gesehen oder gar an sich selbst erlebt hätten. Wer das könne, solle sich am nächsten Tag, dem 11. August, einfinden, um vor dem Erzbischof eine eidliche Aussage abzugeben.

Siegfried war wahrscheinlich auf diese öffentliche Weise überrumpelt worden und mußte gute Miene zum bösen Spiel machen. Wie von Konrad erwartet, meldeten sich viele Personen, die Wunder bezeugten. Die Berichte von sechzig Zeugen wurden, allerdings nur knapp, aufgezeichnet. Das alles mußte in ganz kurzer Zeit geschehen, denn der Erzbischof wollte so schnell wie möglich abreisen und entschuldigte sich mit anderen Verpflichtungen. Da aber seine Unterschrift nötig war, unterschrieb er die summarische Aufzählung. Die anderen elf anwesenden Prälaten sowie Konrad unterzeichneten ebenfalls, und das Schreiben konnte abgeschickt werden.

Es gibt uns Aufschluß, den Zweck der überhastet betriebenen Heiligsprechung zu verstehen. Der Brief ist vermutlich von Konrad verfaßt. Als Begründung führt er an, daß die ständig zunehmende Ketzerei am besten mit den Wundern Elisabeths zu bekämpfen sei, dem Werk Gottes zur Abwehr des Irrglaubens. Auch sie sei durch ihr Armutsideal in die Nähe der Ketzer geraten und dafür entsprechend von Konrad bestraft worden. Es sei ihm jedoch mit Konsequenz gelungen, sie jedesmal auf den Weg der wahren Lehre zurückzuführen, und so fühle er sich berechtigt, für ihre Erhebung in den Heiligenstand zu plädieren. Aber auch für die Stabilisierung der allgemeinen Situation brauche man in Deutschland ein Antiketzerzentrum, denn trotz aller Strafen griffen die Irrlehren weiter um sich.

Nach der Zweckbestimmung – Elisabeth als Waffe im Kampf gegen die Ketzer – folgte jetzt die Begründung. Etwa sechzig Wunder wurden angeführt, der Kürze der Zeit allerdings nur summarisch. Dann folgte der Antrag, „Elisabeth zum Schutz der Kirche und zur Niederwerfung der Ketzer in die Reihe der Heiligen aufzunehmen“. Alles wurde mit den Siegeln des Erzbischofs und der anderen Prälaten rechtens gemacht, und Siegfried verließ schnell die Stadt an der Lahn. Konrad fügte dem Antrag noch eine Lebensbeschreibung seiner Schutzbefohlenen für die Jahre 1226 bis zu ihrem Tode bei. Mit diesem Bericht, als „Summa Vitae“ bezeichnet, besitzen wir eine der Zeitquellen für die Beurteilung der Werke Elisabeths. Sie ist eine dem angestrebten Zweck entsprechende Darstellung des frommen Lebens der Landgräfin, demzufolge tendenziös und mit Vorsicht zu verwenden. Konrad stellt sich natürlich als tüchtiger Seelenführer hin, hält sich aber im allgemeinen zurück und bedauert an einer Stelle sogar verschämt seine Züchtigungen: „Gott sei es geklagt, daß ich dies tat."

Noch im August wurde der Antrag auf den Weg nach Rom gebracht, nicht ohne vorher ordnungsgemäß abgeschrieben worden zu sein. Bruno, der Abt des Prämonstratenserklosters Rommersdorf bei Neuwied, eines Stützpunktes, der Kreuzzugspredigt und damit Konrad eng verbunden, war in Marburg anwesend und hat die Abschrift wohl in sein Archiv mitgenommen, wo auch noch andere wichtige, die Marburg-Zeit betreffende Urkunden aufbewahrt werden.

In Rom betrachtete man indes das flüchtige Schreiben mit Skepsis. In kurzer Zeit geschahen sechzig Wunder? Gewiß, die mildtätige Landgräfin hatte ein frommes Leben geführt, aber so ging es nicht. Die Zeiten, in denen jeder Bischof seine Heiligen bestätigen konnte, waren Gott sei Dank vorbei. Wundertätigkeit ja, aber nach strenger und ordentlicher Prüfung. Bereits sein Vorgänger Innozenz III., der starke Papst, hatte sich im Jahre 1200 bei der Heiligsprechung der Kaiserin Kunigunde die Zustimmung vorbehalten und sich dabei auf die Vollgewalt des päpstlichen Stuhles berufen, die durch Jesus Christus an den ersten Bischof von Rom, an seinen Jünger Petrus, verliehen worden war. Die Bischöfe hatten zwar gemurrt und immer wieder versucht, dieses päpstliche Recht zu umgehen. Nein, die Synode mußte in dieser Prozedur ausgeschaltet werden, zu lange dauerte es, bis sie zusammentrat, ihre Prüfung war überholt, da zu umständlich und zeitraubend. Bis alle Bischöfe wieder einmal zusammenkamen, vergingen viele, viele Jahre. Wie sollte man auf diese Weise die Fälle klären und Widersprüche beseitigen können? Und so erkämpfte sich Gregor IX. mit dem Hinweis auf seinen Vorgänger geradezu das Recht auf Kanonisierung und war entschlossen, es im Falle Elisabeths auch durchzusetzen.

Um Licht in die Sache zu bringen, antwortete er postwendend. Mit dem Schreiben vom 12. Oktober 1232 stellte er zuerst einmal das Hospital unter seinen direkten Schutz und beauftragte mit der Wahrnehmung seiner Rechte den treuen Diener Konrad von Marburg. Weiterhin stellte er zwei neue Ablaßbriefe aus. Damit alle Beteiligten seine Meinung kannten und respektierten, versandte er drei Kopien seiner Antwort zum Heiligsprechungsantrag an den Erzbischof Siegfried von Mainz, den Abt Raimund von Ebersbach und natürlich an Konrad. Der Papst pries die Wundertätigkeit Elisabeths, meldete aber auch Zweifel aus seiner Umgebung an. Es sei nicht alles Gold, was rötlich glänze, nicht alles Weiße sei aus Elfenbein. Die drei Adressaten werden deshalb von ihm beauftragt, die Zeugen mit aller notwendigen Sorgfalt zu hören, die Aussagen zu protokollieren und zu versiegeln. Wenn er sich wieder meldet, seien sie abzusenden. Dem Schreiben an Konrad lag ein Schema bei, das genau vorgeschriebene Fragen umfaßt, nach denen das Verhör abgewickelt werden müsse. Der Papst überließ die Heiligsprechung nicht mehr dem Zufall der Lokalinteressen. Das Verfahren war zwar eingeleitet, aber die Abwicklung mußte den vorgeschriebenen Prozeduren folgen.

Das erste Verhör

Dazu gehörte als erstes die ordnungsgemäße Ankündigung. Sie wurde nach Eintreffen des Auftrages eingeleitet und ist ein Beweis für eine schnelle Nachrichtenübermittlung in damaliger Zeit. Zu dem im Januar angesetzten Verhör fanden sich ungefähr sechshundert Personen ein, ein Teil mußte wegen mangelhafter Unterbringungsmöglichkeiten, ohne gehört werden zu können, nach Hause fahren. Die meisten der Zeugen waren natürlich aus Marburg und Umgebung, aber auch aus den Ardennen, aus der Altmark, aus Meiningen und aus Dortmund kamen die Wunderzeugen.

Die Protokollierung verlief nun sachlicher und nach strengem Ritual. Die drei Kommissare des Papstes nahmen sich für jeden Zeugen Zeit, einer wurde am Vormittag, der andere am Nachmittag vernommen, ihre Aussagen protokolliert und gleich ins Lateinische übertragen, jede auf einem gesonderten Blatt. Auf diese Weise verhörte man zwei Monate lang die Zeugen, die Kirche des Hospitals mit ihrem Grab war der würdige Ort dafür. Obwohl der Papst die Übersendung besonders geregelt hatte, hinterging Konrad diese Anordnung, indem er das Original in Marburg liegenließ und statt dessen nur eine schnell angefertigte Kopie absandte. Er hatte es eilig. Franz von Assisi war nur zwei Jahre nach seinem Tod kanonisiert worden, auch bei Elisabeth sollte es schnell gehen. Konrad mußte die Schreiber zur Eile angetrieben haben, denn es handelte sich immerhin um einhundertsechs Wunder im Protokoll, das als Hauptteil die Aussagen ihrer Dienerinnen erfaßte. Daß er es ohne Bedenken wagte, eine Abschrift vorauszuschikken und den vorgeschriebenen Weg über Mainz zu umgehen, zeigt, welche Stellung er in Wirklichkeit besaß. Er betrachtete sich, wohl zu Recht, als den eigentlichen Vertrauensmann des Papstes in Deutschland. Allerdings bewirkte in diesem Falle seine Eile nichts, das Verfahren wurde auf eine unvorhergesehene Weise unterbrochen.

Mit Elisabeth gegen die Ketzerei?

Als Konrad die Heiligsprechung so nachdrücklich betrieb, hatte er gewiß im Auge, das anerkannte Leben Elisabeths als vorbildlich in seinen Ketzerpredigten hinzustellen. So wie sie nicht ohne Irrtum war, könne man doch gottgefällig leben, wenn man rechtzeitig bereue und auf die Kirche höre. Es wäre von nachhaltiger Wirkung gewesen, hätte er seiner Autorität noch den nötigen Nachdruck durch eine offizielle Handlung der Kurie verleihen können. Gleich nach dem Verhör, im Frühjahr 1233, wollte er wieder aufbrechen, Ketzer zu jagen. Die Furcht vor dem Ketzergericht bröckelte in letzter Zeit ab, er spürte Widerstand, der sich in manchen Orten in entschlossene Wut gegen ihn und seine Schergen verwandelte. Doch er fühlte sich stark, um diesem unchristlichen Treiben einen stärkeren Widerstand entgegenzusetzen, verfügte er doch über die Instrumente.

Für verurteilte Ketzer war in der Regel der Scheiterhaufen vorgesehen. Die wenigen, die mit dem Leben davonkamen, weil sie gestanden, waren Geächtete für immer. Ein Brandmal auf der Stirn, ein Kreuz auf der Jacke, vergleichbar dem Judenstern der Nazizeit, zeigten sie als Ketzer an und hielten die Furchtsamen ab, sich mit ihnen auch nur zu unterhalten. Niemand wagte es, Geschäfte mit ihnen abzuschließen. Konrads besondere Handschrift zeigte sich darin, daß er den Davongekommenen die Haare scheren ließ.

In der Praxis der Inquisitionsprozesse war mittlerweile eine Neuerung eingeführt worden, Konrad hatte sie als erster Ketzerrichter angewandt. Es gab keinen Kläger mehr, der Richter selbst untersuchte, klagte an und verurteilte in einer Person, wenn er nur eine anonyme Anzeige hatte. Auch Zeugnisse von straffälligen Verbrechern oder von anderen, bereits als Ketzer verurteilten Personen, die ihre Strafe verringern wollten, wurden entgegengenommen und vertraulich behandelt.

Dem Angeklagten blieb keine Chance. Gestand er in Todesfurcht das ihm zur Last gelegte Verbrechen, war es möglich, daß er zwar ohne Besitz und persönliche Ehre, aber mit dem nackten Leben davonkommen konnte. Blieb er bei seinen Unschuldsbeteuerungen, wurde er auf den Scheiterhaufen geworfen. Die häufigste Anklage lautete auf Teufelsbesessenheit und damit verbundenem Teufelskult. Der Vorwurf wurzelte in der Behauptung, die eines Beweises gar nicht bedurfte, die Ketzer seien vom Teufel besessen und hätten ihm, nicht Gott, ihre Seele geweiht. Diese Verdächtigung konnte man bei jedem Menschen, der etwas sonderbar war oder seine Eigenheiten hatte, leicht aufstellen. Dem Denunziantentum war durch die praktizierte Anonymität Tür und Tor geöffnet. Gestand der Angeklagte nicht, die unvorstellbar grausame Folter half, sein Gedächtnis aufzufrischen. So kamen Kettenreaktionen von Beschuldigten zustande. Die Geschichte der Inquisition ist voll davon. „Der Bruder klagte den Bruder, die Gattin den Gatten, der Herr den Diener und der Diener den Herrn an", schrieb Siegfried von Mainz am 2. April 1234 über die Praxis der Ketzerinquisition Konrads an den Papst.

Dessen Bevollmächtigter hatte seit dem Sommer 1234 die Bogumilen verfolgt, Anhänger einer aus Südosteuropa stammenden gnostischen Sekte. Gegen sie richtete er sein grausames Regime und probierte gleich nach Erlaß der neuen Inquisitionsregel ihre Wirkung an ihnen aus. Er verfolgte Tausende. In den zwei Jahren seiner ketzerrichterlichen Allmacht brachte er, vor allem in den rheinischen Gebieten, massenweise unschuldige Menschen ohne Bedenken zu Tode. Dabei beruhigte er sich und die anderen damit, daß es sich schon im Himmel herausstellen würde, ob sie schuldig seien oder nicht. Seien sie unschuldig, würden sie in die Reihen der Märtyrer aufgenommen. Die Chronisten seiner Zeit schrieben mit Entsetzen seine Erfolge auf, wobei sie seine grausame Handlungsweise sehr kritisch betrachteten: „Die Zahl der Verurteilten machte ihm größere Freude als die Zahl der Unschuldigen" (Sponheimer

Chronik), „Er ließ hundert Unschuldige verbrennen, wenn nur ein Schuldiger darunter war“ (Wormser Annalen).

Allerdings beging Konrad dabei einen entscheidenden Fehler. Solange der Adel in Ruhe gelassen wurde, sah er in der Inquisition ein Mittel zur Disziplinierung von möglichen Unruhestiftern aus den niedrigen Schichten, nun aber wurde er durch Konrad selbst in den Sog hineingezogen. Dieser verurteilte den geachteten Grafen von Solms als Ketzer und ließ ihm die Haare abrasieren. Das brachte den Adelsstand auf, der jetzt entschlossen war, seine Möglichkeiten zu nutzen. Als in einem weiteren Prozeß gegen den Grafen Heinrich III. von Sayn ein Ketzergerichtsverfahren eröffnet wurde, ging der Adel in die Instanz und verlangte einen Prozeß vor dem Gericht des Königs. Sayn war ein mächtiger Mann, und der König konnte nicht umhin, dem Antrag zu entsprechen.

In Mainz wurde nun ein Musterprozeß gegen Konrad geführt. Die königlichen Richter stellten die bis dahin anonym gebliebenen Zeugen dem Grafen gegenüber, und nun widerriefen sie ihre früheren, vor Konrad beeideten Aussagen und gaben an, er hätte sie unter Drohungen zu den Beschuldigungen veranlaßt. Andere gaben sich als offene Feinde des Grafen zu erkennen, so daß sie als Zeugen abgelehnt wurden. Nun kam es zu einem Reinigungseid, den der Graf guten Gewissens leistete, und daraufhin wurde er freigesprochen. Es war vom König demonstriert worden, daß ein Angeklagter vor Gericht gerecht behandelt werden muß.

In diesem das Land erschütternden Rechtsstreit machte Konrad eine erbärmliche Figur. Wütend griff er jetzt die Kläger, die vom königlichen Gericht recht bekommen hatten, an. Er rief zu ihrer öffentlichen Verfolgung auf und wollte sogar einen Kreuzzug gegen sie führen. Damit hatte er den Bogen überspannt, seine Macht ging zu Ende. Die arme Elisabeth hatte ihm noch Gehorsam geleistet und auch die verängstigten Frauen der Hospitalgemeinschaft, doch der hohe Adel ließ seine Macht nicht durch einen verrückt gewordenen Kleriker beschneiden. Wohin sollte das führen, wenn man ungestraft die Burgen in den Verdacht der Ketzerei stellte?

Während noch der Prozeß lief, ritt Konrad auf seinem Esel, in Begleitung seines Knechtes Gerhard Lützelkolbe, auf Marburg zu. Er war starrköpfig geblieben und hatte die Vorhaltungen des Gerichts und die Aussagen der Zeugen vor den königlichen Richtern angegriffen, anstatt sich zurückzuziehen und die Anklage fallenzulassen. Der Prozeß war zwar für eine Weile vertagt, aber er drohte sich in seiner zweiten Runde vollends gegen ihn zu wenden. Die Vertagung war ohnehin nur eine Geste des Königs gegenüber dem Papst gewesen, er wollte den Auftraggeber Konrads nicht zu stark brüskieren, vielleicht bewog inzwischen der Papst seinen Diener Konrad, die Klage zurückzuziehen. Eine Vielzahl von Beschwerden gegen den Ketzerrichter waren bereits nach Rom abgegangen, darunter auch solche von Kirchenfürsten.

Der König hatte ihm noch durch sein Gericht ein schützendes Geleit anbieten lassen, doch Konrad sah darin nur einen Versuch, ihn in eine Art weltlichen Gehorsam zu bringen, und lehnte ab. Kurz vor Marburg, beim Dorf Beltershausen, lagen Anhänger des Grafen von Sayn in einem Hinterhalt. Als sie auf Konrad zuritten, flehte er, der niemanden geschont hatte, heulend um sein Leben. Doch sie kannten kein Erbarmen, wie auch er keines gekannt hatte. Sein Knecht wollte sich noch schützend vor ihn werfen, doch auch er wurde, wie sein Herr, in Stücke gehauen und zerschlagen.

Das Land atmete befreit auf, nicht nur der grausame Inquisitor war gerichtet, der Graf von Sayn war freigesprochen worden, und die Tat der rächenden Ritter wurde vom Reichstag als Notwehr betrachtet, sie gingen frei nach Hause. „Also ward nach Gottes Ratschluß Deutschland von diesem unerhörten und grausamen Richter befreit“ (Wormser Annalen). „Danach hörte jene stürmische Verfolgung auf, und diese überaus gefährlichen Zeiten begannen, einer etwas milderen Denkungsart Raum zu lassen“, man schöpfte wieder Hoffnung, und selbst der Papst schien zufrieden: „Toll sind diese Deutschen immer gewesen, aber diesmal haben sie auch tolle Richter gehabt."

In den Händen dieses fanatischen Inquisitors war Elisabeth mehrere Jahre schutzlos gewesen. Er hatte seine Macht nicht nur außerhalb des Marburger Hospitals mißbraucht, so daß es selbst seinen Auftraggebern zuviel wurde, nein, er übte sie auch gegen die ihm unterstellten, abhängigen Frauen der Hospitalgemeinschaft aus. Mit der ihm eigenen psychologischen Finesse ging er vor, um auszuprobieren, wie weit unschuldige Menschen, reine Seelen, dazu gebracht werden können, gegen ihre Interessen und ihren eigenen Willen zu handeln. Nur sein Wille galt, alle anderen waren zu brechen.

Es wird bis in unsere Tage hinein immer wieder versucht, den Charakter Konrad von Marburgs zu analysieren, doch eine brauchbare Biographie über ihn gibt es noch nicht. Der Grund ist leicht einsehbar. Wenn man die günstigste Variante für die Motivierung seiner Untaten annähme, käme man auf den Widerspruch, daß er dem rechten Glauben dienen wollte, nichts aber von Menschenachtung hielt. Aber was wäre das für ein Glaube, in dem nur noch die Menschen stören? Er predigte die Bekehrung oder Bekämpfung der Heiden und Andersgläubigen mit dem Schwert, wenn er zum Kreuzzug aufrief und die Ritter zur Teilnahme zwang. Er wollte den Satan, an den er wie alle anderen damals glaubte, nicht durch den besseren Glauben aus dem persönlichen Leben der Menschen verdrängen, sondern die Teufelsbesessenheit zugleich mit dem Leben des Befallenen auslöschen. Nur so sei der Satan von der Erde zu vertreiben. Mit dieser Auffassung stand er allerdings bei weitem nicht allein.

Am Anfang der Inquisition, die erst seit 1224 durch ein Reichsgesetz den Verbrennungstod anwenden durfte, und noch einmal 1229 ausdrücklich dazu vom Papst ermuntert wurde, konnten sich vielleicht einige einflußreiche und mutige Adlige gerichtlich wehren. Für eine gewisse Zeit trat etwas Erleichterung ein, doch dann stellte sich heraus, daß die Annahme der Chronisten, mit dem Tod des Konrad würde auch die Inquisition in gesetzliche Bahnen gebracht, nur trügerische Hoffnung war. Sie begann eigentlich erst ihre Verfolgungsjagd auf die vom Teufel besessenen Ketzer und baute sich dazu eine eigene furchtbare Organisation mit unbegrenzter Vollmacht auf, die in ihrer menschenverachtenden Wirksamkeit nur von der faschistischen SS übertroffen worden ist.

Die Weichen werden neu gestellt

Der Papst mußte den diskreditierten Konrad fallenlassen, und so beachtete er auch die voreilig übersandte Abschrift des Verhörprotokolls nicht. Die zuständigen Kirchenmänner legten es auf den Stapel anderer Vorgänge und rührten nicht daran, eine frühe Variante, einen unbequemen Vorgang erst einmal auf die lange Bank zu schieben. Nach einer gewissen Zeit allerdings wurde die ins Stocken geratene Angelegenheit wieder aufgegriffen, allerdings unter einem anderen Gesichtspunkt, denn diesmal steckten weitreichende politische Pläne dahinter.

Die Absicht Elisabeths, noch zu Lebzeiten die Übertragung ihres Hospitals an einen bekannten Hospitalorden, an die Johanniter, vorzunehmen, entsprang ihrer Sorge, daß ihr Werk in den Händen Konrads bald verkommen würde, denn wie könnte er seine Inquisitorarbeit mit der Führung des Hospitals vereinen? Nach ihrem Tode wurde die Schenkung an die Johanniter erfolgreich bestritten, die Familie führte Rechtsgründe dagegen an. Wie kam Elisabeth in ihrer Naivität dazu, landgräflichen Besitz aus den Händen zu geben? Natürlich, die Nutzung des Hospitals mußte auf solide Füße gestellt werden, die Gründung nur auf eine Person konnte nicht auf die Dauer und über die Person hinaus halten. Die Johanniter aber lagen nicht im Interessenfeld der Thüringer Herrschaft. Sie war mit einem anderen Ritterorden verbunden, mit den Deutschrittern.

Diese Bindung geht auf das Jahr 1197 zurück, Hermann I., damals auf Kreuzfahrt, war mit einigen anderen deutschen Fürsten anwesend, als der Plan zum Ausbau des wenige Jahre vorher gegründeten Spitals in Akkon festgelegt wurde. Bis dahin diente es zur medizinischen Betreuung verwundeter oder erkrankter Kreuzritter, nun aber ging aus der Spitalgemeinschaft von Akkon der Kern für einen neuen Ritterorden nach dem Vorbild der Templer hervor. Ein Spital reichte bei weitem nicht. Der Weg ins Gelobte Land war weit, die Gefährdungen waren groß, man brauchte mehr Rückhalt für die Wege, Unterkünfte, Wegstationen.

Seit Hermanns Rückkehr erfuhr der Deutschritterorden auch in Thüringen manche Förderung. Es gibt seit dem Anfang des 13. Jahrhunderts mehrere Gründungen von Ordensniederlassungen in Thüringen, teils durch Schenkungen, teils durch Erwerbungen, so in Zwätzen bei Jena, in Porstendorf und in Reichenbach beim hessischen Witzenhausen, hier schon seit 1207. Die Ludowinger unterstützten den Orden bei seinen Bemühungen, sich das Hinterland für die Kreuzfahrten auszubauen. Sie selbst waren ein verhältnismäßig junges Adelsgeschlecht, das ein vitales Interesse daran hatte, sich seine eigenen Instrumente einzurichten. Die Johanniter dagegen waren dem Erzbischof von Mainz verbunden, der sie unterstützte. Diese Dinge vermochte Elisabeth natürlich nicht zu übersehen.

Eine Entscheidung konnte nur der Papst herbeiführen. So fuhr im Frühsommer 1234 Landgraf Konrad nach Italien. Der Papst hatte seinerzeit Elisabeth unter seinen Schutz gestellt und später auch ihr Franziskus-Hospital. Nun war die Stifterin gestorben, und der mit ihren Schutz betraute Konrad von Marburg lebte ebenfalls nicht mehr. Es war alles neu zu durchdenken. Der Papst mußte, wie der Kaiser auch, an einer neuen Verbindung mit Thüringen nach dem Tode Ludwigs interessiert sein. Wenn die Thüringer sich mit ihrem Landsmann, dem Hochmeister Hermann von Salza, geeinigt hatten, die Marburger Besitzungen an den Deutschen Orden abzutreten, warum sollte er etwas dagegen haben?

Im Gegenteil, der Orden beabsichtigte, nach Osten zu gehen, und hatte dabei schon die ersten Schritte getan. Bereits 1226, nach der Ausweisung des Ordens aus Ungarn, bewährte er sich als militärischer Schutz gegen die heidnischen Pruzzen im nordöstlichen Polen, was Papst und Kaiser im gleichen Jahr ausdrücklich sanktioniert hatten. Es war an der Zeit, ihm diese Funktion noch einmal zu bestätigen. Hatte nicht schon Ludwig IV. im Jahre 1225 einen Vorstoß nach Osten gemacht und die polnischen Inhaber der Burg Lebus an der Oder bedroht? Zwar konnte er wegen seiner bevorstehenden Teilnahme am fünften Kreuzzug diese Pläne nicht weiterverfolgen, aber die Weichen hatte er doch bereits zu Lebzeiten gestellt, und war er nicht ein treuer Diener des Papstes und des Kaisers gewesen? Der Kaiser hatte ihm damals bereits das Recht übertragen, auch die Gebiete der Pruzzen unter seine Herrschaft zu nehmen, soweit er sie nur erobern könne.

Bei dieser Politik vermochten die Johanniter nicht zu helfen. Hermann von Salza vermittelte dem Landgrafen Konrad eine Audienz beim Papst in Rieti, an der auch der Kaiser teilnahm. In diesem Gespräch wurden von allen Beteiligten weitreichende Entscheidungen getroffen, die sich zwar vordergründig um das Marburger Franziskus-Hospital drehten, in ihrer Bedeutung aber weit darüber hinausgingen: Das Hospital wurde dem Deutschen Orden überschrieben, der es zu einer bedeutenden Niederlassung auszubauen versprach. Damit war die rechtliche Seite geklärt und die Funktionsfähigkeit des Hospitals gesichert. Der Orden war nun fest in Marburg etabliert, das durch die Wallfahrten an das Grab der wundertätigen Elisabeth schnell an Bedeutung zunahm. Die bereits bestehenden, allerdings nur partiell wirksamen Verbindungen zwischen dem Orden und dem Thüringer Hof wurden in bedeutendem Maße ausgebaut. Landgraf Konrad trat als ranghöchster Fürst in den Deutschen Orden und sein Marburger Haus ein, und damit war auch das Ansehen dieses Hauses erhöht. Alle diese Entscheidungen und Überlegungen erfolgten im Windschatten der zunehmenden Elisabethverehrung.

Die Elisabeth direkt betreffenden Beschlüsse waren nicht weniger folgenschwer. Bereits am ersten Versuch Konrad von Marburgs, im August 1232 das Heiligsprechungsverfahren zu beginnen, nahmen die Landgrafen Konrad und Heinrich teil, hatten also ihre Zustimmung bekundet und wahrscheinlich auch dem Papst übermittelt. Nun war es an der Zeit, die Sache ohne die Belastung durch Konrad von Marburg weiter zu betreiben. Man sollte der toten Landgräfin eine eigene große Kirche bauen, damit sie von der anrüchigen Bindung an dieses Franziskanerleben befreit war, und dazu mußte die Heiligsprechung bald betrieben werden. Eine neue Kommission war einzusetzen, dabei der Mainzer Erzbischof mit seiner entgegengesetzten Interessenlage auszuschalten und hauptsächlich dem Thüringer Hause gewogene Kirchenleute heranzuziehen.

Das zweite Verhör

Der päpstliche Auftrag, das Verfahren wiederaufzunehmen, erging am 11. Oktober 1234 an Konrad II., Bischof von Hildesheim, und an die Äbte Ludwig von Hersfeld und Hermann von Georgenthal. Nun würde alles seinen Lauf nehmen. Die gesetzte Frist von fünf Monaten müßte genügen, im übrigen lag ja bereits Material vor. Danach sollten die Unterlagen in feierlichem Geleit an den päpstlichen Hof überbracht werden. Und wieder erging ein Aufruf an die Gläubigen, sich zu Aussagen zu melden und am 1. Januar 1235 in Marburg einzufinden. Die vorliegenden Protokolle, von der ersten Kommission gut aufbewahrt, wurden noch einmal ergänzt und dreiundzwanzig Wunder hinzugefügt.

Die Kommission, sie bestand inzwischen nur noch aus zwei Mann – der Hersfelder war nicht gekommen –, fügte allem noch einen neuen Lebensbericht hinzu. Der von Konrad verfaßte war unzulänglich gewesen und hatte den Verdacht der Manipulation nicht ausgeräumt. Auf ihn brauchte man jetzt keine Rücksicht mehr zu nehmen, und so lud man als Hauptzeugen die von ihm verjagten langjährigen Freundinnen und Dienerinnen zur Aussage. Guda war seit ihrer Kindheit an der Seite Elisabeths gewesen, seitdem ihre Herrin aus Ungarn gekommen war. Sie kannte Elisabeth besser als irgendein anderer Mensch. Isentrut war seit ihrem sechzehnten Lebensjahr als Dienerin bei Elisabeth. Auf die Aussagen der beiden Frauen gründeten sich die wichtigsten Informationen, die wir über den Charakter der Landgräfin und ihre Auffassungen und Taten besitzen. Es ist anzunehmen, daß diese gebildeten Frauen – man erwartete von ihnen entscheidende Zeugnisse für den Ausnahmeakt einer Heiligsprechung – ihre Aussagen darauf einrichteten in der spürbar ehrlichen Absicht, ihrer Herrin Gerechtigkeit widerfahren zu lassen. Auch die Protokollführer haben gewiß an den uns überkommenen Formulierungen ihren Anteil, denn geschrieben haben die Frauen ja nicht selbst, wobei eine gewisse Sorgfalt jedoch nicht bestritten werden soll.

Neben den beiden Freundinnen waren auch die an ihre Stelle getretenen Vertrauten Konrads geladen, Hedwig und Irmengard, die im Hospital gearbeitet hatten und über diese kurze, aber wichtige Zeitspanne befragt wurden. Als Zeugin taucht noch eine weitere Magd auf, Hildegund, über die wir sonst nichts wissen, und der Stadtpfarrer von Marburg, wahrscheinlich einer der Vertrauten Elisabeths. Vielleicht hat er den Rat gegeben, den Johanniterorden mit der Führung des Hospitals zu betreuen, denn Landgraf Konrad spricht als Motiv für diesen Schritt seiner Schwägerin ausdrücklich von einem „schlechten Rat", der Elisabeth veranlaßt haben soll, ihr Hospital den Johannitern zu versprechen.

Die Aussagen der Dienerinnen sind in ihrer originalen Form nicht mehr erhalten, aber sie sind in zahlreichen Kopien im Umlauf gewesen, die begeistert wieder abgeschrieben wurden und so schnelle Verbreitung fanden. Von diesen Abschriften sind einige erhalten geblieben. Sie bilden den sogenannten „Libellus", das Büchlein mit den Aussagen der vier Dienerinnen, die maßgebende Unterlage für die Heiligsprechung. Die zahlreichen Wundertaten fanden wohl weniger Anklang als das bezeugte, ehrlich fromme Arbeitsleben der jungen Frau. In den Protokollen des Verfahrens wird hervorgehoben, daß die Aussagen der vier Dienerinnen unter Eid abgegeben wurden.

Die Aussagen wurden im Bericht im wesentlichen chronologisch geordnet und beginnen mit der Kindheit. Der „Libellus" war danach immer wieder als Material über Elisabeths Taten im Umlauf und hat erheblich zur Verbreitung ihres Ruhms beigetragen. Er stellt das Kernstück des Protokolls der zweiten Verhörkommission dar, das außerdem noch die dreiundzwanzig neu protokollierten Wunder und die hundertsechs Aufzeichnungen der ersten Verhörkommission enthielt. Konrad von Hildesheim besiegelte den Bericht, nach ihm der Georgenthaler Abt Hermann.

Mit Konrad von Hildesheim war ein Bischof mit dieser wichtigen politischen Aufgabe betraut worden, der dem Thüringer Hof eng verbunden war. Er soll ein Jugendfreund Ludwigs gewesen sein, gab ihm jedenfalls als einer der Kreuzprediger den Auftrag, auf den Kreuzzug zu gehen, und wurde als Priester zur geistlichen Betreuung des Kreuzfahrerheeres eingesetzt, beim Sterben Ludwigs stand er ihm zur Seite. Außerdem war er in seiner Funktion auch der Vorgesetzte Konrad von Marburgs in Deutschland gewesen, sowohl in dessen Eigenschaft als Kreuzprediger wie auch als Ketzerrichter. Nach dessen Tode übernahm er die Schutzfunktion für das Hospital, denn er galt auch den Franziskanern verbunden, seinerzeit hatte er sie zu ihrer Thüringer Mission ermuntert. In Konrad von Hildesheim dürfen wir einen erfahrenen Kirchenpolitiker sehen, der gleichzeitig als Vertrauensmann des Papstes, des Kaisers Friedrichs II. und des Deutschen Ordens fungierte. So verfügte er über alle Voraussetzungen, die Anweisungen des Papstes gründlich zu befolgen und ein solides Protokoll vorzulegen.

Er enttäuschte nicht. Im Frühjahr 1235, ein Jahr nach dem Gespräch von Rieti, nahm der Papst den klug abgefaßten Bericht in Empfang. Die letzte Etappe der Kanonisierung konnte beginnen.

Die Heiligsprechung

Wenn man in die verschiedenen Lebensdarstellungen der Elisabeth sieht, kommt man auf den Gedanken, daß die Zeit nach ihrem Tode weit mehr im Blickpunkt der Schreiber steht als ihr Leben. Wohl hat man manches zusammengetragen, aber eigentlich aus dem Gedanken heraus, die Heiligsprechung müsse nachträglich untermauert werden. So finden wir rührende Episoden, die den Alltag glorifizieren sollen, um immer wieder etwas Ungewöhnliches zu zeigen. Das erweist sich heute als völlig unmöglich, denn ihre nachträgliche Erhöhung steht in deutlichem Widerspruch zu ihrer Behandlung nach dem Tode ihres Mannes. Da sich in ihr wie in einem Prisma alle Widersprüche ihrer Zeit spiegeln, ist sie auch nach ihrem

Tode umstritten und muß es sich gefallen lassen, für diese oder jene Seite vereinnahmt zu werden.

Das erfolgt mit der Heiligsprechung in steigendem Maße, was zu deutlich die Zwecke sichtbar macht, die dahinterstehen: Ein Personenkult beginnt, der in einer Atmosphäre der Verklärung bis heute wirkt. Bereits Papst Honorius III. hatte einem Kardinal den wichtigen Auftrag übergeben, sich um die neue Armutsbewegung des Franziskus von Assisi zu kümmern. Diese Aufmerksamkeit galt dem entscheidenden Problem, wie man die ketzernahe Armutsbewegung so in die Kirche integrieren könne, daß sie keine Gefahr für die Hierarchie dargestellte. Kardinal Hugolin widmete sich dieser Aufgabe mit Geschick und brachte in die Ordensregel die entscheidenden Passagen ein, nahm Einfluß auf die Organisation und die damit verbundene Ordensdisziplin von oben nach unten. Franziskus selbst zeigte wenig Interesse an diesen Dingen, er gab sich lieber der Meditation hin und überließ seinem Stellvertreter die Leitung des Ordens in den täglichen Entscheidungen, er war mehr Romantiker als Rebell. Der Papst erkannte, daß die Bewegung des Franziskus die schwankende Kirche stützen könne, und war mit dem Vorgehen Hugolins anscheinend einverstanden, denn es wird auf den Franziskanerorden weiterhin kein Druck ausgeübt, seine Grundlagen werden in Ordnung befunden. Wenn er von blinden Eiferern angegriffen wird, steht er unter dem Schutz der Kurie.

Hugolin besteigt im Jahre 1227 als Nachfolger Honorius III. den Heiligen Stuhl und nennt sich von nun an Gregor IX. Als Papst kann er jetzt seine Methoden zur Bekämpfung der Ketzerei demonstrativ als verbindlich erklären. Die bisherigen Methoden haben keinen nachhaltigen Erfolg erzielt. In Gregors Rechnung spielen die beiden Minderorden eine entscheidende Rolle. Den Dominikanern überträgt er weitgehende Vollmachten beim Ausbau der Inquisition (1232), den Franziskanern verleiht er den Anstrich kirchlicher Würde und voller Anerkennung, indem er seine volle Übereinstimmung mit ihrem Wir-

Dominikanerkirche in Perugia, in der Elisabeth heiliggesprochen wurde

ken kundtut. Aus diesem Grunde steht die Heiligsprechung Franziskus' am Beginn seiner Papstherrschaft.

In diese politische Linie des Papstes zur Bekämpfung der stärker werdenen Ketzerei ist auch die Heiligsprechung Elisabeths einzuordnen. Franziskus' Erhebung erfolgt nur zwei Jahre nach seinem Tode, und auch für die Elisabeths ist die Frist sehr kurz. Gregor ist ein Mann von Entschluß, die Zeit braucht klare Konturen, sie ist ohnehin verworren genug. Nachdem der Bericht in seinen Händen ist und seine Billigung findet, beruft er das Konsistorium, die Vollversammlung der Kardinäle, ein und legt das Ergebnis der Verhöre vor. Kurz danach, am Pfingsttag, dem 27. Mai 1235, veröffentlicht er die Entscheidung.

Seit dem Herbst des vorangegangenen Jahres hielt sich der päpstliche Hof im italienischen Perugia auf, und hier erfolgt auch die Heiligsprechung. Der Papst, seine Patriarchen, die Kardinäle und Prälaten, begeben sich in feierlichem Zug in die Dominikanerkirche. An ihrem Tor erwartet Konrad von Thüringen die Prozession und überreicht allen, auch der anwesenden Bevölkerung, von ihm gestiftete Kerzen. Dann beginnt der vorgeschriebene Ritus.

Der Kardinaldiakon verliest zu Anfang eine kurze Lebensbeschreibung und die zusammengefaßte Darstellung der Wunder. Diese Mitteilungen werden vom Volk begeistert und mit Beifallsbekundungen aufgenommen. Nach einem stillen Gebet verkündet dann der Papst die Entscheidung, die er nach der Zustimmung des Konsistoriums getroffen hätte: „... erklären Wir und setzen fest, daß Elisabeth seligen Andenkens, zu ihren Lebzeiten Landgräfin von Thüringen, heilig ist und in das Verzeichnis der Heiligen eingetragen werden soll, wie Wir sie darin hiermit eintragen und verordnen, daß die allgemeine Kirche jedes Jahr am 19. November ihr Fest feierlich und andächtig begehe ..."

Nun werden die Glocken geläutet und das „Tedeum" vom Papst angestimmt, das ihr in ihrem Leben schon zweimal, in

Eisenach und vor dem Kloster Altenberg, gesungen worden war. Dann folgt der laute Ruf eines Kardinals: „Bitte für uns, heilige Elisabeth!“ Diese Fürbitte hat der Papst eigenhändig verfaßt und trägt sie auch selbst vor. Sie wurde noch eine Zeitlang, an ihrem Tag, dem 19. November, gebetet.

Nach der Zeremonie zeigte sich Landgraf Konrad als freigebiger Fürst. Er lud dreihundert Mönche zum Essen ein und ließ in die umliegenden Klöster Brot, Fisch, Milchbrei und Wein bringen, auf daß es den Gottesdienern an diesem Ehrentage seiner Schwägerin gut gehen möge. Als Mitglied des Deutschen Ordens stiftete er auch die für die Almosenverteilung erforderlichen Gelder, wofür Lebensmittel an die Bedürftigen ausgegeben wurden. Er allerdings saß an diesem Tage an der Tafel des Papstes.

Nachdem das Fest so glänzend verlaufen war, blieb nur noch die notwendige Kanzleiarbeit. Drei Tage später bereits war die päpstliche Urkunde geschrieben und wurde am 1. Juni veröffentlicht. Ihr Text ist umständlich abgefaßt, enthält aber folgende sachliche Begründung: Elisabeth hätte den Weisungen Christi Folge geleistet und sich, die aus königlichem Geblüt stamme und thüringische Landgräfin gewesen sei, zu einer einfachen Magd erniedrigt. Sie habe ein Leben in Armut und Nächstenliebe geführt und stehe somit in der Nachfolge Christi. Es sei Gottes Lohn, daß nach ihrem Tode viele Wunder geschehen seien, zur Stärkung der Gläubigen und zur Umkehr der Ungläubigen auf den Weg der Wahrheit. Weite Teile Deutschlands seien dadurch von der Gefahr der Ketzerei befreit worden. Wie hoch der Papst ihr wunderbares Vorbild schätzt, zeigt er mit der Entscheidung, daß der 19. November, der fälschlicherweise für den Todestag angenommen wurde, als ihr Feiertag zu begehen sei. Jedermann, der das Grab Elisabeths aufsucht, verspricht er einen Ablaß von einem Jahr und vierzig Tagen.

Diese Mitteilung wurde nun vervielfältigt und überallhin gesandt. Damit waren auch die Zweifler an der Wundertätigkeit an ihrem Grabe besänftigt, denn in allen Verlautbarungen wird auf den außerordentlich sorgfältigen Verlauf des Verfahrens verwiesen. Anscheinend erschien Kritikern der Zusammenhang zwischen den politischen Ambitionen des Thüringer Hofes, des Deutschen Ordens und des päpstlichen Stuhls zu vordergründig, als daß die kirchlichen Aspekte der Kanonisierung als entscheidender Grund anerkannt worden wären. Doch das war nun vorbei, der Papst hatte entschieden.

Aufschwung in Marburg

In Marburg wurden nun die neugeschaffenen Verhältnisse deutlich sichtbar. Die Brüder des Deutschen Ordens zogen in das Hospital ein. Nach den Besprechungen von Rieti hatte der Papst nicht lange gezögert und die Umschreibung schnell vorgenommen. Die Urkunde vom 1. Juli 1234 verweist darauf, daß das Hospital auf dem Grund der landgräflichen Brüder Heinrich und Konrad stehe und von ihnen ausgestattet sei. Auf ihren Wunsch hin (auf Bitten Konrads und mit Zustimmung Heinrichs) und aus Verehrung für Elisabeth, deren Grab dort liege, überweise der Papst das Hospital des hl. Franziskus zugleich mit den Patronatsrechten über die Pfarrkirche zu Marburg. Die Deutschritter übernahmen jetzt mit den Aufgaben der Armenpflege auch die Sorge um die Verehrung der Elisabeth, die sich von Marburg aus immer mehr ausbreitete. Im Juli war die Bestätigung erfolgt, ab Oktober übernehmen die neuen Herren das Hospital. Es wird die religiöse Zelle für die schnelle Erweiterung des Ordens im deutschen Raum. Sein Einflußbereich erstreckte sich bisher auf den Westen und Osten Europas, er war traditionell schon im Süden des Kontinents, in Armenien und auch in Syrien und Palästina vertreten, und nun festigte er seinen Einfluß auch im Herzen Europas. Seine wirtschaftliche Macht wuchs schnell durch Schenkungen, Kauf und Tausch, seine politischen Rechte erhöhten sich durch die Übertragung von Privilegien.

Daß aus dem ursprünglichen Spitalorden ein offensiver Orden mit weitreichenden Eroberungsplänen werden konnte, erklärt sich aus dem Umstand, daß durch die reichen Adelsfamilien die später geborenen Nachkommen wegen der vorgeschriebenen Erbfolge nicht ausreichend versorgt wurden. Für sie war in der Regel das Kloster bestimmt, eher eine düstere Perspektive für einen tatkräftigen jungen Mann. Zwar bot die Kirche mit der Inquisition auch weltliche Aufgaben der Mönche an, doch wer will schon nichtstandesgemäße Henkersdienste leisten? Also drängten die unversorgten Adelssöhne in den Deutschen Orden, in dem sie durchaus ihren Hunger nach eigenen Ländereien befriedigen konnten. Sie mußten sie nur den Heiden entreißen, und dazu waren sie bereit, zumal sie sich eine klare Überlegenheit ausrechneten. So kam es, daß die durch zahlreiche Spitalgründungen bekannten, nach der Templerregel organisierten Deutschritter zu den gefürchteten Kreuzrittern der Osteroberungen wurden.

Von der kirchlichen Seite her bestanden keine Probleme in der Zusammenarbeit mit dem Orden, im Gegenteil, der Papst förderte, genau wie der Kaiser, die Unternehmungen nicht nur im Heiligen Land, sondern auch in dem neu zu erschließenden Pruzzenland. Seitdem Konrad von Masowien den Orden ins Land gerufen hatte, um sich die heidnischen Pruzzen zu unterwerfen und sie zu christianisieren, erhielt der Orden auch im Osten größere Ländereien als Schenkung. Seine Leistungen wurden zuerst mit dem Kulmer Land abgegolten, später kamen andere landesherrliche Rechte dazu. Dazu gehörte auch das Recht, ohne besondere Zustimmung weitere Eroberungen im Osten zu machen, wie er nur immer wollte und konnte. Der Kaiser war für die Ausdehnung seines Einflußbereiches nach

Osten, seine Unterstützung war dem Orden gewiß. Die Kreuzritter drängten entlang der Ostseeküste in die neuen Gebiete, gründeten ihre starken Burgen als Bastionen für die erbarmungslose Herrschaft über die unterworfenen slawischen Stämme. Wohin sie auch kamen, überall verbreiteten sie Furcht und Schrecken.

Der kleine Ort Marburg lag nun im Zentrum eines Netzes von zwölf Ordensprovinzen, den Unter-Einheiten der Deutschritter, was wiederum dem Thüringer Hof eine höhere Bedeutung verlieh. Dieser ergriff nun Maßnahmen zur Selbstdarstellung, wozu der Beschluß über den Bau einer prächtigen Steinkirche gehörte, die als Wallfahrtsort und zugleich als Ordenskirche dienen sollte. Das Franziskus-Hospital war zu eng und zu unbedeutend für eine Elisabeth-Wallfahrt im großen Stil geworden.

Die prächtige Kirche St. Elisabeth

Um ihren neuen Platz im Spiel der politischen Gewalten auch sichtbar abzustecken, zögerte man nicht lange und ging gleich ans Werk. Alle Interessenten waren sich völlig einig.

Der Bau der neuen Kirche wurde mit der Grundsteinlegung noch im August 1235 begonnen, nachdem der Papst nur knapp ein Vierteljahr vorher, am 30. Mai, sofort nach der Heiligsprechung, den Baubeginn angekündigt hatte. Ein spezieller Ablaßbrief begrüßt das Vorhaben, der Papst gewährt für die Unterstützung des Baues allen Förderern einen vierzigtägigen Ablaß, was nicht anderes als einen Aufruf zur öffentlichen Finanzierung des geplanten Großbaus bedeutete.

Es ist nun die dritte Kirche in Marburg, mit deren Schicksal der Elisabethkult verbunden ist. Die ersten beiden, die Hospitalkirche und die von Konrad von Marburg initiierte Kirche, in die sie bald umgebettet wurde und von der aus das Heiligsprechungsverfahren begann, trugen noch die Namen des Franziskus, dem sie nacheiferte. Die neue Kirche aber wird ausschließlich für sie gebaut, sie soll prächtig werden wie kaum eine Kirche in Deutschland, wird den Deutschrittern als geistliches Zentrum dienen und ihren Namen tragen. Das verkündet Hochmeister Hermann von Salza, der zur Grundsteinlegung anwesend ist.

Mit der geplanten Namensgebung der Kirche verbunden ist ihre Erhöhung zur Schutzpatronin des Deutschen Ordens. Durch diese neue Stellung wird sie sogar in dieser Beziehung der Gottesmutter Maria gleichgestellt. Zwar war der Marienkult besonders in letzter Zeit von der Kurie gefördert worden, aber er erlangte, da von oben eingeführt, keine rechte Volkstümlichkeit. Diese aber war vonnöten, wenn der Deutschorden mit seinen ehrgeizigen Plänen überall populär werden sollte. Mit Maria als Schutzpatronin allein war das nicht zu schaffen, denn niemand wußte so recht, wie er sich zu einer Jungfrau verhalten sollte, die als Ehefrau eines Zimmermanns Gottes Sohn geboren hatte. Maria blieb als Himmelskönigin eine esoterische Gestalt, während Elisabeth im Volk beliebt war. Die Wunder nahmen kein Ende, die Geschichten über sie gehörten zum geistigen Leben ihrer Zeit, ihr Bildnis auf den Standarten des Ordens würde in jeder Beziehung von Nutzen sein. Großmeister Hermann hatte die weite Reise von Italien nach Marburg nicht gescheut, er verfolgte Pläne, die sich bereits im nächsten Jahr deutlicher zeigen sollten.

Der Bauherr, Landgraf Konrad von Thüringen, enttäuschte die allgemeinen Erwartungen nicht. Er schlug nicht nur ein schnelles Tempo an, weit wichtiger waren die ehrgeizigen Baupläne. So wie er die Heiligsprechung betrieben hatte, förderte er jetzt den Bau. Als Vorbilder dienten keine geringeren Kirchen als die aufragenden Kathedralen in Frankreich, Bauwerke

Landgraf Konrad von Thüringen, der Schwager Elisabeths; Grabplatte

von bis dahin ungekannter Schönheit und Pracht, die auch heute nach wie vor die Menschen bezaubern. Für die Heilige aus dem Thüringer Landgrafenhof waren die Kathedralen von Reims und Amiens als architektonische Richtpunkte gewählt worden. Ihr genialer Grundriß hatte sich auch schon in Chatres, Noyon und Soissons bewährt. Der Dreikonchenchor verbindet harmonisch die aus der Romanik überkommenen runden Formen mit dem aufstrebenden gotischen Stil der Wände, Fenster und Türme.

So sollte die Marburger Kirche auch errichtet werden! Im Zentrum des Ostchores der Altar, im Nordchor das Grab Elisabeths und im Südchor die Gräber der Verwandten und der Ordensmeister. Die große, dreischiffige Halle, deren Dach auf zwölf freitragenden Säulen ruhen sollte, mußte groß genug sein, um die Scharen der Pilger aufzunehmen und gleichermaßen als Versammlungs- und Festraum der Ordensritter zu dienen.

Und Konrad hatte gut geplant. Sein Baumeister nahm zwar die französischen Kathedralen als Vorbild, schuf aber eine rein gotische Hallenkirche, die erste in Deutschland überhaupt, was die Verbreitung der Gotik förderte. Die Symbolik der Kirchenarchitektur unterstreicht die Dreieinigkeit auf vielfältige Weise, durch die drei gleichen Chorarme, den drei gleichhohen Schiffen des Langhauses, die dreigliedrigen Fenster und die dreigeschossige Eingangsfront. Das Denkmal sollte würdig sein!

Die Wallfahrt hatte eine durchaus praktische Komponente, wie überall, so auch hier. Das Andenken an die mildtätige Landgräfin regte die pausenlos strömenden Besucher zu Gaben und Spenden an, dazu verwiesen die in der Nähe befindlichen Hospitalgebäude darauf, daß der Orden zur Kranken- und Altenpflege auf das Geld der Gläubigen angewiesen war. Die Türme der Kirche an der Westseite würden prächtig sein und weit in das Land hinausragen und dem Wanderer verheißen, daß er bald an der ersehnten Stelle sei. Die Verbindung der Wallfahrt zu Elisabeths Grab mit der Stärkung des Einflusses der Deutschritter war von den Thüringer Landgrafen wohlüberlegt und trug ihre Früchte.

Bald nach der Übertragung der Rechte am Hospital auf den Deutschen Orden, der Erhebung der Gebeine am Beginn des Kirchenbaus erblühte das Marburger Deutschherrenhaus. Die Einkünfte aus der Wallfahrt flossen reichlich, und da die vornehmen Thüringer Häuser ihre jungen Männer recht zahlreich in den Orden entsandten und ihm Schenkungen zukommen ließen, war es nach kurzer Zeit geschafft: Der Orden wurde zum reichsten kirchlichen Grundbesitzer in Thüringen und Hessen. Der große Wohlstand beeindruckte die Menschen und sicherte ihm Einfluß und Macht.

Konrad von Thüringen stand an maßgebender Stelle im Orden. Während Heinrich Raspe, sein Bruder, die Innenpolitik verantwortete, kümmerte sich Konrad um die Außenpolitik des Hauses. Die Verbindung zwischen dem Kaiser, dem Hochmeister und ihm war mit den Jahren eng geworden, und nachdem Hermann von Salza im Frühjahr 1239 im italienischen Salerno gestorben war, gab es nur einen Kandidaten für seine Nachfolge: Konrad von Thüringen.

Er kam in doppelter Hinsicht für dieses Amt in Betracht. Als Kriegsmann hatte er einen Streit mit dem alten Widersacher, Siegfried von Mainz, erfolgreich ausgetragen. Um seine Ansprüche auf das umstrittene Gebiet erneut zu unterstreichen, überfiel er 1232 die Stadt Fritzlar und verwüstete sie ohne Erbarmen. Als frommer Christ aber bereute er sechs Jahre später seine Untat, pilgerte in die Stadt und ließ sich in ihr öffentlich geißeln. Wahrscheinlich hat diese Tat die geschädigten Bürger nicht sonderlich getröstet, aber für das Seelenheil Konrads war die Buße sicherlich wichtig.

Die Marburger Deutschritter durften stolz auf einen entschlossenen Kriegsmann und frommen Christen sein und ihn getrost zu ihrem Schirmherrn wählen. Ein Hochmeister aus ihrem Haus erhöhte ihr Ansehen beträchtlich, Konrad war aber auch für die anderen Ordensprovinzen annehmbar, ein hoher Reichsfürst und Verwandter der Schutzheiligen Elisabeth besaß alle erforderlichen Qualitäten für das hohe Amt.

Konrad starb allerdings nur ein Jahr nach der Übernahme des Hochmeisteramtes plötzlich und völlig unerwartet (1240). Sein Grab liegt im Südchor der Elisabethkirche. Auf der Grabplatte ist er als entschlossener Mann im Ordenskleid mit Überwurfmantel dargestellt. Er hält in der rechten Hand eine Geißlerpeitsche, die an seine Bußfertigkeit in Fritzlar erinnern und ihn als einen gottesfürchtigen Mann charakterisieren soll.

Das Ende der Ludowinger

Konrad und Heinrich Raspe, die beiden Brüder von Landgraf Ludwig IV., hatten nach seinem Tode gemeinsam regiert. Nun, nachdem Konrad zum Hochmeister des Deutschen Ordens avanciert war, befand sich auch Hermann II., der Sohn Ludwigs und Elisabeths, in dem vorgeschriebenen Alter, in dem er, der rechtmäßige Erbe der Landgrafschaft, die Regierung übernehmen konnte. Im gleichen Jahr (1239) vermählte er sich mit Helena, der Tochter des Herzogs von Braunschweig, wohl als ein Zeichen dafür, daß die alte Feindschaft zwischen Thüringen und Braunschweig zu Ende gehen sollte, ein Programmpunkt seiner Regierung, der nur segensreich für sein Land gewesen sein dürfte.

Hermann II. fühlte sich seiner Mutter verbunden und verpflichtet, das wollte er gleich am Beginn seiner Regierung klarstellen. Um sein christliches Programm sichtbar zu machen, gründete er in der Eisenacher Nikolaikirche eine christliche Bruderschaft. Vornan in ihrer Satzung steht die Forderung

Gertrud von Altenberg, die jüngste Tochter Elisabeths

nach der Gleichheit in der Verteilung des Vermögens, alle Mitglieder der Bruderschaft sind gleichgestellt, sie kennen kein Hoch oder Niedrig nach Besitz. Der Hof geriet in Unruhe. Da waren sie doch wieder, die franziskanischen Ideen, in neuer Gestalt! Ging die ganze Sache wieder von vorn los? Wie konnte sich diese Politik mit der Bindung der Thüringer an den Deutschorden vertragen? Heinrich Raspe wurde hellhörig. Er hatte nicht mit viel Mühe die Wirkung der Landgräfin im franziskanischen Sinne aufzuheben versucht und sie in den Heiligenschrein gelegt, damit ihr Sohn ihre alten Auffassungen seiner neuen Regierung zugrunde legte und damit die Landgrafschaft in eine ausweglose Lage brachte.

Heinrich Raspe,
letzter Thüringer Landgraf
und deutscher König

Als Hermann dann unerwartet bald nach seiner Hochzeit auf der Creuzburg verstarb, war dieses Hindernis beseitigt. Zwar tuschelte man von Giftmord, aber das konnte Heinrich Raspe nicht beirren. Nachdem Hermann II. in Reinhardsbrunn begraben war, übernahm er die Regierung, diesmal als rechtmäßiger Landgraf.

Elisabeths Töchter hatten ein unterschiedliches Schicksal. Die älteste Tochter Sophie, von Elisabeth zu ihrer Tante nach Kitzingen gegeben, wird schon ein Jahr später (1229) als Kind mit dem Herzog Heinrich von Brabant vermählt. Sie teilt auch in diesem Punkt den Lebensweg ihrer Mutter, die der Hochzeit zugestimmt hatte. Ihre jüngste Tochter aber, Gertrud, blieb im Kloster Altenberg, wo sie aufgewachsen war. Kaum einundzwanzig Jahre alt, wurde sie als Chorfrau Gertrud zur Äbtissin erwählt. Ihr Kloster hatte eine richtige Wahl getroffen. Es partizipierte von nun ab an der berühmten Mutter seiner Äbtissin. In den neunundvierzig Jahren ihrer Leitung, sie starb 1297, entwickelte sich das vorher ärmliche, abgelegene Frauenkloster schnell, wurde reich und bekannt. Gertrud baute eine Kirche, zwei Hospitäler und erregte weithin Aufsehen durch die Einführung der Fronleichnamsprozession in Deutschland.

Auch Heinrich Raspe starb bald. Im Jahre 1247 war das Thüringer Landgrafenhaus ohne Erben und Nachfolger. Der kinderlose Raspe hatte sich politisch noch einmal auf ein riskantes Spiel eingelassen. Im Streit zwischen Kaiser und Papst sollte schließlich der Kaiser und König von Deutschland, Friedrich II., entthront werden. Nachdem auf dem Konzil von Lyon über Friedrich der Bannfluch gefällt wurde, ließ sich Heinrich Raspe für fünfundzwanzigtausend Silbermark als Gegenkönig aufstellen. Mit diesem Judaslohn für den Verrat an Kaiser und Reichspolitik ging nicht nur die traditionelle Politik der Ludowinger zu Ende, sondern zugleich auch die Geschichte des Thüringer Landgrafenhauses. Es war, als ob seit ihrer Abwesenheit von der Burg der Segen vom Hause genommen war.

Das Land wird geteilt

Als die erstgeborene Tochter und rechtmäßige Erbin erhob Sophie von Brabant ihren Anspruch auf das Land, der ihr von allen Seiten bestritten wurde, vor allem von ihren Vettern und natürlich auch vom Erzbischof von Mainz. Die daraufhin entbrennenden Thüringer Erbfolgekriege wurden mit einer Erbitterung und Grausamkeit geführt, die zum Schlimmsten gehören, was die deutschen Lande kennen. Am Ende liegt das blühende Land elend, zerstört, verbrannt, unfruchtbar, entvölkert da. Es bedarf der Arbeit von Generationen, bis es sich wieder erholt.

Politisch ist es geteilt. Die Landgrafschaft Thüringen und die Pfalzgrafschaft Sachsen fallen an das Wettiner Haus, an die Vorfahren der sächsischen Kurfürsten. Wieder liegt die Wartburg am Rande des Landes, wie zu Anfang der Ludowinger Epoche. Der hessische Teil wird von den Nachfahren Elisabeths regiert. Sie berufen sich auf die Landgräfin und bauen ihre Kirche weiter aus.

Ein kostbarer Schrein ist in Auftrag gegeben worden und wird aus starkem Eichenholz für die Ewigkeit gemacht. Außen ist das Holz mit vergoldetem Kupfer umhüllt und mit verschiedenen silbernen Ausschmückungen belegt, auf filigranen Schmuckplatten glitzern Halbedelsteine. Figürliche Darstellungen, darunter eine Halbskulptur von Elisabeth, machen die kostbare Arbeit zu einem Meisterwerk deutscher Goldschmiede- und Juwelierkunst.

In diesen Schrein werden die Gebeine Elisabeths ein weiteres Mal umgebettet und mit Genehmigung des Papstes im Ostchor aufgestellt (1249). Zur Begründung führt der Deutsche Orden an, daß sich die bisherige Grabstätte als zu eng erwiesen und ständig überlaufen war. Allerdings wurde sie in den neuen Kirchenbau mit einbezogen, sie liegt im Nordchor, so finden wir in der Elisabethkirche zwei Grabstätten. Wenn der Kir-

Der Elisabeth-Schrein von Marburg

chenbau an den Feiertagen ruhte, zeigte man dem Volk den goldenen Schrein, bis nach weiteren vierundzwanzig Jahren die Bauarbeiten glücklich abgeschlossen werden konnten (1283).

Nach der Weihe des Münsters beginnen erneut Diskussionen über den richtigen Platz für den Schrein. Immer mehr Leute strömten herbei, gebührte ihm nicht ein Platz direkt neben dem Hochaltar? Es kam trotz vieler theologischen Begründungen nicht dazu. Wenn Elisabeth auch eine beliebte Heilige war, deren Taten im Leben die Grundlage für das immer noch anhaltende Vertrauen zu ihr nach dem Tode hergaben, neben dem Allerhöchsten sollte der Sarg doch nicht stehen. Zu groß war die Gefahr, daß die Gottesverehrung in den Hintergrund träte. So fand man einen neuen Platz in einer neben dem Ostkonchen errichteten Sakristei. Dorthin wurde der Schrein überführt. Damit sein Anblick nicht alltäglich wurde, erhielt er noch ein Futteral, das aus einem Lattengerüst, mit Leinwand überzogen, bestand. Es ist mit Sternen und Rosetten bemalt, und sein eigentlicher Zweck bestand wohl darin, den kostbaren Schrein vor der Verschmutzung durch Staub, vor Diebstahl und unbefugte Betastung mit schmutzigen Fingern zu bewahren. Heute steht der Schrein hinter einer Panzerglasplatte und ist in jeder Beziehung gut gesichert. Doch diese Maßnahmen gelten nicht der heiligen Landgräfin, sie gelten dem Gold. Der Schrein ist leer.

Ein Spielball politischer Interessen

Es blieb einem ihrer Nachfahren, dem Landgrafen Philipp von Hessen, vorbehalten, sich an den Gebeinen Elisabeths zu vergehen. Einige Historiker verteidigen diese Untat. Philipp hätte in einer Notsituation, aufgewühlt und gepeinigt von Gewissensqualen, gehandelt. Sollte der grausame Schlächter der hessischen und thüringischen Bauern über ein Jahrzehnt nach seinen Untaten Gewissensbisse zu lindern gesucht haben, indem er in reformatorischem Eifer die kultische Verehrung seiner Vorfahrin beenden ließ? Sehr unwahrscheinlich!

Jedenfalls bewegte sich am 18. Mai 1539 ein Zug von Adligen, Gelehrten, Staatsbeamten und angesehenen Bürgern nach einem besonders feierlichen Gottesdienst zum Schrein. Der Landkomtur des Deutschen Ordens, Wolfgang Schutzbar, ver-

Das Kopfreliquiar

suchte bis zuletzt, den Landgrafen von seinem Überfall abzuhalten, vergebens. Knechte standen bereit, Landgraf Philipp ließ den Schrein öffnen und die Gebeine entnehmen. In einem Futtersack brachte man sie aufs Schloß. Danach erbrach man den Schrank, entnahm ihm das kaiserliche Kopfreliquiar und brachte auch dieses Heiligtum weg. Mit diesem makabren Akt wurde die Sonderstellung beendet, die der Deutsche Orden auch nach der Reformation noch genossen hatte.

Schutzbar verfaßte sofort einen Bericht und schickte ihn an den Deutschmeister Walter von Kronberg. Dieser beschwerte sich beim Kaiser und machte durch ein Rundschreiben die Beendigung des „Götzendienstes" durch Philipp bekannt. Der Kaiser reagierte durch einen klaren Befehl: Karl V., entschiedener Feind der Reformation, verlangte die Rückführung der Gebeine in den Schrein oder ihre Aushändigung an ihn.

Philipp dachte jedoch gar nicht daran, den kaiserlichen Befehl auszuführen. Es beginnt ein langwieriges Hin und Her, in dessen Verlauf erst deutlich wird, daß es noch um mehr ging. Die Vorherrschaft des Deutschen Ordens sollte gebrochen werden, indem ihm seine Schutzpatronin genommen wurde. Jetzt war Schluß damit, daß sich der Deutsche Orden in Marburg wie ein Staat im Staate benahm, er sollte, wie die Klöster auch, säkularisiert werden. Doch der Anschlag auf den Orden gelang nicht, Philipp mußte sich arrangieren, da der Kaiser als Katholik natürlich Partei für den Orden nahm. Bei den Verhandlungen wurde von seinen Kommissären verlangt, die Gebeine sollten wieder an ihrem alten Ort zur Ruhe gebettet werden. Philipp mußte wohl oder übel offenbaren, was geschehen war, aber dabei verheimlichte er den wahren Sachverhalt. Weil viele Abgöttereien mit ihnen getrieben worden, was ohne Zweifel gegen Elisabeths Willen geschehen sei, hätte er die Gebeine, die als Reliquien galten, auf dem Michaelkirchhof beim Deutschen Haus vergraben lassen, doch nicht zusammen, sondern verstreut, ein Knochen „hierher, der andere dorthin zu anderen Beinen".

Obwohl angeblich die Gebeine in andere Gräber gegeben worden waren, ließ der Deutsche Orden nicht nach. Er glaubte nicht an Philipps Aussage, denn es fand sich kein Zeuge für diese Missetat. Nach dem Schmalkaldischen Krieg saß Philipp dann als Unterlegener in der Gefangenschaft des Kaisers. Er könnte erst freigelassen werden, wenn der Deutsche Orden entschädigt worden sei. Dazu gehörte auch die Rückgabe der Gebeine. Nun stellte sich heraus, daß die Gebeine ins Beinhaus des Schlosses zu den anderen geworfen worden waren. Eine dritte Variante besagt, die Gebeine seien auf der Wasserburg Wommen heimlich aufbewahrt worden. Wie es auch sei, das zum größeren Teil über die Kanzleien geführte Hickhack um die arme Elisabeth wurde schließlich dadurch beendet, daß auf dem Schloß in Marburg am 12. Juli 1548 eine Quittung ausgestellt wurde über „ein Haupt mit einem Kinnbacken, fünf Röhrenknochen, eine Rippe, zwei Schulterbeine und ein sonstiges breites Bein".

War das der Rest gewesen, der noch im Schrein lag, als Philipp ihn ausräumen ließ? Auch das ist möglich, waren doch schon vor ihrer Bestattung im Schrein verschiedene Teile als Reliquien verbracht worden. So ruhen im Domschatz Halberstadt seit 1270 Reliquien „vom Fleisch, von den Rippen und von den Fingergliedern der Heiligen". Auch andere heilige Orte rühmen sich des Besitzes von Körperteilen. Sie sind auch anscheinend nach Übernahme der Reste durch den Deutschen Orden (1548) noch verteilt worden. Das letzte, was man gehört hat, ist die kürzliche Entdeckung des Kopfreliquiars in Stockholm. Es sei im Dreißigjährigen Krieg gestohlen und als Kriegsbeute nach Schweden verbracht worden.

So kommt es, daß beide Ruheplätze in der ihr geweihten Kirche leer sind. Dort, wo sich ihr erstes Grab befand, aus dem ihre Gebeine vom Kaiser erhoben wurden, steht heute ein Mausoleum, ein Baldachin über einem hölzernen Sarkophag. An seiner dem Betrachter zugewandten Seite finden wir ein geschnitztes, farbig bemaltes Relief, das anläßlich eines weiteren

Das Elisabeth-Mausoleum mit Tumbarelief aus dem 14. Jahrhundert

Kaiserbesuches 1357 angebracht wurde. Karl IV., der die ungarische Königsmutter Elisabeth begleitete, stiftete dieses sinnfällige Werk eines nur scheinbar naiven Holzschnitzers.

Elisabeth liegt auf der Totenbahre in der grauen Kutte der Tertiarierinnen. Zu ihrer Linken sitzen Jesus und Maria und segnen die Tote. Neben sie hat sich der Hochmeister des Deutschordens, ihr Schwager Konrad von Thüringen, in Ordenstracht gesetzt. Es ist der Zeitpunkt, an dem zwei Engel ihre Seele in Gestalt einer kleinen, gekrönten Elisabeth in den Himmel geleiten.

An der anderen Seite der Bahre sitzen und trauern ihre Patienten aus dem Hospital: der an Ketten geschmiedete Irre, der auf Krücken angewiesene Lahme, neben einer kauernden Bettlerin versucht sich ein Aussätziger auf Handschemeln voranzubewegen.

Der Künstler hat besser als alle anderen Verehrer erfaßt, in welchem Spannungsfeld die Landgräfin lebte. Leider wird das Relief weit weniger beachtet als der goldene Schrein mit den Edelsteinen. Aber das sind die Folgen des unglaublich wuchernden, mittelalterlichen Reliquienkultes, der den Schein für das Sein nimmt – bis heute.

Elisabeth – der Ruhm Deutschlands?

Menschen, die so viele Erwartungen und Hoffnungen, richtige wie falsche, berechtigte und unangemessene, kalkulierte und spontane auf sich vereinen, zählen ohne Zweifel zu den großen Persönlichkeiten eines Volkes. Elisabeth gehört zu ihnen. Sie wollte Frieden stiften und wurde ein Opfer des Krieges, der ihren Mann verschlang. Sie übte Barmherzigkeit und wurde in das Zentrum von Streit und Herrschsucht gestellt. Sie wollte die Gleichheit vor Gott und wurde dafür geschlagen und gequält. Sie gab allen Reichtum, über den sie verfügte, den Mühseligen und Beladenen, auch das mißgönnte man ihr und nahm ihn ihr weg. Sie wandte sich von der Herrschaft über die Menschen ab und versuchte als Dienerin zu leben, dafür wurde sie schließlich vernichtet.

Mit ihrer Welt- und Lebensauffassung steht sie unter den Herrschenden ihrer Zeit allein da. Erst Jahrhunderte später nehmen die Sprecher der Reformation und des Humanismus das Evangelium wieder beim Wort.

Die Frömmigkeit des Urchristentums, der Glaube an die

Die Elisabeth-Kapelle in der Wartburg heute

baldige Ankunft des Herrn und den damit erhofften Anbruch des Tausendjährigen Reiches war schon zu Zeiten Elisabeths durch die offizielle Kirche zurückgedrängt, konnte aber nicht erstickt werden. Die junge Frau stellte sich wie die ersten Christen auf der Suche nach dem neuen Menschen auf ihre Art in die Widersprüche der Welt und wich ihnen nicht aus. Sie glaubte den Ideen des ersten Christentums, billigte aber nicht jede Praxis der Kirche. Damit entzieht sie sich der Kategorisierung und ähnlicher Vereinnahmungsversuche, sie läßt sich nicht vor diesen oder jenen Karren spannen. So hat sie alle Vernichtungsversuche, von denen es nicht wenige gab, überstanden, denn sie lebt heute noch im Andenken des Volkes weiter, immer in enger, konkreter Verbindung mit den Stätten ihres Wirkens.

Obwohl in Marburg von ihrem praktischen Wirken keine Spuren mehr sichtbar sind, wird auch auf andere Weise kaum noch daran erinnert. Statt dessen drängt sich ein Ordenskult in den Vordergrund, der hinter dem Glorienschein einer Heiligen die wirkliche, beständige Tat verdeckt. Damit ist wenig anzufangen für den kritischen Geschichtsbetrachter.

Auf der Wartburg beginnt mit ihr eine Traditionsreihe, in der ihre Gedanken immer wieder aufgenommen werden und, verwandelt durch die jeweilige Form der Zeiten, erstaunlich frisch und lebendig blieben. Nicht als Patronin des Ritterordens ist Elisabeth bekanntgeworden – sie hat in Wirklichkeit nie etwas damit zu tun gehabt –, sondern als Landesfürstin mit sozialem Sendungsbewußtsein. Schon die erste Stätte ihres Wirkens ist zweigeteilt wie ihre Gesellschaft. Wir finden sie als Fürstin hoch oben auf dem Wartberg und als Magd im Hospital an seinem Fuße. Nicht in platter Nachahmung, nicht in kultischer Darstellung lebt sie für uns, sondern in ihrer vorbildlichen Haltung gegenüber den Mitmenschen und den Forderungen der Zeit. Sie blickte weit in das Land, sah seine Menschen und lernte sie in ihren Höhen und Tiefen kennen und auf eigene Art auch lieben.

Manchmal wird gesagt, sie sei zu früh gekommen. Auch ihr Jahrhundert des Hochmittelalters hat große Menschenfragen zu lösen versucht, der Einsatz dafür kann niemals zu früh sein. Es finden sich immer Menschen, die unter allen Umständen vorangehen, und sie ist eine von den Vorläuferinnen, die den Ruhm unseres Landes ausmachen. An die Seite eines tatkräftigen Mannes gestellt, versuchte sie ihren Platz sinnvoll auszufüllen und griff dazu die Ideen der Minnesänger und der franziskanischen Prediger, in denen das Neue ihrer Zeit steckte, auf. Sie kannte wesentliche Begründer unserer Nationaldichtung, auf jeden Fall aber Walther von der Vogelweide, persönlich und empfing mannigfache geistige Anregung von ihm. Sie gab den Franziskanern in Eisenach eine Heimstatt und vernahm von ihnen, die sie den Prediger aus Assisi selbst gehört hatten, dessen frische Ideen.

Dieser weite geistige Hintergrund ließ sie gewiß die Grenzen ihrer Möglichkeit in der feudalen Hierarchie erkennen, ermutigte sie aber auch immer wieder, den ihr gegebenen Spielraum zu nutzen. Das dabei bewiesene politische Geschick ist für eine Frau ihres Alters und ihrer Position durchaus überdurchschnittlich und wahrhaft erstaunlich, wenn man daran denkt, daß gegen Gleichgesinnte ganze Kreuzzüge unternommen wurden, so gefährlich erschienen sie. Gewiß, sie war eine hohe Fürstin, aber sie ließ sich auch nicht einschüchtern. Was kann es für ein Land Besseres geben als Menschen, die an seine Zukunft denken.

Auf ihre Burg sind immer wieder Menschen gekommen, die den Ruf der Dichtung und Sprache aufnahmen. Dreihundert Jahre nach Walther von der Vogelweide saß in einer Stube des Ritterhauses ein Augustinermönch und kämpfte mit dem Teufel um die beste sprachliche Fassung des Neuen Testaments. Im elisabethanischen Geiste hat er es unternommen, den deutschen Landsleuten die Kunde vom vorbildlichen Leben und Sterben des Jesus von Nazareth zu bringen, da sie es noch immer nicht mit eigenen Augen lesen konnten. Aber er

Die Wartburg; Blick von Osten

kämpfte – wie damals sie – mit der offiziellen Kirche, die nichts aus der Geschichte gelernt hatte, nicht auf die Menschen hörte und statt dessen in Kriege und Götzenkult verstrickt war. Martin Luthers Ruf gesellte sich zu dem Elisabeths.

In ihrem Geiste lebte und starb auch der Täufer Fritz Erbe, ein später Anhänger Thomas Müntzers. Die Häscher der Obrigkeit fingen ihn in Herda, einem Dorf, unweit der Burg gelegen. Auch er sollte wie Elisabeth, wie Martin Luther und Thomas Müntzer seinen Überzeugungen abschwören, was er standhaft immer wieder ablehnte. So warf man ihn immer wieder in das Verlies des Südturmes der Wartburg, wo er siebzehn Jahre auf nacktem Fels zubrachte. Erst in den letzten Jahren bekam er als Belohnung eine Holzpritsche, weil er einen Brand entdeckt und den Wachen angezeigt hatte. Das Volk erzählt, daß er unten, an der Stelle ihres ersten Hospitals, begraben worden ist.

Dreihundert Jahre nach Luthers Tat fand ein neues Welt- und Naturverständnis des Menschen seinen Ausdruck in Johann Wolfgang Goethes innigen Worten, die er auf der Burg für ihr Thüringen fand. Er, ein Freund des Weimarer Großherzogs, der nun das Land verwaltete und mit seiner Hilfe modernisieren wollte, stellte sich auch hinter die patriotischen jungen Männer, die zum dreihundertsten Jahrestag der Reformation auf die Burg zogen, um gegen Fürstenwillkür und Wortbruch zu demonstrieren. Ihr Sprecher, der Jenaer Theologiestudent Heinrich Arminius Riemann, hielt seine flammende Rede im Palas ganz im Sinne der Vorgänger: Der Glanz der Herrscherthrone dürfe die Menschen nicht verblenden, statt dessen sollen das Streben nach Gemeinwohl und die Liebe zum einigen Vaterlande die tragenden Lebensgrundsätze sein.

In den folgenden Jahren der Restauration veralteter, feudaler Machtstrukturen drohte die schöne Burg ebenso zu verfallen, wie das Hospital in Marburg verfallen war. Es tauchten finstere Pläne auf, sie sollte eine Totenburg, ein Walhalla werden, ein gesichtsloses kaltes Museum der Heldenverehrung. Eine Handvoll Männer verhinderte diese Schändung. Der Baumeister Hugo von Ritgen setzte die Konzeption des Großherzogs Carl Alexander, der die historische Bedeutung der Burg erkannte, mit Geschmack und Verantwortungsbewußtsein um. Moritz von Schwind malte den Palas mit Bildern aus der Geschichte der Burg aus, und besonders die schlichten, warmherzigen Fresken vom Leben Elisabeths werden zu Recht heute mehr bewundert als der kalte, flimmernde Glanz der sogenannten Elisabeth-Kemenate, die ihren hohlen Prunk am Beginn unseres Jahrhunderts vom kaiserlichen Deutschland erhielt und jede geistige Bindung an ihr Werk vermissen läßt.

Den Tiefpunkt der Erniedrigung allerdings erreichten 1920 Marburger Studenten, die, im Geiste der Kreuzritter erzogen, sich in einem Freikorps den gegen die Republik putschenden Generalen um Kapp und Lüttwitz angeschlossen hatten. Unter der Parole „Wartburg“ brachen sie in die Arbeitergemeinde Bad Thal ein, verschleppten revolutionär gesinnte Arbeiter, die dem Putsch kräftigen Widerstand leisteten, und erhängten sie an Chausseebäumen auf der Straße zwischen Eisenach und Gotha.

Den Faschisten blieb es vorbehalten, das goldene Kreuz, das an ihr Wirken und an Martin Luthers Bibelübersetzung erinnert, abzubauen. Sie beabsichtigten, es einzuschmelzen, um den Krieg zu verlängern und gleichzeitig alle progressiven Ideen, die an die Wartburg gebunden sind, zu beseitigen.

Mutige Bürger versteckten das Kreuz und errichteten es wieder auf dem Bergfried, wo es heute leuchtet über einer kunstvoll restaurierten Burg, die jedes Jahr neue Besucher anzieht und sie auch mit dem Werk der Landgräfin vertraut macht. Unser Volk ehrt in einem nie abreißenden Besucherstrom das Andenken an große Stunden und Persönlichkeiten seiner Geschichte, deren Ruf zu einer glückhaften Gestaltung der deutschen Dinge von der Wartburg ausgegangen ist.

Die ersten Impulse dazu kamen von der großherzigen Burgherrin Elisabeth, der Königstochter aus Ungarn, der Dienerin der Armen, der thüringischen Landgräfin, der vom Papst geheiligten Magd, der vom Kaiser erhobenen Heiligen, im Tode noch verfolgt von Kriegsmännern – lebendig im Volke bis heute. Auch in Elisabeth lebt der Ruhm Deutschlands.

Zeittafel

1067 Gründung der Wartburg durch Ludwig den Springer

1069 Gründung des Hausklosters Reinhardsbrunn

1123 Ludwig I., Sohn Ludwig des Springers, übernimmt Regentschaft

1131 Den Ludowingern wird die Landgrafenwürde übertragen

1140 Ludwig II. tritt nach dem Tode seines Vaters die Regentschaft an

1170 Walther von der Vogelweide und Wolfram von Eschenbach geboren

1172 Ludwig III. wird Landgraf von Thüringen

1182 Franz von Assisi geboren

1184 Die Thüringer auf dem Hoffest in Frankfurt
Exkommunikation der Waldenser

1185 Die „Eneide" des Heinrich von Veldecke auf der Neuenburg abgeschlossen

1190 Ludwig III. stirbt auf dem dritten Kreuzzug
Hermann I. Landgraf von Thüringen

1190 Nach dem Tod Kaiser Friedrich I. Barbarossa wird sein Sohn Heinrich IV. deutscher Kaiser

1197 Hermann I. nimmt am Kreuzzug teil

1198 Doppelwahl des deutschen Königs
Philipp von Schwaben / Otto IV.

1200 Ludwig IV., Sohn Hermanns I., geboren

1203/
1212 Mehrfache Verwüstung der thüringischen Landgrafschaft durch Kriegshandlungen

1205 Andreas II., Vater Elisabeths, zum König gekrönt

1206/
1207 Sängerwettstreit (Sagenüberlieferung)

1207	(am 7. Juli) Geburt Elisabeths, Tochter Andreas' II. und Gertrud von Andechs-Meran
1207	Franziskus hört die Stimme des Herrn
1208	Ermordung Philipps von Schwaben in Bamberg
1209	Die erste Franziskaner-Regel wird bestätigt
1209	Beginn der Albigenserkriege
1210	Frostkatastrophe in Thüringen
1211	Elisabeth kommt nach Thüringen
1212	Kinderkreuzzüge Friedrich II. wird zum deutschen König gekrönt (regiert bis 1250)
1213	Ermordung Gertruds, der Mutter Elisabeths
1216	der Verlobte Elisabeths, Hermann, stirbt
1216	Dominikanerorden gegründet
1217	Landgraf Hermann I. stirbt in Gotha Ludwig IV. wird Landgraf Andreas II. führt den Kreuzzug an
1219	Franziskaner gehen zur ersten Fahrt nach Deutschland Dominikaner wenden sich nach Ungarn
1220	Krönung Friedrichs II. zum Kaiser in Rom
1220	Tod Wolframs von Eschenbach Walther von der Vogelweide erhält ein kaiserliches Lehen
1221	Hochzeit Ludwigs IV. und Elisabeths Franziskaner gehen zur zweiten Fahrt nach Deutschland Stiftung des weltlichen Ordens der Tertiarier und Tertiarierinnen durch Franziskus
1222	Hermann, der erste Sohn des Landgrafenpaares, auf der Creuzburg geboren (Ende März) Ende September – Reise des Landgrafenpaares nach Ungarn
1222	Dominikaner in Deutschland
1223	Franziskaner in Halberstadt; ihr Vorsteher, Rodeger, besucht Elisabeth Hospitalgründung in Gotha Die erste Tochter Elisabeths, Sophie, auf der Neuenburg geboren
1225/ 1226	Hungersnot in Thüringen

1225 Ludwig IV. reist zum Hoftag nach Cremona
Klostergründung der Franziskaner in Eisenach

1226 Gründung des Hospitals am Fuße der Wartburg
Tod Franziskus' (am 4. Oktober)
Konrad von Marburg wird Elisabeths Seelenführer

1227 (24. Juni) Abschied des Paares in Schmalkalden
(11. September) Tod Ludwigs in Otranto
Elisabeths Tochter Gertrud wird geboren
Elisabeth verläßt die Wartburg
Regentschaft in Thüringen durch die Grafen Heinrich Raspe und Konrad ausgeübt

1228 Beisetzung Ludwigs IV. in Reinhardsbrunn
Übersiedlung Elisabeths nach Marburg
Ansiedlung der Franziskaner in Marburg
Errichtung des Hospitals an der Lahn

um 1230 stirbt Walther von der Vogelweide

ab 1230 Verbreitung der Gotik in Deutschland

1231 (17. November) Tod Elisabeths

1233 Ermordung Konrads von Marburg

1235 Heiligsprechung Elisabeths in Perugia
Beginn des Baues der Elisabethkirche in Marburg (14. August)
Tod Andreas' II. (21. September)

1236 Erhebung der Gebeine (1. Mai)

1239 Hermann II., Sohn Ludwigs und Elisabeths, übernimmt das Amt des Landgrafen
Graf Konrad wird Hochmeister des Deutschen Ordens

1240 Hochmeister Konrad stirbt in Rom

1242 Landgraf Hermann II. stirbt auf der Creuzburg
Heinrich Raspe IV. Landgraf von Thüringen

1246 Heinrich Raspe wird Gegenkönig (zu Friedrich II.), genannt der Pfaffenkönig

1247 Tod Heinrich Raspes, mit ihm stirbt das Ludowinger-Geschlecht aus
Beginn der Thüringer Erbfolgekriege

Literaturverzeichnis (Auswahl)

Huyskens, Albert:
Quellenstudium zur Geschichte der hl. Elisabeth. Marburg 1908.
Sankt Elisabeth – Fürstin Dienerin Heilige. Sigmaringen 1981.

Hoppe, Günther:
Elisabeth Landgräfin von Thüringen. Eisenach 1981

Das Leben der heiligen Elisabeth. hrsg. von Manfred Lemmer. Berlin 1981

Busse-Wilson, Elisabeth:
Das Leben der hl. Elisabeth. München 1931

Kiel, Elfriede:
Die große Liebende St. Elisabeth. Leipzig 1981

Nigg, Walter:
Elisabeth von Thüringen. Freiburg Basel Wien 1979

Leppin, Eberhard:
Die Elisabethkirche in Marburg. Marburg 1983

Gobry, Ivan:
Franz von Assisi. Hamburg 1958.
Ritter – Bürger – Scholaren, Aus Stadtchroniken und Autobiographien. Berlin 1980

Erbstößer, Martin:
Die Kreuzzüge. Leipzig 1976

Werner, Ernst und Erbstößer, Martin:
Ketzer und Heilige, das religiöse Leben im Hochmittelalter. Berlin 1986

Borst, Arno:
Lebensformen im Mittelalter. Frankfurt/Main 1973

Protze, Helmut:
Walther von der Vogelweide. Leipzig 1983

Tuchel, Hans Gerd:
Die Trobadoure. Leipzig 1985

Inhaltsverzeichnis